哈佛百年经典

切利尼自传

[意]本韦努托·切利尼◎著
[美]查尔斯·艾略特◎主编
樊习英/彭晓蓉◎译

北京理工大学出版社
BEIJING INSTITUTE OF TECHNOLOGY PRESS

图书在版编目（CIP）数据

切利尼自传 /（意）切利尼（Cellini, B.）著；樊习英，彭晓蓉译.北京：北京理工大学出版社，2014.3（2019.9重印）

（哈佛百年经典）

ISBN 978-7-5640-8075-4

Ⅰ.①切… Ⅱ.①切… ②樊… ③彭… Ⅲ.①切利尼，B.（1500～1571）—自传 Ⅳ.①K835.465.72

中国版本图书馆CIP数据核字（2013）第181380号

出版发行 / 北京理工大学出版社有限责任公司
社　　址 / 北京市海淀区中关村南大街 5 号
邮　　编 / 100081
电　　话 /（010）68914775（总编室）
82562903（教材售后服务热线）
68948351（其他图书服务热线）
网　　址 / http: //www.bitpress.com.cn
经　　销 / 全国各地新华书店
印　　刷 / 三河市金元印装有限公司
开　　本 / 700 毫米 × 1000 毫米　1/16
印　　张 / 22
字　　数 / 301千字
版　　次 / 2014 年 3 月第 1 版　2019 年 9 月第 3 次印刷
定　　价 / 59.00元

责任编辑 / 张慧峰
文案编辑 / 张慧峰
责任校对 / 周瑞红
责任印制 / 边心超

出版前言

人类对知识的追求是永无止境的，从苏格拉底到亚里士多德，从孔子到释迦摩尼，人类先哲的思想闪烁着智慧的光芒。将这些优秀的文明汇编成书奉献给大家，是一件多么功德无量、造福人类的事情！1901年，哈佛大学第二任校长查尔斯·艾略特，联合哈佛大学及美国其他名校一百多位享誉全球的教授，历时四年整理推出了一系列这样的书——《Harvard Classics》。这套丛书一经推出即引起了西方教育界、文化界的广泛关注和热烈赞扬，并因其庞大的规模，被文化界人士称为The Five-foot Shelf of Books——五尺丛书。

关于这套丛书的出版，我们不得不谈一下与哈佛的渊源。当然，《Harvard Classics》与哈佛的渊源并不仅仅限于主编是哈佛大学的校长，《Harvard Classics》其实是哈佛精神传承的载体，是哈佛学子之所以优秀的底层基因。

哈佛，早已成为一个璀璨夺目的文化名词。就像两千多年前的雅典学院，或者山东曲阜的“杏坛”，哈佛大学已经取得了人类文化史上的“经典”地位。哈佛人以“先有哈佛，后有美国”而自豪。在1775—1783年美国独立战争中，几乎所有著名的革命者都是哈佛大学的毕业生。从1636年建校至今，哈佛大学已培养出了7位美国总统、40位诺贝尔奖得主和30位普利策奖获奖者。这是一个高不可攀的记录。它还培养了数不清的社会精英，其中包括政治家、科学家、企业家、作家、学者和卓有成就的新闻记者。哈佛是美国精神的代表，同时也是世界人文的奇迹。

而将哈佛的魅力承载起来的，正是这套《Harvard Classics》。在本丛书里，你会看到精英文化的本质：崇尚真理。正如哈佛大学的校训："与柏拉图为友，与亚里士多德为友，更与真理为友。"这种求真、求实的精神，正代表了现代文明的本质和方向。

哈佛人相信以柏拉图、亚里士多德为代表的希腊人文传统，相信在伟大的传统中有永恒的智慧，所以哈佛人从来不全盘反传统、反历史。哈佛人强调，追求真理是最高的原则，无论是世俗的权贵，还是神圣的权威都不能代替真理，都不能阻碍人对真理的追求。

对于这套承载着哈佛精神的丛书，丛书主编查尔斯·艾略特说："我选编《Harvard Classics》，旨在为认真、执著的读者提供文学养分，他们将可以从中大致了解人类从古代直至19世纪末观察、记录、发明以及想象的进程。"

"在这50卷书、约22000页的篇幅内，我试图为一个20世纪的文化人提供获取古代和现代知识的手段。"

"作为一个20世纪的文化人，他不仅理所当然的要有开明的理念或思维方法，而且还必须拥有一座人类从蛮荒发展到文明的进程中所积累起来的、有文字记载的关于发现、经历以及思索的宝藏。"

可以说，50卷的《Harvard Classics》忠实记录了人类文明的发展历程，传承了人类探索和发现的精神和勇气。而对于这类书籍的阅读，是每一个时代的人都不可错过的。

这套丛书内容极其丰富。从学科领域来看，涵盖了历史、传记、哲学、宗教、游记、自然科学、政府与政治、教育、评论、戏剧、叙事和抒情诗、散文等各大学科领域。从文化的代表性来看，既展现了希腊、罗马、法国、意大利、西班牙、英国、德国、美国等西方国家古代和近代文明的最优秀成果，也撷取了中国、印度、希伯来、阿拉伯、斯堪的纳维亚、爱尔兰文明最有代表性的作品。从年代来看，从最古老的宗教经典和作为西方文明起源的古希腊和罗马文化，到东方、意大利、法国、斯堪的纳维亚、爱尔兰、英国、德国、拉丁美洲的中世纪文化，其中包括意大利、法国、德国、英国、西班牙等国文艺复兴时期的思想，再到意大利、法国三个世纪、德国两个世纪、英格兰三个世纪和美国两个多世纪的现代文明。从特色来看，纳入了17、18、19世纪科学发展的最权威文献，收集了近代以来最有影响的随笔、历史文献、前言、后记，可为读者进入某一学科领域起到引导的作用。

这套丛书自1901年开始推出至今，已经影响西方百余年。然而，遗憾的是中文版本却因为各种各样的原因，始终未能面市。

2006年，万卷出版公司推出了《Harvard Classics》全套英文版本，这套经典著作才得以和国人见面。但是能够阅读英文著作的中国读者毕竟有限，于是2010年，我社开始酝酿推出这套经典著作的中文版本。

在确定这套丛书的中文出版系列名时，我们考虑到这套丛书已经诞生并畅销百余年，故选用了“哈佛百年经典”这个系列名，以向国内读者传达这套丛书的不朽地位。

同时，根据国情以及国人的阅读习惯，本次出版的中文版做了如下变动：

第一，因这套丛书的工程浩大，考虑到翻译、制作、印刷等各种环节的不可掌控因素，中文版的序号没有按照英文原书的序号排列。

第二，这套丛书原有50卷，由于种种原因，以下几卷暂不能出版：

英文原书第4卷：《弥尔顿诗集》

英文原书第6卷：《彭斯诗集》

英文原书第7卷：《圣奥古斯丁忏悔录 效法基督》

英文原书第27卷：《英国名家随笔》

英文原书第40卷：《英文诗集1：从乔叟到格雷》

英文原书第41卷：《英文诗集2：从科林斯到费兹杰拉德》

英文原书第42卷：《英文诗集3：从丁尼生到惠特曼》

英文原书第44卷：《圣书（卷Ⅰ）：孔子；希伯来书；基督圣经（Ⅰ）》

英文原书第45卷：《圣书（卷Ⅱ）：基督圣经（Ⅱ）；佛陀；印度教；穆罕默德》

英文原书第48卷：《帕斯卡尔文集》

这套丛书的出版，耗费了我社众多工作人员的心血。首先，翻译的工作就非常困难。为了保证译文的质量，我们向全国各大院校的数百位教授发出翻译邀请，从中择优选出了最能体现原书风范的译文。之后，我们又对译文进行了大量的勘校，以确保译文的准确和精炼。

由于这套丛书所使用的英语年代相对比较早，丛书中收录的作品很多还是由其他文字翻译成英文的，翻译的难度非常大。所以，我们的译文还可能存在艰涩、不准确等问题。感谢读者的谅解，同时也欢迎各界人士批评和指正。

我们期待这套丛书能为读者提供一个相对完善的中文读本，也期待这套承载着哈佛精神、影响西方百年的经典图书，可以拨动中国读者的心灵，影响人们的情感、性格、精神与灵魂。

主编序言

在那些认为适合将自己的人生故事写下来的人中，能够创造出杰作的只有寥寥数人，他们分别是：圣奥古斯丁和他的《忏悔录》、塞缪尔·佩皮斯和他的《日记》，以及卢梭和他的《忏悔录》。这三部巨著影响非凡，却没能相互超越，但《切利尼自传》超越了它们。

与同类竞争者为了获得传记著作的魁首不同，切利尼书写自己人生的动机并不在此。圣奥古斯丁的目的是宗教和说教性质的，佩皮斯则在他的《日记》中记录下了人生中最令自己满意的事。他们只是让读者读懂记录他们生平的文字符号。但是，切利尼却写道，也许在他死之后，世界会知道他是一个怎样的人。他曾经为哪些重要的事情做过尝试，以及他反对过哪些争端并把这些争端平息下去。他说："任何人，不管处在什么样的条件下，只要他们做了好事，或者是类似好事的事情，那么他们就是真诚的人、声誉好的人，他们就应该用他们的手将自己人生的传奇故事写下来。"切利尼做了很多好事。他从不置疑做好事的价值。他的声誉在当时很高，也许这种声誉就是他所谓的善良；至于他是否是一个真诚的人，至今学者们仍有不同意见。当时的一些误传以及一些对诽谤性事件的压制，似乎是有证据的，而且证据很有力——一个和切利尼一样有激情的人想证明自己是正义的，却几乎没能避免被指控有罪；但是根据他自己所记录的所谓的诚信来看，他是那样的人，他过的是那样的生活，这是毋庸置疑的。

切利尼传记记录了从1500年切利尼出生到1562年所发生的事；故事发生的场景主要是在法国和意大利。在这段时间的重大历史事件有：宗教改革和反宗教改革，教皇、皇帝、国王之间的冲突等。这些重大历史事件的领导人似乎只有在与英雄人物发生联系时才会出现在最显著的位置。当然，他们不仅仅作为政治家或是战士出现，而且还是艺术的鉴赏家和赞助者。这样的历史事件很多，如罗马大劫掠，它被描绘得很详细，就是因为切利尼亲自参与了战斗。

比这更详细的是切利尼对自己艺术人生的描绘。在米开朗琪罗时代，众多艺术家齐聚在意大利的城市；切利尼是其中不可忽视的一个人物。他当然知道米开朗琪罗其人，并且十分敬佩他。我们在这本书中所体会到的创造美的激情，是在其他任何地方都体会不到的。

从这本自传栩栩如生的描述中，我们可以感受到16世纪社会生活的种种形貌——暴力和污秽、人们对优良工艺的热情、人们充裕的活力、工匠们精湛的技艺以及人们丰富的理想等。而对切利尼来说，他就是这个世纪的缩影。在这里，这个要讲述自己人生故事的人，是一个杀人凶手、一个好自夸者、一个傲慢者、一个性放纵者、一个极度自傲和充满激情的人；然而，他还是一个追求艺术的巧匠、一个可以从自己精致的雕镂术中得到快乐的人；当然，读过他的书的人都应该知道，他还是一个优秀的叙述作家。虽然切利尼对自己从事的事情兴趣浓厚，也很喜欢讲述他的发现和成就是多么富有光彩；但他没有想到，在他死后的下一个世纪，他还能“重生”，不是因为他的“珀耳修斯”雕像，也不是因为他当金匠时留下的作品，而是因为一本书，一本在他创作的时候，随意口述给一个14岁小男孩的书。

这部自传是在1558年到1566年之间创作的，但是传记记录只延续到了

1562年，切利尼之后的生活相对平静。1565年，他和匹艾拉·德·塞尔瓦托·帕里吉结婚。匹艾拉是切利尼的仆人，在他生病时曾照顾过他；她也照顾过切利尼的孩子们，更早时候还照顾过切利尼的妹妹和侄女们。切利尼对她很亲切，这对脾气暴躁的切利尼来说很不容易。1571年5月13日，切利尼在意大利的佛罗伦萨去世，并被安葬在了这个城市的安农齐亚塔教堂。

查尔斯·艾略特

我能写出这部充满我自己的悲伤、磨难的经历的传记，需要感谢自然之神，因为是它给了我灵魂；在大自然的关照下，我发现的牧人高尚的事迹得以流传。

是它减轻了我对残酷命运的怨恨。生命的荣誉和美德是无法限量的，它美化了这优雅的价值，这荣誉和美德围绕着我，很少有人能在这方面比得上我，更没有人能够完全超过我。

当我明白，我已经虚度了珍贵的时光，这只会使我悲伤——风儿夺走了人们脆弱的思想。

后悔没有用，于是我高兴，就像我当初来的时候一样；欢迎来到那一天，来到那片公平的托斯卡纳土地的花丛中。

卷　一

1

任何人，不管处在什么样的条件下，只要他们做了好事，或者是类似好事的事情，那么他们就是真诚的人、声誉好的人，他们就应该用他们的手将自己人生的传奇故事写下来。但是在四十岁之前，他们不应该尝试如此艰巨的工作。现在，这个任务出现在我脑中，因为我已经五十八岁了，并且现在生活在我的出生地佛罗伦萨。很多不幸的事情我都还记得，就像发生在许多生活在这个地球上的人身上的一样；走过了那些逆境之后，我现在比以前我事业中的任何一个时期都清闲了——不仅如此，我似乎在心灵以及健康的身体上感受到了比以往任何时期都多的快乐。当我回想起以前，我能想到一些令人愉快的善行和一些无法估量的罪恶，这些罪恶让我感到恐怖，感到震惊。我已经度过了五十八个年头。我要感谢上帝，是他让我的人生始终能够幸运地前行。

2

凡是极力劝说别人行善的人，就已经将他们的学问和见闻传递给了世界上的人。这一点很明确。光是这一点就应该可以满足他们了——我的意思是，他们已经证明了自己具有男子气概，得到了自己应有的荣誉。然而，人需要像其他人一样生活，像其他人一样工作。在生活中经常可以很自然地看到一些人在吹嘘，虽然吹嘘的方式各不相同，但目的总归是要让别人知道他的血统是多么优秀。

我的名字是本韦努托·切利尼，音乐大师乔瓦尼的儿子，安德里亚的孙子，克里斯托凡诺·切利尼的曾孙；我母亲是麦当娜·伊丽萨贝塔，祖母是斯特凡诺·格拉纳西，他们都是佛罗伦萨的市民。这些都是我从佛罗伦萨的祖先所编写的历代记录中找到的。这些祖先都是很久以前的人，而且是诚信的人；乔瓦尼·维拉尼写道，佛罗伦萨市很明显是模仿美丽的罗马而修建的——从罗马圆形大剧场和罗马浴场的一些残存建筑就可以追溯回去。它们都在圣十字教堂附近。古时著名的朱庇特神庙就在现在的旧市场处，保留得还很完整，它是为了战神庙宇而修建的，现在它被奉献给了圣约翰教堂。因此，它很容易被看见，并且不会被忽视；但是他们说，这建筑比罗马的要小得多。下令修建此建筑的人据说是尤利乌斯·恺撒，他与一些罗马贵族合作修建了这些建筑。当时菲耶索莱遭遇了暴风雨，并且被冲毁，然后他们就在这个地方修建起了一座城市，他们用双手让这些著名的建筑巍然耸立。

在尤利乌斯·恺撒的军官中，有一个人等级最高、最勇敢，他的名字叫菲奥里诺·切利诺，这也是一个村庄的名字，村庄离蒙特菲阿斯科尼两英里远。此刻，菲奥里诺开始在菲耶索莱的山脚下安营扎寨，这就是后来佛罗伦萨屹立的地方；这样安营是为了离亚诺河近一些，当然，对军队也有益处。当士兵或其他人要与上述这位军官打交道时，总会说“让我们去佛罗伦萨”，因为这位军官叫菲奥里诺，同时也因为他所挑选的安营位置由于自然条件的关系有很多花［这里因为花（flower）、菲奥里诺和佛罗伦萨谐音］。站在这座城市的地基上，恺撒觉得这个名字很美，很适合这个地方，也符合形势的需要，并且看到这里有这么多花，觉得一定会带来吉兆，因此他将这座城市命名为佛罗伦萨。另外，他还想把这份荣誉赐给这位英勇的军官。恺撒尤其喜欢他，因为是自己将他从一个很卑微的地位中提拔起来的，更因为是自己造就了如此优秀的一个人。这个名字的来源是经过那些学识渊博的语源学创造者和调查者考证的，它的影响就像佛罗伦萨一直被亚诺河淘洗一样，从未停止过。人们看到罗马在台伯河中淘洗、费拉拉在波河中淘洗、里昂在索恩河中淘洗，以及巴黎在塞纳河中淘洗，然而这些城市的名字都不一样，并且我觉得这些城市名字的来源是通过其他方式得来的吧！

因此我们发现，因此我们相信，我们是优秀人物的后代。另外，我们发现在拉文那有很多与我们有相同血统的“切利尼”；在意大利大多数古城中，也有很多优雅优秀的民族。在比萨也有一些，而且我在很多信奉基督教的国家里也发现了他们；在这个国家，这种血统仍然存在，男人们都致力于参军入伍。比如有一个年轻人，名叫卢卡·切利尼，他是一个没有胡子的青年，他曾和一个勇猛异常且有实战经验的士兵并肩战斗，这个士兵叫弗朗西斯科·达·维科拉蒂，他以前经常和别人一对一格斗。卢卡凭着自己的勇气用剑战胜并杀死了他的对手，而他的对手还以为他能将卢卡杀死；凭着勇敢和刚毅，卢卡创造了这个民族的奇迹。因此，我很自豪我的先辈是一个如此勇敢的人物。

关于我为我的家族所获得的这些微不足道的荣誉，是在当前这种众所周知的生活条件下进行的。虽然这其中有联系的地方并不是什么重大时刻发生的重大的事件，但我还是要在合适的时间和地点将它们联系起来。其实，与其让我出生在贵族家庭，然后让这贵族血统被我那低劣的品质所污染而变得黯淡，我更自豪我的出身很卑微，并且为我的家族创造了荣誉。因此，我在开始写作之前要问一句：是什么让上帝如此高兴，以至于让我降生了？

3

我的祖先定居在瓦尔达姆拉，在那里他们有一笔巨大的财产，他们住在那里，像小财主一样过着隐居生活；然而，接下来他们因为内讧引起了斗争，他们都佩带上了武器，非常勇敢。当时，一个叫克里斯托凡诺的人与他的一些朋友向邻居挑起了争端。现在，这些家族双方的首领都参与了进来，战火燃烧起来，这对他们来说太危险了，他们的房子都快被彻底毁了。老人们对此感到忧虑，于是与我的祖先们协商合作，驱逐了克里斯托凡诺；其他的一些年轻的争端发起者也被驱逐了。他们把这些年轻人驱逐到了锡耶纳。我们的家族把克里斯托凡诺送到了佛罗伦萨，在那里的奇亚拉大道为他买了一个小房子。这里离圣奥索拉修道院很近，除此之外，他们还在里弗雷蒂桥附近为克里斯托凡诺买了一些不错的房产。克里斯托凡诺在佛罗伦萨结婚了，并且有了儿子和女儿。当孩子们的父亲去世之后，女儿们拿到了嫁妆，儿子们也分配到了财产。而奇亚拉大道的房子和一些附属物落入了其中一个儿子手中，他的名字叫安德里亚。他当时已经有了妻子，而且还有四个儿子。大儿子叫吉罗拉莫，二儿子叫巴尔托洛梅奥，三儿子叫乔瓦尼——也就是我的父亲，四儿子叫弗朗西斯科。这个安德里亚精通建筑，因为之后他从事了建筑业，并且以之为生。我的父亲乔瓦尼，在建筑上花费的精力比他的任何一个兄弟都多。维特鲁威曾说，如果你想做好建筑艺术，你必须要有一些音乐和绘画细胞。所以当乔瓦尼学会了绘画之后，便开始用心学音乐，并利用他学过的一些理论学会了六弦琴和笛子；他变成了一个有很好的学习习惯的人。

他们有一个邻居，就挨着他们的房子，叫斯特凡诺·格拉纳西，他有几个女儿，都是绝色美人。乔瓦尼向上帝祈祷之后认识了其中一个女孩，她的名字是伊丽萨贝塔，而她发现自己也对乔瓦尼有好感。不久，他向她求婚了。由于两家是邻居，双方的父亲又是好朋友，因此促成这对有情人是很容易的事。首先，这两位老人都同意这桩婚事；然后，他们开始讨论嫁妆的事情，在这上面他们进行了一场友好的争辩。安德里亚对斯特凡诺说：“我的儿子乔瓦尼是佛罗伦萨最强壮的青年，而且是全意大利最强壮的骑士，如果我想让他早点儿结婚，在佛罗伦萨我们家族的排行榜上，我肯定会得到一份最大的嫁妆。”可是斯特凡诺却回答道：“在你那一边，你纵然有一千个理由，但是我这边，我有五个女儿，还有许多儿子，只要我做了决定，我就会尽我的全力去承担这份嫁妆。”乔瓦尼偷听到了他们说话，不过没有被这两位老人察觉。过了一会儿，乔瓦尼突然走进来说道：“啊，我的父亲，我已经追求了那个女孩，而且我爱她，不是要他们家的钱。那些想要通过妻子的嫁妆来填满自己钱包的人都不会有好运气的！刚才你已经夸奖了我是一个什么样的人，难道你不认为我有能力为我的妻子提供她想要的一切吗？即使我收到的那些你很在乎的嫁妆很少。现在我必须让你们知道，这个女人才是我想要的，你自己可以把那些嫁妆拿走，我不在乎。”脾气暴躁的安德里亚·切利尼听了颇为不快。但几天之后乔瓦尼便迎娶了他的未婚妻，而安德里亚再也没有向她索要嫁妆。

他们度过了十八年的婚姻生活，始终非常期待上帝能让他们享受拥有孩子的快乐。乔瓦尼的妻子已经流产两次，都是男孩，这都是因为那些技艺不熟练的医生。后来她又怀孕了，生了一个女儿，他们为她取名为科萨，这是根据我祖母的名字来的。两年之后，她又再次怀孕了，此时这个怀孕的女人有一种渴望，这也是他们一直所期待的，这次的渴望和她之前怀孕的渴望恰好是一样的——他们都希望她能够生一个女孩，并且两人都同意为这女孩取名为雷帕拉塔，这是根据我外祖母的名字来的。她在万圣之夜那天临盆了，在盛餐日的前一天，准确时间是四点半，1500年[①]，助产士知道他们夫妻俩想生一个女孩，她把婴儿洗干净之后，用白色的亚麻布将婴儿裹起来，然后轻轻地走到我父亲乔瓦尼面前，说道：“我给你们带来了一个珍贵的礼物，不过，不是你期待的那一种。”我父亲是一个真正

① 这个时间是根据意大利古代的时间计算方式得出来的，从一天的日出到下一天的日出——24个小时。

的哲学家，他来回走着然后回答道："上帝给我的礼物一定是珍贵的。"他揭开襁褓，看到的是个男婴——也就是我。我父亲用他那年老的手掌将我举起，并看着上帝说道："上帝，我真诚地感谢你；这个礼物对我来说太珍贵了；让整个世界都欢迎他的降临吧！"在场的所有人都高兴地问我父亲，该给这个男孩取一个什么名字？此时，乔瓦尼只说了一句话"让世界欢迎他的降临——本韦努托"，[1]并且他们下定决心，将在神圣的洗礼上赐予我这个名字，而在那之前，我仍然得靠上帝的恩惠生存。

4

安德里亚·切利尼在我三岁的时候仍然在世，他已经活过了一百岁。一天，他们去改变一个沟渠的流向，想把水导入蓄水池，池中竟流出了一只很大的蝎子，而且他们没有发现。这只蝎子从池中爬到了地面，并潜逃到了一个凳子下面。我看到它，便跑过去，然后用双手向它扑去。这只蝎子太大了，当我用手抓住它时，它还把尾巴伸在一边，然后我在另一边用力向前伸开它的爪子。据他们说，我当时异常兴奋地跑到我祖父跟前，大声说道："爷爷，快看！我抓到了一只可爱的小螃蟹。"当他认出这是一只蝎子时，吓坏了——他十分担心我的安危。然后他哄我并乞求我把蝎子给他。但他越是乞求，我就抓得越紧，还大声叫喊，说我不会把它给任何人。我的父亲也在屋里，当他听见我在尖叫，也跑了过来；他也惊呆了，不知道如何才能防止这恶毒的动物伤害到我。正在这时，他的视线碰巧落到了一把剪刀上，于是他一边用剪刀将蝎子的尾巴和嘴给剪掉了，一边安慰我、爱抚我。这场巨大的危险就这样避免了，父亲把这件事情看作我人生的一个好的预兆。

我五岁的时候，我父亲坐在我家的一个大厅似的地下室——他们在这里接受洗礼，这里的橡树圆木虔诚的火焰仍然在燃烧着；他手中拿着六弦

① 本韦努托在意大利语中是欢迎的意思。

琴，坐在火旁边弹边唱。天气很冷。偶然观察了一下那火焰，他竟然在那熊熊燃烧的火焰中发现了一个类似蜥蜴的小生物，它正在燃烧最旺的煤炭中间玩耍。他立刻意识到了这是什么东西，便叫来了姐姐和我，然后指给两个小孩子看，并兴奋地在耳朵上重重地给了我一拳，害得我号哭了一晚上。然后他又和蔼幽默地安慰我道："我亲爱的宝贝，我打你不是因为你犯了错；我只是想让你记得你在火中看到的蜥蜴是一只火蜥蜴。在我们所知道的人中，还没有任何人看到过这种生物。"这么说着，他又吻了我，并给了我一些钱。

我父亲开始教我吹笛子，教我根据音符来唱歌；尽管我的年龄还小，在这个年龄的小孩子都喜欢各种娱乐，如吹哨子或是玩玩具，但我对这些玩意儿有种说不出的讨厌，我演奏、歌唱仅仅是为了敷衍我父亲。我父亲那时用木管做出了很精美的风琴，也做出了小型竖立式钢琴，这是我后来能看到的最美且最好的小型竖立式钢琴；他还做出了很多做工精致的六弦琴、笛子、竖琴。他是一个工程师，技艺高超，擅长制作用以降低桥梁高度的工具，或是制作使碾磨机运作的工具，以及制作其他同类的工具。他是第一个能把象牙制作工具做得如此好的人。但是，在他爱上那个女人，也就是我母亲之后——或许把他们两个撮合在一起的就是那个小笛子——我父亲在这个笛子上面花的精力确实比他应该花费的精力要多——他应罗马执政团的横笛手邀请，去他们公司演奏短笛。之前的一段时间他都是以吹横笛来娱乐自己，直到他们不断地诱导并请求他成为他们乐队中的一员。洛伦佐·德·美第奇和他的儿子皮耶罗[①]，都非常地喜欢我父亲，后来他们发现乔瓦尼把整个生命都奉献给了横笛，但却忽略了他非凡的建筑天赋和艺术天赋，因此他们把他从现在的职位上调离了。我父亲为此感到很难过，在他看来，他们极大地污辱了他。然而，他立即重新投入他的艺术，并用骨头和象牙做出了一个直径为一腕尺的镜子，镜子拥有完美的轮

① 这里提到的美第奇是"伟大的洛伦佐"，他的儿子皮耶罗，在1494年被驱逐出佛罗伦萨。他之后从未回来过，并且在1504年死在了加利格里阿诺河畔。

廓和叶饰以及精美的设计。这面镜子是以轮子为原型而设计的中间式镜子，周围有七个环块，环块上面有用象牙和黑骨头雕刻并结合的“七大美德”。整面镜子及上面的“美德”被放在了平衡位置，因此当镜子转动时，刻在上面的“美德”也会跟着转动，这些“美德”的底部有一定的重量，可以保证它们处于垂直状态。他又在这面镜子旁用拉丁语写了一段文字说明：“Rota sum：semper，quoquo me verto，stat Virtus.”大意是：“命运之门虽已转，美德之躯卓然立。”

一段时间之后，他重新获得了他的职位，成为了那个横笛手乐队中的一员。虽说这些事情都是发生在我出生以前，但由于我对之耳熟能详，便将之记录在此。在那段时间里，意大利执政团里的音乐家都被看作是最光荣的职业，他们当中还有一些人是重要丝毛协会的成员。所以我父亲觉得继续从事这个职业一点都不丢脸；而且他对我最大的期望，就是希望我能够成为一个伟大的吹笛表演者。他经常和我谈他的计划，并告诉我，他察觉到我可能有天赋成为世界上最优秀的人，只要我愿意。听到这些，我从来就没有高兴过。

5

就像我所说的，父亲是美第奇家忠实的仆人，也是美第奇家不可缺少的朋友。当皮耶罗被驱逐之后，美第奇委托了我父亲很多很重要的事。后来，伟大的皮耶罗·索德里尼在行政长官选举中获胜，我父亲继续在他的音乐室工作。当索德里尼发现我父亲非凡的天赋之后，就开始把我父亲安排在工程师的位置上，并让他负责很多重要的事情。[①]索德里尼在佛罗伦萨待了很长时间，他对我父亲非常地友善。那时候我还很小，我父亲带着

① 皮耶罗·索德里尼被选举为佛罗伦萨共和国终身行政长官是在1502年。进行了九年的统治之后他被流放了，当他死时，马基雅弗利为他写下了一首著名的极具讽刺意味的墓志铭。

我，让我学吹笛子；我经常在音乐会上和那些宫殿里的音乐家演奏最高音部，而且是在罗马执政团面前演奏。一个教区执事经常把我扛在肩上。行政长官，也就是索德里尼，他非常喜欢喋喋不休地和我说话。他还给我糖果，并经常对我父亲说："乔瓦尼大师，除了音乐之外，你还应该教这个男孩学习一些其他艺术，那些给了你很大荣誉的艺术。"我父亲回答道："我不希望他从事其他任何艺术，只想让他创作和演奏；因为我希望，如果上帝能让他的生命持久，他能通过这个职业成为世界上最伟大的人。"对于这句话，其中的一个老顾问回答道："啊！乔瓦尼大师，照行政长官的话做吧！你想想看，为什么他现在除了是一个优秀的音乐家之外，其他什么都不是？"

就这样一段时间过去了，直到美第奇家族卷土重来。①当他们回来的时候，红衣主教很友好地接待了我父亲，后来红衣主教成为了教皇利奥。在他们被流放的那段时间里，美第奇宫殿里盾徽上的球形图纹被抹掉，然后又在上面画了一个大红十字，成为了佛罗伦萨政府的徽记。他们一回来，红十字理所当然被擦掉，又重新画上了红球和金色底纹，做工极为精美。我父亲有些诗才，另外还有些预言家的禀赋，毫无疑问这是他的天资。这个盾徽揭幕时，父亲在下面写了四句诗。

> 盾徽藏在十字的下面，
> 那是天主仁慈的象征。
> 从此抬起胜利的笑脸，
> 希望荣披彼得的斗篷。

这首小诗传遍了整个佛罗伦萨。

几天之后，朱利叶斯教皇二世驾崩，红衣主教德·美第奇去了罗马，

---

① 这件事发生在1512年，当时洛伦佐的两个儿子，朱利亚诺和乔瓦尼（后来的教皇利奥十世）经过了在拉文那的一场大战之后，在西班牙军队的帮助下回来了。

随后被选为教皇，这出乎所有人的意料。他即位为利奥十世，为人慷慨大度。父亲将他的预言诗送给他。教皇即派人召他去罗马，说这样对他有好处。但他并不想去，结果不但没有得到好处，雅克波·萨尔维亚蒂一当上行政长官就解除了他在宫中的职务。由于这一原因，我开始成为一名金匠，从此很不情愿地一边学习雕刻艺术，一边演奏乐器。

6

当我父亲照我之前描述的那样对我说那番话时，我乞求他让我每天腾出几个小时来做我喜欢的事，我其余的时间会留给音乐；这样做的目的只是为满足他的欲望。他对我说："这么说，你在演奏音乐时根本得不到快乐？"对于这个问题，我回答道："是的。"因为那种艺术和我心中的艺术相比，实在是太低劣了。我的老父亲对我这种固执的思想绝望了，他把我送到卡伐利埃·班迪内罗[①]的父亲的作坊去。卡伐利埃·班迪内罗的父亲叫米歇尔·阿尼奥罗，是来自平齐迪蒙特的金匠，也是一位杰出的大师。他没有显赫的出身，父亲只是个木炭商。对此，班迪内罗也没有什么好怨天尤人的；如果他诚实地做事的话，同样可以创造他家族的荣誉。不过，我没有理由对他说三道四。

几天之后，我父亲又把我从米歇尔·阿尼奥罗那里给带走了；因为他发现如果我不在他眼皮子底下，他就没法生存。我很不高兴，我还得继续学习音乐，直到十五岁。如果我把当时所有发生在我身上的奇妙事情，以及我经历过的所有劫难描述出来，很可能会让读者很大吃一惊，但为了避免冗余，我会把这些事情都删掉。

在我十五岁那年，我违背我父亲的意愿，去和一个叫安东尼奥的金银工艺师学艺。安东尼奥是桑德罗的儿子，他就是有名的金匠——马尔科

---

① 班迪内罗是一个雕刻家，而且是切利尼的竞争者，在之后的篇章中还会提到他。后人都肯定了切利尼对于艺术家班迪内罗的观点；因为他的作品太粗糙、太做作，不能给有才智的人带来任何乐趣。

内。他是一个非常优秀的手工艺人，也是一个非常坦诚的小伙子，做什么事都情绪高昂。我父亲不让他像对其他学徒一样发工资；他已经开始着手研究这项艺术来使我高兴，想让我把心中的奇想发挥到极致。我非常愿意这样做；而且我那老实的师傅对我的表现也十分满意。他只有一个儿子，而且是私生子；他经常给他儿子安排任务，以便把我的时间空出来。我对这项技艺非常喜爱，不夸张地说，我这个自然爱好，使我几个月之内就赶上了行业里优秀的人，成为这个行业中最年轻的工艺人，开始收获我这几个月的劳动果实了。然而，我确实不能忽视我的老父亲，我时不时地在他耳边吹笛子、吹短号。他在听我演奏时，经常激动得热泪盈眶，唏嘘不已。为了孝敬父亲，我经常用这个方法让他高兴，甚至假装自己很喜欢音乐。

7

我有一个弟弟，当时十四岁，比我小两岁，是个极大胆而且脾气暴躁的年轻人。他后来成了伟大的乔瓦尼·德·美第奇将军名下的一位伟大的战士，乔瓦尼·德·美第奇是科西莫公爵的父亲。[①]一个星期天的傍晚，他在圣加罗门和平蒂门之间和一个二十岁的年轻人发生了冲突。他们都有剑，我弟弟很勇猛，重伤对手之后还是不依不饶。那里围了一群人，其中很多人都是对手的亲属，眼看形势对他们的亲人不利，他们拿出了弹弓。我那可怜的弟弟被袭来的一块石子击中了头部。他倒在地上，昏了过去。此时我赶到现场，可我并没带武器，就叫他撤退，对他说："逃跑啊，你已经赢了！"可他没有反应。我赶紧上前，拿着他的剑，站在他前面，承受着剑和石头的打击，直到圣加罗大门的士兵过来把我们从这群狂暴的人群中营救出来。他们对我们的勇气震惊不已。

然后，我把我弟弟带回家，他都快死了。我们花了很大的力气才让他

① 切利尼指的是著名的乔瓦尼·德勒·班德·尼里，1526年11月，他在伦巴第的一场交战中被杀死，是被正在进军并准备洗劫罗马的帝国军队所杀。他的儿子科西莫在亚历山德罗公爵被杀之后，在佛罗伦萨建立起了第二个美第奇王朝。

又重新苏醒过来。当他的伤被治愈后，“八位法官”[1]已经惩治了那些对手，把他们流放了好几年，也把我们流放了六个月，我们的流放地离佛罗伦萨十英里左右。我对我弟弟说：“跟我一起走。”我们向父亲告别，他没给我们钱，因为他没有钱，只能给我们祝福。

我们来到锡耶纳，我希望在这里能拜访到一位杰出的人物，他就是弗朗西斯科·卡斯特罗大师。之前我曾从父亲那里跑出来，找到了他，在他那里干了一段时间金匠活儿，直到我被父亲抓回去。这次我见到他，他一眼就认出了我，并给我安排了工作，之后又给我安排了住处。我和我弟弟都非常感动，我在这几个月时间里都在专心工作。弟弟的拉丁语已经入门，但他还太小，体会不到工作的乐趣，时间都被他浪费掉了。

8

德·美第奇红衣主教，即后来的克莱门特七世，在我父亲的请求下把我召回了佛罗伦萨。[2]我父亲的一个门生受其邪恶本性的驱使，建议红衣主教把我送到博洛尼亚的一个大师那里学艺。这位大师名叫安东尼奥，是一个音乐大家。红衣主教对我父亲说，如果我父亲把我送到那里，他可以为我写一封介绍信。我父亲对此乐翻了天，满口答应下来。而我也渴望去见见世面，所以欣然前往。

我来到博洛尼亚，投到了埃尔科莱·德尔·皮费罗的门下工作，开始用手艺挣钱。同时，我每天都会去上音乐课，而且几周就在这该死的音乐艺术上有了可观的进步。可是我在金银工艺技术上收获更大，由于红衣主教没有给我任何帮助，为了生活，我去和一个博洛尼亚人住在一起，他是一个博洛尼亚启蒙者，叫希皮奥内·卡瓦莱蒂（他的家在德尔巴拉干圣母街）；在那里我为一个叫格拉齐亚迪奥的犹太人在金器上刻图样，报酬很

① “八位法官”或寰讯奥托，是佛罗伦萨的地方行政长官，对于影响这座城市内部和平的事件，拥有司法审判权。

② 此人是上文提到的教皇利奥十世的堂兄弟。

高，而且学到了很多有价值的东西。

六个月之后，我回到了佛罗伦萨，我父亲的那个门生皮奥里诺看到我回来很不高兴。为了让我父亲高兴，我便去他的房间，和我的伯父一起演奏短号和笛子，我的伯父叫吉罗拉莫，比皮奥里诺年轻两岁，他是一个非常值得尊敬的人，和我父亲性格迥异。一天，父亲来到皮奥里诺屋里听我们演奏，对我的表演感到欣喜万分。他赞叹道："我要不顾任何想阻止我的人的反对，一定让你成为一个优秀的音乐家。"对此皮奥里诺倒是说出了实话："你的本韦努托如果能献身于金匠业将比吹笛子能赢得更大的名利。"这话使我父亲很生气，因为他发现我的观点与皮奥里诺的一样。

父亲动了肝火，冲他吼道："难道我不知道，是你在我的希望之路上设置重重障碍，是你使我丢掉了在宫中的职位，对我恩将仇报吗？我升了你的职，你却让我丢了职。我教你尽心去演奏，你却不让我儿子听我的话。你记住我的预言，用不了几年，也许用不了几个月，我甚至敢说用不了几个星期，你的忘恩负义就会把你毁了。"皮奥里诺回答说："乔瓦尼师傅，多数人一老都会发疯，你也是这样。我对此并不感到惊奇，因为你的所有财产已经挥霍一空，你一点也不考虑你的子女对它的需要。我要做的恰恰相反。我留给子女的东西足以使他们能救济你的子女。"父亲反驳道："坏树从来不结好果，只能结出坏果。我再告诉你，你人坏，你的子女也会发疯，会成为乞丐，会卑躬屈膝地向我那又有德行又富有的儿子乞求施舍。"

我们离开了他家，双方都嘟嘟哝哝地说了些气话。我站在了父亲一边。我们一块儿来到街上以后，我告诉他，我随时准备报复那恶棍对他的侮辱，只要他允许我从事设计艺术。他回答说："亲爱的孩子，我以前也曾经是个优秀的设计工。但你在繁重的劳动之后，为了我这个父亲对你的爱，这个生了你、养了你、给了你许多令人羡慕才华的父亲——哪怕是为了消遣啊，你就不能答应你会摸一摸笛子和富有魅力的短号，痛痛快快地吹它一阵子，享受一下音乐的乐趣吗？"我答应会这样做，为了他的爱我乐意这样做。于是我那慈祥的父亲对我说，你所拥有的杰出才华就是对仇人的羞辱最有力的报复。

这件事过后还不到一个月，正好赶上那个皮奥里诺在大学路上他家的一幢房子里建地窖。一天，一群人围着他站在刚建的地窖上面一层楼的房间里，他开始谈论起他的师傅，即我的父亲。他正重述着我父亲说过的有关他要毁掉的话。这些话还没落音，他所站的地板，或者是因为地窖建得差，或者是由于天主的力量——他老人家在星期六并不总是光发工钱的——突然塌陷。和他一齐掉下去的石头和砖块砸断了他的双腿，而和他在一起的朋友都站在塌陷处的边缘，没受到半点伤害。大家对此惊叹不已，尤其是他刚刚以轻蔑的语气重述过那一预言。

我父亲听到这一消息后拿着剑去看他，在那里当着他父亲——执政团的小号手尼古拉奥·达·沃尔泰拉的面说道："噢，皮奥里诺，我亲爱的学生，我对你的不幸深感悲痛。但你应该还记得，不久前我是提醒过你的，而且我那时说过的话总有一天还会发生在你我孩子的身上。"

不久以后，忘恩负义的皮奥里诺就病死了。他撇下一个坏脾气的妻子和一个儿子。这个儿子在几年以后就到罗马去找我乞求施舍。我给了他一些东西，一是因为我生性慈善，二是因为我含着泪回想起皮奥里诺当时优裕的生活状况，那时父亲就预言皮奥里诺的孩子要向他自己的有德行的孩子求援。

关于这件事也许说得足够了。但愿任何人都不要嘲笑一个他不该侮辱的好人做出的预言，因为那不是他在说话，他是在替天主代言。

9

这一时期我一直当金匠，并能帮助我那善良的父亲了。如前所述，他的另一个儿子，即我的弟弟切基诺已经掌握了拉丁语的基础知识。父亲的愿望是想让我这当哥哥的成为一名大音乐家和作曲家，而让弟弟成为一名博学的大法官。但他无法改变我们的秉性，结果我投身于设计艺术，仪表堂堂的弟弟则成为一名军人。

切基诺还是个毛头小伙子，刚从伟大的乔瓦尼诺乔瓦尼·德·美第奇那里上完第一节课回来。他到家的那天我刚好不在；他想要一件合适的衣服，于是找到我的姐姐妹妹。几个人就瞒着父亲把我的又新又好的斗篷和紧身上衣给了他。我还要说一句，我除了帮助父亲和我那又出众又诚实的姐妹之外，那些漂亮的衣服都是我用自己攒的钱买来的。

我发现自己的衣服被弟弟拿走以后，就质问父亲为什么能容忍这样严重的错事发生。他回答说，我是他的好儿子，但另外一个他原以为丢失的儿子又重新找到了。他又说，自己有就应该帮助那些没有的人，这不仅是义务，而且还是天主的戒律。他还说，让我看在他的面子上容忍这一不公，因为天主会给我锦上添花的。我真是一个不懂事的年轻人，反驳了我那可怜的父亲，然后拿着我剩下的粗劣衣服和钱向城门走去。由于我不知道哪个门通向罗马，结果来到了卢卡，又从卢卡来到比萨。

到比萨的时候我大约十六岁。我在中央桥旁边一个叫鱼石的市场附近一家金匠作坊门前停了下来，然后认真观看师傅的一举一动。他问我是谁，是干什么的。我告诉他，我也是干他这一行的。他便让我进了他的作坊，并马上给我找活儿干。他说："你英俊的仪表使我相信你是一个正派老实的小伙子。"然后他给我讲解金、银和宝石。第一天的活儿干完以后，晚上他把我带回他家。他的妻儿都在家里，居住条件很不错。

想起父亲会为我感到悲伤，我就写信告诉父亲，我正与一位叫乌利维耶里·德拉·基奥斯特拉的师傅住在一起，他是位了不起的老实人，我正与他一起制造很多漂亮而又珍贵的东西。我希望他振作起来，我一定要学这一行，以我的技能很快就会给他带回收益和荣誉。

仁慈的父亲马上就回了信："我的孩子，我对你的爱太深了，要不是因为我最看重的家族名誉，我早就出去找你了；因为没有你在的日子，就仿佛眼里没有光芒，和以前我见不到你的时候一样。我要教导家里的人，让他们都成为品德高尚诚实的人，并把这作为我的职责；在你从事的艺术行业中成为一个优秀的人，这是你的责任吗？我只希望你记住这些简单的话，遵守它们，永远不要将它们忘记。无论你在哪里，都不要偷盗，要诚实做人。"

10

这封信落到了我师傅乌利维耶里的手中，他瞒着我偷看了，后来他承认看了这封信，并说："我的本韦努托，你善良的面孔没有欺骗我，因为从你父亲那封信中，我确定了这一点，同时这也说明了你父亲是一个很诚实，并且有个人长处的人。你就把这里当作你的家吧，就像在你父亲的家一样。"

在比萨逗留时，我参观了公墓，在那里发现了很多美丽的古董、石棺。在比萨的其他地方我也见到了很多年代久远的物品。在作坊里不需要我做事的时候，我就会去研究它们。我的师傅很喜欢到我住的小房间来看我，这房间是他分配给我的。看到我在所有的时间都在专心做事，他开始像我的父亲一样喜欢我。在那里的第一年，我有了很大的进步，并完成了几件精美的物品，都是用金和银雕刻的。这对我鼓舞很大，我立下雄心壮志，决定在艺术的道路上勇往直前。

与此同时，父亲不断地给我写信，以乞求的口气让我回去。而且在每一封信中都嘱咐我不要荒废了他煞费苦心教我的音乐。一看到这儿，我就会突然放弃想不顾一切回去的念头，我恨透了那可恶的音乐。我感到在比萨的整整一年的确像生活在天堂里，在这里我从没吹过长笛。

到了年底，我师傅乌利维耶里要到佛罗伦萨去卖他的一些金银废料。由于比萨的坏天气，我有些发烧。烧还没有退，我就陪着师傅上路了。到了佛罗伦萨，我父亲极其热情地接待了他，并瞒着我恳求他不要再把我带回比萨。

我病了大约两个月，在这期间父亲给了我最精心的照料和治疗，嘴里不停地说着，他好像要过一千年才能见我的病好，然后就可以听我演奏音乐了。他粗通医道和拉丁文，与我谈论音乐时他就用手指把着我的脉，但他一涉及这个话题就感到我的脉象大变，这使他感到沮丧，于是就含着眼泪离我而去。看到他那大失所望的样子，我就让我的一个姐妹把长笛拿来，尽管我的烧一直没有退，但吹吹简单的长笛对我是不会有什么妨碍的。我吹奏时手和舌头运用自如。父亲听后拥抱着我，一遍遍地为我祝福，说他已料到我走以后会大有长进的。他还要我继续干下去，不要放弃如此精湛的一门技艺。

11

当我恢复健康以后，我回到了我的老朋友马尔科内那里，这位值得尊重的金匠，他领我走上了赚钱之路，我用钱帮助了父亲和全家。大概那时候，佛罗伦萨来了一个雕刻家，叫皮耶罗·托里贾尼；他在英格兰居住了很多年。他和我的师傅关系很亲密，他每天都会去拜访我师傅。当他看见我的绘画和我制作的物品时，他说道："我来到佛罗伦萨要招募很多年轻人，我为国王承担了这项伟大的工作，所以我希望佛罗伦萨同胞可以帮助我。我看你的设计和方法已经可以堪称是一个雕刻家，而不再只是一个金匠；我要制造一个伟大的铜像，同时，我也会使你成为富有并且有能力的艺术家。"此公一表人才，神态高傲，样子更像一个军人而不是一个雕刻家。尤其是他那风卷残云般的手势和洪亮的嗓门儿，再加上那紧锁眉头的习惯，足以使任何勇士望而生畏。他每天都大谈他在那帮畜生般的英国人之中的豪言壮举。

在谈话中，他提到了米开朗琪罗·博纳罗蒂，谈到这个人是因为我画的一幅画。这幅画是米开朗琪罗向世人展示的第一幅杰作，是证明他具有惊人天赋的证据。他制作这幅画是为了和另一位著名画家列奥纳多·达·芬奇竞争。达·芬奇也画了一幅画。他们两个都想让自己的画挂在罗马执政团宫殿的会议室里。他们描绘的是比萨被佛罗伦萨人占领的场面。列奥纳多已经选择了描绘一场骑兵战争的场面，其风格之神圣令人叹为观止；米开朗琪罗在草图中描绘了一些步兵在夏季的阿尔诺河中洗澡。他画的是警钟响起时赤身裸体的男人纷纷跑去拿武器的瞬间的情景，其场面壮观无比，从古至今的艺术品无一达到如此高超的水准。如上所述，伟大的列奥纳多的设计也是精美绝伦。

这两幅图一幅存在美第奇的宫殿里，另一幅挂在教皇的大厅里。只要它们完好无损，就是全世界的楷模。后来，米开朗琪罗为教皇朱立叶斯建成了那座伟大的教堂，但他此时的功力已不及原来一半。他的才华后来再也没有达到他早年习作的高度。

12

现在让我们回头来说皮耶罗·托里贾尼，他手拿我的画说道："我和米开朗琪罗小时候经常去卡尔米内教堂所属的马萨乔礼拜堂学习画画。[①]他总是捉弄所有在那里画画的人；有一天，他再次惹恼了我，我握紧拳头，往他鼻子上揍了一拳，我在他脸上留下的印记会伴随他终生，直到他死。"[②]这些话使我对他的态度大为转变，因为我一直很欣赏米开朗琪罗的杰作。之前我很想和他一块儿到英格兰去，但此时我再也不想看见他了。

这段时间我一直待在佛罗伦萨，学习米开朗琪罗的高雅风格。大约在那时，我与一个和我年龄相仿的友善的小伙子建立起了亲密的友谊。他叫弗朗西斯科，是菲利波的儿子，他的祖父是弗拉·利波·利皮，也就是那个出色的画家。[③]通过交流，我们之间的友谊与日俱增，后来几乎形影不

---

① 该教堂是以壁画形式装饰的，装饰它的人是一个叫马萨乔的人，以及其他的艺术家，可能是菲利皮诺·里皮；这个教堂至今仍是佛罗伦萨艺术最重要的纪念馆，它是从拉斐尔时期流传下来的。

② 米开朗琪罗·博纳罗蒂的侧面肖像可以证明这件事。那些画展示了它那以某一角度弯曲的鼻梁，就好像是断裂了一样。

③ 弗拉·利波·利皮是圣衣会的和尚，他在普拉托和斯波莱托的壁画，以及在佛罗伦萨和其他地方的油画是前拉斐尔复兴时期最有才华的作品之一。瓦萨里叙述了他与鲁克蕾齐亚·布蒂之间爱的冒险，罗伯特·布朗宁在它的作品《男男女女》中，还画出了他富有独创性的肖像。他的儿子，菲利波或称菲利宾，是一个很有能力的画家，他最好的作品幸存下来了，并被陈列于佛罗伦萨的圣·玛利亚斯特罗兹教堂，以及陈列于罗马的圣·玛利亚密涅瓦教堂。

离。他住的房子里仍放满他父亲的优秀作品，画的都是罗马最好的古物。他将其装订成几个画册，看到这些画我就兴致勃勃。大约有两年的时间我们一直住在一起，情同手足。

在那时，我制作了一个银制浅浮雕，尺寸约有小孩手掌大小。这是一个腰带扣。我以古代的风格在上面雕刻了一簇叶子，还雕刻了一些儿童人物像。我在作坊里制作了这件物品，这个作坊属于一个叫弗朗西斯科·萨林贝内的人。当我向同行们展示时，他们称赞我是这一行当中最好的年轻工匠。

有一个叫乔瓦尼·巴蒂斯塔的人，他的绰号是塔索[1]，他是一个木雕刻师，和我同岁。一天，他对我说，如果你愿意去罗马，他会非常乐意和我同行。这话是我们刚吃过午饭时说的。由于音乐的原因，我还在生着父亲的气，于是对塔索说："你是个只说空话不办实事的人。"他回答："我也在生着母亲的气。如果我的钱够我到罗马，我就再也不回去锁我那可怜的小作坊的门了。"我对他说，如果那就是使他待在佛罗伦萨的原因，我口袋里的钱足够我们到罗马了。

我们两个边说边往前走，不知不觉我们就到了圣皮耶罗·加托利尼城门。我说道："我的好朋友，塔索，我们来到这里完全是天意；既然我已经到了这里，我的旅程似乎已经过半了。"因此，我们达成协议，一起上了路。我们边走边想："今天晚上还不知道我们的亲友会有什么反应哩。"于是我们两人商量好，不到罗马不再想他们。我们把围裙系到后背上，一言不发地向锡耶纳走去。

到了锡耶纳，塔索说他实在走不动了（因为他的腿受伤了），然后向我借钱，让他回家。我回答道："那样的话我就没有足够的钱继续前进了；如果你只是因为腿伤半途而废，我们可以找一匹马载我们去罗马，这样你就没有借口了吧。"于是，我雇了一匹马。看到他没有作答，我朝着通往罗马的城门走去。他看出我已下定了决心，就在我后面大老远的地

① 塔索是一个有能力的艺术家，瓦萨里和皮耶罗·阿瑞提诺都提到过。他享有盛誉是因为得到了公爵科西莫·德·美第奇的支持，对于其他手工艺者的作品，科西莫·德·美第奇会征求他的意见。

方一瘸一拐地慢慢磨蹭，嘴里还嘟嘟噜噜地说着什么。我对我的伙伴很失望，因为我需要等他。我把他扶上马，说道："都出发有一段时间了，如果我们还没离开锡耶纳，那明天我们的朋友会怎么说我们啊？"塔索说我说的是实话。他是个可爱的小伙子，又是笑又是唱。就这样，在歌声和笑声中，我们一路来到罗马。那年我刚十九岁，正好与世纪同龄。

到了罗马，我投身于一个被称为"菲伦佐拉第二"的师傅门下。他叫乔瓦尼，来自伦巴第州的菲伦佐拉，是花瓶装饰和金银器具行业中的巧匠。我把在佛罗伦萨萨林贝内的作坊里制作的腰带扣模型的一部分拿给他看，他看了以后极为高兴。他旁边有一个工匠，叫詹诺托·詹诺蒂，已经和乔瓦尼一起工作几年了；乔瓦尼对他说："这个小伙子是个心里有数的佛罗伦萨人，而你心里什么也没有。"

我认出了詹诺托，他来罗马之前我们常在一起绘画，曾经是很要好的伙伴。可他被师傅的话激怒了，干脆就说不认识我。我很生气，冲他喊道："詹诺托，你曾经是我的朋友——我们不是曾经一起在某些地方画画、吃饭、喝水，甚至在你们农村的家里一起睡觉吗？我没有想过要向你那受人尊敬的师傅证明我的能力，因为我希望我靠自己的双手，即使没有你的帮助，他们也会知道我是一个怎样的人。"

13

当我说出口之后，乔瓦尼就对詹诺托说："你这卑鄙的家伙，你怎么可以这样对待你的朋友？"然后他又和气地对我说："欢迎来到我的作坊；就像你所承诺的那样去做，让你的双手来说明你是一个怎样的人吧。"

他给我一个非常精美的银碟让我加工，这是做给一位红衣主教的，一个椭圆形的小盒子，是从圆形厅门前的石棺上临摹下来的。除了临摹外，我还加上了许多自己创作的优美的人面装饰像。师傅高兴地拿着它四处给同行们看，向人夸耀说，这么好的一件物品出自他的作坊。这是我在到达罗马之后挣的第一笔钱，我把一部分钱寄给了我的老父亲，剩下的我留着自己用。在我研究罗马古物的这段时间，我都是靠着这一笔钱生活，直到钱花完了，我才不得不回到作坊继续工作。而我的伙伴巴蒂斯塔·德尔·塔索，他在罗马没待多长时间就回佛罗伦萨去了。

我从事了几项新任务。完成之后，脑中就有了改换门庭的念头。事实上，是一个叫帕格罗·阿萨格的米兰人唆使我这样做的。我的第一个师傅乔瓦尼为此和阿萨格大吵了一架，而且当着我的面批评了他。这时我开始替我的新师傅辩护。我说道："我生来就是自由的，我的生活也是自由的，你没有任何理由责怪他，更不能责怪我，另外是我自己想走，就像一个自由的工匠一样想到哪里就到哪里，我对谁也没做过不公平的事。"然后，我的新师傅又辩解说，他并没有让我到他那里去，我应该和乔瓦尼一起回去以满足他的愿望。我回答说，我并不知道怎样得罪了乔瓦尼，既然我干完了活儿，我就能自己做主而不是听别人摆布，谁想要我，谁就应该向我请求。乔瓦尼大声吼道："我不想求你，我和你的关系到此为止，以后你再也别到我这里来。"我提醒他欠我的钱，他就当面嘲笑我。我说，既然我能像他看到的那样熟练地使用手工艺器具，我也能同样熟练地用剑来要求支付我的正当劳动报酬。

就在我们两个相互较劲时，一位老人突然出现了，他的名字叫安东尼奥，来自圣马力诺。他是罗马最杰出的金匠，曾是乔瓦尼的师傅。他听到了我说的话，我认为他会理解我说的话，而他也的确站在了我这边，并要求乔瓦尼给我薪水。这场争端变得白热化了，因为乔瓦尼是一个非常厉害的剑手，他的剑术远比他的金匠技术高得多。然而，有理走遍天下，我寸步不让，直到他付了我钱。

最后，我和乔瓦尼成了朋友，并在他的请求下，我答应成为他其中一个儿子的教父。

14

我在帕格罗·阿萨格那里干活，挣了一大笔钱，我把其中大部分的钱寄给了我父亲。两年后，在我父亲的请求下，我回到佛罗伦萨，并且再次到弗朗西斯科·萨林贝内那里工作。和他一起工作，我又挣了一大笔钱，同时不断努力提高我的手工艺技能。我和弗朗西斯科·德·菲利波重归于好。虽然我在这里得到了很多快乐，但是，由于那令人诅咒的音乐，无论白天还是晚上，我都不得不花几个小时学习它。那时，我制作了一个被称为心形钥匙的东西。这是一种三英寸宽的带子，做成了半浮雕状，圆面上有一些小人物像，通常是为新娘准备的。这是一个叫拉斐尔·拉帕奇尼的人委托我做的。付给我的工钱很少，但它给我带来的荣誉却远远超过了我理应得到的报酬。

在此期间，我已经和很多佛罗伦萨人一起工作过，认识了一些像我第一个师傅马尔科内那样的值得尊敬的金匠。我也遇到一些据说很老实但实际上千方百计地毁掉我、大肆掠夺我的人。一旦发现这种人，我就与他们分道扬镳，把他们当成小偷和恶棍。

一个叫焦万巴蒂斯塔·索利亚尼的金匠在他作坊里友好地为我安排了工作，他的作坊位于新市场边上的兰迪银行附近。在那里我完成了几件物品，收入也很可观，因而对家庭帮助很大。但这引起了我以前的两个师傅们的妒忌，也就是萨尔瓦多和米歇尔·瓜斯孔蒂。他们在金匠协会里有三个大作坊，生意很是兴隆。我意识到他们对我不怀好意之后，就向一些好朋友讲述了此事，说他们曾经披着伪善的外衣盗窃我的东西，也该知足了。这话传到了他们那里，他们就威胁我，要我对说过的话进行忏悔。但我根本就不害怕，因此也就没理他们。

15

有一天，我在他们其中一人的作坊门口撞到了他们。他们对我大声喊叫，一边谴责我，一边欺负我。我反驳道，如果他们对我尽了义务，我肯定会说他们的好话。但他们做的恰恰相反，所以他们应该抱怨自己而不是我。这时候，瓜斯孔蒂的堂兄弟格拉多·瓜斯孔蒂也许受了他们的唆使，埋伏在一边，等着一头驮着砖块的牲口走过。当它到达我跟前时，他突然将砖推到我身上，砸伤了我。我转身看到他在笑，就一拳打到他太阳穴上。他立即昏死过去。我转向萨尔瓦多和米歇尔·瓜斯孔蒂说："对付你们这号胆小如鼠的窃贼就得这样。"他们依仗人多势众，还想对我动手，热血沸腾的我拿出一把小刀喊道："谁要是走出作坊，就快去找神父来听忏悔，医生已经无能为力了。"这话果然镇住了他们，谁也不敢再去帮格拉多。

我刚走，他们家的老少爷们儿就跑去找八人治安委员会告状，说我拿着剑在他们的作坊里攻击他们。这种事以前在佛罗伦萨还从没发生过。法官们把我传了过去。我来到他们面前，他们开始训斥我，对我大吼大叫——我想部分原因是因为他们看我穿着斗篷，而其他人都穿着无袖外套，戴着头巾，着装都像普通市民。另一部分原因是，我的对手曾到这些官员的家里去过，和他们私下里交谈过。而我在这方面毫无经验，和谁也没事先谈过，我只相信我的诉讼是正义的。我说道，他们几个人欺负我，再加上格拉多对我的侮辱，我愤怒之极才打了他一巴掌；我不认为我应该得到那样的训斥。没等我说完，普林齐瓦莱·德拉·斯图法[①] 就把我的话打断了，他是八位法官之一。他说道："你重重打了一拳，而不是一巴掌。"当普林齐瓦莱向他的裁判官兄弟汇报我的讼词时，铃铛响了，他命令我们都出去，他汇报道："先生们，这位朴实的贫穷年轻人，说他自己只是打了对方一巴掌，他认为这没有一拳严重；但是在新市场，打一耳光要罚款25克朗，打一巴掌则没什么处罚。这个年轻人有令人钦佩的才能，他以自己不懈的劳动来供养家庭。愿天主保佑我们的城市有更多这样的人。"

---

① 此人是美第奇家族忠实的支持者，在1510年他组织了一个有利于他们阴谋，来反对索德里尼行政长官。

16

在这些官员中有一些头戴着朝天帽的激进分子，他们被我那些反对者的诽谤蛊惑了。他们都属于弗拉·吉罗拉莫党，而且他们很想在案件进一步审理之前让我下狱。但是善良的普林齐瓦莱阻止了他们。结果他们判决我四份谷物，作为救济品送给尼姑庵。[①]后来，我又被召去了；普林齐瓦莱让我别说话，以免惹他们不高兴，让我服从他们的判决就是了。随后他们又训斥了我一通，就把我们交给了大法官。我嘴里一直咕哝着“那是一耳光，不是一拳”，然后就笑着离开了八人治安委员会。

法官要我们双方都要出保释人，但最后只有我被判罚四份儿面粉。尽管我感到自己挨了宰，还是让人去找我的一个表兄安尼巴莱师傅，他是一名外科医生，是利布多罗多·利布多罗利先生的父亲，我指望他会来保释我，但他拒绝了。我气得七窍生烟，肚皮鼓得老大，就决定铤而走险。

这时，人们可以注意到，与其说星象影响我们的行动，不如说是强迫我们采取行动。一想起这个安尼巴莱欠了我们家那么多的情，我就气不打一处来。我起了邪念，再加上我生性有些暴躁，于是，等到法官们去吃饭的时候，我发现没有人注意我，就气冲冲地离开了大殿，跑回我的作坊拿了把匕首，然后冲向我仇人的家里。他们的家和作坊是连在一块儿的。我发现他们正在吃饭，他们此刻还在作坊里。我看见他们在吃饭。格拉多，这个争端挑起者，见到我便向我冲过来。我照他的胸部刺了过去，刺穿了他的马甲和紧身上衣，但没有伤到他的皮肉。我感到手往里推进，并听到了衣服的撕裂声。我以为把他杀死了。看到他瘫倒在地上，于是大声说道：“你们这些背信弃义之徒，今天我要把你们全部杀了。”好像世界末日都要来临了，他的父母以及姐妹们都向我跪下了，声嘶力竭地求饶。我见他们无力抵抗，而且以为格拉多已经死了，因此我觉得要是杀了他们就

① 一个对修女严密禁闭的女修道院。

太卑鄙了。我跑了出去。当我到达街道的时候，我发现他家里剩余的成员，超过十二个人，有的拿着铁铲，有的拿着铁管，有的拿着铁砧，有的拿着锤子，还有的拿着棍棒追上来。当我被他们围住时，我愤怒得像一头公牛，我向他们冲过去，四五个人被冲倒在地，我自己也倒下了，我继续将我的长刀刺向一个又一个人。那些还站着的人，他们手持锤子、棍棒、铁砧袭击我；但是由于上帝有时总会仁慈地干预这类事，他吩咐我们不许再相互打斗了。我只不过把帽子丢了，我的仇人把它夺走，并用所有的武器打击它。后来，他们检查他们的伤亡情况，结果发现没有任何一个人受伤。

17

我向新圣玛利亚教堂走去，却撞上了弗拉特·阿莱西奥·斯特罗兹。我不认识他，我求这位好心的行乞修士看在天主的份儿上救我一命，因为我做了一件大错事。他叫我不要害怕，即便是做了世界上的任何错事，在他的屋子里都是绝对安全的。

大约一个小时后，八位法官召开了临时会议，对我做出了我所经历的最可怕的处罚之一。他们宣布，严惩那些包庇我或知道我下落的人，不管我在哪儿，也不管保护我的人地位多高。

我那可怜的父亲找到八位法官，向他们跪下，乞求他们对他那可悲的儿子发发慈悲。这时，一个激进的家伙站了起来，摇晃着他那翻卷过来的兜帽对我父亲说道：“你起来，立即给我滚出去。我们明天就把你儿子交给武装人员押送到乡下去。”我那可怜的父亲斗胆反驳道：“这件事上帝是怎么裁决的，你们就应该怎么做。不能任意妄为。”那个人回答说，上帝就是像他刚才所说的那样裁决的。我父亲说道：“我的直觉告诉我，你自己都不确定吧？”然后他就跑来看我，和他一起的还有一个和我年纪相仿的年轻人，叫皮耶罗·蒂·乔瓦尼·兰迪——我们两个非常友爱，就像兄弟一般。

他的斗篷下面带了一把上好的剑和一副漂亮的铠甲。他们找到我之后，父亲向我诉说了事情的经过和法官对他说的话。然后他吻了我的前额和双眼，给了我衷心的祝福："愿上帝的力量和仁慈保佑你。"他把剑和铠甲递给我，亲手给我佩带好，然后又说："好孩子，拿着它们，你要宁为玉碎，不为瓦全。"

皮耶罗·兰迪也在场，他一直在流泪。他给了我十个金克朗，我让他从我下巴上拔掉几根胡子，那是我刚长出来的短须。修道士弗拉特·阿莱西奥把我装扮成修道士，并让一个随从与我同行。

我离开了修道院，从普拉托门出了城，沿着城墙一直走到圣高卢广场。然后我上了蒙图伊斜坡，在我路过的第一片房子里见到一个叫格拉苏乔的人，他是贝内代托·达·蒙特·瓦尔齐[①]先生的亲兄弟。我甩掉修士服，又成为一个普通人。我们骑上早已等候在那里的两匹马连夜赶往锡耶纳。格拉苏乔又返回佛罗伦萨找到我父亲，告诉了他我已安全逃走的消息。父亲欣喜若狂，他再次见到那个侮辱过他的法官，对他说："你看，安东尼奥，只有上帝才知道我儿子会发生什么，而不是你。"那个家伙回答说："等他下一次落到我们手里再说。"父亲说："那我就等着上帝救我儿子免遭此难。"

18

我在锡耶纳登上去罗马的邮车，路过帕利亚时遇到一位信使。他带来了新教皇克莱门特七世即位的消息。到罗马以后，我到金匠大师桑蒂的作坊去干活。此时桑蒂已经去世，他的一个儿子继承了父业。他自己不干活，而是把所有的活都交给了一个来自耶西的名叫卢卡纳罗的年轻人。他是个乡下的小伙子，从小就在桑蒂家干活。他个头不高，但身材匀称，是

---

① 贝内代托·达·蒙特·瓦尔齐，是当时佛罗伦萨著名的诗人、学者、史学家，与作者往从甚密。

我到那时为止所见到的技术最熟练的工匠，手艺高超，设计精美。他只做大件物品，也就是精美的容器之类的物品。

我到那里之后，开始为一个西班牙人萨拉曼卡主教制作一些烛台。在工艺许可的情况下，把烛台雕刻得富丽堂皇。拉斐尔·达·乌尔比诺的一个学徒，叫吉安·弗朗西斯科[①]，人称法托雷，是一个很有能力的画家，他和主教是好朋友，很看重我，于是把我介绍给了主教，因此我从主教那里接到了很多的委托任务，并且我挣到了一笔可观的收入。

那段时间，我偶尔去米开朗琪罗的教堂学画画，偶尔也去锡耶纳的阿戈斯蒂·齐格家里，那里保留着很多由拉斐尔大师创作的精美油画。[②]一般我都是节日去，因为当时这座房子是由阿戈斯蒂诺的兄弟吉斯蒙多先生居住。他们一见到像我这样的年轻人到那里去绘画就会盛服华妆相迎。吉斯蒙多的妻子麦当娜·波尔齐亚待人彬彬有礼，长得花颜似玉。有一天她来到我跟前看我的画，问我是个雕刻家还是个画家。我回答我是个金匠。她说，一个金匠能画成这样，实在太厉害了。她让一个侍女拿来一个镶嵌在金子上的精美绝伦的钻石百合花给我看，让我估量一下它的价值。我估价为八百克朗。她说我的估价很准确，并问我能否将宝石镶嵌好。我说我很乐意效劳。然后就当着她的面开始画草图。我很卖力，与这样一位美丽动人的淑女交谈使我感到心情舒畅。

草图完成后，另一位长得很美的罗马女士来到我们这里。她本来住在楼上，她问麦当娜·波尔齐亚在这里做什么。麦当娜·波尔齐亚微笑着回答："我正在欣赏这位有才的年轻人画画，消遣消遣，他既优秀又帅气。"我已有了些自信，同时也有些腼腆，我红着脸说："承蒙夸奖，我愿随时为夫人效劳。"这位美丽的女士也有些脸红，她说："你当然清楚

---

① 吉安·弗朗西斯科·盆尼，绰号法托雷，他在罗马的壁画生涯中辅助过拉斐尔，拉斐尔非常喜欢他。他和朱里奥·罗马诺一起完成了"有瑕疵的梵蒂冈画室展厅"。

② 这里切利尼暗指的是西斯汀教堂和台伯河岸区的法内仙纳庄园，是由锡耶纳银行家阿戈斯蒂诺·齐格修建的。拉斐尔就是在这里画出了他的《伽拉忒亚》以及他的《丘比特与赛克的故事全集》。

我想让你为我做事。”她把百合花给我让我拿走，又从袋子里拿出二十金克朗给我，说：“就照你画的那样给我嵌宝石，同时保留原来嵌宝石的金子。”这时，那位罗马女士说道：“如果我是那个年轻人，我就不辞而别。”麦当娜·波尔齐亚回答说，道德与邪恶几乎不能并存，如果他那样做了，实在与他那老实人的美好形象格格不入。然后她转过身拉着那位罗马女士的手，微笑着对我说：“再见，本韦努托。”我呆了一会儿又开始画我的画——临摹的拉斐尔的朱庇特像。

我画完画之后，就开始制作一个小蜡模型来显示宝石嵌好以后的样子。我把它拿给麦当娜·波尔齐亚看，她还是和那个罗马女士在一起。她们对我的作品极为满意，对我也非常友好。我不知从哪儿来的勇气，当场表示宝石完成以后会比模型好一倍。于是，我着手工作，并在十二天后完工。如前所述，作品呈百合花形，上面装饰有人面像、儿童和动物的图像，上彩也极为精美，因而构成百合花的钻石看上去效果倍增。

19

我制作这件宝石期间，卢卡纳罗表现出相当的不满，关于他的才能我前面已经说过。他一而再再而三地对我说，如果我像开始时那样帮他制作大件物品会得到更多的名利。我回答，只要我愿意，任何时候我都能制作大件银器，但像我目前正干的这件工作并不是每天都能接到的。这样的活儿带来的荣誉也不比大件银器少，而且挣的钱会更多。他嘲笑我说：“等着瞧吧，本韦努托。你干完你的活儿时我也能赶做出来一个容器，我接到它时你正在做那个宝石。到时候你就会知道，我的容器能挣多少，你的装饰品又能挣多少。”我回答说，我确实很乐意与像他这样优秀的工匠一较高下，最后的结果会告诉我们两个到底谁对谁错。就这样，我们两个面带轻蔑的微笑，极其认真地投入到了各自工作中。大约十天之后，双方都以精湛的技巧完成了各自的工作。

他制作的是一件很大的银器，用来放在教皇克莱门特的餐桌上，供他在吃饭时放置碎骨头和各种水果皮。与其说这是一件必需品，不如说是一件奢侈品。容器上装饰了两个漂亮的把手，另外还有很多人面像，有大有小，还有很多好看的树叶，风格高雅无比。我看了之后说，这是我见过的最漂亮的容器。卢卡纳罗认为我是认输了，就回答，“你的作品看起来也不比我的差，但我们很快就会看出两者的不同来。”

他把容器带给教皇。教皇非常高兴，立即吩咐按正常的大件器皿的价钱支付他报酬。与此同时，我也带着我的作品去找麦当娜·波尔齐亚，她看了以后极为惊讶，对我说，我做的已远远超过了我的承诺。然后她让我开价，想要多少要多少。在她看来，我应得到一笔巨额酬金。我回答说：“我对自己的劳动所要求的最大的回报就是使您得到满足，这就足够了。”我向她点了点头，就要告辞。她转身对那位罗马女士说：“你看到了吧，我们应该可以认清他的人品了吧，他是道德高尚的人，而不是邪恶之徒。”

她们两个都表达了对我的敬佩，然后麦当娜·波尔齐亚又说：“本韦努托，你难道没听人说过，穷人送东西给富人时，就连魔鬼也要发笑吗？”我回答：“听说过，但魔鬼已身陷困厄，这次我倒愿意看他笑。”我告辞时，她说这次她不愿意让魔鬼这么做。

我回到作坊时，卢卡纳罗已经把他的容器酬金放在了一个纸袋里。看到我回来他就喊道：“过来把你的宝石酬金和我的容器酬金比一比。”我说：“明天再说。”既然我的作品并不比他的差，我觉得我也一定能够得到一个好价钱。

20

第二天，麦当娜·波尔齐亚派她的大管家来到我的作坊。他把我叫出来，塞给我一个纸袋，里面是他的女主人送的钱。他告诉我，她不想让魔鬼开怀大笑，以此暗示她送给我的钱并不是我的劳动理应得到的全部报酬。而且她还暗示了其他信息，也就是，我为如此懂礼数的女士做事儿是值得的。

卢卡纳罗火烧火燎地闯进了作坊，要与我比比钱袋。他要当着十二个工匠和一些邻居的面看这次较量的结果。他抓起他的钱袋，轻蔑地喊了三四声："嗬，嗬。"叽里呱啦地把钱倒在柜台上。一共二十五个银克朗。他认为我也就能得到四到五克朗。

我被他的叫声和旁观者的神情搞得不知所措。我先往袋子里瞅了瞅，发现里面全是金币，就退到柜台一端，耷拉着眼皮一声不吭。我突然用双手将袋子举过头顶，像漏斗一样地将其倒空。我的钱是他的两倍。围观者本来以嘲笑的目光看着我，这时突然转向他说："卢卡纳罗，本韦努托的钱全是金币，是你的两倍，比你强多了。"

我以为卢卡诺罗肯定会由于忌妒和羞愧当场死在那里。尽管他抽走了我挣的三分之一——因为我是个雇工，这是我们这一行的规矩，收入的三分之二归工匠，三分之一归作坊的师傅——可他所体现的自私和忌妒要远远大于贪婪。这本来应该颠倒过来，他毕竟是耶西一个农民的儿子。他诅咒了他的手艺和教他手艺的人，发誓再也不做大件物品了，以后只制作那些破烂小玩意儿，那种东西赚钱才快。我也同样窝着一肚子火。我回答说："狗嘴里吐不出象牙来。你一张嘴大家就知道你是个茅舍里爬出来的乡巴佬。我敢保证，我做你的大件器物轻而易举，你做我的破烂小玩意儿却没一点儿希望。"说完我就怒气冲冲地走了，并告诉他我的话不久就会应验。旁观者公开指责他，把他当成一个小丑——实际上他就是个小丑，而把我当成一个男子汉，事实上我已向人们证实了这一点。

21

第二天，我去感谢麦当娜·波尔齐亚，并告诉她，她所做的与她的愿望背道而驰，因为我想让魔鬼发笑，她则使魔鬼再次拒绝相信上帝。我们两个都会心地笑了。她又给了我一些其他精美、有价值的东西让我做。

与此同时，我通过拉斐尔·达·乌尔比诺的一个学徒得到了主教萨拉曼卡的一个任务，为他制作一个大船模型放在餐具柜上作为装饰品。他想做一对尺寸相同的模型，他把其中一个委托给了卢卡纳罗，另一个委托给了我。之前提到的画家吉安·弗朗西斯科为我们设计方案。我十分乐意着手干这件事，并与一个叫焦万·皮耶罗·德拉·塔卡的米兰人同住在他的作坊里。一切准备就绪之后，我计算了一下自己需要用多少钱，剩余的钱就全寄给了我的父亲。

就在我给父亲往佛罗伦萨寄钱的前后，父亲偶然碰见了我当初惹祸时八人治安委员会中的一个激进成员，就是那个粗野地侮辱他并发誓要把我押送到乡下去的家伙。这个家伙有几个道德败坏、名声很臭的儿子。我父亲对他说："任何人都可能有不幸，尤其是那些得理不让人的人，甚至我的儿子也是这样。但他以后的岁月将会见证我的教子有方。为了你好，愿上帝让我们的儿子以同样的方式对待我们，谁也不比谁强，谁也不比谁差。上帝使我将儿子抚养成人，在我无能为力的时候，是他老人家救他免遭你的毒手，你就是没辙。"

两人分手以后，父亲给我写信，把这事从头至尾讲了一遍，还让我看在上帝的份儿上抽空练练音乐，不要把他费尽心血教给我的精湛技艺荒废。这封信洋溢着人世间最为温情脉脉的父爱，令我这做儿子的柔肠百转，热泪盈眶。我决心在他有生之年满足他对我在音乐方面的愿望。这样上帝就会完全按照我们在祷告中的要求赐福给我们。

22

我在完成萨拉曼卡主教的任务时只有一个小男孩做帮手，他是在我朋友的请求下，我不太情愿地接收下来的。他大约十四岁，名叫保利诺，是一个罗马市民的儿子，父亲以房地产收入为生。保利诺是我一生中所见到的最有礼貌、最诚实、最帅气的男孩。他谦恭的举止和行为，加上他对我的忠诚，使我对他宠爱至极。我经常为他演奏音乐，因为我发现，只要我拿起短号，他那张略带伤感的俊俏面庞便露出喜色，其笑容之甜美足以使希腊人描写的天神黯然无光。的确，如果这个男孩生活在那个年代，他恐怕会使希腊人神魂颠倒。他有个姐姐，名叫福斯蒂纳，我深信她比那个古书上所描述的福斯蒂纳更漂亮。有时他带我到他家的葡萄园，据我个人的判断，保利诺的父亲就像对待女婿一样地欢迎我。这使我比以前演奏音乐的时间更多了。

正在这时候，切塞纳的詹贾科莫——教皇乐队的优秀演奏家——通过洛伦佐——卢卡的小号手，现为我们的公爵效力，来询问我是不是愿意和他们一道欢庆教皇的八月节。他们想让我吹奏小号，在他们精选的优美的圣歌中担任最高音部。尽管我极想完成已经开始制作的模型，但由于音乐自有其迷人的魅力，另外还由于我想取悦我那年迈的父亲，我还是同意参加他们的活动。在节日之前的八天里，我们每天都在一起练习两个小时。

到了八月一日，我们来到了贝尔维迪宫，在教皇克莱门特面前演奏了认真练习过的圣歌。演出极为成功，教皇陛下声称，他从未听过如此美妙、各声部如此和谐的音乐。他找到詹贾科莫，问他是如何找到这么出色的一个短号来担任最高音部的，并特别问到我是谁。詹贾科莫把我的名字告诉了教皇。教皇说："这么说，他是乔瓦尼师傅的儿子？"得到确认之后，教皇立即表达了他想让我和其他的乐队手为他效力的愿望。詹贾科莫回答道："尊敬的教皇，可不能装假说你能够得到他。他的职业是金匠，他为此而刻苦努力并取得了奇迹般的成就，挣的钱要比演奏多得多。"教皇回答说："既然我发现他拥有的才能超过了我的想象，我就更想得到他了。一定要让他得到与你们各位同样的报酬。以我的名义告诉他，让他为我效力，我会给他找到足够的按日计酬的活儿，让他从事这一职业。"说完他伸出一只手，将包在手帕里的教廷财政部的一百金克朗交给他，说道："把这些钱分一分，也有他的一份儿。"

詹贾科莫离开教皇，来到我们中间，把教皇的话详细讲述了一遍，然后把钱平分给我们。他对我说："现在我要把你招收进来，你将为我们中的一员。"我回答说："今天就算了，明天我再给你答复。"

回去以后，我一直在考虑是否要接受这一邀请，因为我可不想放弃我那高尚的艺术研究。深夜，我梦见了父亲，他眼含热泪，求我看在上帝和他的份儿上接受邀请。我回答，谁也不能让我改变心意。他顿时颜色大变，吓得我不知所措。他叫道："如果你不接受，我要永远诅咒你。如果你接受，我会永远祝福你。"我醒来之后，拔腿就跑去签名登记。然后我就给父亲写信，告诉了他这个消息，他狂喜不已，结果兴奋得发了一场大病，险些丢了老命。他在给我的回信中说，他也做了一个几乎和我完全一样的梦。

23

既然我已经满足了父亲的愿望，我觉得自己一定会一帆风顺，今后也必定扬名立万，大富大贵。因此，我不知疲倦地去完成萨拉曼卡主教的任务。这位主教是个不寻常的人物，他极为富有，但也很难取悦。他每天都派人来了解我的动静。如果发现我不在家，他就会勃然大怒，声称要把这件任务交给别人去干。这就是我从事那该死的音乐造成的后果。

我仍然夜以继日地拼命干，终于有一天，我的作品已经能拿出手了，我就把它呈送给主教检验。主教看了以后，更想使它完成，我又后悔不该这么早拿出来给他看。三个月后，我终于完工了，上面的小动物、树叶和人面像漂亮之极。一做好，我就让我的徒弟保利诺拿给那个卢卡纳罗看。保利诺对他说："卢卡纳罗先生，本韦努托让我告诉你，他让你看看他的许诺和他做的大物件。另外，他想看看你做的破烂小玩意儿。"卢卡纳罗拿起我的作品仔细观看，然后对保利诺说："小伙子，告诉你师傅，他是个了不起的能工巧匠，我请他接受我成为他的朋友。只是成为朋友，不牵扯其他任何东西。"

保利诺顺利完成了使命，我高兴万分，然后我把作品送给萨拉曼卡主教。他让人评估一下。卢卡纳罗参加了评估，他对我的作品的估价和赞美远超过我本人的看法。萨拉曼卡主教将它高高举起，像一个地道的西班牙人那样喊道："我向天主起誓，他的制作拖延多久，我对他的报酬支付也要拖延多久。”我听到这话之后极为愤怒，开始大骂整个西班牙和所有祝它好运的人。

除了其他的漂亮装饰之外，这件物品上还有一个把手，用一整块料做成，做工极为精细。当你触动上面的弹簧，把手就会直立起来，一直伸到瓶口的位置上。一天，主教向他的西班牙侍从炫耀这一物品。主教刚离开，其中一个侍从就毛手毛脚地玩弄物品的把手。移动把手的弹簧极为纤弱，哪能架得住他那笨手瞎折腾？结果他给玩坏了。他知道闯了大祸，就请掌管主教器物的管家去拿给制作它的师傅修理，并答应要多少钱都行，只要能马上修好。

这样，这件作品又一次到了我手里。我答应很快就修好。事实确实如此。东西是午饭前拿来的。到二十二点的时候，管家又满头大汗地回来了，他是一路跑来的，主教又要拿它给别的绅士看。管家不容我开口就喊道："快快，把东西拿来。"我则不慌不忙地说，我可没说我能这么快就修好啊！

管家大怒，就要拔剑。我马上用自己的武器制止了他，说话也带上了火药味："我就不给你。去告诉你的主人。先付工钱，然后才能把东西拿走。"他看来硬的不行，就祈求我，就像在十字架前祈祷一样，说如果我把东西交出来，他一定给我报酬。这话没能使我改变主意，我还是那句老话。最后他绝望了，发誓要带人来把我撕成碎片，然后就拔腿走了。

我知道他们的报复心理，于是鼓起勇气自卫。我准备了一杆枪，那是我用来打猎的，喃喃自语道："反正他们夺了我的财产，抢了我的劳动成果，肯定也想要我的命，那就让他们来吧。"这时候，一群西班牙人就来了。为首的是他们的大管家，他以西班牙人的刚愎自用吩咐那些人进来拿走那件作品，并让他们痛打我一顿。听到这话，我大声喊道："你们这些犹太叛徒，在罗马市你们就这样破门而入吗？这就是你们的作风吗？谁要是再往门口走一步，我的枪就会叫他脑袋开花。"然后我把枪口对准他们的大管家，做出要开火的样子喊道："你这个贼头儿，都是你在后面煽风点火，我先把你杀了。"他一听这话，转身就跑。

我们这一番折腾惊动了四邻，他们围拢过来，另外还有一些路过的罗马绅士。他们叫道："杀了这些叛徒，我们会站在你这一边。"这些话起作用了，还真吓唬住了那些西班牙人。他们撤走了，将整件事告诉了主教。

主教本是个极其傲慢无礼的人，他大骂了他们一通，一是由于他们行为粗暴，二是由于他们惹了事却没有善后。就在这时，与整件事有关的一位画家来找我了。主教让他告诉我，如果我不把东西马上拿来，他就要把我剁成肉酱。如果拿来，他就当场付给我钱。他的威胁根本吓不住我，我给他捎话说，我会马上把这东西提交给教皇。

在此期间，他的怒气和我的担忧都减退了。另外，一些罗马贵族向我保证主教不会伤害我。我也确信我能得到报酬，于是带上一把匕首，穿上我的护身铠甲去了他的邸宅。他已把他的人全部集合起来。我进了门，保利诺拿着银器也跟了进去。那阵势恰似走进天上的黄道十二宫，不多也不少。有个人长着狮子脸，另一个是蝎子脸，还有一个螃蟹脸。我们径直来到主教面前，从他嘴里冒出来的话只有神父和西班牙人才能说出口。我连眼皮也不抬一下，对他的话爱答不理。这好似火上浇油。他让人拿给我一张纸，让我写一份证明，承认我很满意地得到了全部报酬。我抬起头说，如果我拿到了钱，就会很乐意这样做。主教的火气更大了，威胁与斥责马上接踵而来。但他最后还是付了钱。我也写了收据，然后离开了。

24

当教皇克莱门特知道这件事之后——他以前见过那件银器，但不知道是我的作品——他对我很有好感，并当众对我大加赞赏。这使得主教萨拉曼卡很惭愧之前对我无礼。为了和我重归于好，他又让那位画家来找我，说他打算给我很多的活儿让我做。我说我很乐意效劳，但是要求预付金。这话传到教皇克莱门特耳朵里，他听了开怀大笑。红衣主教奇博当时在场，教皇就向他讲述了我与那位主教争端的经过。然后他转向一个下人，命他继续为我提供教廷的工作让我做。

红衣主教奇博派人把我找去。我与他进行了一次愉快的谈话。他交给了我一项更大的任务。之后，我还从红衣主教科尔纳罗和红衣主教团的其他成员，尤其是里多尔菲和萨尔维亚蒂[①]那里接到不少活儿。我一直忙个不停，也挣了很多钱。

麦当娜·波尔齐亚建议我自己开一个作坊。我照办了，我一直没有停止为她效力，她支付我的报酬极为丰厚，也许就是通过她，我才开始崭露头角的。

我与罗马执政团的加布里埃罗·切塞里诺建立了深厚的友谊。他是当时的罗马行政长官。我也为他制作了很多物品，其中有一件很值得一提。那是一块戴在帽子上的金徽章，我在上面雕刻了勒达和她的天鹅。切赛里诺对我的技艺非常满意，说要让人给它估价，以便付给我适当的报酬。由于徽章做得巧夺天工，评估者的估价之高大大出乎他的预料。结果徽章我只好自己留下，辛苦一场之后分文未得。但这样的事情我基本一笔带过，以免妨碍我讲述更重要的事。

25

由于我在写自传，我就必须时不时地离开我的职业话题而简要地描述一些与我的艺术生涯无关的事。

圣·约翰日的早上，我碰巧与几位老乡在一起吃饭，有画家、雕刻家和金匠。其中最有名的是罗索，还有拉斐尔的学生詹弗朗切斯科。[②]我邀请他们到这里来聚会，让他们不要拘谨。在这个重要的节日里，大家应该有

① 马尔科·科尔纳罗是塞浦路斯女王卡特琳娜的兄弟。他是在1492年得到这个职位的。尼科洛·里多尔菲是利奥十世的侄子。乔瓦尼·萨尔维亚蒂是雅克波的儿子，他也是利奥十世的侄子，在1517年利奥十世给了他那个职位。

② 圣·约翰日是佛罗伦萨人的节日，在此节日上，所有的协会都会形成壮丽的游行队伍在这座城市列队前行。在佛罗伦萨的画家中，罗索，是切利尼第一个提到的。他1534年去了法国，并且于1541年不明不白地死去了。

说有笑，好好开心一下。

这时，正好有一个轻狂自大的年轻人路过。他是里恩佐·达·赛里[1]手下的士兵，他听到了我们的交谈，就无礼地嘲笑了我们这些佛罗伦萨人。作为这些艺术家和高贵人物的东道主，我把这当成是对我本人的侮辱。我悄悄溜出来朝他走去。那个家伙这时正和一个妓女在打情骂俏。我来到他跟前，问他是不是那个辱骂佛罗伦萨人的家伙。他马上回答："我就是那个人。"于是我一巴掌打到他脸上，说："我就是打你的那个人。"然后我们两个都拔出宝剑。但由于一群人跑过来干涉，因此并没有真正打斗，大家都认为我是对的，都站在我这边。

第二天，他向我决斗。我欣然接受，并说，说我很希望能尽快了结这件事，这种事要比完成我从事的艺术工作容易得多。之后我马上去请教一位了不起的老人，他叫贝维拉夸，是意大利第一剑客，曾经历过二十多次决斗，而且每次都得胜而归。他是我的好朋友。我是作为艺术家与他相识的，他也曾在我与别人的一些激烈的争执中充当过调解人。因此，他在了解了事情经过之后对我说："我的本韦努托，你就是惹了战神玛尔斯我也相信你也能打败他。我认识你多年了，还从来没见你无理取闹过。"

于是他同意做我的副手，我们就拿着剑一起到了决战的地方。决斗的结果兵不血刃，因为我的对手中途罢手了。进一步的详情我就不再讲了，尽管这些细节都很精彩，我还是想把篇幅和文字留给我的艺术，那才是我写自传的主要动机。

为荣誉而竞争的意识促使我再次完成一件杰出的手工艺品，这一作品应该与我前面提到的能工巧匠卢卡纳罗的作品不相上下，甚至超过他的作品。但我并不因此而荒疏我的珠宝手艺。这两个领域都给我带来了很多的利益和更多的荣誉，我也有很多极具独创性的作品问世。

当时，罗马有一个来自佩鲁贾的能干工匠，名叫劳蒂齐奥，他只从事

---

① 里恩佐·达·赛里是一个冒险队队长，他招募了一些雇佣兵力量用作军需官。1514年，他为威尼斯人保卫了克丽玛，并于1515年为教皇征服了乌尔比诺。后来他在意大利战争中为保卫法国而战。我们将还会在之后的罗马大劫掠中提到他。

印章制作，并在这一领域中盖世无双。要知道，在罗马，每个红衣主教都有一个印章，上面刻着他的头衔，其大小相当于一个约十二岁儿童的手。印章上除了红衣主教的头衔之外，还有很多的装饰图像。这样一个制作精美的图章可卖到一百或一百多克朗。这个优秀的工匠虽然从事的手艺与金匠业的其他分支相去甚远，而且他除了制作图章以外对其他的工艺一无所知，但他还是像卢卡纳罗一样激起了我的竞争意识。我开始专心学习他的手艺，尽管我发现这很难，但我没有被困难吓倒，满腔热情地去赚钱和提高技艺。

罗马还有一位杰出的能工巧匠，是一位叫卡拉多索先生的米兰人。他以金属板为原料，以凿子为工具制作小像章一类的东西，别的什么也不做。我见过他的一些用半浮雕刻成的圣像牌，一些用最薄的金板制作的巴掌大小的耶稣像，做工精湛无比。他堪称是我所见过的制作同类工艺品的最伟大的大师。我羡慕他超过了羡慕其他所有的人。

还有许多其他的制作钢雕徽章的大师，都可以称作是那些想制作完美像章者的楷模和真正的导师。所有这些种类的工艺我都坚持不懈地努力学习。

我不应该遗漏高雅的上瓷釉艺术。在这一领域中，除了我的一个名叫阿梅里戈的佛罗伦萨老乡之外，我不知道还有无别的杰出人物。我并不认识他，但我很熟悉他的杰作，件件精美，我所见过的任何工匠都望尘莫及。对这一工艺我也倾注了全部的心血，尽管它极难掌握，主要是由于火候的问题。由于用火不当而导致整件作品毁于一旦的现象时有发生。尽管困难很大，我仍然乐此不疲，甚至以苦为乐。这是由于我的特殊天赋，也就是说，基于自得其乐的天性和才华横溢的资质，我能随心所欲地完成我乐于接受的任何工作。

我所描述的各个艺术门类相互之间差别很大，所以，一个在某一门类出类拔萃的人如果涉足别的门类，几乎不可能取得同样的成功。而我却竭尽全力地争取在所有门类中应付自如。在适当的地方，我会证实我实现了自己的目标。

26

我二十三岁那年，一场来势凶猛的瘟疫席卷罗马，每天都有成千上万的人因此丧命。对这场灾难我有些害怕，于是就想去搞一些娱乐活动，其原因我稍后再说。

那时，我养成了一个习惯，就是节日去参观古建筑物，并用蜡或铅笔将其临摹下来。这些建筑物都是废墟，里面有很多鸽子，我就想用枪去打它们。于是，我经常和保利诺背着鸟枪，两人一块儿到废墟去。而回家的时候常常收获颇丰。我丰硕的斩获全凭的是技术。我有一支自己制作的鸟枪，从里到外光亮如镜。我还常制作上好的火药，并在制作过程中发现了一些窍门，与已知的方法均不相同。为简略起见，在这个问题上我只举出一个细节，就足以使所有的神枪手咋舌——我往枪里装的火药重量只有弹丸的五分之一，它就能直线平射二百步远。

当然，我这样玩枪取乐可能会使我偏离艺术与研究，但在另一方面，它给予我的要多于它夺走我的，因为每次打猎归来，我的健康状况都有很大的改善。户外活动对我的身体大有好处。我天性忧郁，而当我从事这些娱乐活动时心胸就会豁然开朗，工作起来也比整天搞研究和手工操作时更加得心应手。这样，在狩猎活动结束时，我的枪给我带来的好处要多于损失。

我也因此而结识了一些猎手，他们常常和那些到罗马去耕种葡萄园的伦巴第农民在一起。农民们在挖地的时候常常挖出古代的徽章、玛瑙、绿玉髓、光玉髓和浮雕宝石，有时也有绿宝石、蓝宝石、钻石和红宝石一类的东西。农民们常以微不足道的价格把这类东西卖给商人。我遇到这些人时，就以他们付出的几倍的价钱从他们手里买回某件物品。通过这一交易我获得的利润先不说，估计至少有十倍，它还使我与罗马几乎所有红衣主教建立了融洽的关系。

这些珍品之中，我只提一提几个最著名、最罕见的。有一个海豚头像，大约相当于一个用来投票的豆粒那么大，这个头像的风格极为优美，而且大自然的造化在这里远胜过人工。这是一块绿宝石，颜色非常好看，一个人从我这里以几十克朗的价钱买走以后把它加工成一枚戒指，然后又以几百克朗的价钱卖了出去；还有一块光彩夺目的黄玉，在它身上人工与大自然的造化不分轩轾。它有棒子那么大，上面刻有密涅瓦的头像，风格华丽无比。我记得还有一块宝石与这些都不一样。那是一块浮雕宝石，上面雕刻有赫拉克勒斯捆绑三头犬刻耳柏洛斯的像，工艺之精湛使我们伟大的米开朗琪罗都断言他从来没见过如此奇妙的作品。我还得到了一枚朱庇特的头像，它是我见到过的最大的一枚，头像的制作完美无瑕，像章的背面有一些同样风格的小人物像，设计极为精美。关于这一珍品，我可以长篇大论地描述，但为了避免啰唆，我还是要到此搁笔。

27

如前所述，罗马爆发了一场瘟疫。尽管我暂时偏离了我的艺术道路，但我不能因此就放弃我人生的主要梦想。

罗马来了一位声誉很高的外科医生，名叫贾科莫·卡尔皮大师。[①]这位大能人除了从事别的业务之外，开始着手医治所谓的法兰西病。这是一种最为难治的绝症。在罗马，这种病对僧侣们情有独钟，尤其是那些富有的僧侣。所以，贾科莫的名声传播出去后，他就表示要用熏蒸法来治好这种病。但只有保证他的报酬，他才会着手去治病。他的开价不是几十克朗，而是数以百计克朗。

他还是一位设计艺术的大鉴赏家。一天，他正好从我的作坊门前路过，看到了很多我摆放在柜台上的画，其中有几幅小器皿的设计图，风格自由奔放，是我自己画着玩儿的。这些设计与当时人们见到的任何样式都不一样。他很想让我照着图用银子给他做一两件。我做了，是完全按照我

① 事实上，贾科莫不仅是内科医师、外科医师，还是一个解剖学研究者。据说，他是第一个用水银治疗梅毒的医生，1495年之后，梅毒这种疾病一直摧残着意大利。他积累了大量财富，在1530年他在费拉拉去世，并且把这些钱都给了公爵。

个人的审美观做的，所以感到极为满意。他非常慷慨地付了我报酬，但这些作品给我带来的荣誉要比这笔金钱高出百倍，因为金匠行业中最好的工匠都说，他们从没见过比这更美或更好的作品。

他把这件东西拿给了教皇看，第二天就离开了罗马。他学识渊博，对医学常有高谈阔论。教皇很想把他留在身边效力，但他回答说，他不愿成为世界上的任何人幕僚，谁要是需要他的话可以去找他。他的选择非常明智，因为几个月以后，他医治过的所有病人都加重了病情，比他没来之前要严重百倍。他要是留下来，肯定会遭人暗算。

他把我做的容器拿给几个显要人物看，其中有杰出的费拉拉公爵。他骗他们说，这些东西他是从罗马的一个大贵族那里得到的。他告诉这个贵族，如果他想治好病就得把这两个容器给他。但贵族告诉他，这都是古董，让他再看看别的东西，只要方便都可以给他，就是这两个东西得留下。但贾科莫师傅装出不给他治病的样子，最后还是搞到了它们。

这些都是费拉拉·阿尔贝托·本代迪奥告诉了我的。他非常自豪地向我展示了他的一些容器。听到这里，我笑了，什么也没有说。阿尔贝托·本代迪奥是个非常傲慢的人，说道："你在笑这些陶器是吗？我告诉你，在过去的一千年里，还没有哪一个人能够仿制它们。"我并不想抹杀这些作品的好名声，于是保持沉默，陶醉在对它们的赞美之中。

在罗马，许多显贵都对我说过，其中有些是我的朋友，在他们看来，那两件容器精美绝伦，是地道的古董。他们的赞美给了我勇气，于是我就吐露说，这些东西都是我制作的。他们都不信。由于我想证明我说的是实情，我必须拿出证据，所以又为这些容器绘制出新图。我光空口说白话是不够的，当初狡猾的贾科莫师傅硬是把原来的图都拿走了。这一小差事又使我挣了一些钱。

28

这场浩劫持续了好几个月，虽然我的几个伙伴都死了，但我还是幸存下来了。

一天傍晚，我的一个好朋友把一个名叫福斯蒂娜的博洛尼亚妓女领回家吃饭。她长得很漂亮，但已有三十岁上下，带着一个十三四岁的小女仆。福斯蒂纳是我朋友的女人，无论如何我也不会动她一指头。虽然她声称她狂热地爱着我，我还是不为所动。但他们上床以后，我偷偷地把那个小女仆拐走了。她还是个黄花闺女，如果她的女主人知道了这件事她可要倒霉了，结果我一夜如鱼得水，可比与福斯蒂纳过夜强多了。

早上起床后我感到有些累，我正想吃点东西，突然感到头痛剧烈。左胳膊上长出了几个疖子，左手掌与手腕的连接处也出现了一个红斑。屋子里的每个人都惊恐万状。我的朋友、福斯蒂娜和那个小女孩都溜之大吉了。只剩下我和我那可怜的徒弟，他不愿意弃我而去。我心如死灰，心想这下可完了。

正在这时，我徒弟的父亲路过，他是红衣主教亚科巴齐的医生，与主教的家人住在一起。我徒弟喊道："快来，父亲，来看看本韦努托，他在床上，有点儿不舒服。"这位医生马上过来，号了我的脉，结果发现了某种他非常不愿意见到的东西。他转身对儿子说："你这个孽种，可把我毁了。你叫我怎么回去见红衣主教？"他儿子回答说："父亲，我师傅这个人可比罗马所有的红衣主教都金贵得多。"医生又对我说："我既然来了就给你治一治。但我要警告你，你要是玩了女人可就没治了。"我回答："我夜里刚玩过。"他又问："跟谁，玩儿到什么程度？"我说："昨天晚上，和一个小女孩，是她的第一次。"他说道："嗯，鉴于这些还是新伤口，还没有开始恶臭，治疗可能会花一段时间，但你不必太害怕，我很有把握治好你。"

他给我开好药方走了以后，我的一个很要好的朋友乔瓦尼进来了。他对我的巨大痛苦深表同情，说："振作起来，我的本韦努托，我不看到你恢复健康就决不离开你的身边。"我让他不要离我太近，因为我的病症已蔓延全身。我只是恳求他从我床边的小盒子里拿出一笔数目可观的钱，在天主召唤我归天时把它送给我那可怜的父亲，并像我以前所做的那样写信宽慰他，如果那可怕的瘟疫期容许的话。

我那可爱的朋友说，他根本不打算离开我，无论发生什么事，不管生死存亡，他都清楚地知道对待一个朋友的职责。就这样，天主保佑我们大难不死。不久之后，我就摆脱了那可怕的病痛，恢复了健康。但伤口仍然没有愈合。当我骑着一匹小野马外出时，我在伤口上包扎了棉绒物，还涂了石膏。这匹小野马身上的毛有四根手指那么长，看起来就像一只熊。我骑着它去访问画家罗索，他当时住在农村——位于契维塔韦基亚方向——在安圭拉伯爵的一个叫做切尔韦泰拉的地方。他见到我非常高兴。我说："我来为你做的就是好几个月以前你为我做过的事。"他听了大笑，拥抱并亲吻了我，要我看在伯爵的份儿上不要声张。我在那里心满意足地住了大约一个月，享受着美酒佳肴和盛情款待。我每天都一个人骑着马到海滩，然后下马往口袋里装各种各样珍奇精美的卵石、蜗牛壳和海贝壳。

最后一天——从此以后我就不再到那里去了——我遭到一帮人的攻击。他们化了装从一条摩尔人的私掠船上下来，把我赶到一条小路上，以为我无法逃出他们的手心。这时我突然上了马，心想，在这种境况下，要么被火烤，要么被水煮，已经不可能逃脱这两者的命运了。

但是，按照天主的意志，我的那匹马令人难以置信地飞身一跳，使我安全脱身，为此我真是由衷地感谢天主。我把这件事告诉了伯爵，他马上就跑过去拿武器，但坏人们已经跑了。

第二天，我便安然自得地返回了罗马。

29

这时，瘟疫几乎已经过去，所以幸存者都聚到了一起庆祝。这样就形成了一个画家、雕刻家和金匠俱乐部，成员都是罗马的一流人物。创立人是米凯尔·阿尼奥洛的雕刻家。他是锡耶纳人，非常精明强干，可以和任何工匠抗衡。他在俱乐部里年龄最大，然而，他却是体格最健壮、精力最旺盛的。我们经常聚在一起，至少一周两次。

我不能遗漏我们这个俱乐部里另外两个人，画家朱利奥·罗马诺和吉安·弗朗西斯科，他们两个都是拉斐尔的高足。

多次愉快的聚会之后，我们的主席想让我们大家在下个星期天到他家里吃晚饭，而且每个人都要带上本俱乐部的一个女同伴（阿尼奥洛给本俱乐部的女成员取了个绰号，叫“乌鸦”），谁要是不带就罚他请全体成员吃一顿饭。那些与城里的妇女不熟识的人不得不花费不少的工夫和钱来请客，这样才能在艺术家的盛宴上保全自己的面子。

我喜欢一个名叫潘塔西里亚的漂亮的年轻妇女，她非常爱我。但我还是把她让给了我的一位最亲密的朋友巴基亚卡，事实上他一直神魂颠倒地爱着她。我的这一举动惹怒了潘塔西里亚。她看到巴基亚卡一求我我就把她抛弃了，就以为我不在乎她对我的一片痴情。后来这一误解导致了一个很严重的事件，那是由于她想报复我对她的当众侮辱。这件事我到适当的时候再讲。

参加大聚会的时刻就要到了。我的搭档还没有着落，我觉得这种事我都弄不好实在有些窝囊，但我考虑得更多的是，我不打算让某个丑八怪乌鸦沾了我那神圣殿堂的灵光。考虑到这些，我就想出了一个花花点子来活跃晚会的气氛。

打定了主意，我就让人去找一个十六岁的小伙子，他是我的邻居，一个西班牙铜匠的儿子。这个年轻人把时间都花在拉丁语学习上，非常勤奋用功。他叫迭戈，长得线条清秀，肤如凝脂，长相之俊秀使古代的安蒂努斯都相形见绌。我经常临摹他的形象，这些作品为我赢得不少荣誉。小伙子没有熟人，所以不为人所知。我把他带到屋里，给他穿上我找人做好的女装。他爽快地同意了。我精心给他梳了头，化了妆，带了耳环——上面嵌有两颗又大又美的珍珠。耳环是断开的，只是夹在他耳朵上，但看起来好像是穿透了一样。然后我给他戴上黄金和珠宝项链，又给他戴上了戒指。

我开玩笑地揪住他一只耳朵，把他拽到镜子前面。他看到自己的尊容后兴奋得大叫起来：“天啊，这是迭戈吗？”我说：“这是迭戈。”在此之前我从没求他帮过忙，可现在我只求他满足我，让他穿着这身衣服去参加一个艺术家的晚宴。这个又老实、又善良、又聪明的年轻人沉下了脸，耷拉着眼皮看着地，沉默了一会儿。然后他抬起头说：“我愿意和你一起去，现在就走吧。”

我用一大块头巾包着他的头，这东西在罗马被称为夏布。我们到达聚会的地点一看，人们已经聚齐，大家都过来和我打招呼。米凯尔·阿尼奥洛站在朱利奥和吉安·弗朗西斯科之间。我把我带来的“美人”头上的面纱揭开；米凯尔·阿尼奥洛是世界上最幽默的人，也是最能让人开心的人，他把两只手分别放在朱利奥和吉安·弗朗西斯科的肩上，并用力拉他们两个，用尽全身力气压着他们鞠躬，而他自己则双膝跪倒在地，大声呼叫，并对大伙儿说道：“请看天堂里的天使是个什么样子，尽管他们叫作天使，现在你们会看到，他们并不都是男性。”然后他又高声说道：“美丽的天使，美丽的天使。请保佑我吧，我会祝福你。”

我的“女伴”笑了，举起右手，给了他一个教皇式的祝福，还说了很多好听的话。阿尼奥洛站起来，说按照习惯要吻教皇的腿和天使的脸。他吻了迭戈的脸，小伙子臊得满脸通红，这使他显得更加光彩照人。

欢迎仪式结束之后，我们发现满屋都是十四行诗，这些都是我们作的诗，送给阿尼奥洛的。我的“女伴”开始优雅地朗读起来，更为他无穷的魅力增添了语言难以描述的风采。接下来就是风趣的交谈，我就不再详述了，这不关我的事。只是有一句妙语值得一提，那是令人钦佩的画家朱利奥说的。他意味深长地望着四周的人，尤其把目光集中到女人身上，然后向阿尼奥洛说道：“我亲爱的阿尼奥洛，你起的‘乌鸦’这个外号非常适合今天的各位女士，尽管她们与人们所能想象的最美的孔雀之一站在一起显得连乌鸦都不如。”

宴席摆好以后，我们正要入座，朱利奥要为我们排座位。大家同意了。他就拉着女士们的手，把她们都安排在里边一侧，我的“女伴”居中而坐。然后他把男士们都安排到外侧，我坐在中间，他说无论怎么奖赏我都不过分。女士们身后的背景是一个展开的令人赏心悦目的素馨花挂毯，将各位女士尤其是迭戈衬托得千娇百媚。接着，我们就开始品尝主人的丰盛宴席。饭后是一段动听的音乐，人声与乐器珠联璧合。看到他们都照着本子演唱和演奏，我的“女伴”就请求允许他唱一段。他的表演几乎压倒了所有的人，在场者无不感到震惊，朱利奥和阿尼奥洛停止了他们之前那种嘲笑的论调，取而代之的是由衷的、恰如其分的赞美之词。

音乐结束之后，一个叫奥雷利奥·阿斯科拉的人，因为他即席创作的一首诗而引起了大家的注意，他用那些华丽的辞藻来赞美那些女人。在他吟诗的过程中，两位女郎一直喋喋不休地问我的“女伴”情况如何，她的朋友是谁，在罗马居住了多久等类似的问题。当然，如果我想描述像这样可笑的事情，我能讲出好几个由于潘塔西里亚对我的嫉恨而引起的怪事，但它们不在我的计划之列，因此我就把它们一带而过。这两个女人的谈话终于惹恼了我的“女伴”，他不想听她们冒傻气，一时如坐针毡。朱利奥带来的女伴问他是不是感到不舒服。他回答说是的，他已感到怀孕有一个月左右了，这给了众人机会来抚摸她的躯体以验明她的女儿身。她们察觉真相之后，纷纷离开座位，站了起来，嘴里说着通常是针对美男子的嘲笑话语。整个屋子里顿时爆发出笑声和惊叹声，阿尼奥洛装出怒气冲冲的样子要求给我适当的处罚。得到同意之后，他在大伙儿的喧闹声中把我高高举起，高喊着：“愿上帝保佑这位绅士万岁！愿上帝保佑这位绅士万岁！”还说这就是我开了如此精彩的玩笑以后所应得的惩罚。

那个最令人愉快的宴会就这样结束了，每个人到很晚的时候才回家。

30

要详细地描述我为形形色色的人物制作的五花八门的工艺品需要太多的时间。现在我要说的是，我以不懈的勤奋努力来掌握我在前面列举出的几类手艺。我锲而不舍地在这些领域中埋头苦干，但由于没有机会讲述我的拿手绝活儿，我只好等到不久以后的适当时机再一一缕陈。阿尼奥洛当时正在为已故的教皇阿德里安制作纪念碑，朱利奥·罗马诺去为曼图亚侯爵绘画了。俱乐部的其他成员也各奔东西，自谋营生。因此，我们这群艺术家组成的俱乐部几乎可以说是完全解散了。

大约在这个时候，我得到一些土耳其短剑。剑柄、剑身和剑鞘都是铁制的，上面用铁制的工具刻上极为优美的土耳其风格的植物叶形，然后天衣无缝地填上金子。看到这些剑以后，我产生了一种强烈的愿望，想在这门手艺中一试身手。它与我所从事的其他手艺太不一样了。结果我成功了，然后我就做了几把。

我做的远比土耳其的更美、更耐用。这有多种原因。一是我在钢上刻的槽更深、更宽，这在土耳其剑上是不多见的。另一个原因是土耳其式的图案只有海芋叶和为数不多的小向阳花，虽然看上去也不错，但没有我们的图案耐人寻味。当然，在意大利，我们有好几种设计花叶图案的方法。比如伦巴第人模仿泻根叶和常春藤叶的优美曲线设计出的漂亮图案看起来赏心悦目。托斯卡纳人和罗马人更有高招，他们仿效的是老鼠簕的叶子，这种植物俗称熊掌，它的叶柄和花呈现出各种各样的波浪线。在这些图案中可以巧妙地插进小鸟和各种动物的图形，借此艺术家可充分展示自己的才华。关于这种图案，人们可以从自然界的野花中得到一些启示，比如金鱼草和其他的一些植物，当然，这些必须结合艺术家丰富的想象力以及艺术家精心的雕琢，才能制作出美丽的成品。这些蔓藤花纹被外行人称作“怪诞艺术”。这一名称是现代人根据考古人员在罗马的一些地下室里的发现给起的。这些洞穴以前是寝室、浴室、书房、会堂和套间一类的建筑物。在这些地方发现这些东西人们感到奇怪，由于地面逐渐升高而建筑物原封不动，还由于在罗马这类的拱状建筑俗称洞室，所以怪诞艺术这个词就用到了我刚才提到的图案上。

但是，这并不是它的正确名称，因为古代人喜欢刻画一些羊、牛、马拼凑起来的假想混合物并将其称为怪物，现代工匠根据他们模仿的花叶制作出了类似的怪物，所以它们的正确名称应该是“怪物”，而不是“怪诞艺术”。我设计了这样的图案，像我说过的那样填上金子，比土耳其的好看多了。

当时，我偶然得到一些罐子和古代的小骨灰缸，骨灰里有一些镶金的铁戒指（古代已经有人使用这种艺术），每个戒指上都嵌有一个小浮雕贝壳。我请教了一些有学问的人，他们告诉我，这些戒指是那些希望自己宠辱不惊的人所戴的护身符。后来，经我几位贵族朋友的请求，我也制作了几枚这样的小戒指。但我用的是纯钢，经过精心雕刻并镶上金子，看起来非常漂亮。有时，一枚戒指只能挣四十多克朗，这些钱只是手工费而已。

那个时候人们习惯戴金徽章，每个贵族或显要人物的徽章上都刻有自己独特的图案或自己喜爱的任何想象物。这些徽章都是戴在帽子上的。我做了很多这样的徽章，做起来非常困难。我已提到过令人钦佩的工匠卡拉多索，他就常做这种装饰品。由于一个徽章上不止一个人物像，他索价最少一百个金克朗，于是——倒不光是因为他要价高，而是因为他做得太慢——我开始被一些贵族人士雇用。其中我做的一枚徽章是与那个伟大的工匠竞争的。它有四个人物像，为此我耗尽了心血。这些显贵把我的作品与著名的卡拉多索的作品比较之后，认为我的制作更好、更美，然后问我想要什么作为我的劳动报酬。因为他们对我的作品很满意，之后他们就把自己喜欢的作品都拿给我做。我说，我最想的报酬以就是能与一个优秀的艺术家竞争；阁下如果认为我可以，那么这将是我获得的最大奖励。说完我就告辞了。他们立即给了我这样一个慷慨的礼物，我感到非常满意。我立下雄心壮志，一定要干出名堂来。事实上，后面将要讲到的我取得的进步就是归功于此次事件。

31

我的话题要稍微离开一下我的艺术生涯，不然我就要遗漏我那坎坷生涯中的一些令人烦恼的事件。我要描述其中的一个，它把我带到了我一生中遇到的最大的险境中。我已经讲过艺术家俱乐部的事，还讲过由于那个我提到的名叫潘塔西里亚的妇女而发生的闹剧。她对我的爱情是那样的虚假和令人讨厌。我带迭戈参加宴会这一事使她大为恼火，她发誓要对我进行报复。

她的报复行动牵扯进了一个最近到罗马名叫路易吉·浦尔契的人。他是浦尔契家的儿子，他的父亲由于和自己的女儿乱伦被砍头。这个年轻人在诗歌方面有非凡的天赋，并有扎实的拉丁语基础；他的诗写得很好，文笔漂亮，举止优雅，相貌出众。他刚刚结束了服侍一位主教的差事——这位主教的名字我已记不起来了——染上了疾病。浦尔契少年时住在佛罗伦萨，那时，一些地方的人喜欢在夏季的夜晚聚集在公共街道上。他在那里吟咏，是最好的即兴诗人之一。他的朗诵令人叹为观止，以致那位天才的雕刻与绘画王子米开朗琪罗·博纳罗蒂一听说他的动静，马上就会去听，无论他在哪里唱，米开朗琪罗都会去听。有一个叫皮罗托的金匠，是一个很有才能的人，我和他常与米开朗琪罗在这种情况下碰到一块儿，我就这样认识了路易吉·浦尔契。

多年之后，他被卷入了我之前提到过的那个令人痛苦的处境中，这让他在罗马再次出名；由于病魔缠身，他乞求我看在上帝的份儿上帮帮他。他的天才以及我的爱国之情和天生的软心肠触动了我的恻隐之心，我把他接到家里并找人给他医治。由于年轻，他很快就恢复了健康。他在治疗期间从来没有耽误过学习，我在力所能及的情况下为他提供书籍。他清楚地知道从我这里得到了很多恩惠，因此对我感激涕零，并表示如果以后上帝让他交了好运，就一定报答我的好意。我回答，我不过是做了一些力所能及的事，还很不能令人满意，再说相互帮助也是每个人的本分。我只不过向他提议，以后要像我帮助他那样帮助别的需要帮忙的人，如果他能做到这一点，就算是报答我了。

这个年轻人开始光顾罗马教廷，不久就在那里谋到了一份差事，成为一名主教的随从。这位主教已年届八十，头衔是古尔科主教。他有一个侄子名叫乔瓦尼，是威尼斯的一个贵族。这位乔瓦尼先生十分欣赏浦尔契的惊人天赋，二人情同手足。路易吉向乔瓦尼谈到了我，以及我对他的巨大恩惠。于是乔瓦尼表达了希望能够与我结识的愿望。

过了些时日，一天晚上，我邀请潘塔西里亚来吃晚饭，并且还邀请了一群有才能的人，他们都是我的朋友，就在我们坐下准备就餐时，乔瓦尼和路易吉·浦尔契到了，寒暄之后，他们两个就留下来和我们就餐。那个不要脸的婊子被路易吉的美貌所吸引，就想打他的主意。这没有逃过我的眼睛。

晚饭结束以后，我把路易吉拉到一旁，求他看在他所说的欠我的人情份儿上千万不要与她有任何来往。他回答说："天啊，本韦努托，你把我当成疯子了吗？"我说："不是疯子，是个年轻小伙子。"我对着上帝向他起誓："我不会把那个女人放在心上，但假如你为了她送了命，我会非常难过。"他听了这话以后，对上帝又发誓又祷告，声称如果他与她说一句话就会立马折颈而死。

我以为这个可怜小伙子是真心诚意向上帝起誓的，可我错了，因为他确实违反了自己的誓言，这一点我马上就会说到。乔瓦尼喜欢他是另有目的的，因为我们开始注意到路易吉每天上午都穿着用丝绸和天鹅绒做的新衣服，还知道他已完全堕落了。他荒废了他的才华，假装没有看见或没有认出我，因为我曾经训斥过他，说他正在逐渐丧尽天良，这会使他违背誓言。

32

乔瓦尼先生送给他的红人儿路易吉一匹漂亮的黑马，那是他花了一百五十克朗买来的。这个畜生被驯得服服帖帖，所以路易吉每天都骑上它在那个婊子潘塔西里亚的住宅附近溜达。我知道有这回事，但没有放在心上，只是说一切事情都会顺应自然，同时把整个心思都用到了学习上。

在一个星期天晚上，我们应邀和阿尼奥洛一起共进晚餐，此时正当夏季。巴基亚卡也在场，而且带着他的老相好潘塔西里亚一起来了。用餐时，她坐在我和巴基亚卡之间；晚宴进行到一半，她站起来，说要出去方便一下，并说很快就会回来。我们则继续一边用餐，一边愉快地交谈。可她很长时间都没回来。这时，我听到了很轻的窃笑声从下面的街道上传来。我手拿着一把餐刀，那是我在餐桌上用的。我的座位离窗户很近，我一站起来就看到路易吉在街上，潘塔西里亚也在。我听到路易吉说：

“噢，要是那个魔鬼本韦努托看见，我们可就遭殃了。”她回答说：“不要怕，听听他们的喧闹声就知道了，他们早把我们忘得一干二净了。”听到这话，我算是把他俩看透了。我从窗户跳出去，一把抓住路易吉的斗篷。我本来应该用手里的餐刀把他杀掉，他急忙跳上一匹白马，拍马逃命而去，斗篷则留在了我手里。潘塔西里亚拔腿朝附近的一个教堂跑去。正在吃饭的诸位马上离开座位走来，异口同声地劝我不要和一个婊子一般见识。我对他们说，我不是为她大动肝火，我是要惩罚那个臭男人，他太不把我放在眼里了。

于是，我没有听从那些优秀人物的规劝，拿着我的宝剑独自向普拉蒂走去——我们吃饭的那座房子靠近卡斯泰洛门，这个门就通向普拉蒂。我走在通往普拉蒂的路上，没走多远太阳就落了，我慢悠悠地进了罗马城。夜幕已经降临，四下一片黑暗，但罗马城门并没有关闭。

日落两小时以后，我走到了潘塔西里亚的住所附近。我想，要是路易吉·浦尔契也在那里，我就要让他们两人都不愉快。结果我发现只有一个名叫卡尼达的女仆在屋里。我把斗篷和剑鞘扔到一边，又回到屋里来。那座房子位于台伯河畔的班基后面。房子的正对面是一个花园，其主人名叫罗莫洛，是一个客栈老板。花园的四周围着茂密的荆棘树篱，我就隐藏在那里，笔挺地站着，等待那女人和路易吉回来。

我在那里守候了一会儿，我的朋友巴基亚卡蹑手蹑脚地朝我走了过来，是他自己要来的还是别人让他来的我说不准。他压低了声音对我喊道：“伙计。”这是我们之间的戏称，然后他就祈求天主保佑我，带着哭腔对我说：“亲爱的伙计，我求你不要伤害那个可怜的姑娘。至少在这件事上她没有错——没有，一点都没有。”我回答：“如果你不马上走，我就砍死你。”他被我的话吓住了，突然觉得肚子疼，于是退到一边方便去了。

当时，夜空满天星斗，灿烂的星光足以使人看清周围任何东西。突然，我听到了马蹄声，它们从两边向我走来。原来是路易吉和潘塔西里亚，旁边跟着佩鲁贾的本韦纳托先生，他是教皇克莱门特的名誉侍从，后面跟着四个佩鲁贾的军官和一些年轻气盛的士兵，至少有十二个人。看到这个场面，我知道我很难走脱了，于是就蹲下身子拼命往树篱里钻。可荆棘扎得我疼痛难忍。我简直疯狂得像一头野牛，真想跳出去逃走。

正在这时，我看见路易吉搂着潘塔西里亚的脖子，只听他说道："我要再吻你一次，偏要气气那个本韦努托。"荆棘扎着我，他的话激着我，我再也无法忍受了。我跳出来高高举起剑，大喝一声："你们都去死吧。"我一剑砍到路易吉的肩上。尽管这个色情狂用铁铠甲把身子护得严严实实，但他还是没招架住我这锐不可当的一击。我又把剑锋一转，刺中了潘塔西里亚。她和路易吉都倒地了。巴基亚卡大叫着屁滚尿流地逃跑了。

然后我拿着剑，勇敢地迎对其他的人。那些剽悍的家伙突然听到客栈里一阵骚乱，以为来了千军万马。尽管他们抖起精神拔出剑来，但两匹受惊的马把他们搅得阵形大乱，结果几个骑手跌下马来，其余的人都落荒而逃了。我看形势对我有利，就没命地跑，总算结束了这场冲突。

在这场骚乱中，一些士兵和军官伤到了自己人，教皇的名誉侍从本韦纳托先生被自己的骡子踢伤。他疼得发疯，扯着嗓子用佩鲁贾方言发誓："上帝作证，本韦纳托一定要让本韦努托知道我的厉害！"然后他委托和他在一起的一个年轻军官把我找出来。

这个家伙到我隐藏的地方找到了我。那是一个那不勒斯大贵族的邸宅，这个贵族是通过我的艺术与我认识的。他对我的尚武精神非常赏识，他本人也很好斗。我看到自己如此受人青睐，而且这又完全在我的势力范围之内，我就对这个军官说了一些使他感到后悔不该来找我的话。几天以后，路易吉和那个婊子的伤势逐渐好转，那位那不勒斯大贵族收到了本韦纳托传来的信息。这位教士的怒气已平，所以提议我和路易吉及士兵们和解，这些士兵与我并无纠葛，所以很想与我结识。于是我的这位贵族朋友回答说，他愿意把我带到他们指定的地点，而且很乐意看到双方握手言和。他要求双方都不要互相指责，坐到一块儿喝两杯就行了。他本人愿意从中说合，并保证在顾全他们面子的前提下使问题得到解决。这一安排得到了落实。星期四晚上，我的保护人带我到了本韦纳托先生家，所有参与骚乱的士兵都到了。我的贵族朋友由三十位勇士护卫着，个个全副武装，这个阵势是本韦纳托先生没料到的。

步入大厅时，我的贵族朋友在前，我紧随其后。他说："上帝保佑诸位先生们。我和本韦努托来看望你们，我爱他如同兄弟一般。我们会满足你们提出的任何要求。"本韦纳托看到大厅里已经会聚了很多人，于是说道："我想让大家都明白，今天这里只有和平，没有其他。"然后他许诺，罗马行政长官及其助手不会找我的麻烦。这样我们就和解了。我回到我的作坊，那个那不勒斯贵族不是来看我，就派人来找我，我在那里一刻也不得闲。

在此期间，路易吉·浦尔契的伤已经好了，他每天都骑着那匹小黑马。一天，刚下过一场小雨，他又在潘塔西里亚的门前信马由缰，不想却滑倒了，马压在了他身上。他的右大腿折断，几天以后就死在了潘塔西里亚的住所。这样就兑现了他指天誓日许下的诺言。由此可以看出，上帝的账上好坏分明，因而每个人的命运上帝自有合理的安排。

33

这时，整个世界都进入了战争时代。[①]教皇克莱门特派人向乔瓦尼·德·美第奇要一些军队，他们到来之后在罗马制造了很大的混乱，平时作坊几乎不敢开门。[②]由于这一缘故，我搬到了班基后面一座非常整洁的小房子里。在那里为我结识的所有的朋友工作。这一时期，我没制作什么重要的物品，所以没必要花时间来谈论这些。我很有兴致地从事着音乐和类似的娱乐活动。

乔瓦尼·德·美第奇在伦巴第遇难之后，教皇在雅克波·萨维亚蒂的

① 指神圣罗马帝国皇帝查理五世与法兰西国王弗兰西斯一世之间爆发的战争。本章开始时是1526年，当时帝国的军队在波旁皇族统帅的领导下，向罗马挺进。

② 这批军队于1526年10月进入罗马，于1527年3月被遣散。

建议之下，解散了他雇用的五支队伍；波旁统帅得知罗马没有军队以后，率领他的队伍全力向罗马城推进。于是，整个罗马都拿起了武器。我正好与亚历山德罗相熟，他是皮耶罗·德尔·班尼的儿子，曾在科隆内西进入罗马时请求我帮他保卫他的宫殿。[①]由于这次的形势更严峻，他让我招五十个人来保护那座宫殿，并任命我为首领，就像上次科隆纳人来时那样。于是我挑选了五十个勇猛的年轻人住进了他的邸宅，享受着优厚的报酬和良好的生活条件。这时，波旁的军队已抵达罗马城下，于是亚历山德罗让我和他一起去侦察一下。我们带了一个护院队伍中最虎势的小伙子，半路上一个名叫策奇诺·德拉·卡萨的年轻人加入了我们。到了公墓旁的城墙边，我们看到了那支著名的军队，他们正用各种办法向城里进攻。在我们驻足的城墙边的壁垒上躺着好几个被攻城士兵杀死的年轻人，那里的战况空前激烈，雾浓得令人难以想象。我转身对亚历山德罗说："咱们还是回去吧，在这儿也是无能为力。你看，我们的人在节节败退。"亚历山德罗惊恐地喊道："我们真不该到这里来。"然后转身就要逃。我有点不客气地顶撞了他："既然你带我来了，我就要做出个男子汉的样子来。"我端起火绳枪对着人最密集的地方，瞄准了一个看起来比别人高的家伙。由于雾太大，我看不清他是骑马还是步行。然后我转向亚历山德罗和策奇诺，让他们开枪，并告诉他们如何避开围城士兵的火力。我们每人开了两枪以后，我小心地爬到城墙上，看到敌人乱作一团，后来我发现我们开的一枪射死了波旁统帅。后来我才知道，他就是我一开始发现的那个高人一头的家伙。[②]

我们离开了壁垒，穿过公墓，从圣彼得教堂旁进了城。出来时正好到达圣天使教堂。我们艰难地走向那个城堡的大门，因为里恩佐·达·赛里

---

① 切利尼在这里是指1526年9月科隆纳人在蓬佩奥的率领下攻占罗马一事。

② 所有研究洗劫罗马问题的历史学家都认为，波旁是在往外围工事上放梯子时被射死的，那个地方就在切利尼讲到的地方附近。但开枪射杀他的荣誉很难归功于哪一个人。关于这一点有不同的说法。

将军和贺拉斯·巴利奥尼将军要杀死所有放弃保卫这座城市的人。[①]我们到达大门时，部分敌人已经进了罗马，就在我们的后面。城堡主命令放下吊闸，为此人们腾出一块地方，这使得我们四个进到了里面。我一进去，一个叫帕洛内·德·美第奇的军官就宣称我是罗马教皇的成员，并强迫我背叛亚里山德罗，我不得不这样做，尽管我很不愿意。我登上城堡的主楼，与此同时，教皇克莱门特也穿过走廊进入城堡。在此之前他曾拒绝离开圣彼得大教堂，他不相信敌人能够攻破城门进入罗马。

进入城堡之后，在一个叫朱利亚诺·菲奥伦蒂诺的投弹手的命令之下，我负责控制几门大炮。他倚着城垛，看着他的家被洗劫，老婆孩子被凌辱，简直五内俱裂。但他不敢开炮，害怕打着自己人，于是就把点着的导火线扔到地上号啕大哭，用两只手去抓自己的脸。[②]其他的一些投弹手也有相似的行为。

看到此情此景，我拿起一根火绳，找几个没有被感情冲昏了头的人过来帮忙。我把几门旋转炮和小轻便炮对准我认为有效的地方，结果炸死了很多敌人。要不是我这两下子，那天上午攻进罗马并直奔城堡的军队很可能已经轻而易举地进去了，因为大炮没有对他们造成伤害。我在几个红衣主教和贵族的关注之下继续开火，他们一直为我祝福并给予我最热诚的鼓励。我来了精神，于是就努力去做不可能做到的事情。我这样说也就够了，是我在那天上午挽救了城堡，并促使其他的炮手重新履行了自己的职责。[③]那一天，我一直忙个不停。傍晚时分，军队从特拉斯泰韦雷进入罗

① 对于洛伦佐·达·赛里，请见之前的章节。贺拉斯·巴利奥尼出身佩鲁贾半皇族，是一个非常出色的雇佣兵队长。他后来获得由班德·尼里提供的军官职位，并于1528年在那不勒斯附近作战时阵亡。贺拉斯为了获得佩鲁贾的统治权杀死了他几个堂表兄弟姐妹。他的兄弟马拉泰斯塔在1530年的战争中负责保卫过佛罗伦萨，但是他当了叛徒把这座城市献给了克莱门特。

② 切利尼的这一部分描述在拉法埃洛·达·蒙泰卢波的简短自传中得到了证实，此人当时也在城堡中担任炮手。

③ 这是切利尼夸张的一个例子。毫无疑问，他当时发挥了非常重要的作用，但我们不能认为，要是没有他城堡就会陷落。

马。当时，教皇克莱门特任命一个名叫安东尼奥·圣克罗斯的著名罗马贵族为所有炮手的首领。此人做的第一件事就是来找我，最亲切地向我致意。然后在城堡的最高处为我安放了五门上好的大炮。城堡的这一位置叫“天使”。这个圆形的制高点环绕整个城堡，俯瞰着普拉蒂和罗马城。首领给了我足够的人手来帮我操作大炮。除了预先支付给我的报酬外，他还给了我面包和一点酒，让我一如既往地干下去。也许我生性更适合从军而不是从事我已经选择的艺术，我从履行军事职责中得到极大的乐趣，干得比我从事的艺术活动还要漂亮。

夜幕降临了，敌人已经进入罗马，我们这些在城堡里的人（尤其是我，总是喜欢看不寻常的景象）一直凝视着下面街道上难以形容的混乱和战争的场景。除了我们之外，其他任何人都难以想象那是个什么样子。但我不愿意描写那一灾难，我还是继续写我个人的经历以及与此有关的情形吧。

34

我们在城堡里被围困了整整一个月。在此期间，我从来没有中断指挥操作我的大炮，另外我还遇到了很多值得讲述的惊人事件。但我并不想太啰唆，也不想展示我在职业范围以外的活动，所以大部分事件我都略去不提，只讲那些我不能忽略的事情，这些事情为数不多，同时又最精彩。

我要叙述的第一件事是：安东尼奥·圣克罗斯让我从“天使”下来，向附近的几座房子开火，因为有人发现里面进去了一些围攻的敌人。我正在开火，一发炮弹向我打来，击中了一个城垛的角并炸掉一大块。炸掉的那一大块东西整个地打在了我的胸膛上，我顿时倒在地上，如死人一般。但能听见周围人说的话。只听人群之中安东尼奥·圣克罗斯悲痛地喊道：“唉，唉！我们已经失去了我们最好的守卫者。”我的一个伙伴跑过来，他叫吉安·弗朗西斯科，是一个乐队队员，但他在医学方面的天赋要远超过音乐。他看了现场后飞奔而去，大叫着要一壶最好的希腊葡萄酒。然后他把一块瓦烧红，在上面撒一大把蒿，再往上喷希腊葡萄酒。等到蒿浸透以后，他把它放到我胸膛上被击中的那个地方。这蒿真是有奇效，我马上恢复了失去的身体功能。我想张口说话，但说不出来，原来一些愚蠢的士兵把我嘴里塞满了土，以为这样就是给我圣餐了。实际上他们这样做更像是要把我开除教籍，这对我的复苏造成很大困难，比击中我那一下还厉害。但我还是脱离了危险，然后就尽我最大的努力履行自己的职责，我的大炮又重新怒吼起来。这时，教皇克莱门特已派人向乌尔比诺公爵求援，他这时正在威尼斯军中。他委托特使转告公爵大人，每天晚上在圣天使城堡的最高处点燃三堆烽火，并伴之以重复三遍的三声响炮，只要这一信号持续下去，他就认为城堡没有失守。为此，我被指派点燃烽火和发射火炮。这期间，我每天都把炮口对准可以杀伤敌人的地方。结果我更受到教皇的青睐，在他看来，我能随机应变地完成自己的任务。

但乌尔比诺公爵的援军一直没来。关于这个问题，我不做进一步的评论，因为这不关我的事。

35

战斗时，时不时会有一些被困城堡里的红衣主教来看我，尤其是拉文那红衣主教和德·加迪红衣主教。我劝他们不要抛头露面，他们戴的那可恶的红帽子是竖给敌人的活靶子。他们一出现，我们就要冒很大的风险，因为附近有一些建筑物，例如比尼塔。结果他们对我非常不满。

贺拉斯·巴利奥尼也经常来访问我，他对我很有好感。一天，他正与我谈话，发现城堡门外一个名叫巴卡内罗的酒馆里有动静。这个酒馆的两个窗户之间有一个招牌上画着一个鲜红的太阳。窗户是关闭的，巴利奥尼将军断定有一伙士兵正在窗户之间和太阳后面喝酒。于是他对我说：“本韦努托，如果你能用你的小炮击中那堵距离太阳一厄尔的墙，我相信你就是干了一件很合算的事。那里人声嘈杂，屋子里肯定有重要人物。”我回答，我完全可以击中太阳的中心，但离炮口不远的一筐石头可能会被发射的声音和大炮的气浪所震倒。他说：“别浪费时间，本韦努托。炮的气浪不可能将石头掀倒。再说，即便倒了，教皇本人在下面，造成的伤害也没有你想象的那么大。开炮吧，只管开炮。”

我不再多想，一炮击中了太阳的中心。果不出我所料，筐被震飞了，正好从红衣主教法尔内塞和雅克波·萨维亚蒂之间穿过。它本来会使两人的脑袋搬家，只不过法尔内塞正在指责萨尔维亚蒂导致了罗马遭到洗劫，就在两人互相对骂的时候，筐飞了过去，没有伤到他们。

巴利奥尼将军听到下面院子里的吵闹声，急忙跑了过去。我伸着头去看落下去的筐，只听有人说道：“真该杀了那个炮手。”听到这话，我把两门小炮对准楼梯，心想，谁要是先上来就叫他尝尝厉害。红衣主教法尔内塞的家人大概接到了命令，想要来收拾我一顿，于是我手拿一根点燃的火绳恭候他们。我听到有人走近就大喊起来：“你们这帮废物，我这两门炮都装好了，谁要敢上来，我就把你们炸成粉末。去告诉红衣主教，我不过是执行了上司的命令，我们所做的，我们正在做的，都是为了保护那些教士，不是在伤害他们。”他们匆忙跑了。

贺拉斯·巴利奥尼跑了上来。我叫他给我站住，否则我就杀死他。他后退了几步，有点害怕，说道：“本韦努托，我是你的朋友。”我让他往后站，否则我就杀了他。他往后退了一下，喊道：“本韦努托，我是你的朋友。”我回答说：“ 阁下，过来吧，但只能你一个人。”这位高傲的将军一动不动地站了一会儿，然后愤怒地说道：“我现在不想过去了，我现在要对你做的正好与我原来的打算相反。”我回答，就像我保护同伴一样，我也同样能保护我自己。他说就他一个人过来。他上到楼梯顶的时候，我发现他的表情很不正常。因此我的手一直握着剑，站在那里横眉怒目地瞪着他。看到我的架势，他笑了，脸色也逐渐恢复正常。他以最文雅的态度对我说：“本韦努托，我对你的爱占据了我的整个心房，在适当的时候我会向你证明这一点。你要是杀了那两个无赖该多好，其中的一个家伙是这场灾难的祸首，说不定有一天还会发现另一个家伙是一场更严重的灾难的罪魁。”然后他求我说，万一有人问我，希望我不要说我开炮的时候他在场，至于其余的事就请我放心好了。

这一事件引起的混乱非常大，而且持续了很长时间。但我不想再详细地谈它了，唯一需要补充的是，我差一点儿替我父亲向雅克波·萨尔维亚蒂报了仇，因为我父亲经常说起这个人曾严重地伤害过他。就这样，我稀里糊涂地把这个家伙吓了一大跳。至于法尔内塞，我这里也不再说什么了，到适当的时候会看到，要是我当初杀了他该多好。

36

我继续当炮手，每天都有斩获，由此得到的教皇的赞誉和宠爱实在难以形容。每天我都能消灭一两个围攻的敌人。一次，教皇在圆顶楼上散步时看到一个西班牙军官在普拉蒂，他认出了这个人，因为这个军官曾经为他效过力。他盯住他，一直不停地谈论他。我在上面的天使楼上对这一切全然不知，但发现下面有一个家伙手拿一支投枪在壕沟里忙个不停，他穿着一身玫瑰色的衣服，我就琢磨如何能狠狠地收拾他。我选了一门矛隼炮，这种炮比旋转炮又大又长，和一门小重炮的大小差不多。我先把它倒空，然后再装满粗细混合在一起的炸药。我瞄准了那个穿玫瑰红衣服的人，拼命将炮口抬高，因为很难指望如此大口径的炮从这么远的地方打准目标。我开了火。他本来把剑佩带在前面，显出西班牙式的狂妄自大。结果我一炮正好打在他的剑刃上，把这个家伙从中间一切两段。教皇完全没有料到这一着，见此情景惊喜不已，一是由于他认为不可能从这么远的地方击中目标，二是由于他弄不清楚那个人是如何一分为二的。他派人来找我询问这件事。我向他解释了我打炮所用的方法，但又告诉他，我也和他一样，不知道那个人被一分为二的原因。然后我双膝跪地，求他宽恕我杀了那个人，还求他宽恕我在城堡为教廷效力期间所有的杀人行为。听到这话，教皇举起手，对着我的脸画了一个大十字，然后对我说他为我祝福，还说只要是为罗马教会效力，无论是我以前的杀人行为还是以后的杀人行为，他都会宽恕。

我离开他的时候趾高气扬，随后继续不停开炮，几乎弹无虚发。我的绘画、我的美术研究，以及我那美妙的音乐，完全都淹没在了隆隆的炮声之中。我要是详细地讲述我全部的杀人杰作会使所有的人都目瞪口呆，但为了避免啰唆只好将之略去。我只讲几个最精彩的，那是我被迫干出来的。

下面我就开始说了。我日夜都在盘算着如何为捍卫教廷尽自己的力量。我发现敌人换班后穿过圣灵大门，这个门在有效射程之内，于是我就把注意力转到这里。但由于要斜向一侧发射，其杀伤力就不能达到我希望的程度，尽管我每天的战果都很可观。结果敌人发现他们的通道被我的大炮控制了之后，就在一天夜里在一个房顶上摆放了三十只筐，这样就挡住了我原来的视线。我大概考虑了一下，就把我所有的五门炮都对准了那些筐。等到傍晚换班的时间，敌人以为已经安全了，便放松了警惕。这时我就点了火。不仅挡住我视线的筐被炸飞，更可喜的是一下子还干掉三十多个人。这一招我用过两次，结果敌军阵脚大乱，渐渐有了反心，都想离开罗马。但他们后来向他们勇敢的长官吉安·迪·乌尔比诺[①]妥协，被迫在换班时改走另外一条极为不方便的路。这样一来他们要走三里，而原来只走半里。

被围在城堡里的所有显要人物都对我的这一功绩大加赞赏。在叙述完我的艺术领域之外的经历以前，我认为这件重要的事情很值得一提。而艺术才是我写作的真正对象。当然，我要是用这类事点缀我的传记，要讲的东西就太多了。

37

我要略去一些插曲，专门来讲教皇克莱门特如何抢救三重冠和教廷财政部的全部珠宝藏品的事。他派人把我喊去，把我和另外一个骑士连同他自己一块儿关到一间屋子里。3这个骑士曾是菲利波·斯特罗兹家的马夫，

---

① 这个军官是一个西班牙人，他在这场战争中发挥了很大的作用，他在战争中表现得很优秀，主要是体现在对热那亚的占领以及1522年的洛迪战役，后来他成为了奥兰治亲王的中将。1528年，他控制着那不勒斯以反对贺拉斯·巴利奥尼，并于1529年死在了斯佩罗。

他是法国人，出身低贱，但很忠诚，因而教皇给了他很多钱，并把他看作自己的心腹。这样我和教皇、骑士就被关在了一起。他们把教廷的三重冠和珠宝摆在我面前，教皇陛命我把所有的宝石都从它们镶嵌的金底座上取下来。我照办了，然后我用小纸片把它们分别包起来，大家又一起动手把它们缝进教皇和骑士衣服的衬里。随后他们把所有的金子都给了我，一共约有二百磅重，让我尽可能秘密地熔化掉。

我登上天使楼，这样我可以把门锁上避免打扰。我在那里用砖建了一个小抽风炉，底部放了一个盘子状的大锅。我把金子倒在煤上，慢慢熔化后滴到锅里。炉子燃烧期间，我一直不停地寻思着如何骚扰敌人。他们的壕沟就在我们下面不到一箭之遥的地方，这样我就可以用一些废弃的投射物来狠狠地打击他们。投射物有好几堆，是城堡里以前的军用品。我挑了一门旋转炮和一门小轻便炮——两门炮的炮口都有点损伤——然后装上我刚才提到的投射物。我一点火，投射物就发疯似的飞到壕沟里，其杀伤力之大简直出乎预料。于是，我在熔化金子的过程中一直不断地开炮。就在天黑前，我发现有个人骑着骡子沿着壕沟边走来，骡子吧嗒吧嗒地走得很快，那个人不停地与沟里的士兵说着什么。就在他转身正对着我的一瞬间开了炮。由于瞄得准，结果打了个正着。一个碎片打在他脸上，其余的散落在骡子身上，骡子顿时倒地而亡。壕沟里一阵大乱。我又点了另一门炮，再次重创了敌人。那个人原来是奥伦治亲王，他从壕沟里被送到附近的一家旅馆，不一会儿，军中的要人都聚集到了那里。

教皇克莱门特听到这件事后，马上派人去找我了解情况。我把整个经过讲述了一遍，然后又说，此人肯定是很重要的人物，因为他所在的那家旅馆马上就挤满了所有的军官，现在至少我能看出这一点。精明的教皇派人去请安东尼奥·圣克罗斯，这个贵族我曾提到过，就是炮手的首领和指挥官。教皇吩咐他命令所有的炮手把我们所有的炮（炮的数量非常大）都集中起来对准那座房子，看到火绳枪发出的信号后一齐开火。据他判断，如果我们消灭掉军官，本来就行将崩溃的军队马上就会逃窜。也许上帝听到了他们持续不断的祷告，所以就想用这种方式来驱走那些不敬的坏蛋。

我们遵从圣克罗斯的指挥，把大炮摆好等待信号。但红衣主教奥尔西尼听到动静后就去劝教皇千万不要这样做，因为眼看就要达成和解了，要是军官一死，剩下的那群乌合之众会直捣城堡，那样就把一切都毁了。结果，他们坚决不让执行教皇的计划。可怜的教皇感到自己内外受敌，绝望之中说了句“就让他们看着办吧”，结果命令被撤销了。

我一听说他们就要命令我停止开炮，马上点着了一门小炮，击中了那座房子门前院子里的一根柱子，我看到柱子周围聚集了一群人。这一炮打得敌人损失惨重，很可能促使他们撤出那座房子。红衣主教奥尔西尼非要把我处决不可，教皇则坚决支持我的行动。他们说的难听话我知道得一清二楚，但我在这里就不讲了，我不是专门写历史的。我只写自己的事就足够了。

38

我把金子熔化完以后拿给教皇。他对我表示了真诚的感谢，然后吩咐那位骑士给我二十五克朗，并为不能给我更多向我道歉。几天之后，和平协议签订了。我随着贺拉斯·巴利奥尼将军的一支三百人的队伍开往佩鲁贾。到那里以后，他想任命我为这支队伍的首领，但我当时很不愿意接受。我说想先去看望父亲，并请求解除在佛罗伦萨对我仍然有效的禁令。贺拉斯告诉我，他已被任命为佛罗伦萨的将军。皮尔·玛利亚·德·洛托[1]——来自佛罗伦萨的使节，正和他在一起。他专门把我推荐给洛托，让我为他做事儿。

不久之后，我在几个伙伴的陪同下来到佛罗伦萨。这场瘟疫之狂虐，简直用语言无法描述。我在家里见到了我那好心的父亲，他本以为我要么在罗马遭劫时被杀，要么沦为乞丐回来。但我完全出乎父亲的预料。我还

① 圣米尼亚托的皮尔·玛利亚·德·洛托在佛罗伦萨的罗马执政团是很出名的。他收集了班德·尼里的遗物，并且把它们全部都给了贺拉斯·巴利奥尼，他曾用计谋从圣·安其罗安全逃到了佩鲁贾。

活着，又有钱，还有一个服侍我的仆人和一匹好马。见了老人家，看到他对我又拥抱又亲吻的样子，我欣喜不已。我从头至尾向他讲述了那场恶魔般的洗劫，又给了他很多我从军所挣的钱。两人互叙款曲之后，他就去找八人治安委员会，请求解除对我的禁令。正好当年判决我的那个法官还仍然在位，就是那个家伙盛气凌人地告诉我父亲他要把我押送到乡下去。借着贺拉斯·巴利奥尼对我的好感，我父亲对他说了一些意味深长的话，指出他的公报私仇的行为。

我告诉父亲，巴利奥尼已任命我为首领，我必须开始考虑招募军队的问题。老人家听了感到非常不安，他求我看在上帝的份儿上不要考虑这种事。他知道我适合干这件事，甚至能干比这更大的事，并说他的另一个儿子，也就是我的弟弟，已经成为了一个最勇敢的军人，但他还是认为我应该继续从事我奋斗多年的艺术。我答应听他的话，可他作为一个通情达理的人心里很清楚，只要巴利奥尼将军回到佛罗伦萨，我就无法逃脱从军的命运。其中一个原因是我曾经起过誓，另外还有别的原因。于是，他就给我找了个台阶下：“噢，亲爱的儿子，这里的瘟疫势头正盛，我老是想着你会感染上病回到家。我记得我年轻的时候曾到过曼图亚，在那里受到热情的接待，并住了好几年。我看你要是爱我就到那里去，我还想叫你今天就去而不是明天。”

39

我总是喜欢到外面去闯荡。由于我从来没去过曼图亚，就非常乐意地去了。我把大部分带回佛罗伦萨的钱都留给了我那好心的父亲。我答应他不管我走到哪里都会帮助他，并把他托给我姐姐照料。她名叫科萨，一直不愿结婚，于是就在圣奥尔索拉被录取为一名修女。可她推迟了就职来替年迈的父亲管理家务并照料我的妹妹。妹妹嫁给了一个名叫巴尔托洛梅奥的外科医生。这样，经父亲同意，我离开了家，跨上我那匹好马直奔曼图亚。

路途中的艰辛难以详述。到处都密布着瘟疫与战争的阴云，一路上我吃尽了苦头。但最终我还是到了那里。我四处找活儿干，最后在曼图亚公爵的金匠、米兰的尼科洛师傅那里谋到了差事。两天后，我去拜访了朱利奥·罗马诺，他是一个出色的画家，同时也是我的好朋友。他热情地接待了我，并对我没有直接到他家里去感到很不满意。他日子过得像个贵族一般。当时正在城外一个叫德尔泰的地方为公爵建造一项大工程。这个工程规模巨大，我想谁要是到那里去的话仍然可以见到它。①

朱利奥向公爵介绍了我。②公爵委任我制作一个圣物盒模型，用来装救世主耶稣的圣血，这血据说是朗吉努斯带给他们的。然后他转向朱利奥，让他给我画一张设计图。朱利奥回答："本韦努托是不需要别人为他画图的，您见了他的模型以后就知道了。"

于是，我开始着手制作。我先为圣物盒画了一张图，使其正好能够装下那个圣血瓶，然后又用蜡做了盖子的模型。盖子是一个坐着的耶稣，左手高高支撑着巨大的十字架，身体倚着它。作品完成以后，公爵非常满意，对我大加赞扬，并希望我为他效力，给我的待遇极为不菲。

在此期间，我还向他的红衣主教兄弟表示了敬意。他求公爵让我为他制作一枚图章。我也同意了。但当工作开始时我却患上了疟疾。每次发作我都胡言乱语，我咒骂曼图亚，咒骂它的主人，谁待在那里我就骂谁。这些话由那位米兰金匠传到公爵的耳朵里，他已察觉到公爵想雇用我。公爵得知我的疯话以后对我大为恼火，于是双方渐有嫌隙。四个月后，图章做成，另外还有几件以红衣主教的名义为公爵制作的小玩意儿。主教给了我丰厚的报酬，然后就让我回罗马去。

我离开了曼图亚，来到戈韦尔诺，也就是勇敢的将军乔瓦尼遇难的地方。在那里，我的疟疾又有一次轻微的发作，但并没有耽误我的路程，好了以后再也没有犯过。

回到佛罗伦萨，我去看望亲爱的父亲。我去敲门，一个怒气冲冲的驼

---

① 这座建筑是有名的德尔泰宫，在曼图亚的城墙外。至今仍完好无损。

② 费代里戈·龚扎果此时是曼图亚的侯爵。1530年查理五世将他的封地设置成了公爵领地。

背女人从窗户里露出一张脸来，她要将我轰走，号叫着说，看见我就像看到肺痨一样。我冲着她吼道："喂，你这个老妖驼子，这里除了你这张驴脸就没有别的人了吗？"

"没有，你这该死的，见鬼去吧。"

我大声说："不出两个小时，你这张驴脸就再也不会在这里恶心我了。"

一个邻居听到吵闹声以后探出头来。从她嘴里我才听说我父亲及家里所有的人都已死于瘟疫。事实上我事先已有些预感，所以没有十分悲痛。那个女人又告诉我说，只有我妹妹利佩拉塔幸免于难，她现在躲在一个名叫蒙纳·安德里亚·德·贝拉奇的好心人那里。[①]

于是，我前往旅馆。在路上，我遇到了我的一个好朋友乔瓦尼·里戈利。到他家下了马我们又去了市场，在那里听说我弟弟还活着，于是就到他一个朋友家里去找他，他的朋友叫柏提诺·阿尔多布兰迪尼。见到我弟弟的时候，我们都喜极而泣，因为他以为我死了，我也以为他死了；所以我们就发了疯似地拥抱在一起。随后他放声大笑，对我说："哥哥，我要带你去一个你永远也想不到的地方去。我把妹妹嫁了出去，她绝对以为你已经死了。"一路上，我们谈论着各自不寻常的经历。

到了妹妹家以后，她看到我还活着，惊得她顿时昏倒在我的怀抱里。要不是我弟弟在场，她那目瞪口呆的样子和突然的昏厥肯定会使她丈夫以为我不是她哥哥而是她的仇人。幸好弟弟说明了情况。妹妹很快醒了过来。她为父亲、姐姐、前夫和儿子的去世伤心了一阵子，然后就去准备饭。在晚上的欢聚中，我们不再提死去的亲人，而是愉快地谈论着妹妹的婚事。晚宴在欢快的气氛中结束。

40

在弟弟妹妹的请求下，我留在了佛罗伦萨，虽说我打心眼里还是想去

---

① 据记载，在1527年5月至11月间，佛罗伦萨约有四万人死于瘟疫。

罗马的。我的好朋友皮耶罗——乔瓦尼·兰迪的儿子——也帮我处理了我之前遇到的一些麻烦。他建议我在佛罗伦萨待一段时间；因为美第奇已经被放逐了，也就是罗马执政团的伊波利托和亚里山德罗，他们两个后来分别成了佛罗伦萨的红衣主教和公爵。所以他认为我最好能待在这里静观其变。[1]

在那时，佛罗伦萨来了一个锡耶纳人，名叫吉罗拉莫·马雷蒂，他在土耳其居住过很长时间，是个非常聪明活跃的人物。他来到我的作坊，委托我做一个戴在帽子上的金徽章，主题是赫拉克勒斯用力掰开狮子的嘴。当我在制作这件物品时，米开朗琪罗·博纳罗蒂经常来观看。我在设计上煞费苦心，所以人物的姿态和野兽的狂暴制作得与任何涉足过这一题材的工匠的作品都不一样。由于这一原因，再加上米开朗琪罗对这一艺术门类一窍不通，米开朗琪罗对我的作品拍案叫绝。我因此备受鼓舞，决心继续努力。但我除了镶嵌宝石以外几乎无事可做。尽管我在这一行当上收入颇多，可仍然感到不满意，我宁愿接更高端的活儿而不愿只是镶嵌宝石。

正在此时，我遇到了费代里戈·吉诺里，一个很有激情的年轻人。他曾在那不勒斯住过几年，由于长相出众，成为一个那不勒斯公主的情人。他想找人做个徽章，要求上面刻着阿特拉斯用肩扛着整个世界，并请米开朗琪罗进行设计。米开朗琪罗回答说："你去找一位名叫本韦努托的年轻金匠，他会满足你的要求，当然，他不用我为他画图。但你不要以为是我怕麻烦，不想为你干这微不足道的差事，我很愿意为你画张图。但你要告诉本韦努托，让他也做一个模型，然后从这两个设计方案中选出一个好的来做。"

费代里戈·吉诺里找到了我，并把米开朗琪罗的话说给我听。这位伟大的大师的话极大地鼓舞了我，我立即投身于模型的制作中。当我完成模型时，一个和米开朗琪罗关系非常亲密的画家，朱利亚诺·布贾尔迪尼，

① 这两个美第奇家的统治者都是私生子——教皇克莱门特七世也是私生子。后来亚历山德罗毒死了伊波利托，之后又被其家族的另一个远亲谋害。这样洛伦佐·美第奇便无后嗣。

把米开朗琪罗画的草图带给了我。我也把我的模型展示给朱利亚诺看，我的模型和米开朗琪罗的设计很不一样；费代里戈和朱利亚诺一致同意我应该按我的设计方案进行制作。米开朗琪罗看了我的模型后，也对我赞不绝口。如前所述，这是一个在金板上雕刻的人物像。阿特拉斯背着用水晶球制成的天，在天青石色的背景上刻着黄道带。整个作品妙不可言，下面还用拉丁语刻着"Summa tulisse juvat"①的铭文。费代里戈对这个作品十分满意，因此慷慨地给了我很多钱。路易吉·阿勒曼尼②此时在佛罗伦萨，他和费代里戈·吉诺里是好朋友，他把路易吉带到了我的作坊，通过这一相互介绍，我们成了亲密的朋友。

41

这时，教皇克莱门特对佛罗伦萨宣战，于是全城进入防御状态。各个地区都组织起了民兵。我也接到了服役的命令。我全身披挂整齐，与佛罗伦萨的高层贵族一起作战，大家同仇敌忾，要为捍卫自由而战。与此同时，各地的人们都在谈论着在这种时候常说的话题，年轻人更加频繁地聚会，到处都在议论着这件事。

一天中午，我收到一封来自罗马的信。这时，一大群人高马大、全城第一流的青壮年都聚集到我的作坊。写信的人名叫贾科皮诺·德拉·巴卡。他真正的名字叫贾科波·德拉·夏里纳，但在罗马，人们都叫他德拉·巴卡。他极有才能，以幽默健谈著称，曾为佛罗伦萨的织布工设计过图案。他与教皇的关系十分亲密，教皇也非常喜欢听他谈话。有一天，在谈话中他们提到了洗劫罗马与保卫城堡的事，这让教皇想起了我，于是就对我大加赞扬，还说如果他知道我的下落就会把我召回去。贾科波师傅就说我在佛罗伦萨，因而教皇就叫他给我写信让我回去。我刚才提到的这封

① 大意是"是他背过来"。

② 他是当时反对美第奇暴政的一位诗人，后来流亡到法国，受到国王弗兰西斯一世的礼遇。于1556年去世于安博瓦兹（法国中西部城镇）。

信的大意是说我还是应该回去为克莱门特效力，这样肯定对我有好处。

在场的年轻人非常好奇，都想了解信的内容，我尽可能秘而不宣。随后我给贾科波师傅写信，求他无论如何也不要再给我写信了。可他反而越来越好管闲事，又给我写了一封措辞更加露骨的信，要是让别人看见了我非惹大祸不可。信的大意是，教皇要求我马上就来干最重要的事，如果我要走正道就要抛弃一切，千万不要与那些愣头愣脑的激进分子串通一气来反对教皇。

我看了这封信以后吓坏了，马上去找我的好朋友皮耶罗·兰迪。他看着我，问我到底是什么事让我如此不安。我没告诉他原因，只求他保管好我给他的钥匙，让他把我抽屉里的这块宝石给某某、那块金子给某某，这些人的名字我都写在了备忘录上，他一看就知道了。然后我又求他把我屋里的家具收拾起来，并以其平时善待我的好心肠将它们保管好，几天以后他就会知道我的下落。

他大概看出了事情的一些眉目，于是回答说："老兄，快走，然后给我写信，不必挂念你的东西。"我马上照他说的去做。他是我所认识的最忠实的朋友，明智、可敬、思维缜密、有人情味。我离开了佛罗伦萨，去了罗马，到那里以后就给他写了信。

42

我到达罗马之后，[①]见到了我以前的几个朋友，他们友好地接待了我。我抓紧一切时间干活赚钱，不过这些并不重要，故无须赘述。有一个非常优秀的老年金匠，叫拉斐尔·德尔·摩洛，在他的行当中很有名气，也是一个很值得尊敬的人。他让我进他的作坊，他有一些重要的活儿要做，可

---

① 切利尼由于在这一时刻离开佛罗伦萨去为教皇效力而一直受到指责，实际上他本人也为此感到心中有愧。但我们不应忘记，他从来没有在政治上起过决定性的作用，只不过同情美第奇家族而已。许多优秀的佛罗伦萨人都承认得到了美第奇政府的好处，一个艺术家当然就会对其有更高的期望。

以挣到大笔钱，于是我就很乐意地接受了他的请求。

十多天过去了，我一直没有去见贾科皮诺·德拉·巴卡大师。一天，我们在路上偶遇，他热情欢迎了我，并问我来罗马多久了。我告诉他两周了，他听了很不高兴，说我太不尊重教皇了，教皇很焦急，已经命令他给我写了三封信。看到他在这件事上一意孤行，我的气比他还大，我没有回答他的话，只是把火气压了下去。这个伶牙俐齿的家伙便有一搭没一搭地唠叨起来。最后我看他累了，就说了句他可以在他认为适当的时候带我去见教皇。他说他随时都可奉陪。我说我每刻都在恭候。于是我们就向教廷走去。那天是濯足节，我们来到教皇的邸宅，那里的人认识他，也正等着我，我们马上就被让了进去。

教皇躺在床上，有些不舒服，他旁边有雅克波·萨维亚蒂和加普亚的大主教陪伴着。[①]当教皇睁开眼睛看到我时，他异常高兴。我亲吻了他的脚，然后我尽可能谦逊地靠近他，让他知道我有重要的事情要说。于是，他挥手让这两个主教先回避一下。我就开始说："我神圣的教皇，从罗马大劫掠到现在，我一直没有机会忏悔或接受圣餐，因为他们不肯赦免我的罪过。事情是这样的。我熔化金子和去掉镶嵌的宝石的时候，您曾嘱咐骑士付给我适当的劳动报酬，可我什么也没拿到，反而受到他的辱骂。后来，我回到熔化金子的房间去清洗灰渣，发现有大约一磅半重如小米粒大小的碎金子。由于我没有足够的钱体面地回家，我就想先把这些金子拿来用，以后有了机会再归还。现在我来求见您，您才是唯一真正的忏悔神父。我求您为我免罪，以便使我能够忏悔和受圣餐，并借助您的恩典来重新得到我主的恩典。"

教皇听了，无声地叹了一声气，他好像又想起了之前受的磨难，说道："本韦努托啊，我绝对相信你的话，无论你做了任何不太得体的事情，我都有权力宽恕你，也愿意宽恕你。因此，你可以绝对信任我，坦诚

① 尼古拉斯·朔姆贝格，多明尼人，萨佛纳罗拉的信徒，在1520年被任命为加普亚的大主教。克莱门特很倚重他。他于1537年去世。

地说出来吧；就算你拿走了三重冕，我也愿意原谅你。”我回答：“最神圣的教皇，除了我刚才忏悔的之外，我别的什么也没拿。它的价值不到一百四十达克特，这就是我从佩鲁贾的铸币局得到的数目，我把它拿回家去安慰我那可怜的老父亲。”教皇说：“你父亲是一个最正直、最善良、最值得尊敬的人，你并没有为他丢脸。我很遗憾，那笔钱太少了，既然你这么说，我就把它送给你，并完全宽恕你。如果你没有做过别的对不起我的亏心事，就把我的话告诉你的忏悔神父。你忏悔过并受过圣餐之后再到我这里来，这对你有好处。”

我离开了教皇以后，贾科波和大主教走了过去，教皇向他们讲到了我。他说他听取了我的忏悔并赦免了我的罪过，然后他让加普亚大主教派人去找我，问我除了这件事之外是不是还有别的需要，并授予他全权为我免罪，而且还嘱咐他要以最仁慈的态度对待我。我与贾科皮诺师傅往回走的时候，他好奇地打听我与教皇到底说了些什么。他连问了好几遍，我说我不想告诉他，因为与他毫不相干，所以他就不必再问了。然后我就按照与教皇谈妥的方案去做。

在两个宗教节日过完之后，我又来到教皇陛下的面前。他更友好地接待了我，并说：“你要是能早一点到罗马来，我就委任你帮我修复我的两个三重冕了，它们在城堡中被扯坏了。不过除了上面的宝石之外，这些东西并没有多大的艺术价值，所以现在我想让你做一件极为重要的东西，你可以充分发挥你的聪明才智。这是我法衣上的一个嵌宝金扣，要做成圆盘形的，大小也相当于一个小圆盘，三分之一尺宽。上面我要你刻上圣父的半浮雕像，中间镶嵌上那颗精美的大钻石。这个你知道，另外还有其他几颗最珍贵的宝石。卡拉多索已开始为我制作一枚，但还没有完成。我让你尽快给我做好，这样我不久就可以戴上。好吧，去给我好好做个模型吧。”他把所有的宝石都拿给我看。然后，我飞也似地赶回去开始干起来。

43

佛罗伦萨被围期间，费代里戈·吉诺里——我之前为他做过阿特拉斯徽章神像——因为肺痨而死，于是那枚徽章就到了路易吉·阿勒曼尼的手中，不久，他把那枚徽章连同他自己的一些杰作亲自送给了法兰西国王弗兰西斯。国王对这件礼物极为满意，路易吉先生就趁机向他大谈我的人品和艺术，把我夸得天花乱坠，使得国王很想与我结识。在此期间，我全力以赴制作金扣模型，其大小正好符合那颗宝石的要求。这在金匠业之中引起了一些人的嫉妒，他们自以为也能胜任。一位名叫米凯莱托的人刚到罗马，他善于雕刻光玉髓，而且是一个精明的珠宝匠，一位大名鼎鼎的老人。他被雇来修复教皇的三重冠。我在制作模型期间一直没有拜访过他，他对此大惑不解，觉得自己智慧超人，又是教皇的大红人，我凭什么不去？他看我一直不去找他，就来找我，问我在干什么。

"教皇让我干什么我就干什么。"我回答说。他说："教皇让我监管为他制作的一切物品。"我说，我要问问教皇才能答复他。他对我说我会后悔的，然后就怒气冲冲地去找本行之中所有的师傅商量对策。经过商议，他们委托米凯莱托全权处理此事。像他这样的人能干出什么来是可想而知的。他雇人为教皇委托制作的那件物品画了三十多张各不相同的设计图。

向教皇禀报了之后，他又找另一个珠宝匠商量。他叫朋佩欧，米兰人，教皇非常宠爱他，他与教廷的首席名誉侍从特拉亚诺先生是亲戚。于是这两个人凑到一起，向教皇旁敲侧击，说他们已经看了我的模型，认为我不配做如此贵重的物品。教皇回答说，他也想看一看模型，如果他觉得我不胜任，他会再找一个能胜任的。两人马上插嘴说，他们已经有了好几个漂亮的设计。教皇回答说，他对此感到高兴，但他一定要等到我完成模型以后再看他们的设计，到那时再把它们放在一块儿来考虑。

几天之后，我完成了模型，我在一天早上拿着它去找教皇，特拉亚诺得知之后，连忙派人去请米凯莱托和朋佩欧，并吩咐他们把设计图拿来。我们一起去见教皇。米凯莱托和朋佩欧将他们的试画打开，教皇视察了他们画的图样设计。他们雇的制图员根本就不是珠宝行业的人，根本不知道哪里才是放置珍贵宝石的正确位置，而那两个珠宝行家却没有指示他们应该怎么做。所以在这里我要说一句，一个珠宝匠要是和有身份的人像打交道的话必须懂得设计，不然他做出的东西根本就不值一看。结果，他们那帮人都把那颗著名的钻石放在了圣父胸部的中央。教皇本是个优秀的鉴赏家，他发现了这一错误，所以对他们的设计都看不上眼。

他看了大约十张图后，把其余的一扔，然后对站在远处的我说："现在把你的模型拿来吧，本韦努托，让我看看你是否犯了和他们一样的错误。"我走上前去打开一个小圆盒，教皇的双眼顿时放出异彩。他大喊道："你真像我肚子里的蛔虫，你做得实在是太好了，这模型已经证明了这一点。在场的其他人都应感到惭愧！"一群显贵围了上来。教皇指出了我的模型与他们的设计图之间的差别。他们都呆若木鸡。他转身对我说："我只担心一件事，那是至关重要的。本韦努托，在蜡上制作很容易，在金子上制作可就难了。"我毫不犹豫地回答说："最神圣的教皇，咱事先说好，我要是做得不比模型好十倍，就分文不要。"

听到这话，贵族们一阵骚动，他们认为我把话说过头了。人群之中有一位知名的哲学家，他替我辩解说："我看这位年轻人相貌堂堂、身材匀称，我断言他能实现自己的诺言，甚至会干得更好。"教皇插话说："我也这么认为。"然后他把名誉侍从特拉亚诺先生喊来，吩咐他从财政部给我拿出五百金达克特。

大家等钱的时候，教皇又一次地玩味着我连接钻石与圣父雕像的灵巧的设计。我把钻石分毫不差地放在金扣的正中心，上面是坐着的圣父，端庄地侧着身子，构图完美无缺，而且还不影响钻石的效果。他举起右手正在做祝福式。钻石下面是三个儿童，他们举起胳膊支撑着钻石，中间的一个是全浮雕，其余两个是半浮雕。四周是一大群姿态各异的小天使，与镶嵌的其他宝石珠联璧合。圣父披的斗篷随风飘动，从其褶下钻出顽皮的天使。另外还有其他的装饰，看起来非常漂亮。整个作品用白灰泥做在一块黑石头上。钱拿来以后，教皇亲手把它交给我，并殷切地期望我能在他的有生之年把它做好，还说这样对我有好处。

44

我把钱和模型带回家，立即投入到了工作之中。在我辛勤努力了八天之后，教皇派他的宫廷大臣向我传话，这位大臣是博洛尼亚的一位很了不起的绅士，他让我去见教皇，并把我做的东西也一并带上。在路上，这位在罗马教廷最有礼貌的宫廷大臣告诉我，教皇不仅要看我做的东西，而且还准备委任我去办另一件最重要的事，为铸币厂提供钱币的铸币模。他问我能否接受。总的来说，他还是希望我准备好接受这份工作。我们到达教皇面前，我把金件展示给他看，这块金件除了圣父的雕像以外，其他什么都没刻；虽然只是雏形，但它还是显示出了比蜡制模型更为庄重的风格。教皇用几乎惊呆的眼神看着它，感叹道："从这一刻起，我会相信所有你说的话。"然后他补充道："如果你觉得你能胜任，我打算委任你另一个任务，我对这件任务的重视程度不会比对那件金件的重视程度小，甚至更多。"他告诉我，他希望我为他王国的钱币制作铸币模，并问我以前是否尝试过这个行业，是否有胆量尝试接下这个任务。我回答说，勇气我并不缺乏，我以前曾见到过模具的制作，但并没有亲手做过。这里正好有一个叫托马索·普拉托的人在场，他是掌管圣俸审查官署的红衣主教；他是我敌人的一个朋友，他说道："神最神圣的教皇，您对这位年轻人的宠爱足以使他答应为您造一个新世界。您已经交给了他一项大工程，现在您又要给他一项更大的，这样它们会冲突的。"教皇非常生气，向他说道："管好你自己的事儿就行了。"然后他命令我用金子做一个宽点的达布隆，在上面他需要一个双手被捆住的救世主，还要刻上戴荆冠的耶稣画像；背面要一个教皇和皇帝共同撑着一个将要倒下的十字架造型，并要这样一句拉丁语铭文：Unus spiritus et una fides erat in eis[①]。

① 大意为"两个人一条心"。

教皇将这枚漂亮的硬币交代完以后，雕刻家班迪内罗过来了。那时他还没有被封为骑士，还是那副狗屁不通、蛮横无理的老样子。他说："对于这些金匠来说，要给他们画图才能制作精美的东西。"我转过身去看了他一会儿，喊道，我不想要他为我画图，我倒是希望不久我能用我的图给他一点颜色看看。教皇听了这话圣颜大悦，转过身来对我说："去吧，我的本韦努托，好好为我效力，不要听这些蠢材的不经之谈。"

我走了以后很快就做好了两个钢模具，然后冲压了一枚金币。一个星期天的午饭后，我带着金币和模具去见教皇，他看了以后又惊又喜，不仅因为我的活儿做得好，还因为我做得快。使陛下更为惊喜的是，我还带来了以前为朱利奥和列奥两位教皇效力的能工巧匠制作的全部旧币。我发现教皇更喜欢我的制作，就从怀里掏出一张写好的申请书，要求担任铸币局模具技师的职务。这一职务的月薪是六个金克朗，另外再加上模具制作费，每做三个可得到一个达克特，这笔钱由铸币局长支付。教皇接到申请书后把它交给了俸给管理处的枢机处长，要他马上办理此事。枢机处长把它往口袋里一装，说道："最神圣的教皇，您不要这么急，这样的事需要考虑一下。"教皇说："我知道你的意思，马上把申请书给我。"

教皇接到申请书后马上亲笔签了字，然后又还给他，说道："现在你没话说了吧。马上去办，我乐意这么做。本韦努托的鞋子比所有那些傻瓜的眼睛都值钱。"这样，我谢过陛下，欣喜若狂地回去干活了。

45

我仍然在拉斐尔·德尔·摩洛的作坊工作。这位值得尊敬的人有一个非常漂亮的女儿，他打算将她嫁与我；而我多多少少也看出了他的心思，自然非常愿意，但我并没有向他们表露我的心思，相反，我行为非常谨慎，以致他们琢磨不透我的心思。

就在这时候，那个可怜的姑娘的右手出了点毛病，问题在小指和无名指的骨头上。她父亲稀里糊涂地找了江湖郎中给她治疗。这位医生说，这孩子的整个右胳膊就要废了。看到她父亲那垂头丧气的样子，我劝他不要相信那个蠢大夫的一派胡言。他说他一个医生也不认识，要是我认识，就让我带他去拜访。我马上就派人去找佩鲁贾的贾科莫师傅①，一位造诣很深的外科医生，他给那位可怜的姑娘做了检查。她本来听了那个庸医的话以后吓得要命，而我请来的高明大夫则说她一点也不要紧，右手的功能会很正常，尽管那两个指头会比别的稍弱一些，但对她并没有什么妨碍。这样他就开始治疗。

几天以后，他要取出一部分坏死的骨头，女孩的父亲找到了我，要我在手术时不离左右。贾科莫师傅使用的是一些粗糙的钢器械。我看到他的手术进展缓慢，又给病人带来很大的痛苦，就请他暂停手术等我一刻钟。我跑回作坊，用钢做了一把小手术刀，非常薄，呈弯曲状，切割起来锋利如剃刀一般。我回来以后，医生就开始用它做手术。他的那只巧手轻柔无比，结果她一点也不感到疼痛，不一会儿手术就做完了。由于我帮了摩洛的忙，他对我的爱甚至超过他对待两个亲生儿子。在此期间，他照料着他那年轻貌美的女儿。

我和一个叫乔瓦尼·加迪的人非常亲密，他是罗马教皇财政部的职员，是一个伟大的艺术鉴赏家，虽说他没有实际涉足艺术品制作。他家里有好几个人，一个叫乔瓦尼，是个很有学识的希腊人，来自法诺的洛多维科，是一个优秀的文学家；安东尼奥·阿莱格雷蒂，还有安尼巴莱·卡罗，安尼巴莱·卡罗此时还很年轻；威尼斯的巴斯蒂亚诺是一个非常出色的画家，我们两人被允许加入了他们的团体。我们几乎每天都在乔瓦尼先生的陪同下相聚。

摩洛知道了我们之间的密切关系以后就对乔瓦尼先生说："好心的先生，您是了解我的。现在我想把女儿嫁给本韦努托，再没有比先生更合适做媒人的了。所以我来求您帮忙，您看我为她准备什么样的嫁妆合适？"

---

① 贾科莫·拉斯泰利是一个土生土长的里米尼人，但是他在佩鲁贾的名气也很大。因为他在那里住了很久。他是一个很有名的外科医生，曾为几任教皇服务。他于1566年在罗马逝世，终年75岁。

这个冒失鬼还没等他把话说完就插嘴说："不要再说了，拉法埃洛。你这是癞蛤蟆想吃天鹅肉。"

这个可怜的人被彻底地打击了，只好给他女儿另找了一个男人，从此那姑娘和她母亲以及全家人都对我很冷淡。因为我不知道这件事情的真正原因是什么——我还以为他们以怨报德——于是我盘算着在他们家附近开一家作坊。乔瓦尼什么也没有告诉我，直到几个月以后那姑娘结了婚，乔瓦尼先生才把一切都告诉我。

与此同时，我一直忙着做教皇的那项工作，另外还在铸币局工作，因为教皇陛下又指派我做一枚价值两个卡尔林的硬币，正面是他自己的像，背面是在水上的基督把手伸向圣彼得，并刻上拉丁文："Quare dubitasti"[1]。我的设计赢得了广泛赞誉，教皇的天才的秘书桑格[2]激动地说："陛下应为这枚硬币感到骄傲，它使所有的古代货币都黯然失色。"教皇回答说："而本韦努托则应为效力于像我这样的君主感到骄傲，是我发现了他的才能。"我继续做着那枚金扣，不时把它拿给教皇看，他越看越喜欢。

我的兄弟此时也在罗马，他在为亚历山德罗公爵服务，这位公爵不久前获得了教皇授予的彭纳公国。这位公爵麾下有大批精壮的士兵，经著名将军乔瓦尼·德·美第奇的学校训练后个个勇猛无比。这些人之中就有我弟弟，公爵称赞他是其中最勇敢的人。

一天午饭后，我弟弟去了班基的一个作坊，这个作坊是一个叫巴奇诺·德拉·克罗斯的人开的，那里是士兵经常光顾的地方。他往一把长靠椅上一歪就睡着了。就在这时，治安官手下的治安队从这里路过，他们正把一个名叫奇斯蒂的军官押送入监。这名军官是伦巴第人，以前曾在乔瓦

① 大意为"为何怀疑"。

② 著名的拉丁语学者，真诚希望教会改革的教士之一，后中毒身亡。

尼的军队里服役，但不属于公爵的麾下。另一位军官卡蒂瓦扎·德利·斯特罗兹碰巧也来到了这个作坊。奇斯蒂看到他以后小声对他说：“我把欠你的钱带来了，如果你想要，就在他们把我投入监狱以前搞过来。”卡蒂瓦扎最喜欢让别人往前冲，自己则缩在后面缩着。所以他一看周围有几个不要命的年轻小伙子，这帮人肯定愿意干这件事，他便吩咐他们赶上军官奇斯蒂并把他身上的钱弄到手，如果治安队抵抗就收拾他们。

这帮年轻人只有四个，而且都还没长胡子。一个叫柏提诺·阿尔多兰布迪；另一个叫安圭洛托，来自卢卡；剩下的两个我不知道他们的名字。柏提诺曾经像学徒一样被我弟弟训练，我弟弟非常喜欢他。之后这四个家伙就追上了治安队——有五十多人，有的拿长矛，有的拿火绳枪。没说几句话他们就各执兵刃准备火并。要是军官卡蒂瓦扎稍微露露面，就会把这帮人吓跑。但他没过来，形势就不妙了。柏提诺几处受重伤倒了下去，安圭洛托也被击中了右胳膊，由于无法用剑而夺路逃走。其余的人也是如此。柏提诺·阿尔多兰布迪从下面被抬上来了，受了很重的伤。

47

发生这些事的时候，我们正围着桌子吃饭，那天上午我们吃饭的时间比平时晚了一个多小时。听到骚动的声音以后，一个老人的长子站了起来要去看热闹。他叫乔瓦尼。我对他说：“你千万不要去，像这种事情你只有吃亏的份儿，一点好处也捞不到。”他父亲也劝他：“请你不要去，儿子。”但小伙子谁的话也不听，飞身下了楼梯。

他赶到班基，也就是混战发生的地点，看到柏提诺被抬起来，掉头就往家跑。在路上他碰到了我弟弟策奇诺，我弟弟问他发生了什么事。旁边的一些人向乔瓦尼使眼色，叫他别告诉策奇诺，可他像发了疯一样喊着柏提诺·阿尔多兰布迪被治安队打死了。我弟弟一听气得哇哇大叫，对乔瓦尼说：“你能告诉我是谁杀了他吗？”乔瓦尼说可以，那个家伙拿着一把长柄大刀，帽子上有一根蓝色的羽毛。

我那可怜的弟弟跑上前去，根据那两个特征辨认出杀人者以后飞也似的冲到那群人中间，不等那个家伙转身招架就用剑将他刺了个透心凉，然后一阵砍杀。眼看着他单枪匹马就要杀退群敌，可就在他转过身去攻击一个火绳枪手的时候，这个家伙开枪自卫，击中了他的右膝盖上部。他倒在了地上，那伙人顿时四散跑了，以免我弟弟的伙伴来到现场。

看到这场打斗还没有平息，我也从座位上站了起来。我佩上剑——我们每个人都配了把剑——往圣·安其罗桥去了，我看到一群人已经聚集起来。我走上前去，有几个人认出了我，他们给我让开道，我看到了我最不愿意看到的景象，尽管我匆忙出来就是专门来看的。我没有立刻认出弟弟，他穿的衣服与我上次见到他时穿的不一样。结果是他先认出我来，他对我说："亲爱的哥哥，不必为我惹的事担心，干我这一行的还不就是这么回事儿。让我马上离开这里，我已经活不了多久了。"

他说话的时候，人们三言两语向我介绍了整个经过。我回答说："弟弟，这是我一生中经历的最大的不幸和最大的考验。你要振作起来，我会替你报仇雪恨。"我俩的对话大意如此，极为简短。

48

治安队离我们大约有五十步远，他们的队长马菲奥让一些人回来运我弟弟杀死的那具尸体。于是我束紧了斗篷，快步来到马菲奥跟前。我本来完全可以杀了他，可惜周围有很多人，我左躲右闪才从他们中间穿过去。我闪电般地把剑刚拔出来半截，一个勇敢的年轻人、也是我的好朋友贝林吉耶·贝林吉耶里从后面猛地抱住了我的两条胳膊。他还带了四个人，他们就像他的肾一样跟着他，为他效命。他们大声向马菲奥吼道："快走，他一个人就会把你杀掉。"马菲奥问道："他是谁？"他们回答说："是你们在那边见到的那个人的亲哥哥。"他再不往下听了，拔腿就往诺纳塔[1]

[1] 诺纳塔是罗马的主要监狱之一，尤其用来关押死刑犯。

跑去。他们说："本韦努托，我们强行阻止你是为了你好。现在咱们去救一个快死的人。"于是我们转回身去找我弟弟，我马上把他弄到一座房子里，请来医生给他用了药，但还不能决定截腿，要是这样做也许会救他一命。

刚把我弟弟的伤口敷裹好，公爵亚历山德罗就过来了，他给予了我弟弟最亲切的问候。我弟弟还没有失去知觉，所以他对公爵说："大人，我很伤心，因为您就要失去一个仆人。您也许能找到比我更勇敢的军人，但您再也找不到比我更忠心耿耿地为您效力的人了。"公爵鼓励他一定要活下去，另外他知道我弟弟是一个高尚勇敢的人。然后他转身命令他的随从，尽一切可能为我弟弟提供他想要的。

他走后，我弟弟大量失血，无论如何都止不住血。他昏睡过去，整晚都在胡言乱语，只不过有一次人们给他圣餐的时候他这样说道："你们要是以前听我忏悔该有多好。现在不行了，我已经垮了，无法再受圣餐了。我能看它一眼也就够了。这样它就能进入我不朽的灵魂。我的灵魂只向天主乞求怜悯和宽恕。"听他这么一说，我们松了一口气。可他转眼间又发作了，还像以前那样胡说八道，一会狂言大语，一会儿是诅咒发誓，吓得人寒毛直竖，就这样一直不停地折腾到天亮。

太阳露头的时候，他转身对我说："哥哥，我不想在这里待下去了，这些人会让我做一些可怕的事情，这样会使他们后悔不该打搅我。"说完他两腿一蹬——我们把他那条受伤的腿放在一个很重的盒子里——好像做了一个跨上马的姿势。他把脸转过来，向我喊了三遍："永别了，永别了。"

一颗最勇敢的灵魂就此殒灭。

天黑的时候，我在佛罗伦萨人的教堂里为他举行了葬礼，然后为他立了一个漂亮的石碑，上面刻有战利品图案和旗帜。我还应该提一提，他的一个朋友曾问他那个杀他的人是谁，他是否能辨认出来。他回答说他能，并将此人描述了一番。事实上我弟弟不想让我知道这件事，但对这个人说了，我的印象极为深刻，这在后面会有描述。[①]

49

说到那个墓碑，我应该提一下几个著名的文学家。他们认识我弟弟，于是就为他撰写了一段墓志铭，并对我说这个高尚的年轻人受之无愧。

铭文大意如下：

"佛罗伦萨人弗朗切斯科·切利尼卒于1529年5月27日。他年纪轻轻就为乔瓦尼将军赢得很多胜利。如果不是在二十五岁就去世，将来必定大有作为。兄本韦努托立。"[②]

他终年二十五岁。士兵们都叫他策奇诺·德尔·皮费罗，但他的真名是焦万·弗朗西斯科·切利尼，我想刻上前面那个名字，这是广为人知的，我把它刻在我们家盾徽图案的下面。我用漂亮的古代字体把这一名字刻下来，除了第一个和最后一个字母以外，其余的都刻得断断续续。那几个撰写墓志铭的学者问我原因，我的回答是，因为他那魁伟的身躯已经受伤死亡。而第一个字母完整的原因是，它象征着天主赋予他极大的才能，也就是将人性与神性融于一体的能力，这是永远不会破碎的。而最后一个字母不断裂则代表着他的英勇行为和他所获得的荣誉永垂不朽。这一想法受到赞赏，从那以后，不少人都用了我这个办法。紧挨着名字，我刻上了我们切利尼家的盾徽，但在一些细节上做了改动。在最古老的城市拉文那，有极为受人尊敬的姓切利尼的贵族，他们的盾徽是天蓝底色，上面有一个跃立的金狮，右爪抓着一朵红百合，上段有一个带垂饰的横带和三朵

---

① 史学家瓦尔基在他的《佛罗伦萨史》第十一卷中简要地记述了策奇诺死于罗马一事。他也提到他是为柏蒂诺报仇而丧命。

② 原文为："Francisco Cellino Florentino，qui quod in teneris annis ad loannem Medicem ducem plures victorias retulit et signijer juit，facile docutnentum dedit quantce fortitudinis et consilii vir futurus erat，ni crudelis fati archibuso transfossus，quinto cetatis lustro jaceret，Benvenutus jrater posuit. Obiit die xxvii Maii MD.XXIX."

小金百合。这是真正的切利尼家族的纹章。父亲曾让我看过我们家的一个盾徽，上面只有爪和其他的一些图案，但我还是比较喜欢拉文那的切利尼家族的纹章。

现在再说我弟弟墓碑上刻的东西。有一个狮子爪，但抓的不是百合而是一把斧子。盾面被纵横划分为四部分，我刻上斧子只不过是提醒自己不要忘记为他报仇雪恨。

50

我继续为教皇制作金制纽扣。他很想得到它，每周都要派人来请我两三次，主要是为了视察这件物品的进展。他的满意程度与日俱增。但他经常会训斥我，因为失去兄弟给我带来的悲伤经常使我痛彻心扉。一天，他看见我很萎靡，身体状况也不佳，便大声对我吼道："噢，本韦努托！你真的疯了吗？难道你没有任何方法治疗死亡带来的痛苦吗？难道你不知道人死不能复生吗？你难道要随他而去吗？"

离开教皇后，我继续制作珠宝，以及为铸币厂制作铸币模；但我经常去看那个射死我兄弟的火绳枪手，就像去看一个我深爱的女孩一样。那个凶手原来是骑兵中的佼佼者，后来加入了巴杰洛的火绳枪队，成了一个下士。让我生气的是，他还对我说："要不是因为我及时杀死了那个勇敢的年轻人，再晚一会儿他就会把我们打得大败，那可就惨了。"我察觉到，频繁看到他会使我头脑发热，夜不能寐，使我陷入非常郁闷的境遇。于是一天晚上，我下决心要让自己从这种痛苦中得到解脱。

这个家伙居住在圣圭瓜塔，他家隔壁是西尼奥拉·安泰亚，她是罗马的名妓之一。已经凌晨了，他站在门口，双手拿着佩剑，看样子刚吃了晚饭。我偷偷接近他，手持一把很大的皮斯托亚短剑，反手便刺了他一剑。我本来想用剑砍掉他的头，但由于他反应很快，我这一剑只落在了他左肩上，只伤及了他的骨头。他疼得跳了起来，剑也掉了，带着巨大的疼痛逃走了。我追上了他，举起短剑便向他的头砍去。这一剑砍得很深，砍进了骨头，我用尽全身力气，但剑还是拔不出来。正在此时，四个士兵从安泰亚的住所出来，我不得不丢了剑逃命。因为我怕被认出来，就到亚历山德罗公爵的宫殿里去避难。宫殿位于纳沃纳广场和罗通达广场之间。进去，我求见了公爵，他告诉我，我要是一个人来的，就不必担心，只需继续为教皇制作他上心的珠宝就可以了。这时，那些士兵也已赶到，我那把短剑就在他们手中。他们向公爵陈述了事情的经过，他们费了好大力气才把短剑从那个人的头骨上取出来。此时，焦万·班迪尼出现了，他对那些士兵说道："那把短剑是我的，我把它借给本韦努托，他一直正在筹划着为他的兄弟报仇。"于是士兵们恍然大悟，一再表示后悔不该搅了我的好事儿，尽管我已经感到很满意地报了仇。

八天过去了，教皇没有派人来请我，因为这是他的惯例。后来，他让他的宫廷大臣博洛尼亚把我召去，这个人，我之前已经提过，他对我说教皇陛下已经知道了事情的原委，但他非常支持我。我只需要认真地为他工作，保持沉默就可以了。当我见到教皇时，教皇给了我一个很可怕的眼神，仅仅是这个眼神，就使我吓得浑身颤抖。但他看了我为他做的物品之后，他的脸色变好了，开始大肆夸奖我，并说："本韦努托，既然你的伤已经治好了，那么以后给我注意点儿。"[①]我明白了他的意思，因此我承诺我会的。

之后，我在班基开了一家优质的作坊，就在拉斐尔家对面。几个月之后，我完成了教皇的珠宝纽扣。

51

教皇给我拿来了所有的宝石，除了那颗钻石——由于他一时急需钱而把它当给了几个热那亚银行家。这些宝石都由我保管，还有那颗钻石的模型。我雇了五个熟练的工匠。由于我接的活很多，所以我的作坊里有价值

① 这是教皇给切利尼暗示，让他自己意识到他已经犯了杀人罪。

连城的宝石美玉和金银。我养了一条又大又漂亮的长毛狗，是公爵亚历山德罗送给我的。这畜生非常善于衔猎物，我打下来的各种鸟兽都能给我衔回来，看家护院它也毫不含糊。

那时，我雇了一个漂亮的姑娘为我做模特儿，她对我一往情深，这对于像我这样一个二十九岁的人来说是很自然的事情。由于这一原因，我在离作坊和工匠的住所都很远的地方搞了一套房子，它由一条昏暗的小道与那位姑娘的寝室联通。我经常和她在一起过夜，尽管我平时睡觉很轻，但玩了女人之后睡觉几乎雷打不动。

恰好一天晚上，一个贼假装成金匠——他早盯上了我，并对我那些珍贵的宝石垂涎已久——准备计划偷盗我的宝石。这个家伙破门进了我的作坊。他发现了很多金银制作的东西。他打开一些盒子，然后偷取那些他早已经注意到的珠宝，正在此时，我的狗跳到他身上，他手忙脚乱地赶快拿剑自卫。当然，狗没法抓住一个带着武器的贼，它就跑到我那些学徒工的房间。当它发现学徒工对它的狂吠没有反应时，便将他们的床单拉了下来，接着又去拉他们的手臂，直到他们醒来明白状况。但他们不愿意去，他们因为狗的惊扰很生气，用石头和棍子去打它，最后把门关上了。那条狗一看援助无望，只好自己孤军奋战。它跑回作坊，但盗贼已不在那里，于是它开始追踪。当它追到时，它将盗贼的背上的披肩撕了下来。要不是这个家伙请求几个裁衣工帮忙，他很难摆脱我的狗对他的纠缠，他请求那些裁衣工看在上帝的份儿上帮他摆脱这只疯狗，裁衣工相信了盗贼所说的话，跑了出来，费了很大劲把我的狗赶走了。

天亮之后，学徒工才来到作坊，当看到作坊已经一片狼藉，他们便开始尖叫道："啊，倒霉了！"这吵闹声把我给惊醒了，我立即冲出来。他们大声叫道："哎，倒霉啊！我们的东西被人偷了，他打破了我们的门，并且把所有的东西都偷走了！"我呆住了，简直不敢去看那只大箱子里是不是还有教皇的宝石。我忧心如焚，两只眼睛好像瞎了，让他们把大箱子打开，看看教皇的珠宝到底丢失了多少。箱子打开了。那些珍贵的宝石和我制作的物品都还在。他们满心欢喜，大声说道："这个箱子还没有被偷，所有宝石都还在这儿；但是这些贼把我们衬衫上的珠宝都偷了，因为昨天晚上天气很热，我们都把衬衫脱了，放在了作坊里。”我渐渐回过神来，我感谢上帝，说道：“去吧，你们去买一些新衣服吧；当我查明情况之后就去付钱。”

给我带来痛苦最多、最让我害怕的——因为这太不符合我的本性——其实是我唯恐有人以为我捏造这么一个偷盗的事实来侵吞那些宝石。实际上，已经有人对教皇克莱门特这么说了。其中有一个他最信任的仆人，还有其他人，包括弗朗西斯科·德尔·尼禄，以及他的会计扎娜·德·比廖蒂，还有瓦索纳的主教等。他们对教皇说：“我的神父啊！你为什么要把这么贵重的玉石托付给这样一个年轻的家伙啊，他的全身满是激情，而且对武器的激情超过了对他艺术的热情，而且他还不到三十岁？”教皇问他们有谁能证明我干了值得怀疑的事。对此，弗朗西斯科·德尔·尼禄①，教皇的财务主管，他回答说：“最尊敬的神父，没有，因为他还没有机会。”教皇又说道：“我把他看作最诚实的人；要是我用眼睛看到他做了什么犯罪的事儿，我是不会相信的。”

这就是给我带来最大痛苦的事，它会经常出现在我的脑海里。

在打发走了学徒们之后，我拿了一些玉石，尽可能仔细地将它们镶饰在合适的位置，然后去见教皇。弗朗西斯科·德尔·尼禄已经告诉了教皇我作坊里遇到的麻烦，也把自己心中的疑惑说给教皇听了。这时教皇很生气，瞥了我一眼，威严地说道：“你到这里来干什么？发生什么事了吗？”我说：“你所有的珍贵宝石都在这儿，它们一个也没有丢失。”听到这里，教皇的脸色变好了，说道：“既然如此，欢迎你到这里来。”我把物品给他看，当他在视察这些物品时，我告诉了他整个故事和我遭遇的痛苦，以及这件事中最让我烦恼的地方。我在说时，他时常转过头来，用犀利的眼神看着我。弗朗西斯科·德尔·尼禄也在场，他有点惭愧，因为

---

① 在瓦尔齐的《佛罗伦萨历史Ⅲ》一书中，弗朗西斯科·德尔·尼禄被描述成了一个丑陋的人，给他取了个绰号，叫克拉·德尔·皮卡迪格力奥，在整个佛罗伦萨市中，据我的判断，没有一个人如此反宗教，如此无耻、贪婪。乔维奥确认此说法。

他没有猜对事情的真实情况。最后，他们因我讲述的漫长故事而哈哈大笑，他把我送走了，并对我说："去吧，注意一定要做一个诚实的人，当然，我相信你就是这样的人。"

52

我继续制作纽扣，同时也努力为铸币厂做事，此时有不少罗马的假币流通到了国外，而这些假币恰恰是用我的模型制作的。假币被拿给教皇看。教皇见此事对我不利，于是对铸币厂的总负责人贾科莫·巴尔杜奇说道："想尽一切办法也要查出这个造假币的罪犯；因为我确信本韦努托是一个诚实的人。"这个负责人事实上是我的敌人，他回答道："神圣的教皇陛下，希望上帝保佑一切都如你所说；不过，我们已经有了一些对他不利的证据。"教皇转向罗马的地方长官，吩咐他务必要抓到那个罪犯。在此期间，教皇派人来请我，旁敲侧击地谈了一些关于假币的话题，并在适当的时候问我："本韦努托，你本来就有制作假币的想法，是吗？"我回答道，我要是想做，我肯定比那些挖空心思做这些卑劣事情的恶棍做得好多了；因为这些家伙做这种卑鄙的勾当根本挣不到钱，他们也没有什么才能。相反，我靠我的智慧挣到的钱已足够让我过得很舒坦；我为铸币厂做铸币模时，每天早上早饭之前，我都会得到三克朗。做铸币模通常都是获得这么多钱，但是铸币厂的负责人对我产生了怨恨，老想压低我的报酬。不过，承蒙天恩和世人的厚爱而挣的钱对我已经足够了，通过制假币我还挣不了这么多钱呢。

教皇完全明白了我的意思。他曾命令手下人留意防止我逃出罗马。这时则让他们去仔细搜查，不要再注意我，因为他不想惹我，以免失去我。接到他命令的官员是财政部的人，他们履行职责仔细搜查，很快就找出了那个无赖。他是在铸币局工作的一个模压工，叫切萨雷·马凯隆，是罗马人。还有一个铸币厂的金属铸造工——他的同伙——也被查出来了。

53

那天，我和我的爱犬经过纳沃纳广场，当我们来到巴杰洛的大门时，我的狗朝着门里的一个年轻人发出疯狂的叫声，这个人因为一个叫唐尼诺的人的控告而被捕（这个唐尼诺是一个来自帕尔马的金匠，他以前是卡拉多索的学徒），唐尼诺控告此人抢劫了他。这只狗似乎极度想把这个家伙撕成碎片，以致这些警官都只能为那个家伙感到遗憾。那个家伙还曾大胆为自己的案件辩护，而唐尼诺也没有足够的证据来支持这次控告；更糟糕的是，在这里有一个守卫监狱的下士，是个热那亚人，此人是那个罪犯父亲的朋友。结果，由于这只狗的缘故以及其他一些情况，他们正准备释放这个罪犯。当来到这里时，这只狗不顾剑和棍棒的威胁，再次猛烈地朝着这个罪犯狂叫；因此他们告诉我，我要是再不把狗弄开，他们就要杀了我的狗。我努力地把它拉回来。当这个罪犯整理他的披肩时，他从头巾上掉下来一些纸包住的东西，唐尼诺以为这是他自己的财物。我认出了其中一个小戒指，大声说道："这个贼就是潜入我商铺，偷盗我财物的人；因此我的狗认识他。"我将狗松开，它又朝着那个贼狂吼。到了如此境地，这个家伙请求饶恕，并保证退还所有从我店里偷走的东西。当我将狗拴好以后，他开始着手归还他从我店里偷走的金银、小指环，以及25枚金币。然后他又乞求我饶恕他。我告诉他，去求上帝饶恕你吧，因为我既不会帮你，也不会落井下石。我回到作坊继续我的工作，几天之后，切萨雷·马凯隆，这个假币制造者在铸币厂对面的班基被绞死了，他的同谋被送到大木船划桨；那个热那亚盗贼在花圃被绞死了，而我作为一个诚实的人，获得的声誉比以前更多了。

54

当我完成我的物件之后，罗马发了大水，这场洪水几乎淹没了整个罗马。我关注着事态的发展。那一天快过完了，时钟敲了二十二下，大水继续上涨，十分可怕。我的房子和作坊的前面对着班基，而后面则要高出好几码。因为它朝向蒙特焦尔达诺。我先考虑到个人的安危，其次是自己的荣誉，就把宝石装进口袋，把那件金器交给我的工匠保管，然后光着脚从后窗户跳下去，赤脚往下走，直到我到达蒙特焦尔达诺。在那里，我见到了乔瓦尼·加迪，也就是财政部的职员，我还见到了画家巴斯蒂亚诺·韦内齐亚诺。我把宝石交给了那位职员让他妥为保存。几天之后，愤怒的洪水终于退去了，我返回我的作坊，完成了我的工作，这全靠上帝的恩惠以及我的辛勤努力。它被人们视为在罗马见到的最精美的杰作。[①]

我把金扣拿给教皇，他对我赞赏不已，说："我要是一个富有的皇帝，我会给你很多的领地。但现在我窘迫不堪，只能满足你不算奢侈的愿望。"我等教皇把大话说完，向他要求得到一个正好空缺的持权杖的职位。他回答，他会给我比这重要得多的职位。我还是一本正经地求他给我这一职位。他笑了，说他愿意，但不想让我到位就职，还让我与其他被豁免的持权杖者商议一下。由于我的缘故，他恩准他们一项特权，他们早就提出了这一要求，即根据法律程序取得封地的权利。此事就这样决定了。那个持权杖的职位每年给我带来不到二百克朗的收入。[②]

55

我继续为教皇工作，为他制作了一些小玩意儿，后来他委任我制作一个非常贵重的圣餐杯。我为此物画了设计图，并做了模型。模型是用木头和蜡做的。和一般杯子不同的是，我在这个杯子的上面做了三个圆形的、尺寸合适的人物像；它们分别代表自信、希望、慈善。为了与之相协调，在杯子底部，我用浅浮雕刻了三个圆形的图案。第一个是耶稣诞生，第二

---

① 这件杰出的作品在罗马教皇执政时期被保存于圣·安其罗教堂。只在圣诞节、复活节以及圣彼得节时才会被拿出来。

② 切利尼于1531年4月14日获得该职。他于1535年辞职，转而去为威尼斯的皮耶罗·科尔纳罗做事。

个是耶稣复活，第三个是圣彼得头朝下被钉在十字架上；我就是这样接受的委托。

我接手这件东西以后，教皇经常去欣赏一番。我看他再也没有给我任何东西的意思，同时又了解到铅封局空缺一个职位，因此我就向他索求这个职位。但教皇早把他手捧金扣时夸下的海口忘得一干二净，他对我说道："那个职位，一年可以挣到八百克朗，因此，我要是把这个职位给你，那你就会闲得挠肚子痒痒了吧？你精湛的手艺就会荒废，那时我就要挨骂了。"我立即回答："好猫养肥了要比饿着肚子更会逮老鼠。同理，有才能的老实人只有在衣食丰盈之后才会大展经纶。因此陛下应该注意，对这些人解囊相助的君主就是在春风化雨、培育天才，因为天才来到世间时总是寒微低贱。陛下还应该知道，我要求这一职位时根本就没有抱什么希望，做一名小小的持权杖者我就心满意足了，再想别的无异于得陇望蜀。陛下既然不想给我，就把它送给一个受之无愧的天才吧，千万不要送给一个整天挠肚皮的蠢猪。您要以先皇朱立叶斯为榜样，他曾把这一同样的职位授给了最令人钦佩的建筑师布拉曼特。"

说完，我立即向他鞠了个躬，然后愤怒地离开了。画家巴斯蒂亚诺·内齐亚诺来到教皇面前说："尊敬的教皇，我希望你能将这个职位交给一个有天赋、勤奋的人；陛下明察，我在艺术上孜孜不倦，我毛遂自荐。"教皇回答说："那个可恶的本韦努托，不会忍受我对他的斥责。其实我是愿意给他这个职位的，可是他怎么可以在我面前这么傲慢无礼？我不知道我应该怎么做。"此时瓦索纳的主教过来了，他说："最令人尊敬的教皇，本韦努托还只是个年轻人；相比僧袍，剑会让他变得更好。教皇陛下，希望陛下将这一职位给这个聪明的巴斯蒂亚诺。将来总有一天你会给本韦努托一个肥缺，也许比这个更适合他。"教皇转向巴尔托洛梅奥·瓦洛里[①]，告诉他："你下次见到本韦努托时替我告诉他，是他为画家

① 此人曾是美第奇家族的忠实追随者，是佛罗伦萨史上的一个重要人物。后因感到没有得到应有的回报而反对美第奇家族的统治，结果于1557年和他的儿子、侄子一起被斩首。

巴斯蒂亚诺谋到了那个铅封局的职位，还告诉他下一个肥缺就是他的。同时要他好自为之，完成我交给他的工作。”

第二天晚上，日落后两小时左右，在铸币厂的一个角落，我见到了巴尔托洛梅奥·瓦洛里，他正急忙往教皇那里赶去，教皇派人召他。他见到我，停下来将教皇的话传递给我。我回答，我会更加勤奋用心地完成我的任务，并会比我以前接手的任务更勤奋，但我不指望从教皇那里获得什么奖赏。巴尔托洛梅奥谴责了我，说如果你想获得教皇的宠爱，那你就不应该这样回答。我说，要是用其他方式回答不就是疯子吗——知道从他那里什么都得不到，却又指望着他的空头许诺，这难道不是发疯吗？说完我就回去干活了。

巴尔托洛梅奥先生肯定把我说的气话汇报给了教皇，也许他还添枝加叶了，因为教皇有两个多月没有派人找我，而在此期间谁也无法让我主动地去登门找他。可他对圣餐杯望眼欲穿，因此委任鲁贝托·普奇[①]留心圣餐杯的进展。这个正直的、值得尊敬的家伙每天都来找我，总对我说些好话。这时，教皇到博洛尼亚旅行的日子快到了，[②]他见我依然没有去拜访他的意思，就让鲁贝托先生去找我，要我带上我的作品，让他看看进展如何。这样我把它拿给教皇看。由于最重要的部分已经完成，我就请他先给我五百克朗，一方面作为预付，另一方面我需要金子来完成这件工作。教皇说：“继续干吧，做完了再说。”我临走时回答说，如果他付给我钱，我就会做好它。这样我就走了。

56

教皇动身去博洛尼亚之前，他让红衣主教萨维亚蒂代他管理罗马，并委任他催促我尽快完工，教皇还补充道：“本韦努托非常自信，但我觉得

① 此人是美第奇家族的忠实支持者，于1534年被保罗三世任命为红衣主教。

② 1532年11月18日，克莱门特到博洛尼亚会见了查理五世。1529年，他曾在那里为查理五世加冕。

有些不可靠，而且他不太尊重我们。你要小心注意，要让他好好工作，我回来的时候圣餐杯必须做好。”

这个红衣主教八天后派人来请我，吩咐我把圣餐杯拿去。我去了，但没拿东西。我一露面他就朝着我大声吼道：“你炖的洋葱在哪里？你已做好了吗？”我回答说：“噢，尊敬的阁下，我炖的洋葱还没好呢，而且我也没准备将它做好，除非你给我做洋葱的原料。”一听这话，这个本来就只有三分像人七分像驴的家伙变得比平时更难看了。他想马上了结这件事，大声吼道：“我要送你去大木船划桨，那时你就会好好工作了。”这个家伙的野蛮行径使我变得也野蛮起来，我反驳道：“阁下，如果我罪有应得，就把我送到船上好了。可就凭我现在做活儿慢了一点你就要罚我？别做梦了，让你的大木船见鬼去吧！我还要告诉你。就因为你，我罢工了。以后不要再找我了，我不会露面的，不会！你就是派治安队去叫我也不行。”

之后，那位红衣主教又几次派人来告诉我要我继续干，并要我把手头的活儿拿给他看。我只对捎信的人这样说：“去告诉红衣主教，如果他要我把洋葱做好，就叫他把原料给我拿来。”

他只好死了心。

57

教皇从博洛尼亚回来之后立即派人来请我，因为红衣主教在给他的快信中把我写得一塌糊涂。他气得暴跳如雷，要我拿着手头的活儿立即去见他。我服从了命令。但当教皇在博洛尼亚期间，我的眼睛突然发炎，极为难受，我几乎不能承受这样的痛苦，因此这也是我没有工作的主要原因。由于病情非常严重，我以为肯定会失明，于是我就算计如果终生失明的话需要多少钱才能维持生计。去见教皇的路上，我脑子里一直想着如何解释我没干活儿的原因。我想在他看杯子的时候告诉他我的不幸。可我一来到他面前，他就对我咆哮起来：“把你做的活儿拿过来，做好了吗？”我把东西递给他。他一看更愤怒了，说道："我对着真诚的上帝告诉你，你把自己的目中无人看成是理所当然的事情，我要是不顾忌自己的体面和身份，非把你和你做的活儿一起扔到窗外不可！"我一看教皇变得如同一头凶猛的野兽，就开始琢磨着如何设法离开。于是在他逞凶的时候我把做的活儿塞到斗篷底下，小声地说道："任谁也无法让一个瞎子做这样的活儿。"教皇又抬高了嗓门儿喊道："过来，你说什么？"我琢磨着是否马上逃走；但转念我就决定双膝下跪，大声对教皇大叫——此时他的咆哮仍在继续。"我要是眼变瞎了还要继续干吗？"他反驳道："你瞎眼能到这里来吗？简直是胡说八道。"我看他的嗓门儿低了一点就回答说："陛下问问你的医生就知道了。"他说："哦，那你冷静点儿；如果你说的是真的，我可以听一下。"我一看有戏，便继续说道："我相信引起我眼疾的唯一原因就是红衣主教萨维亚蒂；因为教皇你刚走，他就派人来找我。他把我的作品叫'洋葱'，并要把我送到大木船划桨；他的恶言恶语气得我满脸发烧两眼冒火，疼得我简直难以忍受，结果回家时我就看不清路了。两天以后眼里生了白内障，基本上丧失了视力，陛下走了以后我就一点也不能干活儿了。"

说完后我站了起来，未经许可就离开了御前。后来有人跟我说，教皇说了下面这些话："你可以委托别人办事，但你无法让他慎重地办事。我没有让红衣主教这么粗鲁地处理这件事。如果本韦努托的眼睛真像他所说的那样，那么应该给他一些津贴补偿，我要先去问问医生。"一个和教皇关系很密切的著名贵族碰巧在场。他并不认识我，他问："尊敬的教皇，我是否能问一个问题。我先是看到你对此人产生了极大的愤怒，然后又看到你对他产生了深切的同情。我想请问，他到底是什么人？如果这个人值得帮助，我可以告诉他一个秘方，可以治愈他的眼疾。"教皇回答说："他是一个伟大的雕刻艺术家，他天生就是干这一行的；那天我还向你展示过他的一些优秀作品，还向你夸奖过此人；如果我们能够找到办法去帮助他，我将会很高兴。"

三天之后，教皇在午饭之后派人来请我，那个知名的贵族也在场。教皇把我做的纽扣拿出来，我也把教皇要我做的圣餐杯拿了出来。这位贵族看了之后说，他从来没有看到过如此了不起的作品。他直直地看着我的脸，说道："我相信这个年轻人，他年轻有为，而且可以再学习到很多东西。"然后，他问我的名字。我回答说："我叫本韦努托。"他回答道："今天对你来说我也是本韦努托①。取带有茎、花、根的鸢尾花放在文火上熬汤，然后用此汤每天洗眼几次，肯定能治好你的病。但一定要先排泄大小便然后再用药洗眼。"教皇也说了一些安慰我的话。

我满意地走了。

58

我确实得了病，可我认为那是我的作坊遭到抢劫时我雇的那个年轻漂亮的模特传染给我的。法兰西病在我身上一直潜伏了四个多月，然后在我全身一下子爆发出来。我这病与人们常见的不一样，身上起了水泡，大小如六便士硬币，呈玫瑰色。医生说这不是法兰西病，尽管我向他们解释就是法兰西病。我按照医生的方法继续治疗，但都没有什么效果。最后，我决定服用圣木汤，服用时我最严格地遵守清规戒律。几天之后，我觉得我的病情大有好转。五十天之后，我的病就全好了。

一段时间之后，为了恢复体质，我产生了冬猎的想法。然而，我在野外却受了风寒，几天之后，我感觉我的病情比之前严重了不止一百倍。我只好再次听从医生的嘱咐，遵循他们的指示，但还是越治越糟。当我高烧发作时，我又想吃圣木汤，但是医生禁止了我，他说，我要是还吃这种药，我可能就活不到一个星期了。然而，我决心不听从医生的指示，继续保持我之前的禁欲饮食习惯，结果服用四天汤药之后烧就完全退了。

我的体质恢复得很快，服药期间我一直不停地制作着圣餐杯的模型。

---

① 这是一句无法译出的双关语，它的另一意思是"今天我就叫你欢迎我"。"本韦努托"在意大利语中的意思就是"受欢迎的"。

我还要补充一点，我在严格地遵守清规戒律的那一段时间里创作了我一生中最漂亮最精巧的作品。五十天以后，我的健康完全恢复，然后又竭尽全力地加以保持和巩固。最后我大胆地放宽了严格的饮食限制，我已经痊愈，好像重生一般。我乐于从事增进健康的活动，健康的身体是我一心向往的，但我从来没停止过工作。无论是圣餐杯的制作还是铸币厂的工作，我都给予了应有的关注，就像关注我自己的健康一样。

59

红衣主教萨维亚蒂——我之前提到的曾对我心怀敌意的那个家伙——被任命为帕尔马的教皇使节。在帕尔马，有一个来自米兰的金匠，叫托比亚，他因制作假币被捕，被判死刑。由于他很有才华，有人就在红衣主教面前为他求情，于是红衣主教就推迟了判决的执行。他给教皇写信，说他得到了世界上最好的金匠，此人由于造假币被判死刑，但他是个善良而又单纯的人，他为自己辩护说他曾与忏悔神父商量过，并说是得到神父的允许才这么做的。红衣主教又写道："如果陛下将这个大艺术家召到罗马，您就能挫一挫您的红人本韦努托的傲气，我相信您会喜欢托比亚的作品的。"

于是教皇马上把他召去。他一到，教皇就让我们两人去见他，让我们每人设计一个安放一只独角兽角的方案。这是人们见到的最漂亮的一只角，是教廷财政部花一万七千达克特买来的。教皇打算把它送给法国的弗兰西斯国王。他命令我们画出草图。我们画好之后交给教皇。托比亚设计了一个烛台形式，兽角像蜡烛一样插在里边，底部添加了四个小独角兽的头，设计得非常蹩脚。看到这里，我忍不住用袖子捂住嘴嘲笑他。教皇看到我在笑，就大声说道："让我看看你的设计图！"我的设计图只有一个独角兽的头，尺寸与兽角的大小很协调。我设计出了最精美的兽头，我想人们能够想象到的美也莫过于此吧；它的灵感的一部分来自马，一部分来自鹿，我还在上面添加了极好的鬃毛和装饰品。教皇看后，说更喜欢我的设计。然而，在这场竞赛中有很多地位很高的米兰绅士也在场，他们却说："尊敬的教皇神父，你是要将这个礼物送给法国国王的；请考虑一下，法国人没有什么文化，他们根本就理解不了本韦努托的作品；而托比亚画出的这个圣体容器应该能满足他们的口味，而且这个作品肯定能够在更短的时间内完成。本韦努托还是做他的圣餐杯吧；再者，这位你请到罗马来的可怜之人，也能够得到被雇用的机会。"由于教皇急切地想要得到这个圣餐杯，因此他采纳了这些米兰绅士的建议。

第二天，教皇派军械库[1]总管来吩咐我完成圣餐杯。我回答道，我想把这个杯子完成的愿望比做世界上任何事的愿望都强烈：如果原材料不是金子，我可能早就做好了；但是，杯子是金制的，如果教皇想让我顺利完成这件物品，他必须给我一些金子。听到这些，这位粗鲁的朝臣大声回答道："呀！如果你不想让教皇把你杀了，我警告你，你还是不要向教皇索要金子。"我说道："噢，我尊敬的阁下，请您告诉我，要是没有面粉，怎么做出面包来？没有金子，我这件物品是完不成的。"这位总管大臣暗示我，他认为我戏弄了他，并告诉我，他会把我说的话禀报给教皇；他确实也这么做了。教皇果然怒火冲天，并发誓说，他倒要看看，我是不是疯了。两个多月过去了，我确实没有继续做，不过我还是以最大的热情继续投身于其他能让我感兴趣的事情。他发现之后极度不满，声称他一定会惩罚我。

这些话被朋佩欧——一个为教皇服务的米兰珠宝家听到了。他和特拉雅诺是教皇克莱门特最喜欢的侍从。这两个人便对教皇说："尊敬的教皇陛下，您要是撤销了本韦努托在铸币厂的职位，我想他就会专心致志地完成圣餐杯了。"

教皇听后回答："这样做会有两个后果，第一，铸币厂的人会对我不满；第二，这样我也得不到圣餐杯。"这两个米兰人看到教皇对我已有不满，便劝说教皇，撤销了我在铸币厂的职位，并把该职位交给一个年轻的

① 军械库是显贵邸宅中存放武器、餐具、家具和衣服的地方。

佩鲁贾人，此人就是广为人知的法焦罗[②]。朋佩欧亲自通知了我这个决定，并说如果我不完成圣餐杯，教皇还会剥夺我其他东西。我反驳道："告诉教皇，他是将自己从铸币厂中开除了，而不是将我开除了。如果到时候他又想把那个职位给我，我想，我没有任何理由再去接受。"这个粗鲁的家伙急忙向教皇禀报了我的话，并添油加醋了一番。八天之后，教皇又派他来告诉我，他不再打算让我完成圣餐杯了，要我把它原封不动地拿回去，也就是要和我上次给教皇看的圣餐杯一模一样。我告诉朋佩欧："这东西和铸币厂不一样，不是他想拿走就可以拿走的。但我领的五百克朗是陛下的，我随时都可以归还，而这件物品本身是我的，我想怎么办就怎么办。"

60

星期四，两个教皇钟爱的宫廷大臣来找我。其中一个是主教皮耶罗·乔瓦尼，军械库的官员；另一个人我不知道他的名字，只知道他出身很高贵。他们对我说："本韦努托，由于你不肯服从教皇的指令，因此他已下令，你要么交还圣餐杯，要么下狱。"我回答："阁下，如果你想把这件物品给教皇，我只能这样说，这件物品是我的，不是他的。而且现在我不打算帮他制作这件物品了。我把它做成现在这样，是花了很大的努力的，我可不想把它交到一个无知的畜生手中，因为这个畜生根本就没有为之努力过，他会毁了这件物品。"当我说这些话的时候，金匠托比亚就在旁边，他毫不客气地让我拿出我的设计模型。我很粗鲁地回击了他，他们这些人只配得上粗话。那两个绅士宫廷大臣催促我迅速表态，我告诉他们，我已经准备好了。我穿上披肩，在离开作坊之前，我朝着救世主的画像庄严地敬礼，并将帽子拿在手中，向他祈祷："噢，高尚、永垂不朽、公平、神圣的救世主，你做的一切都是以公正为原则，这点在整个地球上是独一无二的。你知道，我已经三十岁了，在此之前，我从没因为任何事

② 吉罗拉莫·法焦罗在这段时间非常的成功，但他被称作博洛尼亚小狗。

下过监狱。现在是你的旨意，让我下监狱，我发自肺腑、真心诚意地感谢你这样安排。”接着我又冷冷地朝两位宫廷大臣说：“像我这样一个品德高尚的人，不值得被比你们更卑鄙的法警押送，把我当作你们的犯人押走吧，去你们喜欢去的地方。”这两位绅士把我押走了，一路上我们谈得很开心。他们把我带到罗马行政长官那里，罗马行政长官叫马加洛托。宫廷大臣对他说：“我们把这个罪犯交给你了；现在你要把他看好。我们很高兴可以作为你的执法官；因为本韦努托已经告诉我们，这是他第一次下狱，他不愿让任何地位比我们低的人来押送他。”他们接着又去找教皇。当他们向教皇汇报之后，他们以为在场的人都会情绪高涨，但他们错了，因为在场的很多贵族和红衣主教都是我的朋友，他们都是支持我的。

同时，行政长官和检察官都在审我。他们说，一个人委托另一个人做东西完全有理由自愿地将其收回来，并可以用他认为最适当的任何方式。我回答道：这种事不公平，就算是教皇也不可以这么做；因为教皇和一些微不足道的暴君国王不一样，这些残暴的国王可以肆意对待自己的臣民，不需要顾及法律和公正。而天主教教宗不可以像那样做事。听我这么说，这位行政长官便开始威胁我：“本韦努托啊本韦努托，你这是逼我收拾你啊。这是你罪有应得。”“要说什么是我应得的，我应得到你对我的尊重和礼遇。”他抓住我，大声说道：“马上把他关起来！”我回答道：“尊敬的阁下，请允许我再申辩几句。”检察官官员是一个比行政长官要通情达理的警局执法人员，他转向行政长官说：“长官，要是他喜欢，我们何不让他说一百句？只要他把那件东西交出来，我们的任务就算完成了。”我说：“如果任何一个人请人建一座宫殿或一座房子，他完全有理由对领班的师傅这样说：‘我不想让你再建我的房子或宫殿了。’这样，付给他报酬以后就可以把他解雇了。同样，如果一个贵族托人镶嵌一颗价值一千克朗的宝石，一旦他发现宝石匠没有按他的要求去做，他就可以说：‘把我的宝石给我，我不想让你做了。’但对于我的情况却不能这么做，这里既没有房子也没有宝石，除了我拿的那五百克朗以外，谁也不能再向我要别的东西。所以阁下您就看着办吧，除了那五百克朗您什么也得不到。去把这些告诉教皇。您的威胁一点也吓不住我，我是个诚实的人，不怕承担任何罪责。”

行政长官和检察官站了起来，说他们要去见教皇，回来以后我的命运就会见分晓。于是我就在监管之下待在那里。我在一个大厅里来回踱步。大约三个小时以后，他们从教皇那里回来了。在他们离开的那段时间里，国内商界的精英来看我，劝我不要继续与教皇作对，这样会毁了我。我回答说，我已拿好了主意，知道自己该怎么办。

61

行政长官和检察官刚从教皇那里回来，立即派人来叫我，并说了一些话，大意是：“本韦努托，我们从教皇那里回来了，并带回我们接到的命令；你要么立即着手完成圣餐杯，要么你就下狱吧。我们也实在很遗憾。”我回答道：“我一直不信一个神圣的教皇会干出那种缺德事，所以我要亲眼看了以后才会相信。那么你就随便吧。”行政长官说：“我不得不多说两句教皇交代你的话，然后我再执行教皇交给的命令。你把你的作品带来，我把它放进盒子里密封好带去给教皇。他还交代，不许撕毁封条，要原封不动地把物品送回去。为了维护教皇在这件事情上的荣誉，他希望他能做成这件事。”对此我笑着说，我非常愿意把我的作品交出来，并按照他所说的方式封存好，因为我很想知道，教皇的话到底有多大的分量。

我派人去拿我的作品，并按照教皇的描述封存好，交了给他。行政长官向教皇汇报了情况。教皇拿着我封存的盒子，反复思考了好几次。然后问行政长官是否看过这件作品。他回答他看过，这个盒子是他看着封存的，他说这是一件令人赞叹的作品。教皇说：“你应该告诉本韦努托，就算再重大的事，我都有权发号施令。”教皇说完，把封条扯开，打开了盒子。他拿着那件作品看了好一会儿——据我听到的——他把它展示给托比亚看，他对我的作品也有极高的评价。教皇问他是否也有同样的能力做出一个这种风格的物品。他说有。教皇就让他照原来的思路做一个。然后他转向行政长官，说道："去看一下本韦努托是否要放弃，如果他确实要放弃，那么对于他在这上面所倾注的价值，他会得到应有的报酬，会有人替我付钱给他。如果他真想专心致志地把它完成，就让他确定一个时间。如果你相信他确实打算做下去，那就满足他提出的所有合理条件吧。"行政长官说："最尊敬的神父，我了解这个年轻人的火爆脾气；因此请授权给我，让我用我的办法好好斥责他一顿。"教皇告诉他，就照你所说的做吧。虽然教皇确信他只会把事情做得更糟，不过，就算最终他没有把事情做成，他还是必须命令我带着五百克朗去交给他的珠宝家朋佩欧。

行政长官回来了，他把我叫到内阁，对我说："教皇有权掌管世上所有的事，他所做的事是得到上帝批准的。看着你的盒子，它已经被打开了，并且已被教皇视察过了。"我提高了我说话的声音，说道："我感谢上帝，现在我知道了，我也能向你汇报教皇的心是用什么做成的了。"行政长官很愤怒，对我说了很多盛气凌人的话。但是，当他发现这些毫无作用时，他收敛了嚣张的气焰，用一种温和的语气说道："本韦努托，我没有想到你会如此疯狂地追求自己的利益；既然如此，那就在你认为合适的时候，带着五百克朗去交给朋佩欧吧。"我拿着我的作品离开，去找朋佩欧了。

教皇很可能以为我缺钱，或由于别的什么原因我一下子拿不出这么多钱来，然后就以此来迫使我就范。但当他看见朋佩欧笑容满面拿着钱来见他时，他知道他又失败了，他训斥了朋佩欧一番。对这样的结果，教皇也无可奈何，他说："到本韦努托的作坊去找他，要礼貌地对待他，就看你这粗鲁的家伙的能耐了，你告诉他，只要他愿意完成那件作品，我会为他提供他需要的任何东西；只要他愿意继续投入工作。"朋佩欧来找我，叫我从商店里出来，像驴一样令人作呕地抚慰我，并把教皇的命令说了。我回答道："在这个世界上，最让人开心的事莫过于重新得到教皇的宠爱，可是我已经失去了这些，但并不是因为我犯了错误，而是因为我的好胜心作怪以及那些嫉妒别人的邪恶之人，他们以害人为乐；教皇有那么多仆人，下一次就不要让他再派你来了，如果你珍视自己的话……甚至你要注意自己的安全。不论白天黑夜，我都不会忘记全身心地为教皇效力。你要记清楚，如果你向教皇陛下汇报了这些话，你就再也不要以任何方式对我的事情干预一丝一毫，我会给你应有的惩罚让你认错。”

这家伙把我的话都对教皇说了，而且说得要比我的原话厉害得多。这件事就这样平息了一阵，我还是在我的作坊工作。

62

与此同时，托比亚正在着手安放和装饰那个独角兽角。不仅如此，教皇还委任他开始照着我那个模型制作圣餐杯，他已经看过了我的模型。但是当托比亚向教皇展示他做的作品时，教皇非常不满意，他非常后悔和我闹僵，他把托比亚做的所有的东西以及向他推荐这些活儿的人统统数落一番。巴奇诺·德拉·克罗斯好几次从教皇那里过来告诉我说，对这个圣物盒千万不可懈怠。我请求尊敬的教皇让我稍微歇歇，因为我刚经历了一场大病，还没完全恢复。又说我会让他明白，我花费的所有时间都是在为他服务。实际上我已经开始制作他的模型了，同时还在秘密地制作一个徽章。我为了冲压这个徽章，在我的房子里制作了钢模；此时我作坊里有一个伙伴，他曾经是我的学徒，名字叫菲利斯。

在那时，我爱上了一个西西里岛女孩，她长得实在是太漂亮了。我本来已安排好一切，瞒着她母亲，准备和这个女孩私奔到佛罗伦萨去；没想到这女孩闻听风声以后，就在一天晚上悄悄离开了罗马，往那不勒斯方向去了。她说她要去契维塔韦基，但实际上去了奥斯蒂亚。我跟着他们来到契维塔韦基，发疯似的去找她。这段离奇的故事太长了，不可能详细地讲，我再说一句也就够了，我当时几乎丧失了理智，甚至到了死亡的边缘。

两个月之后，她写信给我，说她在西西里岛，过得很不幸。而我以各种人们可以想象到的娱乐方式放纵自己。我又开始了另一段恋爱，这样做只是为了淹没我那段真正有激情的时光。

63

一次偶然的机会，让我和西西里岛的一个传教士结识，并成了朋友，他是一个非常有天赋的人，而且精通希腊文学和拉丁文学。一天，在和他的谈话过程中，我们谈到了巫术艺术。我说，在我的整个人生中，曾有过最强烈的愿望想要见识并学习一下这门艺术的某些东西。传教士回答说："谁要是想专心投入这个事业，他必须要有坚定的信念以及坚持不懈的精神。"我回答，我拥有且能够留出足够的坚定信念和力量来从事它，只要能得到这样一个机会。传教士说："如果你真的有心大胆尝试，我会尽量满足你的好奇心。"相应地，我们达成了一致，要去尝试这次冒险。

一天晚上，这个传教士做好了准备，并吩咐我带上一个同伴。我邀请了文森西·罗莫利，他是我最好的朋友。传教士则带了一个皮斯托亚人，他也是学习深造巫术的。神父穿着巫师的长袍，以妙不可言的仪式在地上画着圆圈。他让我们带来了名贵的香料和火，另外还有味道恶臭的药物。预备程序完了以后，他走进了圆圈，并拉着我们的手一个一个地都进去了。然后，他为我们分配了任务；他让他的巫术师伙伴拿着五角星护身符。而我和我的同伴则在一旁照看火和香水；然后他开始念起咒语。一共持续了一个半小时，这时出现了成千上万的魔鬼，整个竞技场里到处都是。我正忙着照看香料，神父看了看它们的数目后转身对我说："本韦努托，向他们提点要求。"我便要求他们让西西里岛的安吉莉卡与我团聚。那天晚上，我没有得到任何答复，但我过得非常开心，因为我满足了自己的好奇心。巫师说我们要再来一遍，还说我会完全实现我的愿望，但他希望我带来一个真正的童男。

我找了我作坊里的一个十二岁的小男孩。我又把之前的文森西·罗莫利给叫上，还邀请了一个叫阿尼奥利诺·加迪的人，他是他们的好朋友。当我们再次到达约定的地点时，巫师重复了上次的准备工作，然后把我们拉进圆圈，他已经用更令人钦佩的艺术重新构造了一个圆圈。接着他指派我的朋友文森西料理香料和火，加迪也和他一起干。最后他把五角星放在我手里，让我把它对着他指示的地方，五角星下面我扶着那个小男孩，也就是我的工匠。

现在巫师开始念咒语，号召了很多魔鬼，他们都是魔鬼大军的首领。他是用希伯来语、希腊语和拉丁语，通过上帝、无法创造的事物、活着的人以及永恒事物的美德和力量号召到这些魔鬼的；在很短的时间内，转眼之间，整个竞技场群魔乱舞，数量几乎是上次的一百倍。文森西和阿尼奥利诺照看着火焰，身上带着香水。在巫师的建议之下，我又要求和安吉莉卡重聚。巫师问我："你听到他们都回答了些什么吗？它们说一个月以后你就会与她见面。"然后，他让我紧紧地站在他旁边，因为现在的魔鬼数目比他召唤的多一千倍，而且都是地狱之中最危险的家伙。既然他们已经满足了我的请求，我们理应以礼相待，并客气地将他们驱散。

然而，那个在五角星下面的小男孩因恐惧而大叫了一声。这些魔鬼马上包围了我们。巫师很害怕，他一直在尽力温和地将他们驱散。负责照看香水的文森西因为害怕而颤抖不已。虽然我也像他们一样吓得魂不附体，但我尽量表现得镇定，并鼓励他们。实际上我一看到巫师吓成那个样子就以为自己必死无疑了。那个男孩吓得把头塞到两膝之间喊道："我要死了！我们肯定都是死人了！"我又对他说："这些东西都比我们低下，你所看到的只不过是烟和影子，抬起你的眼看看吧。"他抬起头往上一看，喊道："整个竞技场都着火了，火正在向我们移动。"他用双手捂着脸，又哼哼着他死了，再也忍受不了这幅景象了。

巫师恳求我支持他，让我紧紧地站在他旁边，并让我将阿魏胶扔在煤炭上面。我转向文森西，让他立即点燃香料。当我说这些话时，我看着阿尼奥利诺，他吓得眼睛从眼窝里鼓了出来，看样子已经大半死了。我对他说："阿尼奥利诺，鼓起勇气，就像我这样，我们决不能放弃战斗，尽最大努力激励我们自己，快站起来，扔一些阿魏胶到火里。"

就在阿尼奥利诺伸手去抓的时候，他突然放了一个响屁，这远比阿魏胶见效。那个男孩被它的恶臭味和响声唤醒了，他稍微仰起脸来，听到我的笑声以后就鼓起了勇气，说魔鬼们正在逃窜。这样我们一直等到晨祷钟响起。这时，男孩又说剩下不几个了，而且都在很远的地方。

结束仪式之后，巫师脱掉长袍，打包好他拿来的一捆书，带着我们走出了圆圈。我们紧挨着走，尤其是这个男孩，他被挤到中间，死死抓着巫师的衣服和我的斗篷。他一直叫唤，说他在竞技场看到的两个魔鬼就在我们前面戏耍。巫师向我说，尽管他经常进入魔圈作法，却从来没有碰见过如此凶险的场面。他还劝说我们帮助他祝圣一本书，并说通过这种方式我们可以得到很多财富，因为我们可以召集恶魔，让他们告诉我们财富在哪里，地球上充满了我们要的财富，这样我们就会变成最富裕的人，到时候，像我的爱情风流韵事只不过是些毫无价值的愚蠢行为。我回答道，如果我是一个拉丁文学者，我非常愿意接受他所建议的事。他继续劝我，他说拉丁学问根本就不重要。如果他想要，他可以找到很多优秀的拉丁语专家，但是他从来没有遇到一个像我这样信念如此坚定的人，因此他觉得我应该听从他的建议。我们一路在谈话，不知不觉就到了我们的家。

我们每个人晚上都梦到了魔鬼。

64

由于我们每天都会见面，因此这个巫师一直催促我加入他的冒险经历。我问他会持续多长时间，以及我们应该去哪里。他回答，可能一个月之内完成，而最合适的地方是诺尔恰山区农村。[①]他在此行业的一个师傅确实已经祝圣过这样一本书了，他离罗马很近，住在一个叫巴迪亚·迪·法尔法的地方。但是他师傅在那里遇到了一些困难，这些困难在诺尔恰的山区农村是不会有的，那个地区的农民也是值得信任的，而且他们在这些事情上都有一些实践经验，因此在紧要关头，他们可以为我们提供很有价值的帮助。

在这位巫师的劝说下，我感动了，准备答应他的请求。我说，在此之

① 这里属于亚平宁山脉的中部地区，一直是女巫和制毒者活跃的地方。

前我必须要完成我为教皇制作的徽章。我只向他吐露了关于我正在做的东西，并让他为我保密。同时，我问他是否相信我和我喜欢的那位西西里岛安吉莉卡会在预定的时间团聚。因为出发日期临近，我却一点关于她的消息都没有。这个巫师告诉我没问题，因为魔鬼在那种场合说的话绝对不会不算数。但他吩咐我，要我保持警惕，以防万一，对自己的爱好要有所克制，他能看出我有一场迫在眉睫的大危险。我要是和他一起去祝圣书对我会有好处，这样能为我免灾，会使我们两人都成为最幸运的人。

逐渐地，我比他还想冒这个险，我说，有一位来自博洛涅塞堡的乔瓦尼大师，他刚来到罗马，在制作徽章方面很有独创性，我十分渴望与他进行一次较量。我要拿出一件惊天动地的杰作，我希望凭我才艺做出的作品能打败我所有的敌人，而不是靠剑打败他们。这个巫师站在他的立场继续催促道："不，求求你，本韦努托，你还是和我一起去，避开这个我已预测到将会发生在你身上的大灾难。"然而，我已经下定了决心完成我的徽章，有什么困难就让它来吧。月末即将到来，我深深地被我的作品吸引了，再也没有想念安吉莉卡，全身心地投入到了我的工作中。

65

一天傍晚，我要去我的作坊一趟。我的作坊在班基，我住在班基后面，但我很少去作坊；店里所有事务都由我的伙伴菲利斯处理。在作坊里待了一会儿，我想起我必须要对亚历山德罗·德尔·班尼说些什么。当我到达班基时，我遇见一个叫贝内代托的人，他是我的好朋友，锡耶纳人。他是秘书，出生在罗马，是一个盲人乞丐的儿子。这位贝内代托先生曾在那不勒斯待了很多年，后来在罗马定居。在那里，他为一些齐吉宫的锡耶纳商人经营业务。我的同伴曾多次向他要账——委托给贝内代托的一些小戒指而欠下的账。恰好那天，我的同伴在班基遇到了他，便非常粗鲁地向他要账，好像我同伴就是那样的人。贝内代托正在和他的师傅散步，由于我同伴的打扰，他们很恼怒，狠狠地责备了他，并让他们去别家商店找人服务，免得在这里听他大吵大叫。贝内代托尽最大努力为自己开脱，并发誓，他已经向金匠付了钱，他还说，他实在没有力量去安抚一个疯子的愤怒。这些锡耶纳师傅们认为他的话太难听，因此当场把他解雇了。离开他们之后，他向我的商店而来，很可能是要来找菲利斯报仇。在去我作坊的途中，他遇到了我。由于我对整件事全不知情，因此我见到他时仍然友好地向他打招呼。然而，我的友好换来的却是他的侮辱。就在那时，那位巫师所说过的话突然闪现在我脑中。他吩咐过我，让我尽量控制自己，于是我回答道："我的好兄弟贝内代托，别对我发怒，因为我并没有做什么伤害你的事，我也不知道你究竟发生了什么事。请你自行去解决你和菲利斯之间的事情吧。他一定能够给你一个满意的答案，鉴于你的事情我一点都不知道，你用这种方式辱骂我是错的，因为你很清楚，我不是你应该侮辱的人。"他反驳道："你肯定知道所有的事，是你让我承受了这么大的压力，菲利斯和你都是大浑蛋。"此时，一大群人聚过来围观。我被他那粗鄙的话激怒了，蹲下去抓起一大块稀泥——因为这里刚刚下过雨——向他脸上扔去。稀泥打到了他的头盖骨。他立即昏死过去。所有旁观者都断定他死了，因为他们看见他流了很多血。

66

他静静地躺在地上，人们正准备将他抬走，此时珠宝家朋佩欧从这里经过。教皇派他来下达一些珠宝制作的命令。他看到这个家伙如此悲惨的遭遇，于是他问，是谁把他打成这样的。在场的人告诉他："是本韦努托干的，但这个愚蠢的家伙是自己倒下去的。"朋佩欧一到达教皇那里，就开始说："尊敬的教皇，本韦努托已经把贝内代托杀了；我亲眼看到的。"对此教皇怒火冲天，命令在场的行政长官把我抓起来，立即绞死，就在案发现场执行。

当我看到这位不幸的贝内代托不省人事，我立即意识到危险了。我匆忙逃离现场，并躲在了财政部职员乔瓦尼·加迪的房子里，我要尽快逃离罗马。然而，他建议我不要太慌张，因为这件事也许没有我想象的那么严重；他叫上和他住在一起的安尼巴尔·卡罗，让他去打探一下消息。

当我们正在做这些安排时，一位罗马绅士出现了，他是红衣主教德·美第奇家的成员，是德·美第奇派他来的。他告诉我们，红衣主教已经告诉了他教皇的态度，现在没有任何办法可以帮助我逃出困境。对于我来说，最好的方法就是逃离这场风波，不要冒险待在罗马的任何一个房子里。这位绅士离开之后，乔瓦尼沮丧地说："啊，我悲哀啊！我帮不了你，我什么也做不了！"我回答道："照上帝的旨意，应该是要我自救；你只要给我一匹马就可以了。"他给我找了一匹黑色宝马。我拿了一根火绳钩枪，蹬鞍上马，如果有必要，我会随时放枪。[①]当我到达庞特西斯特时，我发现巴杰洛所有的士卫都在那里。我飞驰而过。令人惊讶的是，他们竟然没有发现，我非常顺利地通过了，应该是上帝在帮我吧。然后，我以最快的速度前往帕隆巴拉，那里是焦万巴蒂斯塔·萨韦罗阁下的封地，在那里，我将马送还给了乔瓦尼，我没有仔细考虑就告诉了他我在哪里。[②]焦万巴蒂斯塔阁下友好地款待了我两天，然后他建议我去那不勒斯避避风头。他给我找了一个同伴，我们一起出发了。

当我们边走边旅行时，我遇到一个我认识的雕刻家，他正要到圣日尔曼诺去完成皮耶罗·德·美第奇在蒙特卡西诺坟墓。他的名字叫索罗斯密欧，他告诉我，一天晚上，教皇克莱门特派他的一个宫廷大臣去询问托比亚现在的情况。他发现托比亚正在工作，而且毫发无伤，他完全不明白这到底是怎么回事，这位信使回去将此事告诉了教皇，教皇向朋佩欧说："你就是个没用的浑蛋；但是我很肯定，你已经激怒了一条蛇，这条蛇很快就会咬你，对付你！"然后，教皇对红衣主教德·美第奇说了此事，并任命他寻找我，并补充道，他非常遗憾让我从他的指尖溜走了。而此时，

---

① 这只枪是火绳钩枪，它上面有一个轮子可以扣扳机准备发射。

② 这是萨拜娜的一个村子，在蒂沃利（意大利城市）北部。乔瓦娜·巴蒂斯塔·萨韦罗是罗马的一个伟大家族的成员，1530年之后他成了骑兵的队长，为教皇服务。1540年他投身于为科西莫公爵服务，并于1553年去世。

我和索罗斯密欧继续我们的旅程，边走边唱往蒙特卡西诺赶路，朝着那不勒斯而去。

67

当索罗斯密欧在蒙特卡西诺审查了他自己的事务之后，我们继续旅行。在离那不勒斯只有一英里的地方，我们遇到了一个客栈老板，他邀请我们去住店，并说他已经和卡洛·吉诺里[①]在佛罗伦萨待了很多年。如果我们在他那里住店，他一定会非常友好地款待我们，因为我们都是佛罗伦萨人。我们告诉他我们不想去他那儿。但他一直跟着我们，不停地劝我们在他的客栈住下。我问他是否能告诉我一些关于一个叫碧翠斯的西西里岛女人，碧翠斯有一个非常漂亮的女儿，叫作安吉莉卡，她们两个都是高等妓女。在他看来，我是在嘲笑他，于是他大声说道："上帝把伤害给了所有的高等妓女，上帝也不会放过喜欢妓女的人！"然后他就离开了，好像他放弃让我们住他的店了。我很高兴，因为摆脱了这样一个像驴子一样啰唆的客栈老板；然而，与其说我是一个胜利者，不如说我是一个失败者；因为我对安吉莉卡那强烈的爱又浮现在我脑海。正当我与索罗斯密欧谈论这个话题时，那个客栈老板又跑回来了。他说，好像是两三天以前，有一个女人和一个女孩在我的旅馆附近住了下来。她们的名字和你说的是一样的，至于她们是否来自西西里岛就不好说了。我回答说："安吉莉卡这个名字在我心中实在太有分量了。我决定去你的旅店住宿。"

我们和客栈主人一起骑马到了那不勒斯城。安顿好一切之后，就去了他说的那个地方，那里离我们住的地方不远，在那里我果然找到了安吉莉卡。她热情欢迎了我。一整晚我都和她待在一起，我享受到了我之前从未有过的快乐。就在我如饥似渴地吸吮着爱的甘露时，我突然想起那一天正是当月的最后一天，这是魔鬼在魔圈里预言的。所以每一个与那些精灵打

① 他是1527年罗马共和国的行政长官。

交道的人都要好好地掂量一下我所经历的巨大危险。

68

我的钱包里有一颗钻石，我把它拿给金匠们展示。虽说我还很年轻，但作为一名有能力的艺术家，我的声誉在那不勒斯已经很高，以致他们非常热情地欢迎了我。在他们之中，我结识了一个最优秀的伙伴，他是一个珠宝家，名字叫多梅尼科·丰塔纳。他向我展示了很多这座城市和邻近城市那些令人钦佩的古代纪念碑。此外，在他的推荐下，我拜访了令人敬佩的那不勒斯总督。当我出现在这位尊敬的阁下的面前时，他非常友好地接待了我；当我们互相夸奖对方时，我之前提到的钻石引起了他的注意。他让我将它展示给他看，并请求我，如果我想卖掉它，请给他优先购买权。我把宝石拿回来之后，又打算展示给那位尊敬的阁下，并补充道，宝石和我都是为他服务的。然后他说，他很喜欢这颗宝石，但是，如果我愿意和他待在一起，那他就更高兴了；他说，如此一来就会和我谈到一些这样的话题，也会使我很满意。我们相互之间说了很多客套话，然后谈到了这颗宝石的优点，他让我别再犹豫，赶快为它估价。我说它差不多能值二百克朗。他回答道，在他看来，我没有高估它；但是既然我已经为它估了价，并且他又把我视为世界上一流的艺术家，因此他觉得这和别人镶嵌出来的宝石肯定有不同的效果。我说，我并没有镶嵌这颗宝石，而且它镶嵌得也不是很好。它的光辉是由于它本身的优点，如果我重新镶嵌它，可以做得更好。然后，我将我的拇指指甲放到宝石的凸角表面，从环上将它取下来，并将它清理了一下，然后递给了总督阁下。他非常高兴，也很震惊，于是他根据我之前估的价，给我写了一张二百克朗的支票。

当我回到住所，发现了来自红衣主教德·美第奇的信，他让我回罗马去，有个紧缺人才的职位，要我尽快出发。我将这封信读给安吉莉卡听，她流着泪乞求我，要么待在那不勒斯，要么把她一起带走。我回答道，如果她愿意和我一起去，我将会让她来保管我从总督阁下那里收到的二百克朗。她母亲发现我们在嘀嘀咕咕就凑过来说："本韦努托，如果你想把我女儿带到罗马去，就留下十五达克特，用来支付我的分娩费，然后我们就跟你走。"我告诉这个老泼妇，她要是把我的安杰利卡给我，我就会十分高兴地给她留下三十达克特。这笔交易做成后，安吉莉卡请求我为她买一件黑色的鹅毛绒长袍，因为这种东西在那不勒斯很便宜。我同意了所有的事情，送了她一件鹅毛绒，付了钱。那个老女人看我爱得昏天黑地，于是趁机也让我为她买一件布料优质的长袍，并为她的儿子买些东西。我笑眯眯地对她说："你现在满意我为你所提供的一切了吗？"她说她不满足。我说，你不满足，可是我受够了；然后我亲吻了安吉莉卡之后，就和她分手道别了，安吉莉卡泪流满面，而我却大笑着出发回罗马去了。

69

当晚，我带着钱离开了那不勒斯，这样做是为了防止被袭击或被谋杀，因为此去路途凶险；但当我来到塞尔奇亚塔时，我不得不鼓起全身的勇气来保卫自己，因为有几个马夫想要杀我。在接下来的几天里，我离开了在蒙特卡西诺工作的索罗斯密欧。一天早上，我来到阿达纳尼的一家旅馆吃早餐；当待在附近的一个房子时，我用我的火绳钩枪射杀了一些小鸟。但滑膛枪锁里的一根铁钉伤到了我的右手。虽说伤势看起来不是很严重，但是流了很多血。来到旅馆，我将马拴好，爬上了一个很大的走廊，在那里我发现有一群那不勒斯贵族刚好要坐下准备就餐。他们身边还有一个非常有气质的女人，她是我见过的最漂亮的女人。此时，我进入了房间，我的一个非常勇敢的仆人拿着一根长戟跟随在我后面。他们看到了我们，我身上的血和他的武器把他们吓了一跳，尤其是这地方曾是一个杀人犯的安乐窝，他们站起来，慌忙向上帝祈祷。我笑着说，上帝已经保护好你们了，因为我就是那个来保护你们的人，我会对抗任何想伤害你们的人。然后，我让他们去找点东西来把我的伤口包扎一下；那个诱人的女士拿着一张手巾，上面绣满了黄金，她用它来包扎伤口。我拒绝了，但她还是把手巾撕成两半，并以最温柔的方式用她那细腻的手指将我的伤口包扎好。这群人不再害怕了，我们一起愉快地就了餐，之后上马离开。然而，这些绅士们并不是很安心，因此他们狡猾地让那个女士陪我，他们则跟在后面，离我们有一段距离。我骑着我的小马与她并肩而行。我向仆人使着眼色让他回避一下，这样我们好有机会说说体己话。

到罗马后，我在红衣主教德·美第奇的宫殿下了马。见到他的面，我表达了对他的尊敬，并感谢他热情地将我召回。我恳求他保证我的安全，别让我下狱，甚至也别罚款。红衣主教告诉我不要害怕，然后他转向他的一个侍从，他叫皮尔·安东尼奥·佩奇，来自锡耶纳，主教命令他告诉巴杰洛监狱的人不准动我。然后他问我，被我用石头砸中头部的那个人现在怎么样了。皮尔·安东尼奥回答说，他病得很厉害，并且很可能变得更严重；因为当他听说我从罗马回来时，他发誓就算他死后变成厉鬼也要向我报复。红衣主教一听就笑了，他说："看来这个家伙找不到更好的办法来向我们显示他是个地道的锡耶纳人了。"然后，他向我说道，为了你的声誉，以及你的人身安全，这四五天不要出现在班基附近；过了这段时间，你再去你想去的地方。那个傻瓜想变成鬼就随他去吧。

我回到家里去完成我已经开始做的徽章，徽章的正面是教皇克莱门特的头像，背面是和平女神像。和平女神是一个苗条的妇女，其衣着薄如蝉翼，腰身部位打有褶裥，手拿一把小火炬，正在点燃一堆像战利品一样捆在一起的武器。在背景上我设计了一个庙宇的一部分，旁边是戴着脚镣的冲突之神。四周是拉丁铭文：Clauduntur belli portce。[①]

在我完成徽章的那段时间，我打伤的那个人已经康复了，教皇则不断地派人来请我。不过我尽量避免去和红衣主教德·美第奇见面，因为无论我什么时候去见他，他都会给我活儿做，这样会妨碍我顺利完成徽章。最后，皮尔·卡尔内塞基——教皇的大红人——受命监督我。这是在委婉地向我显示教皇是多么需要我。我告诉他，再过几天我就会向陛下证明我从

① 大意为："关闭战争之门。"

来没有疏忽过为他效力。

70

没过几天，我制作的徽章就完成了，我往上面冲压了金、银、铜。我把它展示给皮尔看了之后，他立即把我带到教皇面前。这是四月一天的午饭之后，天气非常晴朗。来到教皇面前，我将徽章和钢模一起交到了他的手上。他仔细看了看，然后对皮尔说："古人从来没有过像这样的徽章。"

当他和其他人正在观察徽章时，我谦恭地说道："如果没有一个更强大的神灵控制住我的灾星并阻止它们伤害我，陛下恐怕已经失去了一个忠心耿耿的爱您的仆人。当然这既不怨您，也不怨我。最神圣的教皇，人在形势危急的时候应该像一些平民老百姓所说的那样三思而后行，这样做并不为过。陛下一定还记得，我的仇敌仅凭三寸不烂之舌就轻而易举地激怒了您，结果您命令行政长官去抓我并当场绞死。但是我毫不怀疑，当您意识到自己铸成大错，除掉了一名您现在也承认的仆人时，我相信，您一定会在上帝和世人面前感到深深的内疚。优秀善良的父亲和有同样品质的师傅不应该不分青红皂白地就对他们的儿子和仆人棍棒相加，因为事后懊悔将于事无补。现在既然天主已经驱散了司命星的邪气并为陛下挽救了我，我再次斗胆恳求您不要轻易地被人激怒对我发火。"

教皇不再看那枚徽章，而是聚精会神地听我说话。很多地位尊崇的重要贵族人物也在场，这使教皇有些尴尬，大概是感到有愧吧。他不知如何摆脱这一尴尬的处境，只好说他不记得曾下过这个命令。为了给他个台阶下，我把话题岔开了。于是他又开始谈论徽章，问我用什么方法把这么大的徽章冲压得这么好，他还从来没有见过如此大的古代徽章。就这个话题我们谈了一会儿，但他不太放心，怕我再教训他一顿，说得比上次还要尖刻，于是他就赞扬我的徽章，说他满意至极，但他想按照自己的设想再制作一个背面的图案，如果可以用两个不同的模子进行冲压的话。我说可以做到。于是陛下让我设计一个摩西击打石头而从中出水的故事，并带上这样一句拉丁语格言：Ut bibat populus[①]。最后他补充道："本韦努托，不等你做完，我就会把钱给你。"

我走以后，教皇当众宣布他要给我足够的钱，这样我不必为除他之外的任何人工作就可以过上富裕的生活。所以，我全身心地投入到了制作带有摩西的背面图案中去。

71

过了些日子，教皇病了，而且他的内科医生认为很危险，病情非常严重。与此同时，我的敌人开始害怕我，并雇用了一些那不勒斯士兵来对付我，准备先下手为强。[②]因此，为了保住我的小命，我遇到了很多麻烦，不过后来我完成了那个徽章背面的制作，我把它拿给教皇时他正躺在床上，样子惨不忍睹。但他还是极其亲切地接待了我，并希望看一看徽章和模具。他让人拿来眼镜，点亮蜡烛，但还是什么也看不清。于是他干脆用手去摸，摸了一会儿之后他长叹一声，对他的侍者说他非常挂念我，如果上帝使他恢复健康，他会把事情处理好的。

三天后，教皇去世了，我的一切努力也都白费了。然而我鼓起勇气告诉我自己，这些徽章已使我获得了那么多声誉，因此无论谁被选为新教皇，他都会给我工作做，而且有可能会给我带来更多财富。因此，我鼓励我自己，并忘掉了教皇的死给我带来的伤痛。然后，我佩好宝剑，前往圣皮耶罗。在那里，我亲吻了已死去的教皇的脚，但并没有控制住自己，还是流泪了。然后，我回到班基，看到了那里的大暴乱。这里经常发生这种事儿。

当我和几个朋友正坐在街上时，朋佩欧恰好经过，十个全副武装的人跟着他；他从对面走过来，停住了，好像是想跟我大吵一架。我的同伴都

① 大意为："让人们喝水。"该徽章是为了纪念克莱门特在奥维多命人挖掘的一口深井。

② 这里的意思是说，如果教皇一死，切利尼可能会利用教皇位置空缺的混乱时机进行报仇。

是勇敢的、敢于冒险的年轻人，他们暗示我拔剑，但我转念一想，我要是一拔剑可能会伤害到无辜的人，所以我考虑还是我一个人出去吧。朋佩欧在那里站了很长时间，都可以说两次“万福玛利亚”了，他朝着我轻蔑地笑了笑，然后便离开了，他的伙计们也笑了，并做了很多无礼的动作。我的同伴想要立即和他们决斗，但我告诉他们我有能力独自处理这场争端，根本不需要帮手。我的朋友们很生气，嘟囔着离开了。

现在，只剩下我最亲近的同伴没有离开，他的名字是阿尔贝塔奇奥·德尔·班尼，相对于亚历山德罗和阿尔比佐来说，他算是自家兄弟，他现在是里昂一个非常富有的人。他是我所认识的人中最令人敬畏的，也是最勇敢的，并且他喜欢我就像喜欢他自己一样；鉴于他非常清楚我的耐力不是靠必需的勇气来维持的，而是靠最大胆的蛮勇，因为他实在太了解我的性格，于是他拿起我的宝剑并请求我赞许他，以便可以和我一起去做那些我打算做的事情。我回答说：“亲爱的阿尔贝塔奇奥，你是这世界上活着的人中对我最亲的人，你能够为我提供帮助的时机很快就会到来，但是在这件事情上，你不要帮助我，管好自己的事儿就行了，并且就像我其他朋友一样立即离开，没时间耽误了。”这些话我一口气就说完了。

72

此时，我的敌人们已经缓慢地向基亚维卡靠近，他们从不同的方向走向几条路交叉的十字路口；但是朋佩欧的房子所在的街道恰好可以直接通往花圃。由于一些交易或是其他事情，他进入了一家药材商店，这家商店位于基亚维卡的角落。他在那里待了一会儿，处理他的交易。我听说，他在那里狂吹他已如何大肆地侮辱我了。他这样做的结果只能让他倒大霉，因为当我来到这个角落时，他却溜出了药店，他雇的流氓们已经展开了队列保护他，朋佩欧站在他们的中间。我抽出一把锋利的匕首，冲破了打手们的防线，迅速用匕首向他的胸口刺去。他们没有任何一个人能够挡住我。我的目标是刺中他的脸，但他由于恐惧，将头转了过去；因此我只刺到了他耳朵下面的部位。我只刺了他两下，他就倒在石头上死了。我并没有打算杀死他；不过，就像一句谚语说的一样，战场上刀枪无眼。我用左手将匕首收回，并用右手拿出宝剑与剩余的人对抗以保护自己。然而，这些流氓们全都跑去围观尸体了，根本就没有对抗我。因此，我独自沿着尤利亚街走去，寻思着怎样找到一个安全的藏身之地。

我走了大约三百步，我最好的朋友，金匠皮罗托走过来对我说："兄弟，既然杀人的事你已经做了，我们就必须要负责救你。"我回答说："让我们去阿尔贝塔奇奥·德尔·班尼的房子；刚才我告诉过他，我很快会需要他的帮助。"当我们到达那里时，阿尔贝塔奇奥和我因为深厚的感情而拥抱在了一起；很快班基的那些最好的年轻人便聚到一起，除了米兰人之外，各个民族的都有；他们每个人都愿意献出他们自己的生命来救我。路易吉·鲁切拉也愿意为我服务，听从我的差遣，就像这个位置上的其他很多伟大市民一样。因为他们都一致同意为我的犯事的双手祈福，因为朋佩欧曾经对我造成了很多重大而极不可饶恕的伤害。而且，大家都很惊讶地指责我，竟能容忍他那么久。

73

红衣主教科尔纳罗听说了我的事情后，派出了30个士兵，他们手持戟、矛、火绳钩枪，把我护送到他的地盘。在那里，我接受了他们的邀请和他们一起走，很多年轻人跟随着我，数量比士兵还多。同时，特拉亚诺——朋佩欧的亲戚，也是教皇的第一个宫廷大臣，他派了一个级别很高的米兰人去找红衣主教德·美第奇，告诉了他我所犯下的巨大罪过，并号召最尊敬的主教阁下一定要严惩我。红衣主教当场道："如果他没有犯比这更轻的罪孽，那么他的罪过确实是蛮大的；对我而言，我要感谢特拉亚诺给了我这件事情的信息，因为我之前没有听说过这件事情。"然后他转身，当着在场一位贵族的面，面向着弗鲁利的主教，此主教是他的绅士，也是他关系密切的熟人，他对这位主教说道："把我的朋友本韦努托找出来，我想帮助他，保护他。谁要是敢反对他，那就是在反对我。”这位米兰贵族回去了；非常惊慌，此时，这位弗鲁利的主教到红衣主教科尔纳罗的宫殿来访问了我。在这位红衣主教面前，他将红衣主教德·美第奇是怎样派人来请本韦努托的事儿告诉了他，而且还告诉他红衣主教德·美第奇想要做本韦努托的保护者。脾气非常暴躁的红衣主教科尔纳罗此时怒火冲天，并告诉这位主教，他和红衣主教德·美第奇一样，有能力可以保护我。这位主教回答说，他请求红衣主教允许他就一些关于他赞助的事情和我说几句话，因为这件事和刚才惹红衣主教发怒的那件事是没有关系的。科尔纳罗吩咐他说，那天的事，他已经和我谈过了。

红衣主教德·美第奇非常生气。然而，第二天晚上我在科尔纳罗不知情的情况下离开了，并且是被友好地护送着离开的，这是为了表示我对红衣主教德·美第奇的尊敬。然后，我乞求他允许我去我想去的地方，并告诉了他我在科尔纳罗那里得到了非常不错的礼遇；并说，如果那位尊敬的阁下让我留下，那说明我获得了一个朋友，而且我得到了我需要的声誉。否则他只会把我安排到一个他认为最合适的地方。他告诉我，做我自己喜欢做的事吧。因此我又回到了科尔纳罗主教的宫殿，几天之后，红衣主教法尔内塞被选为教皇①。

在新教皇把一些重要的事情安排好之后，他派人来请我说，他不想让其他任何人，只要我来为他设计铸造硬币。一位和教皇非常熟悉的绅士拉丁诺·尤维纳莱②私下里对教皇说，我是个杀人犯，我杀了一个叫朋佩欧的米兰人，新教皇却提出了一些令人满意的辩词以便可以在法庭辩论的时候证明我的合法性。教皇回答说：“朋佩欧的死我不清楚，但我却听到大量的为本韦努托辩护的言辞，因此我要给他发一个安全通行证，以使他的安全得到保证。”朋佩欧有一位非常要好的朋友，同时他和教皇的关系也很亲密，他碰巧也在场；他是一个米兰人，叫作安布罗焦。③他对教皇说道：

① 新教皇号称保罗三世，于1534年10月13日当选。

② 拉丁诺·尤韦纳莱·马内蒂是一位拉丁诗人，人道主义者，同时代的人都非常尊重他。

③ 此人长期担任教皇保罗三世的秘书和外交代表。

“在您当上教皇的最初几天里，我觉得不太适合原谅这种罪过。”教皇回答道：“关于这件事，因为他职业上的特殊本领，这一点已经超越法律；试问在我听说过的那些人中，还有谁比本韦努托在这件事情上受到的挑衅更多、更严重？”保障我安全的通行证办好后，我开始为教皇服务，并且受到了教皇非常亲切的待遇。

74

拉丁诺·尤维纳莱来找我，替教皇向我传达了打造硬币的命令。这把我的敌人们激怒了，他们开始想尽办法要妨碍我；但是教皇察觉了他们的目的，因此责备了他们，并让我坚持继续工作。我把铸币模拿在手中，上面设计的一个圣保罗的图像，周围刻有拉丁文：Vas electionis[①]。教皇对我这块硬币模型，比对我那些竞争者的满意多；因此教皇禁止其他任何人再向他说一些关于硬币的事儿，因为他已决定这件事必须由我来做。这鼓舞了我，使我得以在平心静气的状态下投入到这件任务中；并且拉丁诺·尤维纳莱以前在教皇那里接到过很多此类任务，他经常向教皇推荐我。我申请重新回到我以前在铸币厂担任的冲压工职位；不过在这一点上，教皇听取了一些人的意见，并告诉我，我必须要先被赦免，因为我犯了杀人罪，这要由罗马市政官在八月的圣母玛利亚节[②]来施行。可以这样说，在每年的这个神圣节日上，那些官员一般都会让十二个囚犯获得自由。同时他还答应再给我一个安全通行证，以保证我赦免之前的安全。

我的仇人无法阻止我进入铸币厂，就使出了另外一招。已故的朋佩欧为他的私生女留下了三千达克特的嫁妆，于是他们就安排教皇的儿子皮尔·路易吉阁下[③]的一个红人，由他的主人做媒，向该女求婚，结果大事办

① 大意是“天主选择的工具”。

② 现在一般被称作“圣母升天节”。

③ 此人为保罗三世的私生子，臭名昭著，一生担任多个高官要职。1547年被手下人杀死在帕尔马。

成了。但这个家伙只是一个地位低贱的农村青年，由主人路易吉抚养大。人们说，他只得到了一点点钱，大部分的钱都被他主人拿走了。现在，他做丈夫为了取悦妻子，就让路易吉把我逮捕；路易吉答应了他，并表示很快就会着手办理。

就这样大约过了两个月。这个仆人一直索要妻子的嫁妆，路易吉便找各种借口拖延，并向那女人保证，说他一定为她父亲的死报仇。我对这一阴谋也有所耳闻，但还是不断地去见路易吉阁下。他看起来对我还是非常尊重，但他早就打定了主意——要么暗杀我，要么让人把我逮捕。于是他委派手下的一个恶魔似的科西嘉士兵来巧妙地完成这一任务，以特拉亚诺先生为首的我的其他的仇人也许诺了给这家伙一百克朗的酬金。这家伙向他们保证说，干这事儿犹如探囊取物一般。得知这一阴谋后，我处处留神，护卫不离左右，穿了一件上衣和无袖铠甲。

那个贪婪的科西嘉人想不费劲儿地把所有的酬金都拿到手，而且以为他一个人就能办成事。一天午饭后，他以皮尔·路易吉的名义派人来找我。我马上就去了，因为皮尔·路易吉曾经说过想让我做几个大件银器。我信以为真，便匆匆忙忙地离开了家，但还像平常那样装备好，迅速地沿着朱利娅大道向法尔内塞大殿走去，根本就没有想到会在这个时候碰到什么人。

我到了大道的尽头就朝大殿走去。拐弯的时候我总是习惯拐得很大，这时我发现那个科西嘉人站起来走到路中间。我有所准备，所以一点也不慌，但仍保持着警惕，脚步放慢了一些，往墙边靠近了一点，想给这个家伙多留出一些地方。他也往墙边靠近了一些。我们两人已经离得很近了，这时我从他的举动之中发现他对我有歹意，而且他以为对付我一个人游刃有余。于是我开始发话："勇敢的士兵，如果是在夜里，你会说你认错人了，可现在是白天，你很清楚我是谁。我和你素不相识，根本就没有伤害过你。"他神气地说他根本听不懂我的话，但就是不放我过去。我回答说："我完全知道你想干什么，想说什么。但那比你想象的要危险困难得多，甚至会搬起石头砸你自己的脚。你要记住，你现在面对的是一个百战百胜的高手，而且你干的这件事也为像你这样的勇士所不明智的。”我怒容满面，我们两人的脸都变了颜色。这时很多人围了过来，显然都听出来我们的话里火药味十足。于是他没有胆量对我下手了，喊道：“咱们后会有期。”我回答说：“我随时准备会见那些好人或表现优秀的人。”

我们分手以后，我来到皮尔·路易吉阁下的住处，一问才知道他并没有派人找我。我回到作坊以后，那个科西嘉人通过我们两人共同的一位好朋友告诉我不必再戒备他了，他想成为我的好兄弟，但我要小心防备其他人，因为我的处境异常危险，一些显要人物已经发誓要我的命。我派人向他表示了感谢，然后保持起最高度的警惕。

不几天以后，我的一位朋友告诉我，皮尔·路易吉阁下下了死令，要在当天晚上将我逮捕。说这话的时候是在二十点。我告诉了我的一些朋友，他们劝我马上逃走。逮捕定在日落后一个小时，于是我就在二十三点坐邮车去了佛罗伦萨。

看来是那个科西嘉人没有表现出足够的勇气去做他答应的事，于是路易吉阁下干脆就亲自下令将我逮捕，这只不过是想堵朋佩欧女儿的嘴，因为她总是大吵大闹，想要知道她的嫁妆到哪里去了。两个为讨好她而订的复仇计划都失败以后，她的丈夫又心生一计，这件事我要在适当的时候再讲。

75

我来到了佛罗伦萨，并且觐见亚历山德罗公爵，以表示对他的尊重，他友好地迎接了我，并坚持要让我留下来为他效劳。那时，这里有一个雕刻家，叫特里波利诺，由于我当了他儿子的教父，于是，我们经常在一起闲聊。在谈话过程中，他告诉我，雅各波·桑索维诺[1]——他的第一个师傅派人请他。而他从未到过威尼斯，他想在那里会有所收益，所以很想到那

① 雅各波·桑索维诺（1486—1570），雕刻家，早年活跃于佛罗伦萨，后辗转威尼斯。他的作品在佛罗伦萨、罗马、威尼斯都相当有名。

里去。他问我以前是否去过威尼斯，我说没有。他就邀请我和他一起去，我同意了。所以我告诉公爵亚历山德罗，我想先到威尼斯去，然后再回来为他效力。他要我立字为据，并吩咐我离开之前要向他道别。第二天，我准备好之后就去向公爵辞行。我是在帕齐宫殿见到他的，那里住着罗马执政团洛伦佐·奇博阁下①的妻子和女儿。我对他说，我就要动身去威尼斯了。科西米诺·德·美第奇，也就是现在的佛罗伦萨公爵回答说，让我去找尼科洛·德·蒙特，他会给我五十金克朗，这是公爵大人的一片心意。

我从尼科洛那里拿到钱，就去找特里波利诺。他早已准备好了。他问我是否把剑捆起来了，我回答说，一个骑马出远门的人是不应该把剑捆起来的。他说，这是佛罗伦萨的风俗。这个风俗是从一个叫赛尔·毛里齐奥的人掌权后开始的，他会为了一丁点的过错而将圣徒施洗约翰送上绞刑架。于是每个人佩的剑都要先被捆起来，直到走出城门为止。我对此感到好笑。就这样，我们出发去往威尼斯。与我们同行的还有一个外号叫拉门托内的信使。在他的陪同下我们穿过博洛尼亚，在某个傍晚到达费拉拉。

我们在广场旅馆落脚，拉门托内则去找几个被流放到这里的佛罗伦萨人，给他们捎去妻子写的信或带来的口信。公爵曾有命令，除了信使以外任何人都不准与他们交谈，否则将受到同样的流放处罚。此时，刚过22点，我和特里波利诺去看望费拉拉公爵，他正要从贝尔菲奥雷比武回来。在那里我们碰见一些流放的犯人，他们盯着我们，看样子想让我们与他们说话。特里波利诺真不愧是我所认识中最胆小的人，他嘴里不停地说着："不要看他们，也不要和他们说话，如果你想回佛罗伦萨的话。"这样我们一直等到公爵回来。

后来回到旅馆时，我们发现拉门托内已在那里。黄昏以后，来了一群人，有尼科洛·贝宁滕迪以及他的兄弟皮耶罗，一个老人——我们相信他就是雅克波·纳迪②，和他一起的还有一些年轻的小伙子，他们一进来就向

① 他是红衣主教的兄弟，本人是马萨的侯爵。

② 雅克波·纳迪是佛罗伦萨优秀的艺术家，是一个强烈反对美第奇家族的激进分子，他在1530年被流放了。

信使打听消息，每个人都问在佛罗伦萨家里的情况。我和特里波利诺离他们远远的，以免与他们说话。他们与拉门托内谈了一会儿之后，贝宁滕迪[1]说道："我认识那边的两个人。他们为啥装出那副样子，连话也不和我们说？"拉门托内向他们解释说，我们和他不一样，没有得到允许。贝宁滕迪反驳说那是胡扯，让他们见鬼去吧。另外又说了一些讽刺的词儿。

这时，我慢慢地抬起头说道："亲爱的先生们，你们可以任意侮辱，我们一点也不能反驳。就算你们把我们骂得狗血淋头，我们也不会生你们的气。"对此纳迪老先生说，我说话像一个令人尊敬的年轻人。但贝宁滕迪喊道："你浑蛋，那个公爵也是浑蛋。"我回答说他错怪我们了，我们和他这个人和他的事都毫无关系。纳迪老先生站在我们一边，他告诉贝宁滕迪他错了。贝宁滕迪嘴里不干不净地咕哝个没完。我告诉他，我会说出他不愿听的话来，会做出他不愿见的事来，所以他还是少生事端为好，不要再招惹我们。他又喊道："你们都是一群蠢驴。"我马上反驳，说他是在找死，并随即拔出剑来。那个老先生第一个跌跌撞撞地下了几级楼梯，其他人挤作一团跟在他后面。我一边靠着墙往前冲，一边愤怒地挥着剑喊道："我要把你们都杀光！"但实际上我还是注意着不伤到他们。我要想伤他们真是太容易了。混乱之中，旅馆老板吓得尖叫起来。拉门托内喊了一声："看在上帝的面子上住手吧。"有人喊道："哎呀，我的头！"还有人喊："让我赶快离开这里！"反正是一片难以形容的混乱。

这时，老板拿来一支点燃的蜡烛。我退到了楼上，把剑插回鞘里。拉门托内对贝宁滕迪说，他表现得太坏了。老板对他说："在这里拔剑简直就是要命。公爵要是知道你们在这儿闹事，非把你们吊死不可。这次我就对你们手下留情，但你们要记住，以后再也不要到我这旅馆里来了，不然叫你们吃不了兜着走。"老板说完走到我跟前，我正要向他道歉，他一句话也不让我说，而坚持认为我完全是对的，并嘱咐我在旅途中注意防范那些人。

---

① 尼科洛·贝宁滕迪在1529年曾是八位法官之一，后来被美第奇家族流放。

我们吃完早饭后，一个船家主动要载我们去威尼斯。我问他是否可以让我们包这条船，他说可以，因此我们开始商量价钱。第二天早上我们很早起床，骑马前往港口，港口离费拉拉只有几英里。到达那里时，我发现尼科洛·贝宁滕迪的兄弟带了三个伙伴在等着我。他们带了两根长矛，我之前也已经在费拉拉买了一根结实的矛。我武装好了，所以一点都不害怕，但特里波利诺很害怕，他叫道："上帝救救我们吧！这些家伙在那里等着要杀我们呢。"拉门托内转向我，说道："现在你最好的选择就是回到费拉拉，因为在我看来，这件事情很可能会是不祥的征兆；本韦努托，不要因为愤怒而冒险和这群野兽搏斗。"我回答说："只管往前走，上帝总是帮助有理的人，你也会看到我怎样帮助我自己。这条船不是我们包下了吗？""是的。"拉门托内说。"那我们上去以后就不叫他们上，除非我不是男子汉。"

我驱马前进，在相距不到五十步的地方下了马，拿着长矛大踏步地赶了过去。特里波利诺停在了后面，在马上缩成一团。拉门托内则像风箱一样呼哧呼哧地从鼻子里往外直冒气。他这人就这臭毛病，这一会儿呼哧得多了点儿，他是担心这场劫难如何收场。

我到了船边，撑船的师傅出来说，那些佛罗伦萨的先生们想和我们一起上船，如果我愿意的话。我回答说："船是我们包的，很抱歉我们不能与他们结伴。"听到这话，马加洛蒂家的一个勇敢的年轻人说："本韦努托，我们会让你请我们结伴的。"我回答说："如果上帝和我的正义感以及我自己的身体和精神的力量愿意并且足够强大，你们也拿我无可奈何。"说着我跳到船上，用我的长矛对准他们说："问问我这支长矛答应不答应。"马加洛蒂想证明他的话，就拿起他的枪过来了。我跳到船舷边照准他就是一枪，要不是他往后跌倒了，这一枪非扎透他不可。他的同伴一看转身就跑，哪里还敢帮他。我本来可以杀掉他，但收起枪对他说："起来吧，兄弟。你已经看到了，我不能做我不想做的事，所以我手下留了情。”然后我就喊特里波利诺、撑船的和拉门托内上船。我们就起航向威尼斯进发。

在波河上航行了十英里之后，我们又看到了那些年轻人，他们乘着一条小快船追了上来。两条船并排的时候，那个白痴皮耶罗对我喊道：“这次就便宜了你，本韦努托，咱们威尼斯再见。”“那就赶快去吧。”我喊道，“我随后就到，随时奉陪。”

到了威尼斯以后，我找到红衣主教科尔纳罗的一个兄弟，求他帮我说一下允许我带武器。他叫我只管带好了，因为我现在处于严重危险的时期。

77

我将佩剑束在腰上，然后就去见那位雕刻家雅克波·德尔·圣索维诺，就是他把特里波利诺请到这里来的。他非常友好地接待了我，并邀请我们吃晚餐。在我和特里波利诺谈话的过程中，他师傅告诉他，他此刻没有工作给他做，他只有以后再来了。我听了以后乐呵呵地对圣索维诺说：“要是他再来的话，他家离你家也太远了。”可怜的特里波利诺灰头土脸地说：“我这里有你的信，是你写信叫我来的。”圣索维诺反驳说，像他这样的人，又有地位又有才能，可以随便找事干，而且还可以做更大的事。特里波利诺耸了耸肩，嘴里咕哝了好几遍：“我忍了，我忍了。”

这时，我也顾不得圣索维诺招待我的饭是如何丰盛，马上站到了我的伙计特里波利诺一边，因为他是对的。饭桌上，圣索维诺一直都在夸夸其谈，讲他取得的巨大成就，并谩骂一些雕刻家，他吹嘘自己，简直就把自己捧上了天。这点让我很不舒服，因此这顿晚餐我吃得很不开心；但我尽量克制自己，就说：“雅克波是值得尊重的人，从他的表现来看，他确实值得尊重，确实是有天赋的人。他制作了很多优秀、精美的东西，和那些整天只知道吹嘘自己获得的成就的人相比，雅克波可要闪耀多了。”说到这里，我们两人都气呼呼地起身离席了。

当天我从高地附近路过时，正好碰见贝宁滕迪和他的那帮人，我一看他们要找我的碴儿，就转身进了一家药店，一直等到风平浪静以后才出来。事后我听说，那个马加洛蒂把他们臭骂了一顿，于是这件事也就作罢了。

78

几天之后，我们动身返回佛罗伦萨。一天晚上，我们在一个地方歇脚，这地方是分叉路口，一边通往基奥贾，另一边通往费拉拉。这里的客店主人坚持要我们在睡觉之前付钱，并说这是他做生意的方式；但是我说，其他地方都是早上付钱。他回答说："我这里就是晚上收钱，这是我做生意的方式。"我回答道，如果谁要是想什么事都按照自己的方式来做，那么他应该按照自己喜欢的样式创造出一个世界，我这么说是因为这里的一切和其他地方经营的都太不一样了。客店主人告诉我们，不要再继续烦他，因为他已经决定要按照他的方式行事。特里波利诺害怕得直颤抖，并用肘轻推我，让我保持安静，以防他们会做出什么对我们不利的事；因此，我们就按照他的方式付了钱，之后我们就回房就寝了。我必须要说明，我们在这里睡的床是最贵的，这儿每一样东西都是新的，而且十分干净。

然而，我没有睡好，因为我一直在想我应该如何报仇雪恨。我脑中闪现了这样的想法，放火烧他的房子；或是另一种方式：切断他那四匹好马的喉咙，那几匹马就在马厩里……我很清楚，做这些对我来说太容易了，但是在做了这些事之后，我和我同伴应该如何脱险却还没想到好。最后，我决定把我和我同伴的东西都放在船上；我确实这么做了。当那些拉纤的马儿被绳子拴好后，我叫那些人等我回来，因为我将我的拖鞋忘在我的卧室里了。

我回到旅馆，找到了旅店的主人。他告诉我，他不再和我们打交道了，而我们可以收拾东西走人了。那里有个管马厩的衣衫褴褛的男孩，正处于半睡眠状态。他大声朝我说道："主人不会去讨教皇的欢心，因为教皇他已经得到一个和他睡觉的少女，他垂涎这个少女已经很长时间了。"

然后他让我给他一些小费，我给了他一些威尼斯铜币，并告诉他让船夫等我回来。我上楼去，拿了一把锋利的剃刀，并把我发现的四张床砍成了碎片。我非常高兴，因为我造成的损害至少有五十克朗。然后我就往船上跑去，并且在我的小口袋中装入了几件床罩，我吩咐船长立即开船，一刻也不要耽误。还没走多远，我的朋友特里波利诺就说，他遗漏了一些小型皮带在他的旅行袋中，并且他让我必须允许他回去取它们。我回答道，他不必将那几根小皮带放在心上，因为我可以为他做很多尽可能大的皮带，只要他乐意。[①]他告诉我说，我总是开玩笑，而他一定要回去取他的皮带。然后他开始命令船长停下来，然而我让他别停，继续往前开。同时我告诉了我的朋友我对我们的旅店主人做的那个恶作剧，并向他展示了一些床罩样品和其他东西，这使他害怕得颤抖，以至于他朝船长大声吼道："快开，快开，越快越好！"一直到了佛罗伦萨的城门他才松了口气。

到了佛罗伦萨，特里波利诺说道："看在上帝的面上，咱们还是把剑捆起来吧，我求你不要再给我开玩笑了，我这一路上简直就像是把脑袋系到裤腰带上似的。"我这样回答他："特里波利诺兄弟，你就不必捆你的剑了，你根本就没把它解开。"我这是随便说的，因为一路上我看他一点也不像个男子汉。他一听这话看了看他的剑说："天啊，你说得一点不错！你看它还捆着，还是我离开家时的那个老样子。"我的伙伴认为我是一个晦气的旅伴，因为我不甘受辱，总是顽强反抗那些想伤害我们的人；但我认为他对我太不义气，紧要关头他从来没有帮过我一把。至于我们两个谁是谁非，就让亲爱的读者们来评判吧。

79

我回来后立即就去拜访了亚历山德罗，感谢他给了我五十金克朗，并告诉他我随时都会为他效劳。他给了我一些打造硬币的任务。我铸造的第

① "皮带"一词在意大利语中还有"屁"的意思，切利尼在这里是一语双关。

一枚钱币是面值为五十索多耳的硬币，其中一面刻上公爵的头像，另一面刻上了科西莫和圣·达米亚诺的图像。这枚硬币是银制的，公爵对它很满意，因此他毫不犹豫地说，这些是基督教世界最好的硬币。整个佛罗伦萨和每一个见到它的人也都这么说。于是我要求公爵大人给我职位，同时给我在铸币局里安排住所。他让我继续为他效力，并答应给予我的将比我要求的还要多。同时他已经吩咐过铸币厂的总负责人卡洛·阿恰尤奥利，我向他要多少钱都可以。后来情况确实如此，但我取钱非常谨慎，所以我的账上一直有盈余。

然后我又为面值为一朱利奥[1]的钱币制作铸币模，上面是圣·乔瓦尼的侧面像，拿着一本书，在我看来，这比我以前做的所有东西都精美。另一面是公爵亚历山德罗的盾徽图案。接着我又制作了半朱利奥的模具，上面有圣约翰的正面头像。这是人们所能见到的第一枚在如此薄的银币上制作的正面头像，制作难度只有这一行的老手才能看出来。之后我制作了金克朗模具，一面是一个十字架和一些小天使，另一面是公爵大人的盾徽。这四枚硬币完成以后，我再次恳求公爵如果他对我的工作还满意的话，就给我职位并安排我前面提到的住所。他很有礼貌地告诉我他很满意，并且会批准我的要求。我们说这话的时候公爵在他的军械库，他注视着一杆德意志送给他的很漂亮的枪。他发现我也很有兴趣地看着这件非常精致的小玩意儿，于是就把它放到我手里，说他知道我很喜欢这一类的东西，我可以从他的武器之中认真选一支我喜欢的枪，但唯有这一支除外。当然，他知道我应该选更好看的、更精致的东西。我接受了他的这一邀请并向他表示了感谢。公爵见我东张西望，就命令军械库的主管任何东西我都可以随便拿。主管是卢卡的普雷蒂诺。公爵说了一些极为好听的话之后就走了，我就留下来挑了一杆我所见到的或拥有的最漂亮最好的火绳枪。

两天后，我带了一些金制物品的草图来，这是公爵大人委任我做的，他想将这些物品送给他的夫人，他妻子那时还在那不勒斯。我又一次请求

① 一朱利奥相当于五十六意大利分。

他解决我的问题。公爵大人告诉我，他想先让我以优美的风格制作带有他的肖像的模具，就像我为教皇克莱门特制作的那样。我一开始先用蜡做。公爵有令，我在工作期间无论什么时候去画他的像都要让我进去。

我一看这件活儿不是短期内能完成的，就让人从罗马地区的里通多山找来了一个叫彼得罗·帕戈洛的人，他从小就跟着我一块儿在罗马。我发现他跟着一个叫贝尔纳多纳奇奥的金匠，但这个金匠对他很不好，所以我把他带走了，然后一点一滴地教他用模具铸硬币，同时我继续制作公爵的像。我经常发现公爵在午饭后和洛伦佐[①]一起睡午觉，这个人后来杀了他，而且当时没有其他人。我太惊讶了，公爵怎么会对自己的安全如此自信？

80

此时，有一个叫奥塔维亚诺·德·美第奇的人[②]掌控了一切，因为他不遵从公爵的意思，仍然支持铸币厂原来那个负责人。原来的负责人叫巴斯蒂亚诺·琴尼尼，他是一个古代派的艺术家，但他的技术水平不怎么样。奥塔维亚诺将他制作得很差的铸币模和我的混在一起，他那些铸币模是用来制作克朗币的。我在公爵面前抱怨了此事。公爵听后很生气，对我说："去把这些告诉奥塔维亚诺·德·美第奇，向他说明我是怎样安排的。"当我向他指出他对我那些精美的硬币造成的伤害时，他就像一只蠢驴一样，不，他就是一头蠢驴，因为他对我说："我们是故意这样做的。"我回答道，事情不应该这样啊，而且，我不会选择让事就这么做。他说："如果公爵就喜欢这样做事情呢？"我回答说："这不适合我，因为这件

① 他就是有名的托斯卡纳，罗马政治家，是他谋杀了亚历山德罗。他是洛伦佐·德·美第奇的后代，是科西莫和佩特·帕特里亚的兄弟。

② 这个奥塔维亚诺要么是科西莫的后代，要么是洛伦佐·德·美第奇的后代，虽说他不是很杰出，但是却是这个伟大家族里资格很老的一个分支。他娶了弗朗西斯卡·萨维亚蒂，也就是科西莫公爵的婶婶。虽然他是一个伟大的艺术赞助者，也是文学巨匠博纳罗蒂的亲密朋友，但是，他并不出名。

事既不公平，也不合理。”他告诉我，要我赶快离开，并且我必须要咽下自己的怒气，因为事情只能这样，就算我要爆发，也只能如此。然后我又回答了公爵，我把奥塔维亚诺·德·美第奇和我之间那场对话完完整整地告诉了他，并乞求公爵不要让我做的那些精美的硬币就这样被糟蹋了，请他允许我离开佛罗伦萨。他回答道：“奥塔维亚诺太自以为是了，你会得到你想要的，因为他这样做也是对我的侮辱。”

恰好就在那天，也就是星期四，我从罗马教皇那里获得了彻底的安全通行证，他建议我立即去罗马，以便在八月中旬的圣母玛利亚节日上获得宽恕，这样我才可以洗清我的罪孽，因为我之前犯了杀人罪。于是我去找公爵，想告诉他这些，但是我发现他卧病在床。他告诉我，他是由于纵情声色而病成这样的。不到两个小时我就完成了他想要的蜡制模型。当我将它展示给公爵看时，他十分满意我的作品。然后，我向他展示了教皇给我的安全通行证，并告诉他，教皇已经下令召我回去帮他制作一些东西；基于此考虑，我想要重新获得我在罗马的立足资格，但我仍会尽心尽力地为他制作他的勋章。公爵有些生气了，他回答说：“本韦努托，照我希望的那么做：待在这里，我会任命你职务，会给你铸币厂里的那个职位，并且我给你的会比你要求的更多，因为你的要求是公正的，是合理的。你认为谁最有能力使用你为我打造的那些精美的铸币模铸造硬币？”然后，我回答说：“尊敬的阁下，我已经想好了所有的事情，因为我有一个学徒，他是一个年轻的罗马人，我已经把这项技术教给了他；他会尽心地为尊敬的阁下您服务直到我拿着我为你做好的徽章返回，到那时，我会留下来永远为您服务。我在罗马开了一家作坊，有几个学徒工，而且作坊经营得很好；一旦我获得了宽恕，我会把我在罗马所有的心血托付给我在那里的一个学徒，并且在阁下的同意之下，回到您的身边。”在这次谈话时，我之前提到的洛伦佐·德·美第奇在场，除此之外就没有其他人在场了。公爵不断地暗示他，让他也一起来对我施加压力，以便让我留下来；但是洛伦佐只说了这么一句话：“本韦努托，你留在你目前所待的位置，你会发展得更好。”我回答说，我想要尽一切办法，重新获得我在罗马的自由行住权。他什么也没有说，只是继续用非常邪恶的眼神看着公爵。当我根据我的审美观完成了那个徽章模型后，我就把它放在小盒子里并关上了盒子，我对公爵说："尊敬的阁下，就让我在你的好心祝愿下去吧，因为，我会为你制作一个很精美的徽章，而且会比教皇克莱门特的要美得多。我理所当然应该做得更好，因为在我所做的那些徽章中，这一枚将会是最好的。洛伦佐在这里会给我一些非常精致的背面图案，因为他是一个有学识的人，而且是有天赋的人。"听了这些话，洛伦佐突然回答道："一直以来我都在想，为了尊敬的阁下，我应该给出一个怎样的背面呢？并且这个背面要有价值，除此之外，我什么都没想。"公爵笑了笑，看着洛伦佐，然后说道："洛伦佐，你应该给他一个背面，然后他就会在这里做，他就不会走。"洛伦佐立即打断他，说道："我会尽可能快地将它做好，我希望做出一些让整个世界惊叹的事情来。"公爵认为他只是一个很愚钝的人，并且很胆怯，因此转身睡下了，并嘲笑着洛伦佐说的那些浮夸自己的话。我没有向公爵正式告别就走了，留下他们两个在那里。公爵不相信我没有进一步说什么，他不相信我真的走了。后来，当他知道我已经走了时，他派他的一个仆人给我送来五十金达克特钱，这个人在锡耶纳追赶上了我，并且他替公爵向我传达了这样的话：我应该照公爵的意思收下这些钱，以便路上使用，并且要尽可能早地回来。他还说："我要告诉你，洛伦佐正在为你想要做的那枚徽章准备着一个令人惊叹的背面。"我已经把这里的工作全部托付给了彼得·帕戈洛，也就是上面提到的那个罗马人，我告诉了他怎样使用这些铸币模，但由于做这些东西需要精细的做工，所以他从没成功做好过。我仍然是这个铸币厂的债主，因为是我替他们做的那些铸币模，他们至少欠了我七十克朗。

81

在去罗马的旅程中，我带上了那一把非常精美的火绳枪，这是公爵给我的。当然，我也非常喜欢它，一路上我使用了好几次，它确实发挥了难以置信的功效。我在斯特拉达朱利亚的那个小房子还没有准备好，不能入住，因此我在乔瓦尼·加迪的房子处下了马，他是财政部的职员，在离开罗马时，我把我的武器和其他一些我喜欢的东西都托付给他了。我没有选择在我的商铺下马，而是派人去请菲利斯，他是我的同伴，我让他立即把我住的小房子收拾好，以便我可以入住。第二天，在我把我的衣服和其他的生活必需品准备好后，我就去那里就寝了，因为我打算明天一早就去感谢教皇。我有两个为我服务的小伙子徒工，并且在我的小房子下面，住着一个洗衣女工，她为我做了很美味的晚餐，那天晚上我招待了几个朋友一起吃晚餐，愉快地度过了那段时间，然后就去睡觉了。此时，我突然听到一阵剧烈的敲门声，一阵接着一阵。于是我呼唤我这里的那个年龄大一点的，琴乔（他就是以前我带进魔法圈的那个人），我吩咐他去看一下是哪个疯子这么晚了还来敲门。当琴乔去开门时，我又点燃了另一盏灯，我晚上总是会放一盏灯在我旁边；然后我迅速地在衬衫外面穿上一件盔甲外套，并且我在盔甲外层又随意地穿上了一些衣服。琴乔被吓了回来，他惊叫道："我的天啊，师傅，是巴杰洛以及他的卫兵；他说你要是不马上开门他就要把门掀倒。他们带着火把，另外还有很多的东西。"我回答说："告诉他们我正在穿衣服，我要穿着衬衫去见他们。"我觉得这是一个置我于死地的圈套，因为以前罗马执政团的皮尔·路易吉都已经做过这种事了，我右手拿了一把优质的短剑，左手拿着教皇给我的安全通行令；然后我跑到后窗。从这里我可以看到庭园，我在这里看到了不少于三十个警察，我知道从那地方逃跑是不可能了。我让那两个学徒小伙往前走，并告诉他们，我一开口就开门。然后我做好了防御姿势，右手拿着短剑，左手拿着安全通行令，对着那两个家伙大声说道："什么都别怕，开门吧。"此时，巴杰洛、维托利奥以及其他军官都拥进来了，他们认为可以很容易接近我；但是当他们看见我是以这一种防御的方式迎接他们时，他们退了回去，并大声叫道："我们正在这里执行一项非常重要的公务！"然后我把安全通行令给他们看，并说："读一下这张安全通行令吧！这样你们就知道不能抓我了，当然我并不是说，没有安全通行令，你们就可以碰我。”见此状况，巴杰洛命令他的人将我逮捕，并说他之后再来看这个安全通行令。因此，我勇敢地拿出自己的武器，大声吼道：“就让上帝来保卫正义吧！要么我活着从你们手中逃走，要么你们就领着我的尸首回去吧！”屋子里挤满了人，看样子他们要动武。我严阵以待，巴杰洛发现除了照我说的方式之外他们无法抓住我，只好让文书念安全通行令。同时他还两三次暗示让手下人把我抓住，但这丝毫不能动摇我的决心。最后他们放弃了，把安全通行令往地上一扔，无功而返。

82

我回到床上，感到焦躁不安，无法入睡。我下定决心天一亮就放血。然而我向加迪询问意见，他推荐了一个他雇用的医术低劣的医生，他问我是不是受到了惊吓。请看这个医生是何等的高明，我讲了半天这么大的一件事还问我这样一个问题！他就是一个没有真本事、整天无所事事的人，他只是一直在笑，并说我什么问题都没有。他又是傻笑又是窃笑，然后他吩咐我喝一口意大利葡萄酒酒，并让我保持精神高涨，不要害怕。然而，乔瓦尼说道：“医生啊，在那种情况下，就是一个铜人、一个石头人也会被吓坏，更何况一个血肉之躯哩！”这个江湖郎中回答说：“阁下，我们每个人的情况是不一样的；这位伙伴不是铜人，也不是石头人，他是一个铁人。”然后他又傻笑着摸了摸我的脉，说道：“你摸摸这个地方，这哪里是人的脉，这是狮子的脉，是龙的脉！”此刻，我的血液正在我的血管里躁动，很可能这个愚蠢的医生从那些希波克拉底和伽林（古希腊名医）那里学到的东西根本治不好我的病，我立即明白我的处境有多严重了。我的病情非常严重，但我不想给自己雪上加霜，于是装出若无其事的样子。与此同时，乔瓦尼命人准备了晚餐，我们坐下来共进晚餐。我记得有洛多维科·达·法诺、安东尼奥·阿莱格雷蒂、乔瓦尼·格列柯，他们都是学识渊博之人，并且当时非常年轻的安尼巴尔·卡罗也在场。就餐时，谈话基本就是围绕着我那些大胆的行为。他们一定要我的徒弟琴乔一遍又一遍地讲这件事的整个经过。琴乔这小伙子极有才能，非常勇敢，而且长得也很英俊。他描绘着我凶狠的样子，摆出我当时的架势，学着我说的话，他每讲一次都能使我想起一些新的细节。他们一直追问他怕不怕，他回答说，他们应该问我怕不怕，因为他当时的感觉和我是完全一样的。

这些喋喋不休的谈话使我激动而又焦躁不安，于是站起来说道，我想要去为我和我的学徒买一块蓝色丝绸布服和一块毛料布，并说我打算参加四天之后的圣母节，那时，我要让琴乔带上一个点燃的白色火炬。我离开后，买好蓝布让人裁了裁，另外还做了一件漂亮的蓝绸子外衣和一件同样布料的小马甲。我还为琴乔做了一件类似的外衣和马甲。

衣服裁好后，我去见教皇，他告诉我去找安布罗焦协谈；因为他已经下了命令，要我制作一件尺寸很大的金件。于是，我去找安布罗焦，他已经听说了巴杰洛干的事，是他和我的敌人合谋把我弄回罗马的，他还骂巴杰洛没有抓到我。巴杰洛这样为自己开脱，他说，他不能在我手持安全通行令的情况下抓我。安布罗焦开始向我谈论关于教皇下的命令，并吩咐我为它作草图，还说这件任务必须马上准备就绪。

圣母节马上就要来了。按照习惯，那些将要获得赦免的人要重新收监。为免遭此罪，我又去找教皇，对他说我不愿意入监，所以求他开恩豁免我。教皇回答说这是习惯，我必须遵守。于是我再次双膝跪倒，感谢他发给我的安全通行令，又说佛罗伦萨公爵急切地盼望我回去为他效力。听到这话，教皇转身对他的一个心腹仆人说："本韦努托可以不必入监，给他准备一份自动赦书。"这份文件一起草好教皇就签了字，然后又在朱庇特神庙登了记。

后来在圣母节上，我非常荣幸地和那些绅士们行进在队列中，就这样，我洗清了我的罪孽。

83

四天后，我突然发起了高烧，并感到极度寒冷。我躺到床上。确信自己就快死了。我把罗马最好的医生们给叫来了，其中有一个叫作弗朗西斯科·达·诺尔恰的内科医师，他的年纪已经很大了，他是罗马声誉最高的医生[①]。对于此病的病因，我告诉他们我的观点，说我希望给我自己放血，而且已经有人建议过我那么做；如果现在还来得及，我乞求他们马上给我放血。弗朗西斯科大师回答说，这时确实不太适合放血，如果我以前放血的话，我现在就应该逃过此劫而且不应再受到任何伤害，因此，现在他们要用其他的方法来治疗我。他们开始尽力给我进行治疗，然而我的情况变得越来越糟糕，八天之后这些内科医师绝望了，认为救不活我了，他们还说道，我可以沉迷于某种念头，这样会使我感到舒服些。弗朗西斯科大师补充说道："只要他还有口气在，就可以随时来叫我；因为没有任何人可以预言这位年轻人的生命将何去何从；此外，要是他真是失去知觉了，就依次使用这五副药方替他治疗，并且派人来叫我，因为晚上的任何时间我都可以过来；我宁愿把他救活，也不想去救罗马任何一个红衣主教。"

每天乔瓦尼·加迪都会来看我两到三次，每次他会一边拿起一个或几个我那些精美的单管鸟枪、盔甲外套，或是宝剑，一边说："那是一件很漂亮的东西，这一件更漂亮。"并且类似地拿走我的模型以及其他的小玩意儿，因此，最后，他的烦扰都快使我发疯了。和他同来的一个家伙叫马蒂奥·弗兰泽西的人[②]，这个人似乎等我死已经等得不耐烦了，不是因为我死后他能够从我这里得到什么东西，而是因为他希望了却他师傅的心愿。

我的同伴菲利斯总是守护在我身边，他为我提供了最好的服务，一个人能给另一个人的最好服务也不过如此了。我已经半死不活了，要是把我单独留下来，我是没有足够的力气缓过气来了；然而，我大脑的意识还是和得病之前一样清醒、一样坚强。有一次，一个凶神恶煞的老家伙来到我的旁边，想把我拖走。我大声喊叫菲利斯，让他来帮我把这个邪恶的老

① 弗朗西斯科·富斯科尼，他是教皇艾德里安四世、克莱门特七世，以及保罗三世的内科医生。

② 弗兰泽西是一个很聪明的意大利诗人。他的讽刺画《朱庇特神殿》和贝尔尼以及其他的一些人的漫画作品一起出版了。

杂种赶走。菲利斯是最喜爱我的人，他跑了过来，边哭边大声说道：“滚吧，你这个老家伙，他是这个世界上最好的人。”乔瓦尼·加迪也在场，然后他说道：“这个可怜的家伙已经精神分裂了，并且只有几个小时可以活了。”他的伙计，马蒂奥·弗兰泽西评论道：“他已经读过但丁的诗了。随着他身体的虚脱，鬼怪已经出现在他身旁了。”[①]然后他笑着补充说道：“滚吧，老恶棍，不要再打扰我的朋友本韦努托了。”当我看到他们正在取笑我时，我转向加迪，并说道：“我亲爱的师傅，你要知道，我还没有胡说八道呢，这个老家伙确实是让我非常恼火；你们可以为我把那个卑鄙的马蒂奥给我赶走，因为他把我的遭遇当成他的乐子，然后，你们要是愿意再来看我，就请你们找到安东尼奥·阿莱格雷蒂，或是安尼巴尔·卡罗，又或者是你们的一些非常有成就的朋友，然后把他们带过来看我。他们都是有非凡智力和判断力的人，不像些畜生。”因此，乔瓦尼开玩笑地告诉马蒂奥，让他以后不要再在出现在我面前，但由于马蒂奥还在笑，这个玩笑就变成真的了，因为乔瓦尼不会再看得起这个人。他还照我的请求派人去请安东尼奥·阿莱格雷蒂、卢多维科，以及安尼巴尔·卡罗。由于这些值得尊敬的人的到来，我感到心里非常舒服，并且理智地和他们谈论了一会儿，然而，我还是不停地叫菲利斯把那个老家伙给我赶走。卢多维科问我，看到的是什么东西，那个老家伙长成什么样子。此时我精确地用语言描述了那个人，我说道，我感觉他在用手臂狠狠地把我往他那里拽。这使得我大声呼救，因为他打算把我扔到他那艘可怕的船舱口下面。在说完最后一个词时，我就进入了可怕的昏迷状态，并且看起来就像沉到那只船下面。他们说，在我昏迷的那天晚上，我动来动去并且说了很多乔瓦尼·加迪的坏话，比如：他过来抢劫我了，而且不怀任何好意，还在我身上施加了其他的类似侮辱；这些话使他感到很羞愧。后来，他们说我仍旧像一个死人一样；过了一个多小时，他们觉得我变冷了，因此把

① 地狱3。这首诗写的是关于卡戎（厄瑞玻斯和夜女神之子，在冥河上摆渡亡魂去阴间的神）的事。

我当死人留在了那个地方。当他们回到家时，马蒂奥·弗兰泽听说了这些事，于是他写信给了佛罗伦萨的贝内代托，此人是我很亲近的朋友，马蒂奥写信告诉我的朋友，他们已经在那个晚上的那个时刻亲眼看见我死了。当我朋友听说这个消息，那个很有成就的人和我亲爱的朋友共同创作了一首十四行诗，这首诗是基于我的假死，我会在适当的位置将这首诗展示出来。

三个小时过去了，我仍旧没有恢复意识。菲利斯已经使用了弗朗西斯科大师所提供的所有治疗方法，但发现我还是没有苏醒，他飞奔着去敲内科医师的门，很大声地敲他的门，把他给弄醒了，他起了床，菲利斯流着泪乞求他去我躺的地方，因为他认为我已经死了。那个弗朗西斯科是个脾气暴躁的人，他回答道："你认为我去了之后又能做什么呢？如果他死了，我会比你更难过。你认为如果我要是带上我的药去，就能把他的呼吸道打通吗？我就能按照你的意愿让他活过来吗？"但是，当他看到这个可怜的小伙子哭着离开之时，他又把他叫回来了，并给了他一盒药膏，他告诉那个小伙子可以用它来擦我的脉搏和心脏，还告诉了他，要紧紧地捏住我的手指和脚趾，要是我苏醒了，就立即派人来通知他。菲利斯回来后，按照弗朗西斯科大师所说的做了。那天，天气很晴朗，他们觉得我不会有生还的希望了，于是他们叫人把我的棺材做好，并擦洗我的身子。突然，我重新恢复了意识。那时我大声地叫菲利斯赶走那个一直都在折磨我的老家伙。菲利斯想要派人去请弗朗西斯科大师，但是，我告诉他哪里都不要去，而是让他到我的身边来。那个老家伙很害怕菲利斯，立即就跑了。菲利斯靠到我床前，我看到那个老家伙好像离开了，我乞求菲利斯一刻也不要离开我。当弗朗西斯科出现时，他说，他最大的愿望就是能够救活我，并且在他人生经历中，除了我，他从未见过任何一个年轻人身上能有如此强大的生命力。然后他坐下来写处方。他为我开了一些香水、涂剂、涂药膏、石膏，以及一堆其他种类的珍贵药材，同时又在我臀下面放置了二十多只水蛭。我又苏醒了，但是我的全身都被药粉贯穿着、束缚着、碾压着。我的很多朋友，都聚集在这里见证了我这个"死人"复活的奇迹，在他们之中还有一些特别重要的人物。当着他们的面，我告诉了他们我所拥有的一小部分金子和钱，大约有800克朗吧，然后依据我的意愿把那些金、银、珠宝，以及一些现金给了我在佛罗伦萨可怜的姐姐，她的名字是蒙纳·利帕拉塔；剩下来的所有财产、兵器以及其他东西，再加上我的50金达克特，我都给了这位最亲近的菲利斯，以便他可以去买丧服。听到这些话，菲利斯用他的手臂抱住我，并说道，他什么也不想要，只要我活下去他就满足了。然后我说："如果你想让我活着，那你就像以前那样对待我吧，并且恐吓恐吓那个老家伙，因为他怕你。"听到这些话，有一些人害怕了，因为他们知道我不是说着玩的，而是带着目的，用尽我全身的气力这样说的。接着，那令人难受的疾病又开始折磨我，不过，我现在感觉好一点了。弗朗西斯科大师，这个最优秀的人一天会来看我四到五次。乔瓦尼·加迪感到有些惭愧，因此没有来看过我。我的内兄，也就是我姐姐的丈夫，也来到我那里；他从佛罗伦萨来，目的是接受我的遗产；但是由于他是一个非常值得尊重的人，因此看我还活着，他异常地高兴。他的到来，对我的身体也产生很大的益处。他立即拥抱我，说道，他是专门来看望我的，他为此花了好几天时间。后来，在几乎确定我有希望康复了之后，我把他送走了。这一次他留下了贝内代托·瓦尔齐创作的十四行诗，诗中写了如下的内容[①]：

谁能缓解我们的伤痛，是马蒂奥？

谁能禁止我们撒下珍贵的眼泪，是马蒂奥？

天啊！这是真的，我们的朋友在他风华正茂的年纪离开了我们，留下我们在这里悲伤。

他已经升天了，在那永恒的艺术领域，他拥有最高的声誉；

---

① 这首诗枯燥乏味，很不真实地反映了切利尼在艺术史上的地位，对切利尼人品的赞誉更是言过其实，所以我真不想把它翻译出来。我之所以这么做是因为这首诗很典型地反映了当时意大利虚伪的社会风气。诗人对朋友之死的悲痛是真实的，但表现这一悲痛的语言却是虚假的。

在那些已逝去的强人中，无人可与之匹敌，

我相信，仍旧生存在地球上的那些人，也没有谁能够像他一样优异。

噢，鬼精灵！如果爱能够动摇幸福，

那么，蔑视你给的爱，

看着这些因为我的哀伤而掉下的眼泪，都是你的错。

你在他的祝福上留下了擦伤，殊不知他的祝福创造了我们的世界，

虽说我们都承认，是你的本领塑造了他，人们会为此表达对你的敬佩。

84

我的病已是顽固的老毛病，几乎不可能会好了。弗朗西斯科·达·诺尔恰是个大好人，他加倍努力，每天都给我带来新的药物，他试图使我狼狈不堪的身躯恢复活力。然而，要想战胜我那顽固的病症，所有这些的努力都显得不够，甚至连医生也无能为力了，他们个个处于绝望之中。我被口渴折磨着，但这是医生所吩咐的，我已经好几天没有喝水了。菲利斯对我身体的恢复功不可没，他总是陪伴在我的身边。那个老家伙没有再那么惹我生气了，但他有时候还会出现在我的梦里。

一天，菲利斯出去了，他把我留给一个年轻的学徒和一个叫碧翠斯的女仆来照顾。我问那个学徒，琴乔是发生什么事了还是怎么的，问他为什么都没有来看望过我。那个男孩回答说，琴乔病得比我还要严重，几乎快到鬼门关了。菲利斯吩咐过他们不要给我说起这个事情的。我一听到这个消息格外沮丧。然后我就叫那个女仆，她是皮斯托亚人，我让她把旁边的大水晶凉水瓶给我，里面装满了清澈的水。她立马跑去给我端来了满满的一瓶；我让她把瓶放在我的唇边，然后说道，如果她可以让我随心所欲地喝个痛快的话，我就送她一件新衣服。这个女仆曾经偷过我好多珍贵的小

东西，因为她害怕被发现，所以要是我喝水致死，她肯定高兴得不得了。于是，她允许我尽情地喝了两次水，我用尽全力地喝了不止一瓶下去。然后我就把自己埋在被子里，没过一会儿就开始出汗，后来就睡着了。

我睡了大概一个小时，菲利斯就回来了，他问那个男孩我怎么样了。男孩回答道："我不清楚。碧翠斯给他端了满满的一瓶凉水，他几乎把水给喝完了。我都不知道他现在是死是活。"他们说，我可怜的朋友差点儿摔在了地上，他听到这话时是那么的难过！之后，他拿起一根丑陋的棍子，用尽所有的力气向那个女仆打去，叫嚣着："啊！贱人，你是要把他害死吗？"菲利斯使劲地打着，女仆一直尖叫着，而我却早已入梦。我梦见那个老家伙手拿绳子正准备把我绑起来时，菲利斯就到了，他用斧子砍他，老家伙落荒而逃，喊着："放了我吧！我保证再也不会来了。"与此同时，碧翠斯大叫着跑到我的卧室。这把我给吓醒了，我大声叫道："放了她吧！或许在她有意害我时给我带来的好处远远大于你们所有人的努力。她或许还真真切切地救了我一命；我都出汗了，帮帮我，赶快的！"菲利斯一下恢复了精神，帮我把汗给擦干了，把我照顾得非常周到。我意识到自己的状态有所好转，便开始估算着什么时候可以好起来。

当弗朗西斯科大夫来时，他看到女仆满眼泪珠，那个学徒跑这儿跑那儿的，菲利斯开心地笑着，所有的迹象都让他觉得一定发生了什么不寻常的事情，那便是我病情有所好转的原因。正在那时，另一个医生贝尔纳迪诺也来了，他在我刚刚生病那会儿就不给我放血。弗朗西斯科大夫是最有能力的，他感叹说："噢！自然的力量啊！她知道她需要些什么，但是医生却一无所知。"贝尔纳迪诺那个呆子回答说："他要是再喝一瓶的话，他当时就会痊愈了。"一把年纪却又博闻强识的弗朗西斯科·达·诺尔恰说："那样的话就惨了，但愿这会发生在你身上吧！"随后他就转向我，问我还能不能再喝点儿水。我回答道："不能喝了，因为我一点也不渴了。"然后他又转向贝尔纳迪诺说："看看吧！大自然精确地取走自己想要的东西，不多不少。同样的道理，当那个可怜的年轻人祈求你给他放血时，大自然便在索取她所要的东西。如果你早知道他的康复取决于他喝的那两瓶水的话，你以前为何不那样说呢？那样的话，你就该吹嘘是你治好了他的病吧！”听到这些话后，那可怜的庸医生气地离开了，再也没有出现过。

然后，弗朗西斯科大夫吩咐我应该搬走，到罗马的一座山上去。红衣主教科尔纳罗听说我有所好转后，让我搬到他在卡瓦洛山的一处地方去。就在那天晚上，他们小心翼翼地把我放在椅子上，还把我好好地包裹起来以免受寒。我一到达那个地方就开始呕吐，那时我从肚子里吐出来一条毛虫，大概有腕尺的四分之一那么长，毛很长，长得特别丑，身上点缀着绿、黑、红等颜色。他们把那条虫留了下来给医生看，医生说他以前从未见过此类东西，然后他对菲利斯说：“你现在就好好照顾本韦努托，他现在已经痊愈了。别允许他做什么不合常规的事情，尽管这次他大难不死，以后再有什么麻烦说不定就没有这么幸运了。你看他的病一直以来多严重啊，要是我们采取涂圣油[①]的方式，恐怕都来不及了。现在我知道了，只要多一点耐心和时间，他将会继续活下去，还会做出更多好的作品。”然后他转过来对我说：“我的本韦努托，要谨慎一点，不要做极端之事。在你完全康复以后，我请求你用自己的双手为我做一个圣母玛利亚的雕像，我将一直在她面前为你而祈祷。”我答应了他的要求，然后问他我能不能去遥远的佛罗伦萨旅行。他建议我等到我更加强壮一些再去，等到我可以观察到大自然在我身上是如何作为的时候再去。

85

又过了八天，我的恢复是那么缓慢，生命本身对我而言几乎成为了负担。说实话，我已经度过了五十多天那般痛苦煎熬的日子了。所以，我做了一个决定，我准备去旅行。我和我亲爱的菲利斯坐着一对篮子前往佛罗伦萨。因为我之前并没有给我姐姐写信说我要来，所以当我到达她家时，

① 这里是指天主教徒临终前的“涂油礼”。

她一边挥洒着泪水一边开心地拥我入怀。那天，来看我的朋友很多。在所有人当中，皮尔·兰迪是我最好最亲近的朋友。第二天，我的另一个好朋友尼科洛·达·蒙特·阿古托也来了。他曾听公爵说："要是本韦努托死了该多好，因为他这是来自投罗网，我永远都不会原谅他的。"于是，尼科洛来时就绝望地对我说："哎呀！我亲爱的本韦努托，你来这干吗啊？难道你不知道你的所为令公爵很不高兴吗？我听说他诅咒你这是作茧自缚啊！"然后我回答说："尼科洛，告诉公爵，教皇克莱门特以前也想过要这样做，也是这样的不公正。告诉他要关注我，给我一点恢复的时间，然后我会向他表明我是他一生中最忠实的仆人。肯定是我的敌人因为嫉妒而使我遭此厄运，让他等着，我会好起来的。到了那时，我将会令他大吃一惊。"

我这次的厄运是阿雷佐的画家焦尔杰托·瓦塞拉里奥[①]给带来的，他是一个画家。或许，这是他对我的恩将仇报。在罗马时，我曾留宿过他，还为他支付了一些费用，但是他却把我的整个房子弄得翻来覆去的。他被一种干疥疮所折磨着，所以他总是习惯性地用手去抓。有一次，他和一个叫曼诺的优秀工人睡在了一张床上，曼诺是我的员工；当他试图用手去抓自己时，他那肮脏的手却抓在了曼诺的腿上，还抓掉了一块皮下来，而他的指甲从未剪过。曼诺不再做我的员工了，几乎下定决心一定要杀了他。我使他们的争吵消停了，之后把乔治带到了红衣主教德·美第奇的家里，并继续给予他帮助。我所做的这些都没有起到一点作用，后来他还是告诉了亚历山德罗公爵，说我曾经辱骂过他，说我曾炫耀自己要第一个跳上城墙，同公爵流放的人一起回来推翻佛罗伦萨。后来我才知道，这些话原来是从奥塔维亚诺·德·美第奇嘴里说出来的，他想借此机会向公爵对他的愤怒予以报复。我们俩都惹怒了公爵，他是因为铸造硬币的问题，而我是因为离开了佛罗伦萨。我觉得自己是清白的，这条罪名并不成立，所以我

① 又名乔治·瓦萨里，是个糟糕的画家和更加糟糕的建筑家，但是很多人都钟爱他的有关意大利艺术家的奇闻逸事的作品。

无论如何也不害怕。与此同时，那位有能力的弗朗西斯科·达·蒙特·瓦尔齐医生也来为我治病，他的医术显得很高超。他是由我非常亲密的朋友卢卡·马丁尼[①]带过来的，他和我一起度过了大部分的时间。

86

在这期间，我把我忠诚的同胞菲利斯送回了罗马，让他去照看我们在那儿的事情。十五天就要结束了，我的头才稍微可以一点点地从枕边抬起来。尽管我自己无法用腿行走，但是我让他们把我抬到了美第奇的殿堂，放在了一个靠上的小阳台上面。他们让我坐在那里等公爵走过。在大厅里，我的许多朋友都过来和我打招呼，看到我即使是那么不方便都被抬了过来，他们感到很是惊讶，尤其是我还有病在身。他们说，我应该等到自己的病好了再来拜访公爵。他们一群人都围了过来，如同看待奇迹般地看着我，不仅仅是因为他们早已听说我死了，还因为我看起来确实像个死人。然后，在大庭广众之下，我说某个可恶的恶棍告诉公爵说，我曾吹嘘自己要成为第一个攀爬公爵大人壁垒的人，还说我曾私下里辱骂过公爵，所以，不管是生是死，我都要亲自澄清这一恶名，我还要找出是谁说出这些毁谤的话来针对我。听到我说的这些话时，许多绅士都走了过来，他们向我表示了无比的同情；一个说这儿，一个说那儿的。我告诉他们，查不出是谁干的我是绝对不会走的。听了这些话，公爵的裁缝阿戈斯蒂诺从挤在一起的绅士中走了出来，他说："如果那就是你所想要知道的东西，那我现在就可以告诉你。"

此时，我之前提到过的那个画家乔治突然走了过来，阿戈斯蒂诺喊道："控告你的人就是他了，你自己去搞清楚是真是假。"我几乎不能离开我的位子，但我还是极其强烈地问乔治到底是不是他控告的我。他对此

① 在他的那个年代，卢卡·马丁尼是最好的文学团体的一名成员，他也是一些著名的滑稽作品的作者。

予以否认，他说自己从未说过此类的话语。阿戈斯蒂诺反驳道："你这个吊死鬼！难道你不知道我总是可以摸清楚别人的底细吗？"乔治以他最快的速度跑开了，嘴里还不停地说着他并没有控告我。不一会儿，公爵走了过来，我刚一抬起身子，公爵大人就停了下来。我告诉他，我来这里仅仅是为了澄清自己而已。公爵瞪着我，惊叹着我还活着。然后，他嘱咐我要做一个诚实的人，要好好地恢复健康。

我一到家，尼科洛·达·蒙特·阿古托就来拜访了我。他说，虽然我已经逃过了世界上最恐怖的危险之一了，但祸不单行，因为他看见有人用不可磨灭的墨水写明了要我的性命。现在，我必须赶快好起来，然后离开，因为我随时都面临着危险，有个人可以将我摧毁。他说："小心啊。"接着又说："你到底做了什么使那个流氓奥塔维亚诺·德·美第奇那么不愉快啊？"我回答说，我没有做什么让他不高兴的事，但是他却使我受了伤。我就把铸造硬币的事情全都告诉他了。他重复说："赶紧离开，要充满勇气，因为你会发现你的复仇来得比你预料得要早一些。"我特别注意着好好照顾自己的身体，给了彼得罗·帕戈洛一些关于如何铸造硬币的建议，然后一个人赶往佛罗伦萨，没有跟公爵或任何人告别。

87

我一到罗马，就在朋友们的陪伴下快乐地度过了好长一段时间，我开始动手做公爵的徽章。几天下来，我用钢把头像给做好了，这是我所做的这类作品中最棒的一个。一个叫弗朗西斯科·索德里尼[①]的傻子每天至少要来拜访我一次。他一看到我工作，就不停地叫着："你这个野蛮人！你想要那个可恶的暴君永垂不朽啊！你从未做过如此强烈的行为，这足以证明你是我们根深蒂固的敌人，是他们忠诚的朋友；但是教皇和他曾两次想将你吊死，即使你没有做错过什么。那是圣父与圣子，现在，你得当心圣

① 1530年，他作为美第奇家族的敌人被流放。

灵。”人们坚定地认为亚历山德罗公爵是教皇克莱门特的儿子。弗朗西斯科过去也常常以他所有的圣徒发誓说，如果可以的话，他会把我的那个雕像给抢走的。我回应说他能够把这些告诉我就已经做得很好了，我会把它们照看得特别好，他再也见不到它们了。

当时，我写了一封信送往佛罗伦萨，要求洛伦齐诺（即之前的洛伦佐）把徽章的背面给我送来。我是给尼科洛·达·蒙特·阿古托写的信，他回信说他已经向那个可悲的哲学家洛伦齐诺提到过此事了，并说他朝思暮想的就是这个东西，一定全力以赴尽早完成。然而，我对他要给的雕像背面并不抱有什么希望，我自己有一个更好的主意，一旦将其完成了，我或许会毫不犹豫地直接去找公爵，这定会使我自己占优势的。

我自己设计并制作了一个背面，在我看来还挺合适的，我竭尽全力地赶快完工。还没等我从糟糕的疾病中康复过来，我就和我的朋友菲利斯常常出去打猎来放松自己。这个人一点也不了解我的艺术，但是因为我们没日没夜地在一起，每个人都认为他是个一流的工艺师。确实，他是个特别幽默的家伙，所以我们过去常常为他所获得的信任而一起开怀大笑。他的名字叫菲利斯·瓜达尼[①]，这使得他开玩笑说：“是你使我获得那么多信任我才叫菲利斯·得大利的，其实我本来应该叫菲利斯·不得利的。”我回答说，获利有两种方式：第一种是一个人为自己获利，第二种是一个人为他人获利。所以，我得赞扬他，因为他获利的方式是第二种大过第一种，因为他曾救过我的命。

我们通常会有此类谈话，但我尤其记得在“主显节”的一天我们的谈话。那时我们正在拉玛利亚纳的附近。直到傍晚，我射到了好多鸭子和鹅，决定不再猎取更多了，于是我们便迅速地准备返回罗马。我嘴上叫着我家狗狗的名字巴鲁科，但却一直未见它出现在我面前。我折返回去，看到这个训练有素的动物正指着停靠在沟里的一些鹅。所以我立马下车，准备好我的猎枪，仅仅用了一颗子弹就把距离很远的两只鹅给射倒了。我射

① 他名字的意思是“得到好处”。

击从来不多浪费一颗弹丸，在两百肘尺之外的距离都可以准确地击中目标，因为我的装弹方法很独特。那两只鹅，一只快要死了，另一只虽然受了重伤，但还在一瘸一拐地飞着。我的狗叼着一只带到了我的身旁，但我突然注意到另一只差点儿要钻到沟里去了，我急忙起身抓住了它。我相信我的靴子可以保护好我的腿，就一步往前跨，结果陷进了淤泥。尽管是抓住了鹅，但我右腿的靴子里面全装满了水。我抬起脚，把水倒了出去；等我从淤泥里爬上来后，我们就急匆匆地回罗马了。然而，实在是太寒冷了，我感觉腿都冻结了。所以我对菲利斯说："我们必须得做点什么帮帮这条腿，我再也受不了。"好心的菲利斯一个字都没说就开始架火。我那时就在那等着，把双手放在了鹅的胸脯上，感觉很暖和。我告诉他不要生火了，就把我的靴子填满鹅毛就可以了。靴子填满后我立即感到如此舒服，也恢复了活力。

88

我们爬上马，迅速地向罗马驶去。我们到了某处渐渐隆起的地方，那时暮色已经降临，朝佛罗伦萨的方向看去，我们俩异口同声地感叹道："啊！上帝啊！佛罗伦萨那时发生什么大事了呀？"那貌似一道巨大的火龙，光芒闪烁，发出了非凡的光芒。

我对菲利斯说："我敢肯定明天我们就会听到发生在佛罗伦萨的重大事件了。"我们驶向罗马，已是深夜了。当我们快接近班基——我们的家门时，我的小马急速向前奔去。那天他们在路中间倒了一堆灰泥和破碎的瓦片，我的马和我都没有察觉到。马以飞快的速度奔向前方，胸脯却撞在了上面，它想侧过身却彻彻底底地翻了个筋斗。它的头夹在两腿之间，是因为上帝的保佑我才免于受伤。我们发出的噪声吵醒了街坊邻居，他们都拿着电筒走了出来，我那时已经跳着站了起来。所以，我没有再上马，而是跑回了家，我大笑着庆幸自己大难不死，因为那场事故足以致命。

一走进房子，我就发现一些朋友都来了。我们一起吃饭时，我给他们讲了白天打猎的冒险故事和我们所看到的如同邪恶的幽灵般的火束。他们惊叹道："我们明天可以听到有关这一凶兆的什么消息呢？"我回答说："佛罗伦萨肯定发生了什么革命性的剧变。"这顿饭大家都吃得特别惬意。第二天晚些时候，亚历山德罗公爵死亡[①]的消息传到了罗马。听到这一消息，我的许多朋友都来找我说："你猜对了，佛罗伦萨确实发生了大事。"这时，弗朗西斯科·索德里尼来了，他颠颠簸簸地骑着他那头可怜的马骡，像个疯子一样一直笑着。他对我说："这就是那个暴君的徽章背面，这是洛伦齐诺·德·美第奇答应过你的。"他接着说："你想让公爵们万世不朽，我们却不想再有公爵了。"然后他就嘲笑我，好像我就是推举公爵的宗派首领一样。正在此时，一个叫巴奇诺·贝蒂尼[②]的人走了过来，他的头又大又丑，像个篮子。有关公爵一事，他以同样的方式戏弄我，叫喊着："我们要去除他们的公爵称号，再也不要公爵了，但你却想要他们永垂不朽。"还说了许多诸如此类的令人厌烦的话。我对这些废话已经不耐烦了，对他们说："你们这些傻蛋！我只是一个穷金匠，谁付钱我就为谁服务。你们那么嘲笑我，就好像我是宗派领袖一样。但我不会用你们先人永不满足的贪婪、愚蠢和一无所成来奚落你们。但是，针对你们这些愚蠢的笑话，我会做出一个回答，不到两天或者最多三天后，你们会有另一个公爵，或许会比你们现在的公爵还要糟糕。"[③]第二天，贝蒂尼来到我的店里，说："没有必要再花钱给人送信了，因为在事情发生之前你就可以预料到了。是什么精灵告诉你这些的？"然后他告诉我，乔瓦尼阁下的儿子科西莫·德·美第奇被推选为公爵，但是他的选举被强加了某些条件，这使得他极不高兴。我现在有机会可以嘲笑他们了，说道："那些佛罗伦萨的人们把一个年轻人设在了一匹剽悍的马身上，接着，他们会把扣马刺拴在他的脚跟，将马勒交给他自由地挥洒，把他赶到一片宏伟的原

① 1537年1月5日，在佛罗伦萨，亚历山德罗被其亲戚洛伦齐诺所谋杀。

② 贝蒂尼是米开朗琪罗很亲密的朋友，也是一位举足轻重的医术保护者。

③ 这句具有讽刺意义的补充表明了切利尼强烈的美第奇思想倾向，也表明了他对政治局势的见解。

野中去，那里长满了鲜花、水果和所有令人愉快的东西。然后他们又禁止他穿过某些明显的界限。现在，由你来告诉我，一旦他有心要穿越他们，又有谁能够制止得住呢？法律不能强加在法律的主人身上。”他们不理会我了，也再没有来惹我。[①]

89

我开始管理我的作坊，做一些生意，但不算什么要紧的事情，因为我仍然考虑到自己的健康问题，自从我经历那场大病之后还未完全康复。差不多就在这时，皇帝远征突尼斯后凯旋而归，教皇派人请我给出意见，看看送什么合适的礼物给皇帝以表敬意。我回答说，在我看来，最合适的礼物似乎就是给他送一个耶稣钉在十字架上的金像，为此我几乎已经做好了一个装饰品，这可以赋予我和教皇最高的荣誉。我已经用圆雕做了三个小金像，大概有一个手掌那么大，那个一开始是用来给教皇克莱门特做圣杯的，代表“信仰”、“希望”、“博爱”。在十字架的底部，我又用蜡添加了它所缺乏的东西。我把它们都带给教皇看，有用蜡制作的基督像和许多别的精美饰品，教皇对此十分满意。在我离开教皇之前，我们就每一个细节都达成了共识，还计算了一下这个作品的价格。

一天晚上的四点，教皇命令拉丁诺·尤韦纳莱保证我第二天早上就可以收到所付的钱。这个拉丁诺自己突发奇想地灵光一闪，他认为是为教皇找的新点子，但那全是他自己一个人的馊主意。所以，他改变了所有安排妥当的事情。第二天早上，我去拿钱时，他以他那一贯的蛮横傲气对我说：“事情该由我们来计划，你们去执行。昨晚，在我离开教皇之前，我们想出了一个更好的主意。”对于他一开始说的那些话，我做出了回答，没有再让他继续说下去，我说：“不管是你还是教皇都不能想到有什么更好的

① 在这个场合，切利尼说了实话，因为不久之后科西莫就过河拆桥，向世人表明他才是佛罗伦萨的绝对主人。科西莫于1537年1月9日被推选为公爵。

带有基督像的作品。你要还有什么废话的话就赶快说，直到说完为止。”

他没有说一句话，恼怒地离开了，他试图把这个作品交给别的金匠去做。可是，教皇拒绝这样做，他立马派人来请我，他说我说得很好，但是他们想要充分利用一本圣母祈祷书，这本书精美得不可思议，红衣主教德·美第奇花费了两千多克朗得来的。他们认为把这个礼物送给皇后很合适，至于皇帝的礼物，他们会听从我的建议，那份礼物确实值得他拥有。但是现在我们没有时间可以浪费了，因为人们预计皇帝大概一个半月后就要到罗马了。他想把这本书包装在一个特大的金盒子里，要做得奢华，大概要用六千克朗的珠宝来装饰。之后，他们把珠宝和金子都给了我，我就开始着手这个作品了，我加劲地赶着完成。几天后，我把如此美丽的作品带给教皇看时，他都惊呆了，他向我表示了最有力的认可，同时还不容许那个畜生尤韦纳莱再和我有任何瓜葛。

几乎是皇帝一到，我的作品就刚好圆满结束。为了向他表示敬意，人们修建了许许多多相当宏伟的凯旋门。他走进罗马时气质非凡，对此的描绘就留给他人了，因为对待这些事情，我只在乎与我自己有关的。他到达之后[①]，立即给了教皇一颗宝石，那是他用12000克朗买来的。教皇让我来保管这颗宝石，命令我以他的手指为标准大小做一个戒指。但他首先让我把书拿来，就照着那个模型去进行改造。随后我便把书拿给了他，他为此感到非常高兴。然后他又问我如何合理地向皇帝表示歉意——我的作品还没有完成好。我说，我的身体欠佳可以成为一个不错的理由，陛下只要一看到我是多么的瘦小和苍白就会相信和接受的。教皇对此做了回复，他赞同这个建议，但是我要随着教皇一起出席，并在我把礼物呈现给皇帝时，要把它当成是我自己送的礼物。

之后，他便详细地告诉我应该怎么做，应该怎么说。我把这些该说的话重复地说给教皇听，并询问他是不是要我以那样的方式去表达。他回答道：“如果你有勇气以和我说话的方式去和皇帝说话，那么你就值得为人

① 查理五世于1536年4月6日来到罗马。

所钦佩。”我说我有勇气和皇帝说话，甚至可以更加放松和自然，因为我会看到皇帝是和我穿一样的衣服，就像在跟一个和自己特别像的人说话一样。但是和教皇说话就不一样了，他身上散发出来的是更加神圣的气质，不仅因为他穿戴的法衣，使他身边形成了一个光环，同时还因为他德高望重、有威严。所有的这些东西都让我对教皇比对皇帝陛下还要敬畏。听了这些话后，教皇回应说："去吧，我的本韦努托，你是个有能力的人；要为我们争光，这对你自己也有好处。"

90

教皇命令下人带出来两匹土耳其马，它们是属于教皇克莱门特的，是基督教世界中最漂亮的马。他的侍从杜兰特先生[1]受命把马牵到宫殿的走廊上去，把它们交给皇帝，嘴里重复着教皇交代他要说的某些话。我们俩一起走了下去，我们到达皇帝所在的位置时，马儿自己从大厅里走了进来，精神抖擞，姿态高贵，皇帝和我们所有的人都为之惊喜。此时，杜兰特先生走了过来，他毫无优雅可言地嘟囔了一阵，带着浓浓的布雷夏口音，没有人会看到或听到比这更加糟糕的东西了。确实如此，连皇帝都忍不住直对他笑。与此同时，我已经把礼物给打开了，发现皇帝以一种仁慈的目光把其注意力转向了我。我立马走上去说道："神圣的陛下，我们最神圣的圣父——教皇保罗把这本圣母祈祷书作为礼物送给您，这本书出自一位圣手书生，由此领域中最优秀的大师所装饰。用金子和珠宝所做的奢华的封面还没有完成，希望您在此可以看到，这全是因为我的病痛所致。因此，教皇把我一起呈现给了陛下，是为了让我完成这个作品。除此之外，您想让我做任何事情我都可以为您效劳，只要我还有一丝生命存在。"皇帝回答说："这本书我接受了，你也一样。但我希望你可以在罗马将这本书完成。在你完成之后，并且身体也康复了，就来见我，把它带来给我。"

① 1544年，保罗三世命其为教廷的财务部长，后来成了布雷夏主教。

后来，我们谈了一会儿，他直接叫了我的名字，这让我感到开心。因为在那么多的谈话中都没有出现过我的名字。他说他见过教皇克莱门特法衣上的扣子，在那上面，我制作了许多奇妙的人物。我们以这样的方式继续交谈着，大概说了半小时，我们的谈话涉及一些艺术的话题，令人感到惬意。然后，我意识到自己的表现比预料的似乎要好很多，我借此机会结束了谈话，并鞠躬以示告辞。我听皇帝对人说："马上给本韦努托500金克朗。"那个人拿着钱出来了。打听到谁是教皇带来和皇帝谈话的人，杜兰特先生就过去抢走了我的500金克朗。我将此抱怨给教皇听，他告诉我不要紧张，因为他知道这一切是怎么发生的，他也知道我在和皇帝交谈时是多么的得体，至于那些钱，当然是我应得的了。

91

我回到自己的作坊，立马着手制作那枚钻石戒指，也正因为这样，四名罗马一流的宝石匠都被派来与我合作。这是因为教皇被告知这一钻石是由世界一流的宝石匠在威尼斯所制，这位宝石匠叫米利亚诺·塔尔盖塔。那颗钻石有点薄，制作起来一定特别困难，没有下苦工夫是不可能完成的。得到这四名宝石匠的帮助，我非常高兴。其中，有一个米兰人，叫加约。他是世界上最自以为是的倔驴，狂妄无知，但却认为自己知道得最多。其他三个都非常谦虚又有真才实学。当着我们所有人的面，这个叫加约的宝石匠开始说话："米利亚诺的衬底应该保留[①]，赶快行动。本韦努托，你应该向其脱帽致敬。在珠宝界里，给钻石上色是最精细最困难的事情，所以米利亚诺是从古至今最伟大的宝石匠，这颗钻石也是最难上色的。"我回答说，在这个领域里，能够与如此有能力的优秀的宝石匠相互竞争我感到非常荣幸。然后我转向其他人说："看这儿！我将保留米利亚

① 切利尼在《金饰制造书》中描绘了衬底的制作和应用，它们总是被涂上颜色以增强宝石的效果，尤其是钻石。

诺的衬底，我要看我是否可以用自己的制造方法对其进行改进。如果不行的话，我就会以你们现在在此所见的相同颜色给它上色。”如驴一般倔强的加约叫喊着说，如果我可以做出一个像那样的衬底，他将乐意向我脱帽敬礼。我对此回答说：“如果我可以做得更好的话，那你就得鞠两个躬。”“绝对没有问题！”他说。于是我便开始制作衬底。

我费尽艰辛地调色，调色的方法我会在适当的地方予以说明[①]。当然，这颗难搞的钻石的制作难度比前前后后我所处理的宝石都要高。米利亚诺制作的衬底确实是由货真价实的艺术功底所完成。然而，这并未使我灰心，我反而奋发图强。我成功了，我不仅做出了同样优秀的作品，甚至还远远超过了他。看见自己赶超他之后，我就开始超越自我。我用新的方法制作了一个衬底，这种方式比我之前所做的都好很多。然后，我派人把宝石匠都请来，一开始我用的是米利亚诺的衬底来上色，然后我将其清洗干净，再用我自己的衬底重新给其上色。我把它展示给他们看，其中一个最优秀的名叫拉斐尔·德尔·摩洛的宝石匠把那颗钻石放在手上，对加约说：“本韦努托的作品已经超越了米利亚诺的衬底。”加约非常不情愿地相信了这一事实，他拿过钻石说道：“本韦努托，比起米利亚诺的衬底，这颗钻石要多值2000达克特。”我说：“即使我已经超过了米利亚诺，但我想让大家见证我是否可以超越自己。”

然后我请求他们等我一会儿，我走进一个小小的密室，在他们看不到的情况下将钻石又重新上色。我又回到那里，把它展示给他们看。加约立刻就爆发了，他吼道：“这是我一生中见过的最了不起的东西。这块石头要值18000克朗以上的价钱，然而我们却只估算了12000克朗。”其他几个宝石匠都转过去对他说：“本韦努托是我们这门艺术的荣耀，我们都应该对他以及他的衬底脱帽以示敬意。”然后加约又说：“我该走了，我得去告诉教皇。我打算为他争取一千金克朗来制作这颗钻石。”随后，他便急急忙忙地跑去找教皇，告诉了他整个事情。于是，那天教皇三次派人来看

---

① 见作者《金饰制造术》第一章。

戒指是否已做好。

二十三点时，我拿着戒指去宫殿。宫殿大门一直为我敞开着。我轻轻地拉开窗帘，看见教皇正和马尔凯塞·德尔·瓜斯托[①]进行秘密会见。那位侯爵肯定在强迫教皇做他不愿做的事，因为我听见他说："我告诉你，绝不可能。保持中立是我的责任。"我正打算回避时，教皇却把我叫了回来。我走进去，把钻石戒指呈现给他，他把我拉到一边，那位侯爵退得远远的。教皇一边看着那颗钻石，一边低声地对我说："本韦努托，和我说说这个钻石，只要侯爵还在房间里，就一直谈下去。"然后他就在房间里面走来走去，这对我来说是个好机会，我非常乐意给他谈谈我给这块石头上色的方法。侯爵一直那样站得远远的，靠在一幅织锦上。我选择交谈的话题很重要，如果全身心投入其中，我至少可以谈上三个小时。教皇对此感到高兴，从某种程度上来说，他几乎忘了一直站在那儿不高兴的侯爵。

我把我要说的话用我这个领域的自然哲学加以润色，讲了差不多有一个小时。侯爵终于不耐烦，愤怒地离开了。然后，教皇以最亲热的方式给了我一个拥抱。他感叹说："我亲爱的本韦努托，要有点耐心。我会对你的美德给予更好的奖励。"

走的时候，教皇当着大家的面对我大为赞赏，其中有个人叫拉丁诺·尤韦纳莱，我之前提到过他。这个人是我的敌人，总是想着法子伤害我。他看教皇赞赏我，便插嘴说："毫无疑问，本韦努托是个天才。尽管每个人都会很自然地亲近自己的同胞而不是别人，但仍然应该慎重地考虑在提到一个教皇时用什么样的言词才合适。他曾经厚颜无耻地说，教皇克莱门特是世界上最漂亮的君主，其才能也绝不逊色于容颜，只不过老是运气不好。他说陛下您恰好与此相反，三重冠好像在您头上由于愤怒而落泪，您看上去像是披着衣服的一捆稻草，除了好运气之外别的一无所有。"

这些话出自一个最善于煽风点火的人之口，自然对教皇有着不可抗拒的蛊惑力。实际上这些话根本就不是我说的，我从来就没有想过这些问

① 多年以来，他都扮演着西班牙驻米兰的总督的角色。

题。教皇要是能够对我报复一通而不丧失威信，他肯定会那样做。可他这个人老于世故，表面上一笑了之，却在心里埋下了仇恨的种子。我对此不是没有察觉，我发现再也不能像以前那样自由出入他的邸宅，要晋见他真的是太难了。我已经和罗马教廷打了多年的交道，对它的运作方式十分熟悉，所以我断定肯定有人坏了我的事。经过暗中察访，我了解到事情的全部真相，但不知道放暗箭的人是谁。我实在想象不出来这个人的名字，要是把这个家伙查出来，我绝对不会善罢甘休。

92

我继续做那本书，完成之后，我拿着它去见教皇。说实话，他还是不能不对其大为赞赏。我求他派我带着这本书去见皇帝，那是他曾允诺过的。他回答说他会选择他认为比较恰当的做法，还说我要做的事情已经完成。所以，他命令下人应当好好地报酬我。我花了不止两个月的时间在这两件作品上，得到了500克朗：其中，制作钻石的费用他们只给了150克朗，其余的350克朗是支付那本书的封面，但是那值1000克朗多，它那么值钱是因为上面刻有许多人物、蔓藤花纹、瓷釉和珠宝。我拿着我的钱，决定擅自离开罗马。与此同时，教皇借用他的孙子斯福尔扎之手把我做的书送给了皇帝。皇帝一接到这本书就表达了他的满意之情，立马派人来叫我。年轻的斯福尔扎早就接到指示，他说我因为有病在身而来不了。我之后才得知了这一切。

我做好了去法国旅行的准备，希望可以孤身前往，但却不行。有个叫阿斯卡尼奥的小伙子是我的员工，他年纪特小，是世界上最值得钦佩的仆人。他正要离开他之前的那个主人时，我就把他给收下了，那个西班牙人叫弗朗西斯科，是一个金匠。我当时并不是那么想收下他，免得和那个西班牙人争吵，我对阿斯卡尼奥说："我不想收你，因为我担心会触怒你的主人。"他让他的主人写了个便条告诉我我可以自由地带走他。于是，他就和我在一起待了好几个月。他呈现给我们的就是一张瘦弱又苍白的脸，所以我们叫他“小老人”。我还真觉得他是那么一个人，一方面是因为他是一个很好的仆人，另一方面是因为他如此聪明以至于看起来不像是一个十三岁的人能够拥有的智慧，他坚定他的年龄只有十三岁。

言归正传，在那几个月里，他的身体变好了一些，还长了点肉，成了罗马最帅气的青年。如我所描述，他是一个优秀的仆人，对我们的工艺也表现出奇妙的能力。我对他产生了一种温暖的父爱，我给他穿衣服，就好像他是我自己的儿子一样。当那男孩意识到身体好转时，他觉得能够在我手下办事是多么的幸运。他过去常常感谢他以前的主人，认为他是自己成功的原因所在。现在，那个人娶了一位年轻俊美的女子为妻，她对他说：“苏尔杰托（他和他们住一起时，大家都那么叫他），你做了什么把自己变得那么帅呀？”阿斯卡尼奥回答道：“弗兰切斯卡夫人，是我的主人把我变得这么帅的。他对我的好可多了。”她把他搂住，那种方式显得有点不怀好意，阿斯卡尼奥应该这么说。她毫不在乎纯洁的名誉，或许对那个小伙子这样爱抚并不那么合适。但我后来注意到他去拜访她的次数越来越频繁，这不符合他的习惯。

一天，阿斯卡尼奥动手打了一个我们的小店员。我外出回家时，这个店员含着泪向我抱怨说阿斯卡尼奥无缘无故地对他动手。听到这话，我对阿斯卡尼奥说：“不管是有原因还是没原因，你都给我保证你不会再打我家的任何一个人，否则我会让你体会到我亲自打人是怎样的。”他还跟我顶嘴，把我气得跳起来对他拳脚相加，那是他受到最狠的一次痛打。他一逃脱我的痛打，就跑了出去，连斗篷和帽子都没有拿。两天了，我都不知道他人在哪儿，也不想费心去找他。在那之后，一个叫迭戈的西班牙绅士来跟我说话。他是世界上最慷慨的人之一。我曾经为他做了一些事，而且还将一直为他做下去，这使得我们俩慢慢了解对方。他告诉我阿斯卡尼奥已经回到他以前的主人身边，还问我把他的斗篷和帽子送回去是否合适，那些都是我给他的。于是我说弗朗西斯科的所作所为太糟糕了，像个低人一等的家伙。如果在弗朗西斯科第一次回来找他时他就告诉我的话，我非常乐意让他走。但是都两天了他都没有告诉过我，我决意不会让他拥有他想要的。让他当心点儿，我不想在这个房子里面再看到那个家伙。这个消息由迭戈传达给他，而弗朗西斯科听到后只是发笑。

第二天早上，我看见阿斯卡尼奥正在他主人身边用金属丝做一些小玩意儿。我从他身边经过时，他向我鞠了一躬，他的主人差点儿当面笑我。他通过迭戈再次问我是否会把阿斯卡尼奥曾在我这儿得到的衣服还回去。我要是不还的话，他也不会在意，因为阿斯卡尼奥并不缺衣服。我听到此话时，转向迭戈说："迭戈先生，在我们所有的相处之中，你是我认识的最大方、最值得尊敬的人。但是弗朗西斯科却与你截然相反，他是不值得尊敬和敬仰的叛徒，别无其他好的言语可以形容他。告诉他，如果在晚祷钟声响起之前他还没有亲自把阿斯卡尼奥带到我这儿来，我保证会杀了他。你也告诉阿斯卡尼奥，如果在我给他师傅指定的时间之内他还没有从那个房子里走出来，我将以同样的方式对待他。"

迭戈没有回答，他把这恐怖的事情告诉弗朗西斯科，他自己也不知道该怎么办。此时，阿斯卡尼奥去找他父亲，他父亲刚从他的出生地塔利亚科佐回到罗马。他父亲听到这事，也建议弗朗西斯科把阿斯卡尼奥带回来给我。弗朗西斯科对阿斯卡尼奥说："按你自己的想法去做，你的父亲会和你一起去的。"迭戈插嘴说："弗朗西斯科，我预料会发生很严重的事情，你比我更清楚本韦努托是怎样的一个人。勇敢地把那个小伙子带回去吧，我也会和你一起去。"我已准备就绪，在作坊里走来走去等待晚祷钟声的响起。我已决定要努力去做这一生中最血腥的事情。就在那时，迭戈、阿斯卡尼奥和他的父亲都来了，我不认识他父亲。阿斯卡尼奥走进来时，我愤怒地凝视着这几个人。苍白得像死人般的弗朗西斯科如是说道："看这里，我把阿斯卡尼奥带回来了，我把他留在身边并不是想要触怒你。"阿斯卡尼奥卑微地接着说："主人，原谅我吧！我在这儿任你处置，不管你命令我做什么我都会照做。"于是我说："来到这里，你会像你此时所承诺的那样工作吗？"他回答说是，他再也不会离我而去。然后我转过去让那个他曾打过的店员递给他一捆衣服，并对他说："这是我给你的所有衣服，拿着它们，你自由了，你喜欢去哪儿就去哪儿。"迭戈对此感到无比惊讶，这与他所料想的完全相反。然而阿斯卡尼奥和他的父亲却恳求我原谅并接纳他。我问到那个为他说话的人是谁，他就说那是他的父亲。他的父亲哀求了我许久，我回答说："因为你是他的父亲，看在你的份儿上，我就再次收下他吧！"

93

正如我不久前说的那样，我已经做好决定去法国旅行。一方面是因为我看到教皇没有像以前那样尊重我，我的忠诚被别人的谎言所糟蹋；另外也因为我害怕那些有权力的人会给我玩更狠的花招。所以我决定去外国寻找更好的命运，我希望的是不经允许独自上路。在我计划离开的头天晚上，我告诉我忠诚的朋友菲利斯，我不在时，他可以充分自由地享用我所有的东西，万一我没有回来，我会把所有的财产都留给他。现在我雇用了一个佩鲁贾工匠，他曾经帮我干过教皇安排的那些任务。在我把工资付给他之后，让他别再给我干活。他却乞求般地回答说让他跟我一起去，他去那边用自己的钱就行。如果我停下来为法国国王工作，有意大利人在我身边当然会更好，尤其是那些我知道能够给予我帮助的人。我被他的恳求和理由说服了，我会以他所提出的方式带他一起去。我们争辩时，阿斯卡尼奥也在场，他含着泪说："你把我带回来时，我就说过我希望一辈子都留在你的身边，我也决心这样去做。"我对他说，无论如何我都不会同意。但当我发现这个可怜的小伙子正准备步行跟上来时，我也为他雇了一匹马，把一个小手提箱放在马尾带上，我自己装了很多无用的包袱，但我本不应该带那么多的[①]。

我从罗马到了家乡佛罗伦萨，从佛罗伦萨到博洛尼亚，从博洛尼亚到威尼斯，再从威尼斯到了帕多瓦。在那儿，我亲爱的朋友阿尔贝塔奇奥·德尔·班尼让我离开那个小客栈到他家去。第二天，我去拜访了彼得

① 他于1537年4月离开了罗马。

罗·本博先生，他那时还不是红衣主教。他以最温暖的方式接待我，那种感情是可以授予任何人的，然后转向阿尔贝塔奇奥说："我想让本韦努托留在这儿，和他所有的跟随者一起，即使有一百个人也一样。那你做决定，如果你也想让本韦努托留在我这里，我可不打算让你拥有他。"就这样，我在这个最有才的绅士家里的这次拜访过得非常愉快。他为我准备了一间房，看上去比一个红衣主教的还要豪华，他总是坚持要我和他一起吃饭。后来，他以最谦虚的方式暗示我他特别想让我为他制作一尊像。在这世上，这正是我最乐意干的事，我在一个小盒子里准备了一些雪白的石膏，立马开始动手。

第一天，我整整花了两个小时来做模型，概略地勾勒出了这位优秀人士的头像，阁下以优雅的方式表达出他的惊讶。尽管他有深厚的学识，在诗歌方面也无人能比，但是他对我们这一行却一无所知。这样一来，在我还没有开始动工之前，他就以为我已经做好了。所以我无法让他完全明白为什么做这类东西要花那么长的时间。最后，我决定竭尽全力地去做它，花费必要的时间。但他跟随威尼斯时尚留了胡须，我发现塑造一个令我自己满意的头像很有难度。然而，我最后还是将其完成，在我这门艺术当中，我判断其为我的所有作品中最好的一个样本。彼得罗先生无比惊讶，他本以为那个蜡制的模型两个小时就可以做好，钢制的十个小时做好；但他发现我在蜡上面就花了两百个小时。随后我便请求离开，去实践我的法国之旅。这使得他非常忧虑，他恳求我至少给他的徽章设计一个背面，那个徽章是珀加索斯的头像，被一圈花环围着。我大概用了三个小时就完成了这个任务，使它看起来具有优雅的气质。他非常高兴地说："依我看，这匹马要比你给我的那个小塑像难上十倍。我不明白这为什么要费那么大的劲儿。"同样地，他还是不停地恳求我用钢来制作这个东西，他大声说："看在上帝的份儿上，做吧！我知道，如果你要做的话，你很快就可以完成的。"我告诉他，我不愿意在这里做；但是我保证，不管我停留在哪里，我都会立马动手去做。

我们争执不下，我去买了三匹马作为旅途之用。他叫人暗地监视我，他在帕多瓦很有威信。因此，在我提出给500达克特的马付钱时，它们的主人回答说："杰出的艺术家，我把这三匹马当作礼物送给你。"我回答道："要给我马的人不是你，我不能接受这位慷慨的捐赠者的马。我心里明白我还不能呈现给他一个工艺品的样本。"那个好心人说，如果我不带走它们的话，我在帕多瓦就买不到其他的马，那样就得徒步旅行。听着这话，我回去找尊贵的彼得罗先生。他装着对此不知，只是恳求我发发好心就留在帕多瓦。这与我的意图完全相反，因为我本已决定出发。所以我不得不接受那三匹马，然后骑着马上了路。

94

我选择走格里松这条路线，由于战争的原因，其他的道路都不安全。我们越过了阿尔巴山和贝尔利纳峰。那时正是5月8日，山上积满了大片的雪。我们冒着极大的生命危险，成功地越过那两座阿尔卑斯山脉。我们横越山脉之后，在一个地方停了下来，如果我记得没错，那个地方叫瓦尔迪斯塔。我们在那儿住了一会儿，黄昏时，一个叫布斯巴卡的佛罗伦萨信差来了。我曾听别人说他很有个性，工作方面也很有能力，但我却不知道他被自己做的坏事毁了那名誉。他在旅店里看到我时就叫了我的名字，说他打算去里昂做重要的事情，求我借点钱给他作旅费。我说我没有钱可以借他，如果他要和我一起的话，我就会支付他去里昂的钱。这个无赖哭了起来，用了一个很长的故事来哄骗我："如果一个可怜的信差是为国家大事而工作，他缺钱的话，像你这样的人就有责任帮助他。"然后他又接着说他从菲利波·斯特罗兹[①]那里带了很重要的东西。他还给我展示了带在身边的一个装杯子的皮革外壳，在我耳边低声地说那里面有一个银杯，里面容纳了价值数千克特的宝石和菲利波·斯特罗兹发出的重要信件。我说他应该让我把宝石藏起来，这样没有他带在身上那么危险；他或许可以交给

① 他是反美第奇党的领导人，后被流放，于1537年8月1日落入公爵科西莫的手里。

我，它的价值可能是10克朗，我会给他25克朗作为担保。那个信差回答说他要和我一起走，因为他无论如何都不会放弃那个杯子，那样做也不会损坏他的名誉。

于是我们就那样达成协议。第二天早上，我们骑着马来到一个湖边，那湖在瓦尔迪斯塔和韦森之间，距离韦森十五米远。看到那湖上的船时我吓了一跳，它们是使用松木做的，尺寸不大也不厚；它们松散地拼凑在一起，甚至都没有上漆。我要是没看到四个德国绅士和他们的四匹马登上和我们一样的船，我是绝不会踏上这船的，可能早就逃之夭夭了。当我看到他们一脸的不在乎时，我就想，德国的那些水域淹不死人，我们意大利的水却可以。然而，我身边的两个年轻人不停地对我说："本韦努托，带着四匹马踏上这条船肯定很危险。"我说："你们这些懦夫，难道你们没有看到我们前面的那四个人是怎么上船的吗？他们还一路有说有笑呢。如果这是酒的话（但它确实是水），我敢说他们淹在里面都很高兴。我非常明白，他们不会比我们更乐意被淹在里面。"那个湖长十五英里，约三英里宽。湖的一边升起一座山，山很高，还有很多洞穴；湖的另一边是一片平地，长满了草。

我们走了大概四英里远，湖上下起了暴风雨，桨手叫我们帮着往前划，我们便划了一会儿。我打着手势，指示他们在远处的岸边停靠。他们说不可能，因为那里的深度不适合停船，而且还有浅滩，会把船撞成碎片，我们大家都会淹死。他们依然继续催着我们帮着一起划桨。看到他们沮丧的样子，我想起马是一种明智的动物，我把缰绳绑在它的脖子上，用左手拿着缰绳的另一头。这匹马就像它所有的同类一样有灵性，好像和我心灵相通。我把马头转向青草那边，我的意思是让它往前游，并拖着后面的我一起游。就在那一刻，一波巨浪打在船上。阿斯卡尼奥尖叫："上帝，我的父亲，救救我。"他扑过来抱着我的脖子。于是，我把手放在匕首上，告诉他们照着我的样子做，因为马可以救我们，就像我希望以同样的方式逃脱一样。但是，如果他试图跳到我的身上，我就会杀了他。就这样，我们冒着极大的生命危险向前走了好几英里。

95

我们到达湖中央时，发现有一小块可以停靠的平地，我还看见那四个德国绅士已经在那儿靠岸。我们一心希望上岸，船夫就是不听。我就对我的年轻人说："现在，是时候向他们展示我们是什么样的人了。握着你们的剑，强迫这些家伙带我们上岸。"我们如是做了，但是达到目的非常困难，因为他们顽固抵抗。最后我们终于上了岸，我们还必须爬两英里的山路，那可比攀爬梯子还艰难。我把自己包得像邮件一样，脚穿大长靴，手握一把枪。天下着大雨，就好像天堂的喷泉被打开了一样。那几个德国绅士恶棍拉着缰绳牵着他们的小马往前走，奇迹般的灵活。但是我们的马却不能那样，我们十分艰辛地赶着它们往上爬。我们刚爬了一小段，阿斯卡尼奥的马就走错路，那可是一匹优良的匈牙利马。他走在那个信差布斯巴卡前面几步，阿斯卡尼奥把他的长矛给他，让他拿着。

那条路实在太糟糕了，马儿绊了一跤，接着往后退了几步，没能重新找到它的立足点，还撞在了长矛的尖儿上，而那个恶棍信差都不知道让一下路，太笨了。长矛刚好穿过马的喉咙，我的另一个工匠去帮助他时，他那匹黑马也滑到了湖边，被一些灌木挡住，那些灌木还稍微起着一点支撑的作用。这匹马扛的是两个马鞍袋，里面装着我所有的钱和其他值钱的东西。我哭喊着让那个年轻人救自己，就让马死了算了。他掉下去有一米深，在湖水的上边儿。我们的船夫就停在那下面，所以，如果马掉下去的话，会恰好落在他们身上。我走在所有人的前面，我们就等着看马直接掉下去，它似乎要下地狱迎接死亡了。这期间，我对我的年轻人说："不要忧虑，我们要救自己，为这所发生的一切向上帝致谢。我只是为那个可怜的布斯巴卡感到难过，他把价值几千达克特的杯子和宝石都系在马鞍的弓上，他认为那是最安全的地方。我的东西就值几百克朗，如果上帝保佑我，我无论如何都不担心。"

然后，布斯巴卡叫喊着："我对自己的损失并不遗憾，倒是你的。"我问他："为什么？你是为我的东西感到难过而不是为你自己的？"他回答说："我以上帝的名义告诉你，在这些情况之下，在这种危险的关头，我们必须说实话。我知道你里面装的是克朗，是真实的克朗；但我所说的那个装满了宝石和其他宝贝的箱子里面其实全是鱼子酱。"一听这话，我就忍不住大笑，我的年轻人也跟着笑，而他却哭了起来。当我们都要放弃那匹马时，它却万般努力地解救自己。之后，我们还一直笑个不停，我们积聚力量弯身往上爬。那四个德国绅士在我们之前就到了山顶，派了一些人下来帮我们。最后，我们终于在一片荒野之中来到了住所。

此时，我们浑身湿透，肚子也饿，我们得到了最令人惬意的招待。我们把自己身上弄干，休息了一下，也吃饱了，同时还给受伤的马找了一些野生草本植物。他们指出，树篱里面长满了这类植物；他们还告诉我们，要是一直用这植物的叶子去敷伤口，马不仅能恢复健康，还可以像没有受伤一样为我们服务。我们按照他们建议的方式去做。然后对那些绅士表示感谢，当我们感觉精力完全恢复之后，就离开了那地方，继续向前走。感谢上帝把我们从那么可怕的危险之中救了出来。

96

我们来到韦森那边的一个镇上，在那儿待了一晚，听到巡夜者一直在唱歌，是那么的惬意。那座城市的所有房子都是用松木建造而成，所以那个巡夜者的唯一职责就是警告人们防火。布斯巴卡的神经被白天的惊险悬拉着，所以那个巡夜者每小时唱歌时，他都会在梦中叫喊："啊！上帝，我要被淹死了！"那是因为他之前所经历的恐惧。除此之外，他晚上还喝醉了，他想和那里所有的德国人坐在一起狂饮。他有时叫着"我要被烧死了"有时又叫"我要被淹死了"。他还以为自己已经下了地狱，鱼子酱在他喉咙周围悬着，令他备受折磨。

这一晚太好玩了，我们所有的烦恼都变成了欢声笑语。早上我们起床时，天气很好，我们要去一个叫拉卡的小地方吃饭，那里风光明媚。在这儿，我们得到了很好的招待，然后还雇了导游，他们正要回一个叫苏黎世的城市。

照顾我的那个导游沿着一个湖堤向前走，没有其他可行的道路，连堤也被水给覆盖了，那个鲁莽的家伙滑倒了，和他的马一起掉进了水中。我就走在他后面几步，我停下马，等着看那笨驴从水中出来。他就像什么都没有发生一样，又开始唱歌，还打着暗号让我跟着唱。我突然岔开路往右边走，穿过一些树篱，让我的年轻人和布斯巴卡也走那条路。那个导游用德语叫喊着说如果那边的人看到我那样，他们肯定会杀了我。然而，我们向前走去，又逃过了一场暴风雨。

于是我们到了苏黎世，这是一座奇迹般的城市，又明亮又精美，像一颗小宝石。我们在那儿休息了一整天，第二天早上及时离去，又到了另一个叫索洛图恩的美丽城市。之后，我们去了洛桑，从洛桑到日内瓦，再从日内瓦到里昂，一路上一直有说有笑。在里昂，我休息了四天，还与那里的一些朋友谈了很多令人高兴的事。我花在布斯巴卡身上的钱也拿了回来，之后我又起身去巴黎。这是一次令人愉快的旅行，除了在达帕利萨一群强盗试图谋杀我们，而我们仅靠勇气和机智逃过此劫。从那开始，我们一路到了巴黎，一帆风顺。我们欢声笑语，最后安全地抵达目的地。

97

在巴黎稍稍歇息之后，我去拜访了画家罗索，他为国王效力。我想去找他，认为他是我在世界上拥有的最真诚的朋友之一，因为在罗马时我为他所做的一切是一个人能为另一个人能做的最大限度。所有的这些或许会被描述得很简洁，我在这里还是要提一提，以揭露他那无耻的忘恩负义。他在罗马的时候，喜欢背后说别人坏话，他极看不起拉斐尔的作品，所以拉斐尔的学生都想杀了他。我把他从这个危险之中救了出来，我没日没夜地细心照看他。结果，那个可恶的东西又说那个优秀建筑师圣加罗[①]的坏

① 圣加罗是文艺复兴晚期最厉害的建筑家之一。

话，导致后者把以前为他从阿尼奥罗·达·切西阁下那里得到的工作拿走了。在这之后，圣加罗极力用其影响力来封杀他，要不是我可怜他的状况借给他几十克朗以过活，他肯定饿得要死。之后他一直没有还钱，我知道他在国王手下干事，于是就像我之前说的那样去找他。我不仅仅期望他会还债，还希望他可以帮助我，把我安排在国王手下做事。

罗索见到我时，他的面色突然大变，他叹言："本韦努托，你这次路程花了那么多钱，是你的损失；尤其是在这时，大家的心思都在战争上，而不是我们工作的这些琐事。"我回答说我带了足够的钱回罗马，就像我来巴黎一样，我为他忍受了那么多的痛苦，他反过来这样对我是不对的；我现在开始相信安东尼奥·达·圣加罗大师口中的他了。当他试图对我的揭发自我解嘲时，我给他看了一张可以在里恰尔多·德尔·班尼那兑换500克朗的票据。这个流氓感到羞愧，他差儿点想把我强行留下来，但我冲他笑了一下，就和我在那里找到的一个画家一起离开了。这个人叫斯瓜泽拉[①]，他也是佛罗伦萨人；我在他家借宿，和我的三匹马和三个仆人一起，我每周会给他一大笔钱。他对我很好，我付给他的钱更够意思。

后来，通过国王的司库朱利亚诺·斯瓜泽拉先生[②]的介绍，我寻求到国王的接见。然而，经过许久的推迟，我才见到国王，我当时还不知道，原来是罗索费尽心机阻止我见陛下。朱利亚诺先生知道此事之后，他立马把我带到枫丹白露，还带我去见国王，国王答应会见我一个多小时。因为他当时正要出发去里昂，他就叫朱利亚诺先生带着我一起，他还说一路上我们可以谈论一下陛下脑中想要的艺术作品。之后，我就跟着大家一起，在路上，我和费拉拉红衣主教建立了亲密的关系，他在那时还没有得到头衔[③]。每天晚上我都和这个红衣主教长谈，他建议我留在里昂的一个修道院里，在那儿安心地坚持到国王从这次活动回来为止；他还说他打算去格勒

① 他是安德里亚·德尔萨尔托的一个学生，他们一起到了法国，并在那儿定居。

② 他是瓦尔齐提到的佛罗伦萨的流放者。

③ 他叫伊波利托·爱思特，是费拉拉公爵奥佛恩萨的儿子；十五岁就成为米兰的大主教；1539年成为红衣主教；在法国度过了大半生。

诺布尔，而我在修道院里可以尽情享受各种便利。

我们到里昂时，我就已经生病；小伙子阿斯卡尼奥染上了三日疟。在我眼里，那个法国人和他们这些人都越来越令人厌烦，我数着时间，想要再次回到罗马。一看到我急切地想回到家乡，那个红衣主教就给了我足够的钱让我给他做一个银碗和银壶。于是，我们就骑着马，面朝着罗马的方向驶去，经过辛普朗，有一段路还有一些法国人做伴同行。阿斯卡尼奥被发烧所困扰着，而我也慢慢发烧起来，我发现这绝对不可能自己消退。更糟糕的是，从某种程度上来说，我的胃功能也紊乱了：我非常确信，我有四个月的时间在一周内几乎都吃不了一整条面包，我强烈期待能够回到意大利，我宁可死在那里，也不要死在法国。

98

我们越过辛普朗山脉，靠近一条河，它附近是一个叫因代韦德罗①的地方。这河面又宽又深，上面横跨着一座又长又窄的没有壁垒防护的桥。那天早晨，下了一层厚厚的白霜，我骑着马走到桥边，在休息之前，我意识到那儿太危险，然后就吩咐我的仆人和我的年轻人下马牵着马走。这样我就安全地过了桥，我骑着马继续往前走，和一个法国人一路说着话，他是一位绅士；另一个人是书记，走在我们后面一点，他嘲笑那位法国绅士和我竟然无缘无故地吓得连马都不敢骑，太让人恼火了。

我转过身，看到他正好在桥中央，就让他小心地走，那地方非常危险。这个家伙确实有法国人的个性，用法语叫喊着我真没胆，根本就没有一点危险。他一边说着这些话，一边催着马向前走，那马却突然从桥上滑倒，倒在那儿的一块巨石旁边，四脚朝天。上帝总是怜悯疯子，那两个畜生，一个是人，一个是马，一起掉进了一个很宽的水池里，他们俩都沉在水中。我一看到有事发生，就立马以最快的速度跑过去，艰难地爬到那块

① 或许这是因代韦德罗的一个叫多维里尔的地方。

石头上面，在上面摇晃着，抓住那个书记的上衣，把他拖了上来，因为那时他在水里。他喝了满肚子的水，差点儿就被淹死。然后，我看他脱离了危险，就祝贺他，而他的命是我给救的。那个家伙用法语说我其实什么也没做；要救的是他的那些写作，那些才是重要的东西，价值几百克朗。他说着这些话，好像很生气，身上在滴水，嘴里喷着泡沫。

于是，我转身对着我们的导游，命令他们帮帮那个畜生，并保证我会付钱。其中一个导游费了很大的劲动手干了起来，把那个家伙所有的稿子都捡起来，所以他一件也没有丢失；而另一个导游怕麻烦，一点忙也没有帮。

在这儿，我应该说我们一起做了一个钱包，而我就是发款员。后来，我们到达我提到的那个地方，吃完饭后，我就从这个共有的钱包里拿出一些钱给那个把他救出水的导游。这时那个家伙叫喊着说我应该用自己的钱来支付他，他不打算给那个人另外的钱。听到这话，我把他臭骂了一顿。然后，另一个什么也没有做的导游走过来，他也要求得到报酬。我告诉他说只有背着十字架的那个人才值得回报。他叫喊着说他现在就给我拿来一个十字架，我到时一定会后悔。我回答说我会在十字架上点上蜡烛，我希望这可以让他成为第一个为自己的愚蠢而哭泣的人。我们所在的村子位于威尼斯和德国的边界。那个导游跑去叫来了一群人，他手拿刺野猪的矛。我爬上我的骏马，放低火绳枪的枪管，转向我的同胞叫着："我第一枪就可以把那个人打倒，你们也要负起自己的职责，因为这些人是半路抢劫者，他们想利用这件小事谋杀我们。"我们在那家吃饭的旅店老板叫了一个领头人来，这个领头人是一位仪表堂堂的老人家，旅店老板恳求他停止这场混乱，说道："这是一个最勇敢的年轻人，你可以将他碎尸万段，但他肯定会杀你们许多人，他在做出他能做的所有破坏之后或许还可以逃出你的手掌心。"

就这样，事情平息了下来。那位老人，也就是他们的领头人对我说："平平安安地走吧；和我们作对的话，你是没有什么可以吹嘘的，即使有一百个人来支持你也不行。"我意识到他的话是真的，我也差点儿死在他们手里；所以当没有人再侮辱我时，我摇了摇头感叹道："我确实尽我最大努力证明了我不是雕塑，而是一个有血有肉的人。”然后，我又继续上路。那天晚上，在我们来到的第一家住所，大家一起结了账。在那里，我和那个法国畜生分开，却和另一个绅士保持朋友关系。之后，我带着我的三匹马到了费拉拉，没有任何人的陪伴。

下马之后，为了表达我对公爵的敬意，我去了宫里，得到允许第二天早上去洛雷托。黄昏后，我等了两个小时，公爵大人终于来了。我吻了他的手，他很有礼貌地接待我，吃饭之前，他还命人给我打水洗手。看到他这般礼貌，开心地回答说：“最优秀的大人，四个多月了，我所吃的东西仅仅够把生命维持下去，所以我不能在你的王室餐桌上享受这佳肴，你吃饭时，我就在旁边待着和你说说话就好；这样的话，我们俩都会比我和您一起吃饭感到高兴。”于是，我们就开始谈话，接下来的三个小时我们一直在交谈，之后我就离开了。当我回到旅店时，看到最棒的一顿饭已经准备好，那是公爵从他自己的宴会上给我送来的，其中还有一些名酒。与我平常吃饭的时间已经过了整整两个小时，我特别有吃东西的欲望；四个月以来，这是我第一次有胃口吃饭。

99

早上，我离开费拉拉，到洛雷托的圣玛利亚教堂，在那里做了祷告，之后就赶往罗马。在罗马，我见到了最忠诚的菲利斯，我把我的作坊给了他，包括里面所有的家具和配件；我又开了另一个更大更宽敞的店，与那个香料商苏盖雷比邻。我很确定那位伟大的弗朗西斯国王已经把我忘记。所以，我接了若干个贵族下达的任务；同时，我也开始动手做红衣主教费拉拉命令我制作的碗和壶。我有一大群工匠，手上还有许多大件的金银器皿有待完成。

我为那个叫佩鲁贾的工匠做了安排，让他把自己从账上支付出去的钱给记下来，他主要用那些钱买了衣服和其他杂物，也有一部分是旅行的费用，一共大概有70克朗。我们达成协议，他每个月会拿出3克朗来偿还债务，这点他能够做到，因为他在我这里得到的就不止8克朗。两个月快结束时，这个无赖从我的作坊撤走，把一大堆乱七八糟的事情都留给我，他说他打算不再还我一分钱。我决定寻找一些补救，但我只允许自己以正义的方式去做。

一开始，我本来想砍掉他一只胳膊，如果我朋友没有告诉我那样做是个错误的话，我肯定就那样做了。但是那样的话，我会损失金钱，或许还会再一次离开罗马，因为打人是无法估量轻重的，后果可大可小。我认同朋友的说法，把他留着，这样随时可以找他算账。尽管我是多么想将这件事速战速决，但我还是听取了朋友的建议。实际上，我在审计员面前控告了他并赢了这场诉讼。最后，我等了几个月，判决书下来了，他被送入了监狱。与此同时，大量的活把我压得透不过气儿；在所有的任务之中，有一个是我必须为杰罗利莫·奥尔西诺①阁下的妻子提供金子和珠宝的饰品。杰罗利莫·奥尔西诺是保罗阁下的父亲，保罗现在又是公爵科西莫的女婿。我基本上把这些事情做完了，而其他更重要的事情却总是来个不停。我雇用了八个工匠，我和他们一起日日夜夜地工作，既为了名誉，也为了利益。

100

在我正充满活力地投入于经营这些事情时，我收到来自费拉拉红衣主教的一封急件，信里如是写道：

> 本韦努托，我亲爱的朋友，最近几天，最笃信基督教的国王提到了你，他说他想让你为他干活。我回答说，你承诺过我，无论何时我派人请你为陛下效力，你都会立马过来。然后陛下回答

① 他是布拉克阿诺的公爵，是保罗公爵的父亲，他和伊萨贝拉结了婚，之后他将其谋杀，又与维克托里尔·阿可拉姆邦妮结婚。

说："传我的旨意，按照他的价值给他送路费过去。"他马上命海军总司令给我开了一张1000金克朗的汇单，这是可以向财政大臣兑换的。这次谈话在场的红衣主教德·加迪说陛下没有必要做这样的安排，因为他已经给了你足够的钱，而你也已经在路上。或许正如我所想，如果事实与红衣主教加迪所说的恰好相反，你收到这封信时就立马给我回信，因为我要着手查清此事，拿到高尚的国王答应过要给你的钱。

让全世界看看，让天底下的所有人看看，灾星到底有什么力量能给我们人类带来厄运！在我的一生中，我没有和那个笨蛋红衣主教加迪说过两次话，我也并不认为他就因为狂妄自大而有意害我，他只不过是头脑简单又愚蠢地想让他自己看起来仍然可以监管艺术家的事情，而国王就是缺乏艺术家。正是由于他就像费拉拉红衣主教那样按照自己的方式行事，而之后又特别愚蠢，在我面前只字未提过此事。否则，要不是看在他是我同乡的份儿上，我当然希望找个理由帮他掩护一下他那愚蠢的自负，以免受到责难。

我一收到费拉拉红衣主教的信就立即回复说，关于红衣主教加迪的事我一无所知，而且即使他对我强调过这类的事，我也不会在没有通知大人的情况下就离开意大利。我还说，我在罗马的事情比在任何时候都要多，但是如果最笃信基督教的陛下需要我的话，他只要说一句话，由最尊贵的红衣主教大人把话带给我，那足以使我立即动身出发，而把其他所有的事情都留下不管。

就在我把信送出去之后，佩鲁贾工匠那个叛徒设计陷害我，并立马奏效，这是因为教皇保罗·达·法尔内赛的贪婪，更因为他的私生子，人们当时叫他法尔内赛公爵[①]。刚才提到的那个家伙告诉皮尔·路易吉阁下的一个秘书说，他作为我的工匠，和我一起待了好几年，他特别熟悉我的一

① 他是在1537年被授予法尔内赛公爵的称号。

切；就因为这样，他告诉皮尔·路易吉阁下我有8000多达克特的家产，其中大部分是宝石，而那些宝石属于教会，他还说那是我离开罗马期间在圣天使城堡里偷来的，他们只需要把我秘密地抓起来就行。

一天早上，我还在做之前提到的新娘嫁妆，离天亮还有三个多小时。在打开店门打扫时，我披上斗篷出去走了走，呼吸了一下新鲜空气。我的脚步一直沿着朱利亚大道往前走，转身走进基亚维卡，然后在街角遇到了治安官克雷斯皮诺，他和他所有的治安人员在一起，他走过来对我说："你是教皇的犯人。"我回答说："克雷斯皮诺，你认错人了。"克雷斯皮诺回答道："没有，你是艺术家本韦努托，我认识你，我必须带你到圣天使城堡去，那是贵族去的地方，也是有才艺的人和像你一样的人去的地方。"于是，他的四个手下向我冲过来，本想强制性地抓住我带在身上的匕首和我手上戴的几个戒指，但是克雷斯皮诺训斥他们说："你们不许碰他，做好你们分内的事，不要让他从我手里逃脱就够了。"然后他走过来，用礼貌的话语恳求我投降，交出武器。在我交出武器时，脑袋里突然闪现出一个画面，我就是在这里杀了朋佩欧的。他们带我到了城堡关起来，锁在一个楼上的房间里。我活了三十七岁，这是我第一次闻到监狱的味道。

101

教皇的儿子皮尔·路易吉阁下好好地考虑了控告我的那一大笔钱，所以他恳求他那最神圣的父亲把这笔钱转给他。教皇欣然同意，他说他会帮他得到的。

结果，他们把我关在监狱整整八天之后，就把我送去审讯，为的是尽可能结束此事。我被传到教皇城堡的其中一个大厅里面，那是个很庄严的地方。我的审讯者是：第一个，罗马行政官，叫皮斯托亚德贝内代托·孔韦尔西尼先生，他后来成了耶西主教；第二个，地方检察官[1]，我忘了他的名字了；第三个，刑事案件审判官，他叫贝内代托·达·卡利。一开始，这三个人用温柔的语气质问我，但之后就变为相当严厉的威胁口气了，很明显是因为我对他们说："我的大人们，你们已经审讯我半个多小时，这全都是些不着边儿的事。所以真的可以说你们是在不停地唠叨或闲聊：说你们唠叨，是指你们的谈话毫无根据；说你们闲聊，是指你们谈的全是废话。因此，我恳求你们告诉我你们真正想从我这里得到什么，让我从你们嘴里听到一点合理的话，而不是唧唧喳喳和废话连篇。"

听到这话，那个行政官再也掩盖不住火爆的脾气，他是皮斯托亚人，他开始说："你说话很自信嘛，或者是太过骄傲了。让我告诉你，你会从我嘴里听到合理的话，我会让你的骄傲一扫而光，低下得连狗都不如。这些既不是唠叨，也不是闲聊，那可是你说的。我有一系列论据，你要想对付它非挖空心思不可。"然后他又说道："我们清楚地知道，当这座倒霉的城市遭遇灾难时，你就在罗马，那时你正在这座城堡里被雇为炮手。因为你的职业是宝石匠和金匠，教皇克莱门特以前就和你打过交道，他不认识你们行业里的其他人，所以他就和你秘密商议，让你取下他的皇冠、主教冠和戒指的所有宝石；他对你十分信任，就命你把它们缝进他的衣服里。在你给他缝的时候，你背着教皇陛下偷偷拿了一部分，价值8000达克特。这些是你的一个工匠告诉我们的，你曾大言不惭地对他透露了此事。现在，我们坦白告诉你，你必须找到那些宝石，或者找到同它们等值的钱；然后，我们就会把你放了。"

102

我一听到这话就突然忍不住捧腹大笑，笑了一会儿后，我说："感谢上帝，这是神圣的陛下第一次监禁我，我并不是因为一些年轻人常干的蠢

① 他叫贝内代托·瓦伦蒂。

事被囚禁的，如果你说的是真的，我不会冒险屈服于肉刑，因为法律的威严已被糊弄。的确，我可以为自己开脱，像我这样一个忠实的仆人，我保留那笔财富是为了神圣的天主教会，然后等着把它交给一位好的教皇，或者那些向我求索的人，比如说你们，如果情况确实如此。”我刚说到这里，狂怒的行政官就不再让我继续争辩，他极其愤怒地喊着：“你就狡辩吧，本韦努托，我们只要找到丢失的财物就够了。如果你不想我们采取其他的措施，你就赶快老实交代。”

然后，他们起身要离开房间，我把他们叫住，喊着：“我的大人，我的审讯还没有结束，等结束了你们随便去哪儿都行。”他们又生气地回到座位上，看起来好像一个字都不想听我说下去，但同时也舒了一口气，就像他们已经发现了他们想知道的一切。我接着说：“你们都知道，我来罗马大概有二十年了，不管是在这里还是其他地方，我还从来没有坐过牢。”那个干捕快的行政官叫喊道：“但你在这儿杀的人够多的！”

我回答说：“这是你说的，我可没有说过。如果有人要杀你，即使你是教士，你也会自卫的，神圣的法律定会为你辩护。所以请让我继续申辩，如果你想要向教皇汇报这一情况，让他公正地审判我。我再次告诉你，我在这座伟大的城市罗马已经快二十年了，在这里，我从事了许许多多极其重要的艺术活动。我知道这里是教皇的地盘，所以我足够相信，要是有某个世俗的权贵要置我于死地，我可以求助于这把神圣的椅子和神圣的教皇，而且我确信他一定会支持我。噢，上帝！我现在要去哪儿呢？一个什么样的君主能保护我免遭这无耻的暗杀呢？在逮捕我之前，你们应该去查查我拿那8000达克特干什么了。那不是你们的职责吗？去检查一下宝石的记录，在最近五百年，那些都是由教廷财务部详细登记了的。如果你们发现登记簿上少了一些东西，再把我抓起来也不迟。我可以确切地告诉你们，写有教皇所有的宝石和教廷器皿的登记簿一定记录得非常完美。你们会发现属于教皇克莱门特的任何一件珍贵物品都不曾丢失，这些都记得很详细。我突然想到一件与此相关的事：当可怜的教皇克莱门特想与帝国军队谈判时，那些盗贼抢劫了罗马，还侮辱了教会。如果我没有记错的话，来和他谈判的人的名字是切萨雷·伊斯卡蒂纳罗[①]。协定接近尾声时，处于绝境的教皇为了向他表达善意，就让一颗钻石从他手指上掉下来，那颗钻石大概值4000克朗。伊斯卡蒂纳罗弯腰把它捡了起来，教皇就让他留着。当时我是在场的：如果我说的这颗钻石不见了，我就已经告诉过你们它的去向；我可以肯定地说，你们能在登记簿上找到这个记载。在这之后，你们或许会脸红，因为你们对我这样的人做了残酷而又不公正的事情，我曾经为教皇完成了很多值得荣耀的业绩。我要让你们知道，要不是我，那天早上帝国军队进城时，他们就不顾一切地直接冲进那座城堡了。是我打起精神用炮手们丢了的炮冲向他们的枪弹，我的这一行为还没有得到回报呢。我让我的同胞，也就是那个雕刻家拉斐尔·达·蒙特鲁朴打起了精神，他当时也离开了岗位，把自己藏在一个角落里，害怕极了，连一点儿忙也没有帮上。我唤起他的勇气，他和我一起消灭了很多敌人，以至于那些士兵只能走另一条路。我看到伊斯卡蒂纳罗对教皇说话没有一点敬意，而且他还带着一股令人讨厌的傲气，真不愧是路德派的异教徒，于是我就向他开了枪。看到这样，教皇克莱门特派了整个城堡里的人去搜寻是谁干的，要把他吊死。是我打伤了奥兰治亲王的头，让他倒在城堡的沟壑里。然后，我还为神圣的教会制作了许多的金、银和宝石的饰品以及许多徽章和硬币，它们是那么亮，那么受人尊敬。你们就是这样对待一个如此忠诚地为你们服务且爱你们的人吗？我可是一个能干的艺术家，你们就这样冒昧地用教士般的方式回报我吗？噢，去把我说的整个事情都告诉教皇；去告诉他，他的宝石都还在。在那场灾难中，除了创伤和攻击，我没有从教会那里得到任何东西。除了一点小小的报酬，我并不指望从教皇保罗那里得到任何回报，但那是他对我承诺过的。现在，我终于知道用什么样的眼光去看待教皇陛下和你们这些陛下的官员。”

我发表讲话时，他们坐在那里听着，很是吃惊。然后他们相互交换了

① 拉斐尔·达·蒙特鲁朴在他的自传里叫他加迪纳拉，他写道：“有一天，他来城堡谈判条约，胳膊受了伤，是被我们的一个火绳枪兵给弄伤的。”这便证实了下面所说的内容。

一下目光，表示很惊讶，接着他们就把我一个人留在那里。他们三个人一起把我所说的话告诉了教皇。教皇感到有些羞愧，他命下人认真查询所有的宝石登记簿。当他们弄清楚什么都没有丢失时，他们把我留在城堡里，没有再说一句有关此事的话。皮尔·路易吉阁下也觉得做得不妥，为了了结此事，他们打算谋害我。

103

在我刚才讲到的这一令人动摇的时刻，弗朗西斯国王得到了教皇不公正地把我收监的消息。他已经派了一位叫莫卢克的绅士作为驻罗马的使节[①]，所以他给使节写信声称我是法王陛下的人，要把我从罗马带回来。教皇是一个理智又有能力的人，但在我的这件事上却表现得既无能又愚蠢。他对国王的特使回复说，希望陛下不必管我，因为我爱打架惹麻烦，所以他建议陛下不要管我，他还说他是因为我杀人和干了其他勾当才关押我。国王对此回答说他的王国是一定要维护正义，即使国王陛下也要扬善惩恶。教皇陛下当时不在意那个为他效力的本韦努托而让他走，但国王一看到他就接纳了他，所以，他现在是在要求把他自己的人归还。对于我这样的人而言，这样的要求绝对是我能得到的最高荣誉之一，但没想到它给我带来了无穷的烦恼和伤害。教皇感到无比恼怒，他害怕我会出去告诉全世界我受到的虐待，所以，他不停地想办法，想把我弄死以维护他自己的信誉。

圣天使城堡的堡主是我们的佛罗伦萨老乡，他叫乔治，是乌戈利尼家的一个骑士[②]。这个可尊敬的人对我很有礼貌，他允许我在假释期间可以在城堡里面随意走动。他很清楚我是冤枉的，我想给保证金以便在城堡里走动，他回答说，他不能收，因为教皇太看重我的事，但是他相信我的话，因为所有人都告诉他我是一个值得信赖的人。于是，我通过了假释，他给

① 他是著名元帅——韦乐恩斯主教的兄弟。他与波兰的君主就昂儒公爵的选举进行了谈判。

② 我们仅仅知道这个人是耶路撒冷的一名骑士，于1511年任普拉托爵士。

我找了点活。我当时就想，教皇对我的气肯定会消的，因为我是无辜的，再加上国王对我的厚爱，所以我在罗马的作坊一直开着，而我的徒弟阿斯卡尼奥来到城堡把我工作的东西给带了过来。我实在做不了太多，我感到自己被关押是多么不公正；但是我得忍住，我尽了最大的努力忍受着这悲惨的命运。

我和城堡里面的许多士兵和卫兵都打了不少交道。教皇常常到那里去吃饭，在那些场合没有看守，就像个普通的宫殿一样。结果，当教皇去那儿时，囚犯们就被警告要闭嘴，但却没有人来管我，我想去哪儿就去哪儿，只要不出城堡就好。那些士兵总是告诉我，我应该逃走，他们会帮助我，因为他们都知道我是被冤枉的。我回答说，我已经向堡主保证不会逃走，他是一个值得尊敬的人，已经帮了我很多忙。一个非常勇敢也很聪明的士兵常常对我说："我的本韦努托，你必须知道一个囚犯和普通人不一样，谁也不会强迫他，也不可能强迫他遵守诺言。按我说的做吧，逃出那个无赖的教皇和他那私生子的魔掌，因为他们俩都想尽办法要你的性命，他们简直太邪恶了。"但是，我宁愿丢掉性命，也不会违背我对那个善良的堡主所做的承诺。于是，我便忍受着环境的折磨，与帕拉维西纳修道院的一位修道士一起经历磨难，他是一位有名的传道士[①]。

104

这个人被捕是因为他是路德派教徒。他是个优秀的伙伴；但是，从宗教的角度来看，我发现他是世界上最大的恶棍，他可以接受所有的罪恶。他良好的智力赢得了我的钦佩，但是我讨厌他那肮脏的邪恶，我也为此指责过他。这个修道士总是不断地提醒我说，我不应该信守对那个堡主的诺言，那样太不明智，因为我已经是一个囚犯。对于这些论断，我回答说，

---

① 切利尼指的是保洛维齐尼，关于他的一切都不得而知，除了在一封署名为1540年卡罗的信中提到他曾经坐了牢。

从一个修道士的角度看，他或许是对的；但从一个普通人的角度看，他说的就恰好相反，因为每一个称自己是真正的人的人，都会遵守他所许下的诺言，在任何环境下都是如此，但是一个修道士就不会。因此，作为一个人，而不是修道士，我不会违背我那简单而又真诚的承诺。他发现他不能用那微妙的诡辩来损坏我的名誉，于是又想出一个诱惑我的办法。

接下来的几天，他给我读了弗拉·耶罗利莫·萨佛纳罗拉的布道词，用清晰简单的话语对这些进行解释，他的阐述比原文还要好。我听得入迷，对他很钦佩，我愿意为他做这世界上的任何事情，除了违背我的诺言，正如我之前已经说过的。

当他看到自己的才能对我的思想产生影响时，就又想了另一个方法。他小心翼翼地询问我，如果狱卒把我锁起来，我应该用什么办法把牢门打开，然后逃跑。我想在这个如此机灵的人面前显摆一下我自己敏锐的机智，于是我回答说，我连世界上最难对付的锁都能够打开，就别说我们监狱的那些锁了，这些事情对我来说简直就是小菜一碟。为了探取我的秘密，那个修道士对这些断言不予理会，他坚称那些以能力获得信誉的人总是爱吹嘘一些东西，如果他们真正去做的话，又会令人失望，使自己丢了信誉和名誉。他听我说的话离事实相差甚远，想让我证明一下，他认定我会以可耻的失败告终。我感到自己被那个可恶的修道士狠狠地刺了一下，我回答说，我总是对自己要做的承诺留有余地，我刚才所说的有关钥匙一事就是芝麻小事；我用几句话就可以让他明白，我告诉他的事情确实如此。然后，我也就漫不经心地演示要做到我说的其实很容易。他装着一点也不在意，但同时，他却用敏锐的智慧把我给他上的这一课记在心上。

正如我上面所说，那位令人尊敬的堡主让我在整个城堡里随意闲逛。即使是晚上，他也不会把我锁着，因为那只是对待其他囚犯的惯例。此外，他还允许我尽情地做我想做的事（金、银或蜡作品），我想怎么做都行。

于是，在接下来的几个星期，我一直在做费拉拉红衣主教要我制作的碗，但是监狱生活的烦闷让我对这样的活儿产生了厌烦的情绪，然后我就用蜡做一些我喜欢的小人物，仅仅是为了消遣。那个修道士把我要用的蜡偷走一块，他用这块蜡做了一把假钥匙，就是根据我漫不经心泄露给他的方法来做的。他还挑选了一个伙伴，他是帕多瓦人，叫路易吉，在堡主手下当登记员。当他们去定做钥匙时，锁匠揭露了他们的阴谋。堡主时不时地会到我的牢房来看我，他看到我在用的蜡，马上就认了出来，感叹道："确实，这个可怜的本韦努托遭受了最大的冤屈。但他也不该如此待我，因为我是出于正义感才善意待他。现在我会用钥匙和锁把他关得紧紧的，再也不会照顾他。"

因此，他把我关在最坏的环境里，而最糟糕的是他的一些忠实的仆人对我的数落，他们本来极喜欢我。但是，在现在这种情况下，他们却不断述说着堡主对我的所有恩惠。实际上，他们是来骂我的，骂我忘恩负义、轻率、不忠诚。他们中的一个人尤其用了那些中伤的话，比那得体的话本身还要恶毒。我坚信自己的无辜，激烈地反驳说，我从未违背我的信仰，即使丢了性命也会遵守诺言，要是他或他同伙的任何一个人再那么不公正地辱骂我，我就把那谎言扔到他的喉咙里去。那个人经受不住我的斥责，跑到堡主的房间，把那个做成钥匙模型的蜡块拿来。一看到那块蜡，我就告诉他，他和我都没有错，但我恳求他安排我和堡主见一面，因为我要坦白地把这事向堡主说清楚，这件事远非他们想象得那么简单。堡主立即派人来叫我，我告诉了他整件事的来龙去脉。这使得堡主逮捕了那个修道士，修道士又把那个登记员出卖了，那个登记员会面临被吊死的危险。然而，堡主迅速地瞒住了这件事，尽管已经传到教皇的耳朵里。他救了那个登记员一命，还给了我和之前一样的自由。

105

我看到这件事情闹得这么大，就开始为自己顾虑，我说："如果再出现一次这样的狂风暴雨，那个人就不再信任我，然后他就不会再帮助我，或许我应该稍微动动脑子，这肯定会比那个无赖修道士做的那些事有用。"所以，我就让他们给我拿来一些粗布材质的新被单，但是我不要脏的。我的仆人问我要床单，我吩咐他们管住自己的嘴巴不要乱说，我说我已经把床单给那些可怜的士兵，要是别人知道这件事，这些可怜的家伙就会面临被送到大木船去的危险。听到这话，我的那些年轻伙计和仆人对床单的事只字未提，紧守住秘密，尤其是菲利斯。同时，我倒置一个草床垫，把里面的填充物给烧了，我的牢房里面有一个烟囱。被单被我剪成了一条一条的，宽度为三分之一肘尺；我清楚地知道这个长度可以到达圣天使城堡的中心楼，我告诉我的仆人说，我把自己想要的东西都送走了，他们现在必须给我拿点其他更好的布料来，我通常会把脏的送回去。这件事情不久就被大家遗忘了。

现在，我的工匠和仆人在圣夸特罗和科尔纳罗的命令下被迫关闭了我的作坊，他们公开告诉我，教皇从未说过要释放我，而弗朗西斯国王对我的恩惠给我带来的伤害多于利益。这似乎是由莫卢克阁下传来的国王最后所说的那些话产生的效果，也就是说，教皇应该把我交给宫廷的普通法官。如果我做了错事，他就会惩罚我；否则，他就该合理地还我自由。这话惹恼了教皇，以至于他决定要把我终身关押起来。同时，那个堡主肯定还是尽了他最大的能力帮助我。

我的仇人知道我的作坊关闭了，他们赶快抓住机会来嘲笑和辱骂来监狱看我的那些仆人和朋友。有一次，一天要来看我两次的阿斯卡尼奥问我要一件蓝丝汗衫，他想用它为自己做一件夹克衫，那件汗衫我从没用过。我就穿过一次，是在我参加游行的那个场合。我回答说，现在不是穿这些衣服的时间，我也不在合适的地方。我拒绝给那个年轻人这件不幸的汗衫，他非常生气，他告诉我他想回塔利亚科佐的家乡去。我暴跳如雷，回答说，最让我高兴的就是看到他马上滚，他也发誓说，他不会再在我面前露脸。我们一边说这些话，一边绕着城堡的主楼走动。碰巧堡主也在那里散步，阿斯卡尼奥就说："我要走了，永远地再见了！"我接着说："永远就永远，那也是我的愿望；一言为定。我会告诉哨兵不再让你进来！"然后，我转身朝向堡主，全心地恳求他命令那些哨兵将阿斯卡尼奥带出去，我接着说："这个小乡下人来这儿是给我添加麻烦的，所以，我求你了，我的大人，不要再让他进来。”堡主非常伤心，因为他知道这个小伙子很又才能。而且，他也长得很好看，每一个一眼看见他的人似乎都注定会爱上他，这一点无可置疑。

那个男孩哭泣着离开了。那天，他带了一把小短弯刀，他有时喜欢把它藏在衣服里面。于是，他离开城堡，脸上挂满泪水，恰好遇见我的两个主要仇人，一个是耶罗尼莫，他是佩鲁贾人；一个是米凯莱，他们俩都是金匠。米凯莱是耶罗尼莫的朋友，是阿斯卡尼奥的仇人，他喊道：“阿斯卡尼奥在哭什么呢？或许他的父亲死了，我是指他在监狱里的那个父亲！”阿斯卡尼奥立刻回答说：“他活得好好的，倒是你现在就要死了。”于是，他扬起手，用那把短弯刀朝他砍了两刀，两刀都向那个家伙的头砍去：第一刀把他砍倒在地上；第二刀把他右手的三根指头砍了，尽管那本来是要砍他的头。这个人就像个死人一样躺在那里。有人马上把这件事汇报给教皇，教皇极度恼怒地叫喊着：“既然国王想要他被审判，那就给他三天时间来准备辩护！”于是他们就来了，来执行教皇给他们下达的任务。

一听到此事，善良的堡主就跑去找教皇，告诉他我不是这件事的同谋，我已经把阿斯卡尼奥送走不管他了。他是如此竭力地帮我辩护，把我从迫近的暴风雨中救了出来。与此同时，阿斯卡尼奥逃回了他的家乡塔利亚科佐，在那里，他给我写了信，无数次地恳求我原凉他，承认自己不该在我悲惨的灾难上面再添加麻烦。他声明，要是上帝怜悯我让我从监狱里出来，他绝对不会抛下我。我让他明白，他必须专心于艺术，要是上帝放我出来，我一定会把他再召回来。

106

堡主被一种病折磨着，每年都会发作，每次发作都会使他精神错乱。发作的症状就是一直不停地说话或唧唧喳喳，毫无目的可言。这些发病症状每年都有所不同：有时候，他认为自己是个油坛子；有时认为自己是只青蛙，还像青蛙那样到处乱跳；有时还以为自己死了，然后让他们必须把他埋了。每年都是这样，他脑袋里全是这些忧郁症患者的概念。这一季度，他又认为自己是一只蝙蝠，他外出呼吸新鲜空气时，常常像蝙蝠那样高声尖叫。然后，他就拍打着自己的双手和身体，就好像要飞起来一样。医生看到他要发病时，就和他的老仆人想尽一切办法给他消遣。他们已经注意到堡主和我谈话时很快乐，所以总是要我给他做伴。有时，这个可怜的人会留我整整四五个小时，还让我一直和他谈话。他常常把我留下来吃饭，我就坐在他的对面吃，他从未停止过说话，还不停地让我说。在这些谈话的过程中，我可以想办法好好吃一顿。但他既不能吃也不能睡，真是太可怜了，所以，他最终把我搞得筋疲力尽。我再没有力气了，我有时候看他时，发现他的眼珠一直转个不停，挺令人害怕的，一个眼珠盯着这个方向，一个眼珠又盯着另一方向。

有一次，他突然问我是否想过要飞起来。我回答说，我一直想要做这些事情，这些是人们最难做到的，但我的确想过。针对飞这个话题，自然之神赋予了我非常适合跑步和跳跃的身体，远远超过普通人，再加上我拥有的手工艺术，我有勇气试着飞一飞。

然后他询问我，我会用什么方法。我回答说，我会考虑所有的飞行生物，希望可以通过艺术模仿它们从大自然中学会的方式，没有什么样的模型会比蝙蝠更适合。一听到蝙蝠这个名字，那个可怜的人就回想起它曾遭受过的滑稽，然后他用自己最大的声音喊着："他说的是真的，他说的是真的；就是蝙蝠，就是蝙蝠！"然后他转身对我说："本韦努托，如果有人给你机会，你有胆量飞吗？"我说，要是他把我释放，我会用涂过蜡的亚麻布做一对翅膀，然后我可以一下子飞往普拉蒂。他回答说："我也应该准备好起飞，但因为教皇吩咐我看着你，就像你是他自己的一只眼睛一样。我知道你是一个聪明的家伙，你一定会逃跑，现在我就要用一百个锁把你锁起来，防止你从我的手中溜走。"我开始恳求他，提醒他我本来是会逃跑的，但是因为我对他许过承诺永远都不会背叛他对我的信任而一直没有逃，所以我祈求他看在上帝怜爱的份儿上，看在他一直善待我的份儿上，不要再对我目前的痛苦境地添加更多的不利。虽然我一直对他苦苦哀求，他还是严厉地命人把我绑起来，锁进牢房。看到他不会再帮我，我就在他所有的仆人面前告诉他：“你可要把我锁好，好好地看管我哦；我一定会想方设法逃走。”接着，他们用最严密的方式把我幽禁起来。

107

于是，我就开始仔细思考逃走的最好方式。一被锁起来，我就到处探索我的牢房。在发现如何逃出去之后，我就开始沉思从那个高耸的大楼下去的办法，那是又高又圆的中心楼。我拿出我的那些新床单，我之前已经说过，我把它们剪成长条并缝在一起；然后我就估算着数量，看看要多少才足以实现我的目的。估算完后，我找出一把钳子，那是从一个萨瓦人那里偷来的，它属于城堡的一个卫兵。这个人负责管理水桶和蓄水箱，他也做一些木工活儿来取乐。他有若干把钳子，其中一个又大又重。我想它应该有助于实现我的目的，就把它拿走，藏在我的草床垫里。这时我还真用上它了，我用它试了试固定在门上的钉子，看能不能拔掉。那扇门是双层的，敲弯的钉子完全看不见，所以我努力拔掉一颗时，遇到了更大的麻烦，但最后我还是成功了。拔掉第一颗钉子时，我就在想怎样才能防止它被别人发现。为了这个目的，我把从废铁上敲下来的铁锈和一点蜡混合在一起，最后做成的颜色和我拔下来的长钉子的钉头是完全一样的。于是我就开始仿造这些钉头，把它们放在门的合页上，我拔下来的每一颗钉子我都用蜡给它造一个假的补上去。我没有动门柱上面和下面的合叶，因为有些和我拔出来的是一样的。我小心翼翼地把这些弄断，然后再轻轻地放回原处，那样它们就刚好可以支撑住铁合页。

所有的这些都极度艰难，因为堡主每天晚上都一直做梦，梦见我逃跑了，这使得他时不时地就派人来检查我的牢房。从那个来的人的头衔和举止来看，他应该是一个捕快。他叫博扎，常常带着另一个与他同类的人一起来，他叫乔瓦尼，绰号佩迪尼诺内，是个士兵，而博扎是一个仆人。

乔瓦尼每次进我的牢房都会说一些攻击性的话。他来自普拉托区，曾经是那个镇上的一个药材商。每天晚上他都仔细地检查有合叶的门柱和我的整个房间，我常对他说："你们可要好好地看管我，我会想尽一切办法逃出去。"这些话使他和我之间产生了很深的敌意，所以我必须很小心地藏好我的工具，也就是我的钳子、一把大匕首和其他配件。我把所有的这些东西都放在草床垫里，把我做的亚麻布条也一起放了进去。

天一亮，我常常立马打扫房间，因为我天生就是一个爱干净的人。那时，我通常把自己弄得极为整洁。打扫完之后，我尽可能把我的床叠得整整齐齐，把花摆在上面，那个萨瓦人几乎每天早上都要给我送花。他负责管理水桶和蓄水箱，也会做些木工活儿来取乐，我用的钳子就是从他那里偷过来的，偷钳子是为了拔掉合叶上的钉子。

108

还是回到说床的话题上来，当博扎和佩迪尼诺内来的时候，我总是告诉他们离我的床远一点儿，以免弄脏我的床。有时就只是为了惹我，他们会轻轻地摸一摸我的床，我对他们叫喊道："噢，肮脏的懦夫！我会拔出你们的一把剑，让你们见识见识我的厉害。你们认为你们配摸我的床吗？惩戒你们时，我会豁出自己的性命，因为我一定会取了你们的命。不要再来理会我，让我自己经受这些麻烦和磨难，不要再惹我。要是你们做不到的话，我会让你们看到一个不顾死活的人会干出什么来。"他们把这些话汇报给堡主，他命令他们不要再靠近我的床；他们来看我时，也不要带剑，其他的时候就派人对我严加看管。

就这样，我把那些爱管闲事的人从我床边轰走之后，我感到好像最重要的事已经完成，因为那里放着我冒险所需要的一切东西。事情发生在一个节日的晚上，堡主犯病特别严重，他的疯癫状态越来越夸张；他不停地重复说自己是一只蝙蝠，要是他们听说本韦努托已经飞走了，他们必须让他去追我，因为他可以在夜间飞行，他肯定可以和我飞得一样好，或者比我飞得还要好。他如此认为："本韦努托是一只假蝙蝠，我才是真正的蝙蝠。既然他已经被委托给我看管，那就让我去干，我肯定可以抓住他。"他已经经历了好几个这样疯癫的晚上，把他所有的仆人都搞得筋疲力尽。关于此事，我已经完全了解，我是通过各式各样的渠道得到的消息，尤其是从那个萨瓦人那里。在我的内心里，他是我的朋友。

于是，在那个节日的晚上，我决定不管怎样也要逃跑。首先，我最真诚地向上帝祈祷，祈求神圣的上帝一定要在此次冒险中保护我、帮助我。然后，我就开始动手做我需要的一切东西，忙了一整夜。就在天亮之前两个小时，我终于用最大的力气把那些合叶去掉，但是那个木镶板和门闩怎么也弄不动，特别顽固，害得我连门都打不开。所以，我不得不砍那个木头，最后还是把门打开了。我肩上扛着亚麻布条，之前我就已经把它绕在两根棍子上，就像两个亚麻卷一样；接着，我走了出去，直接朝着主楼厕所的方向。我从两块瓦之间的缝隙朝屋顶偷偷地看了看，立马就爬上去，简直轻而易举。我身穿一件白马甲、一条紧身裤和一双短靴，把我之前提到的那把匕首插在靴子里。

我把布条的一端绑在堡垒墙壁里的一块陈旧的砖头上。这块砖头刚好有四指左右宽。为了牢固，我把布条绑成马镫的形式，然后向上帝祷告："老天爷，你就帮帮我吧，你知道我这么做是为了正义，是为了救自己。"然后，我靠双臂的肌肉，顺着布条，艰难地向下移动，直到触到地面。那晚没有月光，但天空还算清澈。我停在那里，仰望着高高的房顶，难以相信那里居然是自己冒死滑下的地方。然后我逃走了，心里庆幸着终于自由了。然而，城堡主在那边建了两道高高的城墙，两墙之间的地带是马厩，四周有铁栏围绕，使其同外面分隔开来。由于被困而找不到出路，我开始抓狂。正当我不知所措时，一根被草遮盖的柱子把我绊了一跤。我费力把柱子移靠在墙上，顺着柱子拼命地爬上顶。由于墙顶成尖形，我已无力拽住身后的柱子，于是决定利用第二根布条，而第一根布条还挂在塔楼顶的墙上。和前面一样，我用一头捆在柱子上，顺着滑下墙。此时，我已经精疲力竭，手也被磨破流着血。我不得不休息一会儿，用尿把手上的血冲干净。等到体力恢复，我抓紧时间走向面向普拉蒂的另一道城墙。这道墙比前一道墙要矮得多，同样，我还是决定再把布条绑在墙头才能越过去。然而，我还没来得及捆好布条，就发现身后有一个看守这里的守卫。眼看逃跑计划就要泡汤，自己的生命就要处于危险之中，于是我决定勇敢地面对这个守卫。我拿着武器大胆地朝他走去，他被我的举动吓得后退了很多步。布条离我距离不远，于是我快步返回将其拿起。此刻虽然我又发现了一个守卫，但他似乎没发现我。我快速把布条捆在墙头，顺着就爬了上去。在往下滑时，我松开了手，不知道是因为我认为到地面了，还是因为我的手受伤和太累，总之，我摔了下去。掉下去时，我的后脑撞在地上，据我估计，我大概晕倒在那里长达一个半小时之久。

天就要亮了，我在日出前的清风中苏醒过来。但是，我的意识还没有恢复，感觉自己的头好像被砍下来了，身处炼狱一般。渐渐地，意识恢复过来，发现自己已在城堡外面，才回忆起之前所发生的一切。我还不知道腿已经摔断，只知道后脑的撞伤。我抬手摸摸脑袋，缩回手时发现满手都是血。于是我仔细检查，确定没什么大碍。然而，我想站起来时，发现右脚后跟上三英寸左右已经骨折。但我并没有因此而沮丧。我拿出匕首和鞘。原来鞘的一端是一个厚重的金属柄，正是那玩意儿把我的脚搞骨折的，因为骨头猛地压在柄上弯不过来，就断了。扔下刀鞘，我用匕首割下一块剩下的布条，尽可能地缠好我受伤的脚。然后，我拿着匕首，缓缓地爬向城门。城门是关着的，但我发现门下抵着一块石头。石头抵得不是很稳，我手一推，它就松开了，城门也随之而开。爬过那个裂沟，我最后终于来到了城里。

109

从我掉下来的那里，到城门，我总共爬了五百多步。刚爬进城，迎面就冲来几条恶狗向我扑过来。我用匕首刺中了其中一条，痛得它惨叫不跌，其他的狗也闻声而逃。于是我继续艰难地向特朗斯蓬蒂纳教堂爬去。

我爬过通往圣天使城堡的那条街，又爬向通往圣彼得教堂的那条路。此时，天已经亮了，我感觉自己处境很危险。我突然碰到一个赶着驴子运水的人，而驴子后面载满了很多桶水。我叫住他，求他把我背到圣彼得教堂旁边的台阶上。我对他说："我真是倒了八辈子霉了，偷了情以后从窗户往外逃的时候摔断了腿。我逃出来的那个地方是个非常重要的所在，要是我被发现了，就死定了。所以求你快点背我走吧，我会给你一个金克朗。"我一边拍拍我满满的钱袋，一边说道。于是他立马就把我背到圣彼得教堂旁的台阶上。我给了他一枚金克朗，然后叫他回去赶驴去了。

我继续爬着，朝公爵夫人的邸宅爬去。她是奥塔维奥罗公爵的妻子，皇帝的私生女儿。她曾经嫁给了亚历山德罗公爵。我选择去她这里避难，是因为我知道我的很多朋友同她一道从佛罗伦萨来到罗马，被收留在她这里。除此之外，她对我的印象还是挺好的，因为城堡主曾经在她面前说过过我的好话。为了帮我，城堡主曾经告诉教皇，说在公爵夫人进入罗马时下大雨，是我拯救了这个城市。他说，当时暴风雨就在眼前，他不知所措，差点儿崩溃，是我用几门大炮射向厚厚的云雨层，暴风雨才停下来，当我第四次装弹药时，太阳都已经出来了。因此，他说她进城那天的盛大欢迎仪式能够圆满地举行，功劳全在我身上。听到这里，她说："那个本韦努托是个不错的艺术家，我前夫亚历山德罗十分器重他。我不会忘记他那样的人，如果有机会，我一定会帮助他。"她也在奥塔维奥罗面前提起过我。基于以上这些原因，我就直奔她家了，那是一个绝好的藏身之处。

我待在那里会很安全的，教皇找不到我。想到这一步，自己觉得很不可思议。但天主是不会鼓励我的自负的，于是他给我安排了一次更加严峻的遭遇。在我爬台阶的时候，红衣主教科尔纳罗的仆人发现并认出我来。他跑到红衣主教的房间里叫醒他，说："尊敬的阁下，您的朋友本韦努托来了。他从城堡里逃出来的，摔断了一只腿，只能爬着走，满身是血，不知他要到哪里去。"红衣主教立即吩咐道："快去把他带过来。"我被带过去时，他叫我不要担心，并派遣了一些罗马一流的医师来为我治疗。其中有一个医师是佩鲁贾人，名叫雅克波，是一位有名的外科医生。他熟练地把我的骨头接好，包扎好后，又亲手给我挤压淤血。可是我的血管很粗，他不得不切开一道口。随后，我的血就猛地溅出来了，溅到了他的脸上，他认为这是一个凶兆，于是就不再认真对待我的治疗了。他几次都想扔下我不管，因为考虑到冒险来救我以及继续为我治疗是会遭到严厉的处罚的。红衣主教把我藏在一个密室里，然后就立即去向教皇求情。

110

人们发现了高高地系在城堡主楼上的布条，于是就成群结队地跑来看稀罕儿。于是罗马混乱一时。城堡主一时发疯，不听随从们的劝阻，他说他要从塔楼上飞出去，只有他才能将我捉回。潘多尔福的父亲鲁贝托·普齐听到这件事，于是亲自跑去看个究竟。后来，他去宫殿的时候，碰到了红衣主教。红衣主教把一切都告诉了他，还说我在他家的密室里，医师已经为我治疗了。他们两个人一起去教皇面前为我求情，但他们还没开口，教皇就说："我知道你们来干什么。"鲁贝托．普齐说道："圣父，我们是来为那个不幸的人求情的，他很有才能，你就放他一马吧。另外，他这次的勇敢和机灵已经证明他是个了不起的人物。我们不明白他到底犯了什么罪而使陛下关他那么久。但是，如果他真的犯了大罪，圣父您是明理和神圣的，如果他的罪可以原谅，那么就请看在我们的份儿上，赦免他吧。"听到这里，教皇心里有些惭愧，说："我是按照我的一些廷臣的要求才将他关起来的，因为他们说他行为野蛮。但考虑到他才能卓越，也希望留他为我们效劳。并且我们曾经对他那么好，从道义上讲，如果他去法国也说不过去。对他所受的那些遭遇，我深表遗憾。请转告他，好好休养，等他恢复过后我们会补偿他一切。"

这两个大恩人回来之后，把这个好消息告诉了我。同时，罗马的贵族们，不论年龄，不论地位，都跑来看望我。而城堡主还在发疯，他跑到教皇那里大声威胁说，如果不把我关回监狱，他就要对教皇发威。他说："他答应过我不逃，现在居然违背诺言，逃跑了。我真倒霉！"教皇笑道："行了，你走吧，我一定会把他还给你。"城堡主又说："派地方长官去弄清楚，到底是谁帮他逃走的。如果是我手下的人，我一定会把他吊死在本韦努托逃走的那道墙上。"城堡主一走，教皇就对地方长官说："本韦努托是个勇敢的人，这是一件了不起的事。如果我是年轻人，我也会这么干。"教皇这番话确实是实话实说，因为他以前在帕可马约里斯简报工作的时候，曾伪造过一篇报道。教皇亚历山大把他关进了监狱，过了一段时间，由于他罪行严重，决定判他死刑。但要等到基督圣体节过后才执行。法尔内塞得知了他的计划，于是就派彼得罗·基亚维带上马匹，用金钱贿赂城堡守卫。这样，趁教皇参加基督圣体节时，法尔内塞蹲到一个篮子里用绳吊到了地上。那时城堡外围的墙还没有修建，只有一个大大的中央塔楼，因此他要克服的障碍比我要少得多。而且，他本来就该坐牢，而我是被冤枉的。他只想在地方长官面前显摆他年轻时候的勇敢与机灵，但没有想到会让人联想起他的劣迹。他对地方长官说："你去告诉他，叫他说出他的同谋，叫他不要担心，无论他是谁，他已经得到赦免，这你可以向他保证。"

111

行政官前两天已被任命为耶西大主教，他过来找我说："本韦努托，我的朋友，虽然我的职务让人有些害怕，但我这次是来让你宽心的。教皇叫我来处理这件事。他跟我说他曾经从圣天使城里逃出来的时候，但他有很多帮手和同伴，要不然他是不可能成功的。我前两天已被任命为大教主，因此我以神的名义向你保证，教皇已经释放了你并赦你无罪，并对你过去所受的苦深感遗憾。他叫你好好养伤，保重身体，万事往好处想。你虽然蒙冤入狱，但从此以后你必定因祸得福受益无穷。你将告别贫穷，也不用回法国过那种到处流浪的生活了。所以，你要认真地把事情的经过说给我听，是怎样逃出来的、是谁帮助你的，说完你就安心休养，慢慢恢复。"我从头到尾把事情的经过向他和盘托出，那个运水工背我的事也说了。听完，行政官说："除了你，没有第二个人能完成这样不可思议的事。"他叫我伸出手，说："请放心，现在我握你手，就表明你已是个自由的人了，你好好活下去，一定会活得愉快。"由于和行政官谈话，许多其他来看望我的名门望族们不得不在一旁等候。他们相互低语道："让我们来看看这个创造奇迹的男人吧。"因此，行政官离开后，他们有的慰问我，有的送给我礼物。

大家众星捧月，我很开心。活该我倒霉，行政官回到教皇那里汇报我所说的话时，教皇的儿子皮耶尔·路易吉刚好也在那里，大家听完行政官的汇报，无不感到惊讶。教皇说："这真的是一件了不起的事。"他儿子说："最神圣的教皇，如果您饶恕了他这次，他会更加无法无天，因为他是一个不讲理的野蛮人。让我来告诉您他以前干的好事吧。入狱前，他为了一件小事，和桑塔费奥雷红衣主教家的一位绅士发生口角，他与绅士顶嘴，简直横得不得了，好像要决斗似的。那个绅士去找红衣主教，主教却说，他要是敢动本韦努托一根毫毛，他就会为他愚蠢的行为后悔。本韦努托知道了主教所说的话后，就把自己打鸟的枪准备好，经常对准铜元练习枪法。一天，红衣主教在窗台张望，由于本韦努托的店就在主教宫殿的下面，他举起枪就要开火。但红衣主教被警告过，躲开了。为了不引起别人的注意，他就瞄准宫殿顶上孵卵的鸽子，正中鸽子的头。现在你该清楚这种人了吧。我已经把情况说得很清楚了，要是他想起他是被冤枉入狱的，说不定他会拿枪打您，因为他就是个凶残野蛮、自以为是的家伙。他杀朋佩欧时，硬是在十个打手的眼皮儿底下用匕首朝他的咽喉上扎了两下然后逃走，真叫那些人丢尽了脸，他们都不是无能之辈啊！"

112

当他说那些话时，和我吵过架的那个桑塔费奥雷家的绅士也在场，他证实了教皇儿子所讲的事情。教皇虽然什么也没说，但他显然已经被气得不像样。我想我现在应该把这些事情澄清。

那天，那个桑塔费奥雷家的绅士跑到我店里来，手上拿着一颗生了锈的小戒指，对我道："快把这颗戒指上的锈给我除掉，记住，要快！"那时，我手头儿有不少金子和宝石的活。而且，一个我不认识的人凭什么这样傲慢地对我发号施令？于是我对他说，我没有除锈的工具，叫他最好另请高明。于是他就骂我是驴。我回答他说，我不但不是驴，不论在哪一方面我都比你强，要是你再激怒我，我就踢你屁股。他向红衣主教告状，并把我夸张成地狱魔鬼般邪恶。两天后，我用枪打下一只野鸽，它正在红衣主教楼顶的墙缝中孵卵。我曾经几次看到一个名叫焦万·弗朗西斯科·德拉·达卡的米兰银匠用枪打它，但都没打中。由于这只野鸽被打过几次，警惕性很高。但碰巧当我这次瞄它的时候，它就刚好把头伸出来了。因为焦万·弗朗西斯科·德拉·达卡是我射击比赛的对手，所以当时在我店旁的几个我熟悉的绅士朋友就对我说："那就是焦万·弗朗西斯科·德拉·达卡总打不中的那只鸽子，瞧，它现在怕得连头都不敢抬了。"我瞄了一下，说："要是等我瞄准了，它还那样的话，它就死定了。"

绅士们一致表示，就算是猎枪的发明者也不可能在这种情况下打中它。我说："好，我就赌一瓶希腊帕龙布名酒，要是在我瞄准它的时候，它还那样，我就用我的宝贝布洛卡多（我给枪起的名字）打爆它的头。"我于是举起枪瞄准了，像我许诺的那样打中了鸟。我根本没想到红衣主教，也没想其他人，其他的什么想法都没有。实际上，我把红衣主教看作我的庇护人。唉，要知道，若命运要捉弄一个人，真是千方百计啊！教皇气得直嘟囔，心里还在想着他儿子的话。

113

两天后，红衣主教科尔纳罗去找教皇，想给他朋友安德里亚·琴塔诺谋求一个大教主的职位。教皇曾经确实答应过这件事，现在这个职位正好还空着，所以红衣主教提醒教皇这个诺言。教皇承认他答应过这件事，他也很想履行他的诺言，但是他叫红衣主教必须把我交给他。红衣主教说：

“教皇已经宽恕了他，并把他作为自由人交给我，你现在要是这样做，别人会怎么评论你我呢？”教皇说：“我要本韦努托，你要大教主职位，至于别人怎么评论我不管。”好心的红衣主教只求教皇给他大教主的职位，至于剩下的事情慢慢再考虑，按教皇的指示去做。教皇对自己不道义的言行有些尴尬，便说：“我会叫人把他请回来，我要让他住在我私人花园的房间里，在那里休养。他也可以自由地和去看望他的朋友见面，同时，他的一切费用都算在我头上。”

红衣主教回到家里，叫安德里亚·琴塔诺来告诉我，说教皇要我回去，回去住他家花园里的房间，就和我在红衣主教家里一样自由，我的朋友都可以去看望我。我请求安德里亚·琴塔诺去找红衣主教，叫他不要把我送回去，而是让我自己处理。我会藏在垫子里，然后离开罗马，逃到一个安全的地方去。如果把我交给教皇，我就死定了。我相信红衣主教应该会满足我的要求，谁知安德里亚·琴塔诺为了得到大教主之职，居然跑去向教皇告发我。教皇立即派人把我请到他花园里的房间。红衣主教传信给我，叫我不要吃教皇的食物，他会给我送吃的，同时叫我振作起来，因为他会救我出去的。在那些日子里，有许多朋友来看望我，慷慨地帮助我。教皇送来的食物，我碰都不碰，只吃红衣主教送来的东西，日子就这样继续下去。

我的好朋友中，有一个二十五岁的希腊小伙子。他身强力壮，精力充沛，在罗马当过兵，虽然不是很英勇，但为人绝对忠实可靠。别人说什么，他都信以为真。他也相信教皇对我所受的苦要进行补偿。一开始，那确实是事实，最后却恰恰相反。于是，我决定向他揭露教皇的邪恶阴谋，我对他说：“我的好兄弟啊，他们预谋弄死我，你一定要救我啊。他们以为装着对我好，就可以骗过我，其实他们想做什么，我一清二楚。”小伙子说：“本韦努托兄，我听说教皇给你安排了一个职位，每个月500多大洋，我希望你不要因为怀疑和犹豫，而失去这笔财富。”虽然这样，我还是求他帮我逃出这个地方。我说，我很清楚教皇是个什么样的人，他本来可以施恩于我，但为了挽回面子，就密谋置我于死地。因此，我叫他赶紧设法救我。我说，如果你能帮我逃离这里，你就是我永远的救命恩人。以后如果有机会，我会豁出自己的生命去报答你。小伙子感动得泪流满面，说："哎，我的好兄弟啊，既然你执意要这样做，那我只好满足你的愿望吧，你说你要我怎么做，我一定赴汤蹈火，在所不辞。"因此，商量好后，我就把计划详细地给他说了，那计划是很容易实现的。我还以为他正在实行我的计划时，谁知道他跑来对我说，出于对我好，他不想这么做，因为他深信他从教皇的人那里听说的情况是对的。我不知所措，处于绝望和悲惨的边缘。当时是1539年的圣体节。

114

我和希腊小伙谈话后的第二天晚上，教皇的厨房里送来丰盛的食物，科尔纳罗红衣主教的厨房也送来了可口的饭菜。那时，我的几个朋友也在场，于是我留他们与我共进晚餐。我的腿上夹着板，盖着床单，和他们高高兴兴地美餐了一顿。夜幕降临后一个小时，朋友们离开了，我的两个仆人招呼好我后，就回前厅睡觉去了。我有一条紫黑多毛的狗。它对我很忠诚，随我出去打猎的时候，从不离开我半步。晚上它就睡在我的床下面，但它老是发出可怕的号叫，于是我曾至少三次叫仆人把它弄出去。当仆人进来的时候，它就猛扑向他们，想攻击他们。他们很害怕，认为它肯定是疯了，因为它总是不停地疯叫。夜幕后四个小时，警长带了几个警察来到我的房间。我的狗立时向他们扑了过去，撕破了他们的衣服和袜子，他们很害怕，也认为这狗疯了。但是警长是个有经验的人，他说："狗能预知主人所将要面临的危险，这是狗的天性。你们两个用棍子把它赶走，其他人把本韦努托绑到椅子上，把他带到我吩咐的地方。"

这是圣体节刚过的晚上，夜幕降临后的四个小时。他们绑好我就带我走，四个人在前开路赶走街上的行人。他们就这样把我带到一个叫"诺娜之塔"的地方，然后把我关进牢房，丢在里面的一块烂垫子上。那里有个守卫看守我，他对我的厄运表示非常同情，总是说："唉，可怜的本韦努托，你怎么把他们给得罪了啊。”看着我现在待的地方，听着看守所说的话，我知道我将要大难临头了。我琢磨为啥天主要这样惩罚我，我百思不得其解，感到心烦意乱。那个看守尽力安慰我，我求他看在上帝的面上，不要和我谈话，那样我才能更好地冷静下来，他答应了我。我虔诚地恳求天主，求他让我进入天国。我确实抱怨过自己的命运，在我看来，它和人间的法律不一样，如果我就这样离开人间是不公平的。我确实杀过人，但罗马教区的主教已经赦免了我，他是按照人间的法律和天主的旨意赦免我的。我的所作所为，是为了保护天主借给我的肉体。因此，我不应该这样被处死。但发生在我身上的厄运，似乎也一样会发生在其他不幸的人身上。比如，走在大街上的人被高处落下的石头砸死，这就是命。我们不知道命运到底是好是坏，但它确实主宰着每一个人的生死。同时，我知道我是一个自愿信仰天主的人，我想我如果能像一个圣徒那样显示出对天主的信仰，那么天国的天使一定会把我从地狱中救走，消除苦难，还我自由。

但从现在来看，天主似乎觉得我不配有那样奇迹般的待遇，这次是天要亡我。我的灵魂在这些思想中挣扎着，最后终于感到一丝安然，就睡着了。

115

天亮了，守卫把我叫醒，说："哎，我可怜的大好人，你已经没时间睡觉了，有人来报告坏消息。"我答道："我越早离开这里，越高兴，尤其是现在我的灵魂已获救，而且我将冤死。光荣而神圣的基督已选中我同他的教徒和教友做伴，就像基督自己那样，他们都是冤死的。现在该轮到我了，所以我要感谢上帝。宣判我死刑的人怎么还不来啊？"守卫答道："他为你感到太伤心了，已泪流满面。"然后我直接叫他的名字说："贝内代托先生[1]，我的好朋友，来吧，我已经想好了，这种屈死更加光荣。

① 要忘记，此人是切利尼第一次被监禁在圣天使城堡时审讯他的三个人之一。

来吧，我求你为我请一位牧师，我想跟他谈谈。其实我并不真正地需要一个牧师，因为我已经向天主做了虔诚的忏悔。但我还是遵守圣母教堂的规则，尽管她冤枉了我，可我已经完全宽恕了她。来吧，贝内代托先生，我的朋友，趁我还没改变主意，快去办我的事。”

我说完这些话，那个好人叫守卫把门锁上，因为只有他在场时，才能对我宣判。当他到皮尔·路易吉的夫人[2]家时，她正好和我前面提到过的那个公爵夫人在一起。他到她们面前说：“高贵的夫人，求您看在天主的面，让他另请别人去宣判本韦努托并代理我的职责。我实在忍不下心去做这件事。”然后他叹了口气，万分悲伤地离开了。在场的公爵夫人皱着眉头说：“这是有史以来最为轰动的一次审判！公爵，我已死的丈夫，认为他才华横溢，很器重他，所以不愿让他回罗马，想留他在自己身边。”说到这里，她生气地离开了房间。皮尔·路易吉的夫人，名叫耶罗尼马，她跑去跪在教皇面前说明情况，当时有几个红衣主教也在场，教皇感觉有几分愧疚地说：“看在你的面子上，我不再动他，但你要明白，我们并没有恶意要伤害他。”他之所以说这些话，是因为当时有几个红衣主教在场，他其实早就知道那位勇敢的夫人所说的都是事实。

我心里忍受着极度不安，心脏狂跳，就同每一个不幸的人等待他们的宣判一样。晚饭之后，他们都去处理各自的事去了。有人给我送来晚餐，我看了很惊讶，说：“真理的力量终于压倒了司命星的邪恶！”我向天主祈祷，这次是否是他要拯救我。我开始吃晚饭，尽管先前已经失去希望，但我还是期待着好运。我吃得饱饱的，一直待到夜幕降临后一小时，什么也不看，什么也不听。

然后，警长和一队人马过来了，把我带回先前的那把椅子上，客气地和我说话，叫我不要担心，叫他的手下不要碰我受伤的腿，而要好好地照顾我。按照他的吩咐，他们把我带回我逃离的城堡，把我关在一个面向小院子的牢房里。

② 路易吉的夫人名叫耶罗尼马，是皮蒂利亚诺伯爵的女儿。英译注

116

城堡主叫人把他抬到我的牢房，他看上去还是一副疾病缠身的模样，他对我说："我又把你抓回来了吧！"我答道："没错，但我也逃跑了啊，就像我曾经跟你说过的那样。这次要不是那个红衣主教出卖了我，你是不可能把我抓回来的。他为了主教职位，和一个法尔内塞家族的罗马人把我出卖，他们用不敬的手亵渎了最神圣的法律。既然他们做了这卑鄙无耻的交易，那么现在该轮到你了，反正这个世界我已没什么再留恋的了。"这个卑鄙的人开始尖叫道："哎！我算倒了霉啦！我算倒了霉啦！这个家伙死活都无所谓，看看吧，他现在比好端端的时候还要横哩。把他放在庭园的下面，再也不要向我提起他，他注定是我的勾命鬼。"

于是我被关到花园里的牢房里，那里潮湿至极，到处都是蜘蛛和毒虫。他们只扔了一块烂垫子给我，晚饭也没人送，就那样把我锁在那里。在那种环境里，我忍受了十九个小时，直到第二天才有人给我送饭来。我叫他们带一些书给我看，他们不回答。但他们说那个城堡主要他们把我说的话转告给他。第二天早晨，他们给我带来了我的意大利文版《圣经》，还有一本乔瓦尼维拉尼的编年史书。当我向他们再要一些其他书籍时，他们说不可能，那已经够多了。

因此，我继续忍受在潮湿残烂的垫子上，那垫子三天就可以像海绵那样挤出水来。由于腿伤的缘故，我几乎不能动。为了不弄脏我睡觉的地方，我痛苦地靠手和膝盖爬到一旁大小便。每天只有一个半小时，我能从墙上的破缝中看到一丝丝微光。所以只有在那短暂的时间之内，我才能看书。我日夜忍受在这无尽的黑暗之中，听任命运的摆弄，感受到天主的无能和人类的脆弱。我想，要是继续在这个活地狱里受煎熬，过不了几天我这条小命也就交待了。于是我只能安慰自己，要是死在刽子手的刀下，那样会遭受莫大的痛苦。还不如就像现在这样在这睡眠中安然地死去，这样的死法要比前者好受得多。我的生命力在渐渐地衰退，直到与这黑湿痛苦的牢房相适应。最终，我适应了这种环境，我决心只要还有一口气就要忍受所有难以形容的痛苦。

117

我开始从头读《圣经》，并思考反省自己。我如获至宝，读得极为入迷，要是有可能的话，我会倾尽所有的时间去研究它。忍受在这痛苦的黑暗中，我曾多次想干脆自寻短见算了，但是这里没有刀子，想自杀都不行。虽然如此，有一次我发现了一根木柱，我把它竖起来，摆成一个陷阱，想让它倒过来把自己砸死。我把它摆好后就伸手去碰，准备让它倒过来砸我。就在这时，一只无形的手拽住我，然后把我推到一旁，我晕了过去。我就这样晕了很长时间，直到他们第二天来送饭，我才苏醒过来。他们肯定来过几次了，只是我不知道，因为听到桑德里诺·摩纳尔迪队长[①]说："唉，真可怜，一个天才就这样地死去！"然后我看到，几个穿着长袍的牧师，他们说：[②]

"什么，你说他已经死了吗？"鲍查说："我确实发现他死了，才对你们说的。"他们把我抬起来，把那个湿得像通心面一样的烂垫子扔出牢房。他们向城堡主汇报后，城堡主就派人送来了另一个垫子。当我回想到底是什么力量不让我自杀时，我想那一定是神的力量，是天使在保护我。

118

第二天晚上，我梦见了一个不寻常的年轻人，他责备我说："你知不知道你的身体是谁给的？时间未到，你就敢企图去毁掉它？"我记得我好像说，这一切都是造物主恩赐的。他说："那好，你就这样看不起造物

① 佛罗伦萨人，1530 年因武力反对美第奇家族被流放。

② 读者如果不是一个虔诚的基督教徒，恐怕很难理解切利尼在本段以及下面几章所描述的现象。

主的杰作，而去亵渎和破坏吗？让天主指导你吧，放心吧，天主一定能救你。”他还说了其他许多神奇而振奋的话语，但我现在一点儿也回忆不起来了。

我开始相信那个天使所说的话是真的。因此，我看了看四周，发现了几块湿腐的砖头。我把它们相互摩擦，得到了一些泥浆。就好像被什么力量驱使一样，我又爬到门边，用牙齿在门边咬下一条小木签。完事后，我就等待着射进牢房的太阳光线。最后，阳光终于射进来了，但只持续了一个小时左右。在那期间，我用木签蘸着泥浆，在《圣经》的空白页上面认真地写作。责备自己没有耐力，责备自己企图自杀，记录自己经受痛苦的感受，祈求好运的到来。于是，我以对话的形式写道：

你折磨着我的灵魂，
如此厌世太残忍

要是上天丢下我，
谁来帮助我？谁来拯救我？
让我们来世走向那美好的生活！

别急，稍等片刻，
你会更幸福，更快乐，
因为老天爷已向你承诺。

我还要再等等，
上帝还有承诺，
承诺我将不再受折磨。

我体力恢复过后，静下心来，继续阅读《圣经》。我的眼睛已经渐渐适应了这种黑暗，我以前只能利用一个半小时，现在我可以读三个小时了。

我感到很惊讶，因为想到神的力量是如此强大，虔诚的人们都相信他会赐予他们所要的一切。我也相信，因为天主是仁慈的，而我是无辜的。好像神一直都在我身边，我有时祷告，有时忏悔，我徜徉在神的世界里。而神的力量是如此强大，他带走了我曾经所遭受的所有痛苦和折磨。于是，我整天唱着圣歌和很多其他的赞美天主的歌曲。但我还是感到很苦恼，因为我的指甲长得太长了，一不小心就划伤自己，我自己没法修剪，十分恼火；还有，我的牙齿开始变异，我想可能是因为坏牙被好牙挤出来了，牙床逐渐穿孔，牙根从牙床上面穿透出来。我就像拔刀一样，把死牙拔了出来，不痛，也没流血，我把坏死的牙大部分都拔掉了。不过这些新的烦恼我也逐渐地习以为常了。于是又开始唱歌、祷告、写作。这次我开始写一首关于赞美监狱的诗歌，其中我要写出我所经历的一切事件。这首诗我打算把它插在本书适当的地方。

119

城堡主常常派人来秘密监视我的一举一动。7月的最后一天，我很高兴，因为第二天，也就是8月1号，罗马要举行盛大的节日，我自言自语地说："往常我都是和大家一起度过这美好的节日，而现在我只有和天主一起过了。啊，今年的节日，我过得比以往快乐得多。"有人偷听到了我的这些话，并转告给了城堡主。他生气地说："天啦，在无尽的遭遇中，那小子竟然活得潇洒痛快。而我掉在福窝里还缺东少西，眼看着非栽死在他身上不可。快去，把他给我扔进最深的地牢里去，也就是福亚诺神甫[①]饿死的地方。也许当他发现自己身处那个鬼地方时，就不会再那么嚣张了。"

队长桑德里诺·摩纳尔迪突然来到我的牢房，还有大概二十个城堡主的仆人。他们发现我跪在地上，而他们进来时，我并未转过身，只是继续

① 亚诺由于鼓吹反对美第奇集团而激怒了教皇克莱门特七世？年被押送到圣天使城堡的一个恶臭的地牢里，以每天减少其饮食和饮水的办法将其折磨致死。英译注

向着墙上的天父做祷告。墙上的天父，是我用地上的木炭画出来的，画的是被天使包围起来的圣父和从坟墓中复活的基督。

自从腿受伤后，我已经躺了四个月了，在那期间，我晚上经常梦见天使来给我治疗，四个月后，我的腿结实得就好像从来没受过伤似的。那些家伙进来的时候，竟然穿着盔甲，他们十分害怕我，就好像我是一条喷着毒气的恶龙一般。队长说："我们来了这么多人，这么大动静，你却若无其事。"听到他的话，我已知道灾祸马上要降临了，但我已经习惯了灾祸，于是我说："我已经把我的灵魂、我的意念、我的精神交给了拯救我的神。至于你，不配看见我心中的善良，也别想碰它。你只能在你能力的范围内作恶。"那队长不知道我要做什么，心里一阵惊慌，于是对身边四个最高的家伙说："把你们的武器放下，快去把他给我抓住，我们这么多人，就算他是一个恶魔我们也不会怕他。把他给我牢牢地擒住，免得跑了。"他们紧紧地拽住我，又粗暴又野蛮。我不知道要发生什么，只能望着基督说："啊，上帝啊，您在十字架上已经赎清了我们的一切罪行，为何现在我还要为替毫不相干的别人赎罪？不管怎样，我还是按您的指示去做。"同时，这群家伙就举着火把，把我带走了。我原以为他们会把我扔进桑马洛坑里——之所以叫桑马洛，是因为它活生生地吞噬了无数被扔进去的人。但他们没把我扔进去，而是把我带到饿死福亚诺神甫的那个地牢里。我认为我运气还比较好，在这里，我不用承受更多的痛苦，最多就只是把我饿死在这里罢了。

我被关在这里，又开始唱诗。8月1日那天，我和天主一同欢庆，心中徜徉着希望的力量和信心。第二天，他们又把我带回我画天父的那个牢房里。我进去之后，一看到那熟悉的墙面，我都高兴得哭了。接下来的日子，每天城堡主都派人来监视我的言行。知道我全部情况的那个教皇说："在城堡主死之前，我一定会让他把本韦努托除掉，因为本韦努托是他的死对头，死之前他应该先除掉他。"当皮尔·路易吉他把那些话转告给城堡主时，城堡主说："原来如此，教皇把他给我，是让我报仇？你不用担心了，我来解决他。"如果教皇有意要害我，那么城堡主一开始就很野蛮与残暴。此时，那个无形的曾经阻止我自杀的神把我吓一跳，我虽然看不见他，但我能清楚地听见他对我说："本韦努托，快，快大声地向天主祷告吧！"突然，我跪下来大声祷告，然后又念了一段圣诗。我和天主交谈了一会儿，突然那个声音又出现了，说："去休息吧，不要再担心了。"事情果然向好的地方发展，因为突然间，城堡主撤销了原本要对我的残忍处罚，他说："这不就是我以前热心保护的本韦努托吗？他是无辜的，我竟然把他关起来判罪。我如果不能宽恕那个曾经伤我最深的人，那么上帝又怎么能宽恕我呢？我为啥要伤害一个既受人尊敬又清白无辜的人、一个帮过我的忙、为我争了光的人呢？去，把他放了，还他自由。并且，在我的遗嘱里面我会写明，他在这里所花掉的那些钱，任何人都不准叫他偿还。"教皇知道后，非常恼火。

120

像往常一样，我还是继续祷告，继续写诗。并且，我每天晚上都是美梦连连，睡得很舒服。在梦里，我总是感觉到，那个神的声音总是伴着我，尽管我看不见他。我只有一个迫切的要求，就是希望他能把我带到可以看见阳光的地方。我告诉他，要是我能看见一次阳光，死也心甘了。在我看来似乎牢房里所有的恶劣条件都变得亲切可人，没有一样东西看起来不顺眼。然而，那些城堡主的寄生虫们，过去他们就指望着我被城堡主吊死在城墙上；而现在，城堡主改变了主意，他们却不会放过我，千方百计地想尽快谋害我。然而，我早就说过，我早已习惯这些遭遇，我不会再害怕，也不会再受它们影响。现在我只想见到太阳，哪怕是在梦里。

因此，我每天都虔诚地向基督祷告，我总是说："啊，天主之子！我为你的降生而祈祷，我为你在十字架上的死亡而祈祷，我为你神奇地复活而祈祷，我只求你让我看见太阳吧，哪怕在梦里也好。要是你能让我如愿以偿，我愿意到您的圣墓那里去拜见您。"这就是我在1539年10月2日，向上帝做的祷告。第二天早上，也就是10月3日的早上我醒来时，天刚刚破晓，大约日出前一个小时。我站起来，披了点衣服。天已转寒。我比以前更加虔诚地向上帝祷告。让我知道我这么痛苦赎的是什么罪，既然神圣的天主认为我即使在梦中也不配见到太阳，就请他告诉我对我惩罚的原因。

121

我刚说完，就被一种无形的力量带到另一个大房间里，快得像一阵风。然后，那股无形的力量，以一个年轻人的模样展现在我面前。他那严肃而俊逸的脸庞下长着胡须。他叫我看看四周，然后说道："你所看到的这些，全都是来到世上而又不幸死亡的人。"我问他为什么带我来这儿，他说："跟我来你就明白了。"我意识到自己手拿着一把匕首，穿着一身盔甲。他带我走过一个大厅，然后让我看看那些成千上万到处游走的人。他带着我向前走，穿过一道低矮的小门，到了一个类似狭窄街道的地方。当他转身拉我进入街道时，我发现，自己先前的那套装备不见了，而换上了一身白衣，帽子也没有了，此时，我正站在他的右手上。看到这种情况，我十分诧异。因为这条街道我不熟悉，当我抬头时，我发现头顶上有一道墙，像是一座房子的正面，美丽的阳光正洒在上面。我说："嘿，我的朋友，我必须爬多高，才能见到太阳？"他指着我右手边巨大的阶梯，说："你自己从那儿爬上去吧。"于是我就离开他，顺着那些阶梯往上爬，渐渐地我感觉到自己与太阳越来越近了。我加快了速度，继续往上爬，直到看到整个太阳。太阳光太耀眼了，一开始我闭上了眼睛。但意识到自己不应该那样做，于是又睁开了眼睛。我直直地盯着太阳说："啊，我多么热爱的太阳啊，就算你的光线把我照瞎，我也不愿意再看其他的东西了。"于是我继续盯着太阳，过了会儿，我看到那明亮的光线全都闪到太阳的左边去了。太阳球体失去了光线，却仍然明亮如初。我仍然满意地盯着，对光线移走的现象感到很惊奇。然后，我想到那天早上天主给我的恩典，于是大声说道："啊，太神奇了！我伟大的神啊，您让我看到的是那么神奇！"没有了光线的太阳，就像一个金碧辉煌的浴盆。当我为那神的现象感到惊奇时，我注意到，太阳的中部开始向表面膨胀。突然，基督和太阳融为一体，并以他在十字架上的形象显现出来，他是那么神圣，那么仁慈，那么美好，我看得入迷了。我突然大声说：“奇迹啊，啊，仁慈的神，真是无边无际的神力，您太了不起了啊！”此时，基督已经移向先前太阳光线移开的那位置。太阳中部再次膨胀起来，慢慢地就形成了一个美丽至极的圣母，她坐在那里，抱着圣子，脸上洋溢着微笑，魅力无穷。圣母的两旁各站一个天使，她们的美丽圣洁超乎人的想象。我还看到太阳的右边有一个神甫，他背对着我，面向圣母和基督。我看到的这一切都是那么真实，那么清晰，那么生动，我不停地感谢着天主的恩典。然而，这奇景不到半刻钟就消失了，我又回到了那漆黑的牢房。

我开始大叫道：“仁慈的天主已经向我展示了他的荣耀，那些是世俗的眼睛永远不可能看到的，因此，我深信，在天主的庇护下，我是自由和幸运的。而你们这些恶徒仍然是恶徒，天主讨厌你们。听好了，我出生在1500年的11月1日，即万圣节那天，而今年的万圣节那天，你们不得不把我放出去，你们必须这么做，没得选择，因为我已在天主的宝座上看到了，那个背对着我的神甫就是圣徒彼得。他会替我申诉辩护，因为竟然在他的房子里如此不公正地对待一个基督徒，他感到很愧疚。不管你们去向谁说，都不可能再害我。还有，告诉那个把我关在这里的大人，他要是给我蜡或纸让我描绘天主的荣耀，我肯定会使他相信也许他现在还怀疑的东西。”

122

虽然医师们都说城堡主已经无可救药了，但他却仍然平安无事。那些过去折磨他的情绪已不再纠缠他了，他现在所关心的是如何拯救灵魂，他的良心有所不安，因为他相信我是无辜的。他把我见到的神奇经历说给了教皇，教皇是一个什么都不相信的人，还认为我是疯了，并劝说城堡主必须尽力治好他自己的病。城堡主得到教皇这样的回复后，就派人来安慰我，还给我带来了写作的材料和一些蜡及制作蜡的工具。他的话是他的一个仆人给我捎来的，那仆人对我很好，他和那些一心想整死我的家伙完全不一样。我拿着纸和蜡开始创作，给城堡主写了一首十四行诗：

我的主人，如果我能向你证明这个事实，
神已给了我永恒的光芒，
在这个生命低贱的世界，
你给我的照顾胜过君王。
呵，如果基督教的牧师知道，
我已见到神的荣耀，
而在他离开这个苦难的世界之前，
别人不曾见到这荣耀。
正义而神圣的大门将会打开，
在纠纷的天空里，怨恨将会消失，
锁链将会被抖落，
啊，如果我拥有光芒该多好，
我将标记这神圣的时刻，
而我的苦难将会一笔勾销！

123

第二天，城堡主那个对我友好的仆人给我送来了食物，我把那首十四行诗抄给了他。他没有给其他敌视我的仆人看，而是直接交给了城堡主。那时候，城堡主很想还我自由，因为他认为，我受的冤枉是导致他自己奄奄一息的主要原因。他拿着那首诗，反复阅读，说："这些语言和思想，绝不可能是一个疯子所为，而是一个心智健全值得尊敬的人所为。"他马上叫他的秘书把诗亲自给教皇送去，并乞求教皇释放我。

当他的秘书去把诗送给教皇的时候，他又派人给我送来了照明灯，我可以日夜使用。同时还给我送来了许多方便舒适的用品。于是，我的虚弱的身体开始恢复起来。教皇把我的诗读了几遍，然后传话给城堡主，说他打算做件令大家高兴的事。教皇很乐意释放我，但他的儿子皮耶尔·路易吉不听他的，坚决不放我走。

城堡主快不行了，而我正在描绘那天我遇到的奇景。城堡主在万圣节的早上派他的侄子皮尔·乌戈利尼给我拿来了珠宝。我一见到那些珠宝，就大声说："这是释放我的信号啊！"那个智力并不太高的年轻人说："释放？想都别想，本韦努托！"我答道："把你的珠宝拿走吧，因为我备受摧残，这里漆黑一片，我也很难分清珠宝的真伪。但是关于自由的问题，你错了，我认为不出今天你就会乖乖地来释放我，这是肯定的，你奈何不了的。"他走了，继续把我锁在牢里。然而，两小时后，他又回来了。这次他没带警卫，而是带了两个小子来帮我搬东西。他们把我带到我以前待过的那个宽敞的房间，那里什么都很方便。

124

几天过去了，堡主确信我已经自由了，就因病撒手归西。他的弟弟安东尼奥·乌戈利尼继承了他的位子。安东尼奥·乌戈利尼曾对城堡主说过，我已经被释放了。我知道，安东尼奥·乌戈利尼是奉教皇之命把我安顿在那间大房间里，直到他决定如何处置我为止。

布雷齐斯亚的杜兰特，我前面提到过他，他和药房里做事的士兵串通，在我的食物里放了致命的慢性毒药。毒性很慢，要等到四五个月过后才会发作。他们还串通在我的食物里放钻石粉。钻石粉本来是无毒的，但它们极其坚硬，跟普通石头不一样，就算磨成粉也是棱角分明，无比尖锐。其他的石头被研成粉末后，就不再坚硬了。然而钻石成粉后，仍然杀伤力十足，如果它们随食物进入肠胃，消化的律动会使它们附着在胃壁和肠壁上，而再次进来的食物会推动它们向前，从而划破肠胃及其他器官，最终使人毙命。其他石头粉或玻璃粉是不会附着在肠胃上的，它们会随着食物的消化一起排出体外。杜兰特把一块劣质的钻石交给一个看守。据说，我的死敌，一个名叫利奥内的银匠，他受指使把钻石磨成粉。然而他很穷，那颗钻石至少还是要值几十金币的，所以他就把假钻石粉交给了那个看守。星期五那天早上，我吃了沙拉、酱汁和一些肉汤。而那些食物里全都掺有钻石粉，我却吃得津津有味，因为前一天晚上我什么也没吃，星期五是个节日。我吃的时候确实感觉有些牙碜，但也没去怀疑。直到最后，我才发现，在盘子里吃剩的食物上面还有一些色泽鲜明的细粉。我把它们收集过来，拿到窗户有光的地方进行观察，最后认为那些就是钻石粉，顿时才回想起刚才吃饭的时候牙碜的情况。于是，我觉得自己必死无疑，只好在悲伤中向天主虔诚地祷告，祈求好运。最后，我觉得这是我命中注定的，于是又用了整整一个小时向天主祈祷，感谢他赐我这样一种好的死法。既然是命中注定要死，那这种舒服的死法我也满意了。我在这个世界上还算满意地生活了这么些年，我感谢这一切。而我现在要去另一个更好的世界，去感受神的光辉。

我想着这些命运的定数，手里捏着那些我信以为真的钻石粉末。本着人性，我还是希望能有一线生机。于是，我把那些粉末放在牢房的铁栏杆子上，用小刀的刀尖去戳那些小颗粒，发现它们居然被压碎了。再仔细一看，确实碎了。突然我就有一种柳暗花明的感觉，叫道："哈哈，杜兰特啊，这不是真的，只是普通的石头，奈何不了我的。"之前我都准备好安静地死了，可现在我不得不改变计划了。但首先还是要感谢上帝和那变态的贫穷，因为贫穷本来是经常置人于死地的，这次却救了我的命。也就是说，杜兰特那个家伙，他把那价值一百多金币的钻石交给利奥内，叫他研成粉末给我吃，可那变态的贫穷却使他玩了个瞒天过海之计。他把那颗石头据为己有，而研碎了一颗只值两金币的绿玉石。可能他心想，都是宝石，效果应该都是一样的。

125

那时，帕维亚主教由于在帕维亚惹了些事端，也被关在这里。大家都叫他帕尔马的德·罗西阁下[①]，他是桑赛康多公爵的兄弟，也是我的好朋友。于是我就把头伸出门洞大声跟他说话，说那些家伙想用钻石粉害死我。我还把残留的一些钻石粉通过他的仆人拿给他看。但我没告诉他钻石粉是假的，我只说，自从好心的城堡主死后，那些家伙肯定给我下了毒药。接下来的日子虽短，但我必须活下来，于是乞求这个主教每天给我一片他吃的面包，因为我决定不再吃那些家伙送来的东西。他答应了给我面包。

安东尼奥不知道杜兰特要谋害我，他要看看那些钻石粉，因为他相信那些是真的钻石。但当他想到幕后黑手是教皇后，也就不再去追究这件事情了。

因此，我每天吃着主教的面包，继续写着我的狱中诗，每天新的经历我都一点一滴地记录下来。安东尼奥经常派人给我送食物来，而那个送食物的人，正是先前把钻石粉拿给我吃的那个普拉托药剂师。他叫乔瓦尼，是我的死对头，于是我告诉他他送的任何东西我概不会吃，除非他自己当着我的面先吃一口。他说，教皇才有人替他尝饭。我说："对啊，就像贵族为教皇尝食物那样，你要为我尝。因为你只是一个士兵，一个药剂师，一个平民而已，属于下层阶级，就应该为我这样一个高贵的佛罗伦萨人尝饭。"他听了就用粗话骂我，我也毫不留情地反唇相讥。

现在安东尼奥对自己的行为很惭愧，尤其是他要求我支付那笔我曾用过的费用那件事，因为死去的城堡主说过我不用付那笔费用。因此，他派他的另一个仆人给我送饭。而那个仆人正好是我的朋友，因此我可以放心大胆地吃了。他还告诉我，莫卢克先生以法国国王的名义，每天缠着教皇要求释放我。然而，教皇不想放我。还有那个红衣主教法尔内赛，我曾经的朋友和保护伞，表示我不可能在短时间内出狱。我回答说，不管他们怎么说，我注定会被放出去。善良的他叫我不要再说了，免得别人听到我的那些话对我不利。我坚信天主，所以我要等待天主的拯救，并且要有耐性。我回应他说，天主的强大是不会畏惧任何邪恶的力量的。

---

① 当时一位二流的诗人和历史学家。英译注

126

几天后，红衣主教费拉拉来到罗马。他去问候教皇，和教皇攀谈到吃晚饭的时间。教皇是一个精于事务的人，想在空闲的时候与红衣主教谈谈法国的政治。大家都知道，酒后吐真言，那时的情况就是那样的。因为伟大的法国国王在处理事务上都很坦率，不拘小节。红衣主教摸透了教皇的脾气，故意示弱，使得教皇非常高兴。教皇每周都要摆席畅饮，饮到吐为止。红衣主教见教皇进入了高度兴奋状态，到了火候，要求代表法兰西国王把我引渡回去。由于他的要求急切，教皇大笑，一副就要快呕吐的样子，说道："对，这事不能再拖了，你，你快把他带走吧！"于是教皇下令马上释放我，然后就离席了。红衣主教也立即派人去接应我，他必须赶在皮耶尔·路易吉之前，因为一旦后者知道这事，他是绝对不会放我走的。

天黑四个小时后，教皇派的人和两个红衣主教的侍从把我救走了，他们把我带到红衣主教的家里。红衣主教对我很热情友好，我也很高兴，于是在那里尽情地享受获得自由的快乐。

127

已故的城堡主的弟弟安东尼奥，现在继承了他哥的位子，于是他一定要我交纳伙食费以及行政司法官之流索要的其他费用。我付给了他百十克朗，因为红衣主教叫我小心行事才能保住性命。他还说，要不是他那晚把我救出来，我可能这辈子也别想出狱。事情确实如此，因为他已经知道，教皇现在正在后悔释放我。

我现在必须要插叙一下，虽然这些事已在我的诗中提到过，但我还是要把一些细节重述一下。以前，我在红衣主教家里待过些日子，后来被关到了教皇的私人花园。那时，有很多朋友来看望我。其中有一个朋友叫伯纳多·加鲁齐，他是个宾多·阿尔托维蒂的出纳员。我曾把几百金币托管给他，后来他在教皇的私人花园里把我找到，说要把金币还给我。我叫他暂不要还，因为我那时既没有亲密的朋友可托管，也没有安全的地方可存放。虽然他一再表示不想再帮我保管，但我还是坚决地让他继续保管。后来，当我离开城堡时，发现他已经破产了，所以我的金币也一去不复返了。关在地牢的时候，我曾经做过一个噩梦，梦见有人在我的额头写了一些重要的字，并且再三强调叫我不要把那些字说出去。我醒来的时候，额头都还有痕迹。这种事我已在诗中提到过。有人告诉我后来要发生的事，那是如此真实、清晰，我深信是来自天国的使者告诉我的。还有一件最了不起的事情我必须要说，我想证明神是万能的，神拯救了我。也许类似的事，其他人也遇到过，自从我看到神及那神奇的景象那天起，我的头上就有一道光芒。我展示给少数几个人看，他们对这道光确信无疑。这道光在日出后两小时的影子里能被看见，在小草沾上露水时也能被看见，在日落时也能被看见。我在法国巴黎的时候也注意到它，因为巴黎的空气没有雾，而意大利常常会有雾，所以在巴黎比在意大利看得更清楚。然而，我并不是任何时候都能看到它，并且展示给别人看，只是在我前面提到过的地方能看得很清楚。

我现在要展示我在地牢里写的三行连环押韵诗[①]，就是赞美那座监狱的。我就按照时间的先后讲述我经历的酸甜苦辣。我还打算讲一讲将来发生的事。

谨以此诗献给卢卡·马丁。
谁要是知道神的无敌，
而一个蹲在监狱的人，

① 这种诗体在切利尼的时代非常流行，内容以讽刺为主，形式为每节的一、三行押韵，第二行与下一节的一、三行押韵。切利尼的这首诗正如他自己所说，是在圣天使城堡的地牢里陆续写出一些片断，然后再连缀成篇的。但他这一连缀敷衍的手段并不太高明，我吃了很多苦头才得以保留原作的大意。英译注

是不可能企及那种距离，
迫使他沉思在离开家园的痛苦里，
折磨他的血肉之躯，
家乡却在，十万八千里。

你本想成就伟大的事业，
却无端地被关进牢里，
孤立无援，叫苦不迭。
当他们野蛮地将你抢夺，
强制你，威胁你，
你无可奈何，任人宰割。
最后，你忍无可忍，
逃出监狱，跳出城墙，
然而再次落入他们的魔爪，却发现那里远比以前邪恶可怕。
卢卡，看看你最可笑的一面吧，
你的命运将你的腿弄残，而你的朋友却将你出卖，
你的牢房在滴水，而你却没有斗篷遮盖。
带来的，没有友好的话语，只有残羹冷炙，
以及那些坏消息，
那个普拉托的老痞子。
好好看看，光荣的子民正在受苦，
除了一个小凳，再没个休息处，
但你却活跃如初。
不许说话，
门也不许打开，
这就是那些流氓的规定。
没有纸、笔、墨水和那些必要的工具，
我怎么去把想法和真理传递？

唉，揭露的太少了，
我要说清楚每一个不幸，
及每一个地方的邪恶。
然而，我现在的首要目的是，
用我的文字去赞美监狱，
因为天使不善言辞。
诚实的人不会来这里，
除了官场的欺诈，政府的卑鄙，
以及仇恨和妒忌。
我决定在这里说明真相：
囚徒向上帝祈祷，
因为他忍受着地狱的煎熬。
把他关进监狱两年，
他就会出名，
他会变成一个聪明的圣人，受人尊敬。
灵魂与躯体在这里被净化，
当笨拙的人变得像蜘蛛网那样轻盈的时候，
他就会看见天国的神。
听吧，朋友，我将告诉你一个天大的奇迹，
想象的激动使我用文字诉说，
诉说一个囚徒的幸运果。
在牢里，我苦苦寻求，
发现了牢门上有一条裂沟，
于是，我用牙齿咬下了一片木头。
我捡起了地上的一些砖头，
把它们磨成粉末，
撒泡尿在上面，就成了我写作的墨。
创作的灵感代替了面包，

进入了躯体的通道，
然后就形成了伟大的诗篇。
现在我要转到重点上：
一个人得到幸福之前，
首先得搞清楚上帝为他准备的磨难。
监狱里有各种技术，
要是想学外科手术，
那就烤焦你的血管吧，
让那些被宠坏的血流出来。
这里有一种力量，
它会使你舌战群雄，力敌万顷，
以及引导你去思索真善美、假丑恶。
他受到了神的保佑，
忍受着长期的折磨，
但他注定要获得自由，
他要把他所知道的一一揭露。

万事都很满意，
监狱已经赐予了他聪明才智，
而那些聪明才智却不会让他上演莫里斯舞技。
偶然间你发现：你的生命已飞逝，
而那些也并非真实，监狱不会教给你知识，
更不会熏陶你的心灵，让你成为传奇。
然而，我还是要赞美监狱，
我还是喜欢那一条规矩：
该进监狱的就得进监狱。
不论谁抓了那些可怜的人儿，
他们都应该去上上监狱课，

那样他们才会明白什么才是一个好统治者：
他们看似秉公执法，
他们看似公平正义，
他们看似维护和平。
但当我在监狱的时候，
看见那里有许多神甫、修道士及士兵，
我察觉到他们的虚弱，他们受不起那种折磨。
啊！你可知道我为何愤怒，
当他们解脱出来的时候，
他们会为自己感到悲哀。
我不想再说了，我已成金，
真正的金子，
可以制造出最伟大的作品。
我又想起了另外一件事情，
卢卡，我以前没给你说过，
我曾在圣书上写过字。
我忍受着痛苦，
在圣书的空白页下面写字，
用的是泥浆，那种纠结的方式。
写一个字母，我就要蘸三次泥浆，
没有比那更痛苦的事情了，
地狱的灵魂要从天堂得到解脱。

虽然我不是第一个无端受苦的人，
但我要继续探索这个地方，
这个折磨身心的监狱。
我高度赞美那间监狱，
要让那些不知情的人明白，

没有监狱，就没有前进。
哦，一个神站在贝特斯达河岸上大声对我说：
本韦努托，快起来穿上衣服走吧！
我唱圣歌，念《圣经》，
每日如此，
我施舍给可怜的瞎子、瘸子和贫苦百姓。
啊，我已皱纹满面，
百合花苍白了我的脸，
我已永远地忘却了佛罗伦萨和法国的美丽容颜。
如果我在医院看到圣马利的肖像，
我会逃跑，像野兽一样的逃跑。
我不是说她并不那么圣洁，
她没有圣花，
那道照亮天地的光华。
可是我隐约地发现，
每一个地方，百合花像钩子一样，
人们正在受苦受伤。
不知道有多少像我一样受难的人，
他们生来就要为恶魔卖命，
上帝早已带走他们的灵魂。
我看到致命的纹章，
从天堂，掉在人间的石头上，
发出一道刺眼的光芒。

城堡的钟声敲响之后，
我就会得到自由，
谁向我把一切真理说明。
我看见了一口暗淡的棺材，

周围是破碎的百合花、十字架和眼泪，
一些痛苦的人在他们的床上悲泣。
我看见了那个折磨人的死神，
他说："我要除掉那个让你流眼泪的人。"
然后用圣彼得的笔把字写在我的额头，
他再三嘱咐，不得向别人透露。
我看见太阳神，
目睹了他那至高无上的光荣，
那些是肉眼凡胎不曾见到的。
一只孤独的麻雀在鸣叫，
我说："他告诉我，我会活下去，而你必须死！"
我唱着歌写下我的请求，
求上帝原谅我、帮助我，
因为感觉我就要死了。
狮子、老虎、狼、熊，
都比不上他血腥的残酷，
毒蛇，都比不上他的剧毒。
这个残忍的家伙是强盗的领袖，
是最邪恶的无赖，
嘘，我要客气点，言多必失。
你看见过警察冲进穷人家里，
强抢东西，
还捣毁圣画和圣像?

8月1日游行的人群，
把我拽进坟墓，邪恶而冰冷，
"11月，那些家伙都得倒霉！"
我听到了号角声，

我把真理反复强调给他们，
但我太粗鲁了。
于是，
他们就给我吃钻石粉，
认为我吃了绝对会死。
那个家伙送来食物，
我尝了一下，心想：
“呵，杜兰特就这点本事！”
我虔诚地请求上帝宽恕我的罪孽，
一边低头悲伤地吟着圣曲。
渐渐地，我不再痛苦，
我把灵魂交给了上帝，
只想着那神圣的天国里。
我看见圣道上，一个天使从天而降，
他手上的棕榈枝闪着光芒，
他说：“你会活得很长久，
你的敌人都将被毁灭，
而你将受到天主保佑，
幸福快乐地生活在这个星球！”

卷　二

1

我在红衣主教家里住了一段时间，他们都对我很好，并且有更多的人来看望我。人们对我经历了这些不可思议的折磨，并且最后还出狱了、获得了自由感到惊叹。我的身体在慢慢地恢复，我很高兴，决定继续创作我的诗篇。后来，我决定出去旅游一段时间，呼吸新鲜空气，那样身体可能恢复得更快。我的好朋友红衣主教给了我路费，还借给我几匹马。并且，还有两个罗马小伙子和我一起同游，一个是我的同行，另一个是个随行的旅伴。我们离开罗马去塔利亚科佐，打算去看望住在那里的我的一个名叫阿斯卡尼奥的学生。我找到了他，他和他的家人热情地款待了我们两天。然后，我带着阿斯卡尼奥回罗马，一路上我们探讨艺术，我已经迫不及待地要回城再次着手我的工作了。

一回到罗马，我就投入我的工作中去。我找到了一个银盆，那是入狱前红衣主教叫我给他做的。同时还有个精美的小罐子，但这些我以前做好的有价值的东西，都被人偷走了。我安排帕戈洛做银盆，而我做小罐。我在小罐上设计了一些圆形人物图案和浮雕，而那个银盆的设计风格和小罐差不多，只是多了些鱼形图案。这些作品，精妙神奇，见者无不叹为观止，称赞着那超乎想象的精巧设计和细致做工。

红衣主教每天至少两次来我这里，他带着路易吉·阿勒曼尼和加布里埃洛·切萨诺一起来的，我们在一起度过了很多美好的时光。虽然我手头的活儿已经很多了，但他还是给我带来更多的订单。其中有一个是做一枚主教的纹章，尺寸要做十二岁孩童的手掌那么大。我在纹章上面凹雕了两个典故图案：一个是圣约翰在荒漠里传道，另一个是圣安布罗斯骑着马拿着鞭子，正在驱赶阿里乌的信徒。鉴于这两幅图案的独特设计及精巧做工，大家都说我已经超越做这一行的头号大师劳蒂齐奥。红衣主教对我给他做的纹章非常喜欢，并且也很自豪，他经常把它拿去与其他红衣主教的纹章进行比较，那些纹章是劳蒂齐奥做的。

2

除了那些活外，红衣主教还叫我做一个盐罐的模型，但他想把它做得很特别。路易吉和加布里埃洛·切萨诺都发表了他们对盐罐设计的意见。红衣主教认真地听他们讲，并且对他们的意见极为满意。然后他对我说："本韦努托兄，我对路易吉和加布里埃洛的意见都很满意，不知道选哪一个好，你来帮我选吧，因为你是制作者。"我说："很显然，国王的儿子是傲慢的，也是极具偏见的。你若去问一个贫苦的牧羊人，是最喜欢皇室的孩子还是自己的孩子，他一定会说自己的孩子。而我也非常喜欢自己的艺术作品。因此，尊敬的大人阁下，我首先要给你看我自己的灵感设计与制作，因为很多东西说起来可能多么漂亮，但做出来时可能就要大打折扣。"我转而对那两个学者说："你们也提过意见了，我也要开始着手做了。"路易吉听了笑了笑，恭敬地赞扬我对艺术的专注。因为他很英俊，身材也好，他的言行和他的身体很相称，声音柔和，彬彬有礼。然而，加布里埃洛就大不相同了，他长得丑陋，只会说些令人讨厌的话。

路易吉说的设计图案是爱神维纳斯与丘比特在一起，周围还有一些象征符号进行融洽的装饰。加布里埃洛的设计图案是，海后和海神在一起，还有其他许多花里胡哨的东西，听上去不错，但不适合制作。

我首先做了一个半腕尺长的椭圆模型，实际上有三分之二腕尺长。然后在上面塑造两个人物像，一男一女，有手掌那么长，他们盘腿坐在那里，就像插在陆地上的树枝。男人代表海，他左手托着一艘精致的船，里面可以装很多盐，右手握着一支三叉戟；我在他下面还放了四匹海马。女人代表陆地，她的完美与优雅等待着我用艺术慢慢去雕饰。她的一旁有一座精美的庙宇，而她的一只手就搭在庙宇上。我打算用这个庙宇装胡椒粉；她另一只手握着一个羊角，里面装着各种奇珍异宝；她下面是一块陆地，上面有各种美丽的动物。另外，在海洋中小小的角落里，我恰如其分地放了各种鱼和贝类。剩下的部分我就用其他一些精美的图案去装饰。

然后我等着红衣主教，他和那两个学者一起来了，于是我就把这个用蜡做的盐罐作品模子拿给他们看。刚看到，加布里埃洛就大声说："这至少要十个人用一生的时间才能完成，尊敬的阁下，如果你真要这样做，那你可能这辈子都没希望看到它竣工了。本韦努托虽然已经把他设计的艺术之子展示出来了，但似乎那是可望而不可即的事情。我们要的是能够实现的东西，而他那是几乎不可能实现的。"路易吉赞同我的设计，但红衣主教不想承担这么大的工程。于是我对他们说："尊敬的阁下和两位大学者，我不在乎谁最终得到这个，但我必须要完成它，并且你们都会看见它做成后，要比蜡模精致百倍。除此之外，我还会有很多时间去创作其他更精致、更漂亮的东西。"红衣主教生气地说："那你只有去做给国王了，别人是得不到它了。"然后他把一封信拿给我看，信中国王叫他尽快回去，并且把我带上。我举手向着天空，叫道："啊，多久回去，不会快到了吧？"红衣主教给了我十天时间，叫我在罗马做好起程的准备。

3

出发的时间到了，他给了我一匹上好的马，那匹马名叫托农，是托农红衣主教送给他的。我的学生帕戈洛与阿斯卡尼奥也分到了马匹。

红衣主教把他的许多随从分为两队，一队人跟着他，沿着罗马尼亚，准备先去圣母教堂朝圣，然后接着去他的家乡费拉拉。另一队人走佛罗伦萨那条路。

这是一支庞大的队伍，有很多人，还有很多好马。他跟我说，为了安全，最好还是跟他一道走。我说我也很想跟他走，但是天意难违，上帝让我想起了我那可怜的姐姐，她对我受难的消息很担心，也很焦虑。我还想起了在修道院当修女的姐妹们，一个是修道院院长，另一个是修道院管理员。她们对我的遭遇也感到很担心，我坚信她们虔诚地为我祷告，才使我得到上帝的保佑，获得了自由。所以，我决定走佛罗伦萨那条路。我本来可以选择免费地跟红衣主教一起走的，或者跟他的另一支队伍走，但我还是选择了自己走。后来，我和一个名叫凯鲁比诺的著名钟表师结伴同行，他是我的好朋友，我们偶然相遇同行，给我们的旅途增添了无限的乐趣。

我和两个学生是在复活节前一周的星期一离开罗马的，然后在鲁奥西山遇见那个钟表师。因为我之前放风说要和红衣主教一起走，所以我认为不会有仇人来伤害我。然而，在鲁奥西山我有惊无险。就像是上天安排的，在我们吃晚饭的时候，一队拿着武器的人发现了我们没有与红衣主教一起，于是准备从前方袭击我们。幸运的是，就在那时，红衣主教的另一队人马赶到了，有了他们的保护，我们安全地同他们一道前往维特布。从那时起，我就不再担惊受怕了，因为我们走在队伍的前面，后面有他们的保镖为我们护航。在上帝的保佑下，我平安地抵达维特布，我的姐妹们及整个修道院都热情友好地款待了我。

4

我们与红衣主教的那队人马离开了维特布。在复活节前的星期四的晚上，我们就快到锡耶纳了，碰巧发现许多返城的马匹。驿站职员决定把马匹低价租给旅行者，但目的地只限锡耶纳驿站。我得知此消息后，便从我的坐骑上下来，把马鞍和马镫加到一匹待租的马上，然后付给了那个邮童一枚银币。

我把托农交给我的小伙子们照顾，我走在前面，叫他们在后面跟着我。真希望早点儿到锡耶纳，因为我要去看望几个朋友，顺便办点事情。虽然我骑得很快，但并没有把那匹马累坏。到了锡耶纳，我在旅馆为五个人订了房间，并叫那个邮童把那匹马还回卡莫利亚城门外的驿站，却忘了取下我的马鞍和马镫。

星期四濯足节的晚上我们过得很愉快，直到第二天早上我才想起我的马鞍和马镫。当我派人去取时，驿站站长说不会还给我，因为我把他的马累着了。我和他几次交涉，他都不肯还我，还恶语辱骂我。旅馆的主人对我说："如果他真的想要你马鞍马镫的话，你就别再和他计较了，因为他在这城里是最不讲理的，他还有两个好斗的儿子更加蛮横无理。我建议你买完东西就走吧，别再和他纠缠这件事了。"

我买了一副新马具，但我还是希望说服驿站站长，要回我的马具。由于我善于骑马，并且穿有盔甲和护手，马鞍上还有火绳枪，所以我并不害怕这个畜生的暴力和蛮横。曾经在罗马的时候，我就叫这几个小伙子习惯于穿铠甲，他们从不忘记，所以我对他们很有信心。其中阿斯卡尼奥虽然年纪小，但也不例外，经常穿着。除此之外，那天是星期五，基督受难日，所以我觉得那些蛮横的家伙也会放假。我们到了卡莫利亚城门，驿站站长是个左眼瞎，我一下就认出了他。我骑着马向他走去，吩咐我的小伙子们在一旁等我。我礼貌地对他说："站长，我真的没有累坏你的马，你还是把马鞍和马镫还给我吧。"就像旅馆老板描述的那样，他人如禽兽，蛮横无理地拒绝了我。我生气地叫道："你不能这样做，难道你不是基督徒？难道你想让我们在基督受难日大动干戈吗？"他说管他什么受难日不受难日的，他不在乎，要是我再不走，他就要把我同我的武器一齐打下马。听到这些蛮横的话语，一个年长的绅士走了过来，他一副普通平民穿着，应该是刚从教堂回来。他好像赞成我的论据和论点，并严厉斥责驿站站长。他还斥责驿站站长的两个儿子，斥责他们对路人野蛮无理，并说那是对上帝的亵渎和无视，是锡耶纳城的耻辱。挨了一顿训斥，站长的两个儿子摇摇头，一声不吭地回房去了。而他自己被绅士的话搞得怒发冲冠，破口就是一连串亵渎神明的谩骂，并摆弄着他手中的武器，发誓要杀了我。当感觉他要对我施暴时，我就用火枪瞄着他，目的是逼他离我远点。谁知道他越走越近，直逼我而来。虽然我早已准备自我防御，但我没把枪瞄准他，而是瞄在他的前上方。枪突然走了火，子弹打到门框，然后弹了回来打中了驿站站长的喉咙，他倒在了地上。见此情景，他两个儿子冲了出来，一个拿起一把戟，另一个捡起他父亲的武器，起身就向我那两个小伙子冲去。一个把我的罗马小伙帕戈洛的左胸击伤了，另一个则朝和我同行来的米兰人打去。他顿时吓傻了，一边连声叫到此事与他无关，一边用随身短棍格挡打来的武器。他的说辞毫无作用，最终嘴巴被击伤了。凯鲁比诺是一身教士打扮，因为他不光是个钟表师，还曾受到过教皇的器重。阿斯卡尼奥是全副武装的，所以临危不惧，不像那个米兰人。因此，他和凯鲁比诺都没受伤。我一边策马移动，一边把枪再次装好弹药，然后转回来。见此情景，我愤怒万分，我以为帕戈洛死了，于是决定要跟他们火拼。我骑着马回转不远就看见我的同伴向我退了回来，我问他们有没有受伤，阿斯卡尼奥说，帕戈洛受了致命伤。我对帕戈洛说："啊，帕戈洛，我的好孩子，难道他们刺穿了你的铠甲？"他说："没有，我今天没穿铠甲，早上我把它放进行李箱了。""在罗马穿铠甲是为了哄女人开心，但现在你有危险，怎么能放进行李箱呢？你是自己把自己害了啊，你这次可把我给害惨了。"我一边说着，一边就骑着马准备去报仇。但是他们两个，都恳求我看在上帝的面子上，为我们自己省省事吧，不要去送死。此时，我也迎上了凯鲁比诺和那个受伤的米兰人。凯鲁比诺说，没有人受重伤，帕戈洛只是擦破了皮，但是站长已经死了，他的两个儿子带着一些人正准备发狂，我们这次死定了。他又说道："本韦努托啊，命运之神既然饶恕了我们一次，就不要再去搅扰她了，否则情况会更糟糕。"我说："如果你们真的这样认为，那我就不和他们纠缠了。"然后我转过身对帕戈洛和阿斯卡尼奥说："快，策马溜吧，我们去斯塔齐亚，到了那里我们就安全了。"受伤的米兰人呻吟道："上帝这次惩罚我，就为了我今天早餐喝了点肉汤，其他什么也没有吃。"尽管我们危险重重，但听到这傻子的话，还是忍不住大笑。然后，我们就骑马离开了，米兰人和凯鲁比诺慢慢地跟在我们后面。

5

我们正赶着路，站长的儿子跑到梅尔非公爵那里告状，要求他派轻骑兵来捉拿我们。但公爵知道我是费拉拉红衣主教的人，拒绝派兵。我们已经安全到达斯塔齐亚，请了个当地最有名的医师为帕戈洛治疗。他只是皮外伤，没什么大碍。我们准备吃饭了，就在这时，凯鲁比诺和那个米兰傻子也到了。那个傻子唠叨个不停，他说他会被逐出教会的，因为他在那个神圣的早晨没有祷告。他很丑，嘴又大，受伤之后，嘴肿得更大。再加上他那滑稽的米兰语和那傻了吧唧的样子，使得我们忍不住又大笑不停，好像全然忘记了我们的那些不幸遭遇。医师为那个米兰傻子缝伤口，当缝到第三针的时候，那傻子叫医师停住，并告诉医师说，不要出于恶意把他整个嘴巴都给缝上了。然后他拿起一把汤匙说，要使他嘴巴放得进汤匙，那样他才能活着回家。他一边说着，一边奇怪地摇头晃脑，惹得我们又是一阵大笑，然后我们就伴着笑意向佛罗伦萨进发。

我们在我可怜的姐姐家门前下了马，他们夫妇很热情地接待了我们。米兰人和凯鲁比诺去办他们自己的事去了。我们在佛罗伦萨待了四天，帕戈洛已经恢复了。我们说起那个米兰傻子就忍不住笑，我们的欢笑声与经历的磨难一样多，因此我们经常是连哭带笑。

正如我说的，帕戈洛很快地完全恢复了，然后我们向费拉拉进发，结果比红衣主教他们先到达。他得知我们的遭遇后，深表同情，他说："我向上帝祷告，求他答应我要平安地把你带给法国国王。"在费拉拉，他把我安顿在一个名叫贝尔菲奥雷的地方，这个地方很漂亮，挨着城墙边儿，属于他宅邸的一部分。他给我提供工作所需的一切用品。但是，他要一个人去趟法国，发现我对此事不高兴后，便说："本韦努托啊，我这样也是为你着想啊，在你离开意大利之前，我想让你搞清楚去法国真正要做什么。同时，在这期间，你也尽快把我的盆和罐子完工，我会满足你的一切要求。"

红衣主教离开了，我有些不高兴，几次都想就这样跑了，撒手不管，但没有那样做，因为是他把我从教皇的监狱里救出来的。但对于其他方面，我是很反感他的，他的行为对我就是一大损失。然而，为了报答他对我的救命之恩，我还是选择耐心地等待事态的发展。于是，我和我的两个小伙子一起工作，盆和罐子都进展很快。我们待的那里空气不是很好，再加上热天也来了，使人更加难受。每当我们感到不舒服时，就出去走走，那个地方很大，还有一英里宽的荒野带，那里是野鸡的天下。于是，我拿着无声猎枪，装好弹药，射杀小野鸡。每隔一天，我都会猎到一只野鸡，当作我们的补品，真是大补特补啊。我们就这样愉快地工作了几个月，任务大有进展，但还要花很多时间。

6

就在那段时间，费拉拉公爵和保罗教皇进行了谈判，想就莫登纳和一些其他城市之间的旧争端达成协议。由于教会和那些城市联系紧密，为了和平，公爵花了大笔的钱，我想至少有三十多万。公爵有个司库叫吉罗拉·莫吉利奥洛，他是公爵的父亲阿尔封索公爵一手培养的。他搞不明白为什么公爵要把那么多的钱给教皇，他经常在街上抱怨："公爵阿尔封索将要用这笔钱去攻打和占领罗马。"没有谁能劝服他把这笔钱交出来。最后，公爵强迫他付钱，那使得他得了疝气，差点儿丧了命。就在司库得病期间，公爵派人来叫我给他做肖像。我把他的肖像做在木盘大小的黑石片上，公爵对我的作品和谈话非常满意。他经常坐四五个小时让我给他描像，有时也叫我和他共进晚餐。我用了八天时间才做完他的像，然后他又叫我设计这个纪念章的背面。为了展现和平，我设计了一个妇女，手持火炬，正在烧一堆武器。我把她刻画成一副很高兴的面孔，穿着轻巧的衣服。在她的脚下，我雕刻了一个被铁链铐着的因绝望而愤怒的复仇者。我专心致力于这项作品，这使我得到了很高的荣誉。公爵对这枚纪念章赞不绝口，他把正反两面的铭文都交给了我，背面好像是说他与教皇的和平是用金钱换来的。当我正在做纪念章反面的时候，红衣主教写信来，叫我做好出发的准备，因为法国国王已经派人来接我了。他的下一封信具体地说明了他曾经向我承诺的一切。我把红衣主教的盆和罐子给公爵看过，然后打好包。我把它们交给了红衣主教的一个委托人保管，他是费拉拉的绅士，名叫阿尔贝托·本代迪奥。这个人由于身体的原因，已经十二年都不曾离开过他的房子，一天他突然急切地派人来，叫我马上动身去国王那里，因为国王已知道我在法国，并且正在急切地寻找我。红衣主教告诉国王，说我现在出了点问题，暂时待在他的修道院里，但他会马上把我带给他。因此叫我立马动身。

7

阿尔贝托是个正直的人，但有些骄傲自大，再加上他的疾病，使他变得更加让人难以接受。正如我所说，他叫我即刻就动身。我说那不符合我的习惯，如果我要去，就必须把我的两个学生带上，轻松自在地去。同时，我还要一个为我服务的仆人，以及足够的路费。那老家伙愤怒地说，你以为你是公爵的儿子啊，公爵的儿子出游才有那样的待遇。我答道，我艺术的孩子就得有这样的待遇，不管他是不是公爵的儿子，我也不需要知道公爵的儿子出游是什么样子的。要是不满足我的条件，我就不去了。红衣主教已经违背了他的诺言，竟然说出那样的话，于是我决定不再和这些人往来。我转过脸不和他说话，他威胁我，我就生气地走了。

我把做好的纪念章交给了公爵，他热情地接待了我，并给了最高的赞赏。他好像吩咐他的内侍菲亚斯基诺，给我送一枚价值200金币的戒指作为报酬。于是，第二天晚上一点钟左右，菲亚斯基诺给我送来了一枚艳丽的戒指，并传述他主人的赠言：“就用这个耀眼的钻戒来装饰一只高贵艺术家的巧手，一只创造出如此伟大作品的巧手。”凌晨时分，我检查钻戒，发现它只是一颗低劣的戒指，最多就值10金币。我想公爵给我这么高的评价和赞扬，不可能就给我这么点报酬。我觉得肯定是那个菲亚斯基诺搞的鬼。我把戒指给了我的一个朋友，托他尽可能地帮我交还给菲亚斯基诺。我的这个朋友名叫伯纳多萨利蒂，他不负我所托把戒指交还给了菲亚斯基诺。于是，菲亚斯基诺马上跑来见我说，我要是拒绝了公爵诚恳的礼物，公爵绝对会发怒，到那时我就会为我的任性感到后悔。我说，公爵给我的戒指只值10金币，而我给他做的事值200多金币，但为了表示我尊重公爵对我的赞赏与慷慨，他只要送给我一枚10便士的英国铅铜戒指就可以了，我会把它珍藏，并且永远记住他以及他对我至高的赞美。我表示，公爵对我的赞美与偏爱足以让我心满意足了，而这枚低劣的戒指反而有点落俗套了。公爵知道了我说的那些话后很生气，他派人把司库叫来痛斥一顿。同时，他要求我不要在这种不愉快的状态下不辞而别，另外叫司库给我一枚价值300多金币的钻石。那个吝啬的家伙找来一颗稍大于60金币的钻石，还说它值200多金币。

8

同时，阿尔贝托想通了，完全满足了我的那些要求。于是，我下定决心当天就离开费拉拉，但公爵的那个内侍却说那天弄不到马。于是我找来一只骡子给我驮那些繁重的行李，其中包括红衣主教的盆和罐子。就在那时，一个名叫阿尔封索·德特罗蒂的费拉拉贵族来了。他不做作，热爱艺术。很难有东西使他们这种人感到满意，但一旦他们对什么满意了，就会给出最高的赞美。阿尔贝托对他说：“不好意思哦，你来得太晚了，送给红衣主教的盆和罐子已经打好包了。”他回答说，没关系，然后派他的人回去取一个精妙绝伦的白色陶罐。趁他的人还没回来，他对阿尔贝托说：

“我告诉你我为什么不再在乎其他的瓶瓶罐罐，因为我曾经见到过一个绝无仅有、精妙绝伦的古银瓶。所以我宁愿不想再看其他的东西，以免破坏那个银瓶在我心中的美。那是一个到罗马办事的鉴别行家悄悄看到的，于是他就花大价钱把它买了回来，但他很低调，他不想让公爵发现，怕被他抢走，于是就自己秘密地珍藏着。”当阿尔封索长篇大论完后，他没有看我，因为我和他又不认识。他的人已经把那个白色的陶罐取回来了，他故弄玄虚，做作地打开包装。我对阿尔贝托说：“我有机会再次看到这玩意儿，真是我的荣幸啊！”阿尔封索被我的话激怒了，大叫道：“你是哪里来的，你知道你在说什么吗？”我回道：“现在听我说说，你就明白了。”然后我转向阿尔贝托，他是个理解力强、有才华的人，我开始说：“这是一个酒杯的仿制品，重量轻，制作时间短，这是我为那个骗钱的医生雅克波·达卡尔皮做的。他去罗马待了六个月，就在那期间，他用他的假药膏忽悠了许多不幸的贵族和绅士，骗取了成千上万的金币。我就是在那个时候为他制作的这个瓶子和另外一个不同的瓶子，他只付给了我很少的工钱。现在，曾经用过他药的那些不幸的罗马人，都成了跛子，身体健康严重受影响。这个瓶子能受到像你这样尊敬的贵族的赞美，确实是我的荣幸。但是这些年我的技术进步了很多，我敢保证我现在要送去法国的这几件作品，要比你那个骗子医生的小瓶精致很多倍。”我说到这里，那个阿尔封索就已经按捺不住要看我的作品，但我拒绝给他看。为此事我们争执了一会儿，他说他要去找公爵，要他让我给他看。我曾说过，阿尔贝托是个蛮横的人，他说：“阿尔封索，你不用去找公爵了，在你走之前，你一定会看到的。”听他这么说，我生气地走开了，留下阿斯卡尼奥和帕戈洛给他们展示我的作品。帕戈洛他们后来告诉我说，阿尔封索把我的作品捧上了天，并且想和我做朋友。但我不耐烦地离开了费拉拉，离开这里所有的家伙。我在费拉拉唯一值得一提的就是，与红衣主教萨维亚蒂和拉文那的友好来往，以及当地一些有名的音乐家与我的友谊。但是我也没有从他们那儿得到什么好处，因为费拉拉的人十分贪婪，他们只想着索取别人，他们都是这种人。

日落前两小时，菲亚斯基诺来了，他把前面提到过的那颗值60金币的钻石给我送来了。他一副垂头丧气的样子，叫我看在公爵的面子上，把戒指戴上。我说："我会戴的。"然后，我就当着他的面，上马，离开了费拉拉。他把我的话转述给了公爵，公爵很生气，坚决要把我追回来。

9

那天晚上我骑得很快，走了有十多英里吧，第二天早上，我已经走出费拉拉的领域，感觉心情很轻松。我在那里没有吃什么好东西，除了让我恢复身体的野鸡。我们沿着孟赛尼斯山，避开米兰城（前面惹的事端），然后平安地到达了里昂。我、帕戈洛、阿斯卡尼奥，加上一个仆人，总共四个人，四匹好马。在里昂，我们待了几天，住在红衣主教的修道院里，等待赶驴人来运载作品和我们的行李。赶驴人来后，把我们的行李及作品全部装上马车，然后就向巴黎进发。路上也遇到一些麻烦，但没出什么大乱子。

我们找到了国王的宫廷，见了红衣主教，他立即把我们安顿好，那天晚上我们过得很舒服。第二天早上马车也到了，我们卸下了东西。红衣主教闻讯就报告了国王，国王表示他想马上见我。我拿着银盆和银罐去拜见国王，见到他后，我亲吻了他的膝盖，感谢他救我出狱，并说，像他那样仁慈慷慨的君王，不顾一切地去救一个无辜而有才能的人，尤其是像我这样无辜的人，这种慈悲的行为应该写进圣书，并排在其他善行的前面。国王礼貌地听我说着，只是偶尔插两句话。然后，他拿起银盆和银罐，赞美道："说实话，古人绝对不会想到还会有这么美丽的作品存在，我见过意大利所有一流的作品，但从没有哪一件像这样完美和让人感动。"国王用法语对费拉拉红衣主教又说了许多其他赞美的话语，然后转向我用意大利语说："本韦努托，你好好休息几天，散散心，然后我们再考虑给你提供一切所需，来为我们创造伟大的作品。"

10

费拉拉红衣主教看见国王对我的到来十分高兴，再加上我展示的那几件作品，他也忍不住让我给他做几件作品。那时，我们跟着宫廷转悠，天天极其困乏，因为国王浩浩荡荡的队伍后面整天跟着绝不少于12000名的骑兵。我们经过的地方只能看到一两栋房子，因此我们只能像吉卜赛人那样搭起帆布帐篷，难受死了。于是我请求红衣主教帮我催促国王，叫他找个地儿让我尽快工作。红衣主教让我最好不要着急，等国王想好了他自然会让我工作，我还会在国王吃饭的时候见他。于是，我照着他说的做了，一天早上，国王把我叫去了。他正在吃早餐，他用意大利语说道，他已经想好了几件宏大的作品，不久就会通知我开工，他会提供我一切所需的东西。他又说了一些令人愉快的话语。当时费拉拉红衣主教也在场，因为他总是和国王一起吃早餐。当我起身的时候，红衣主教帮我说了些好话，他说："陛下啊，这个本韦努托早已迫不及待地想开始工作，这样浪费一个艺术家的时间好像感觉有点罪过。"国王觉得他说的有理，叫他按照我的意愿，安排我开始工作。

那天晚上红衣主教派人叫我去见他，他告诉我国王已经决定让我开始工作了。但要先问我有没有什么问题和要求。红衣主教说："要是国王能一年给你三百金币的话，你将会过得很好。同时，我希望你听我的安排，我要热情地提供给你每一天的好机会，让你为这个伟大的国家作贡献。"

我说："当你把我留在费拉拉时，我从来没有什么要求，但你却向我承诺，在没搞清楚我去国王那儿的条件之前，你是不会让我离开费拉拉的。然而，你却加急派人叫我随驿马一同来见国王，好像我和我的艺术就是邮政快件似的。要是你那时告诉我你现在给我说的金币，就算是六百金币，我也不会来这里。不论如何，我还是感谢上帝和你为我所做的，因为是上帝利用你来救我出狱，使我获得自由。但你给我的好处不及你给我带来的麻烦的千分之一，我要感谢你，我也会好好离开你，以后不论在哪里，只要我还活着，都会为你祷告的。"红衣主教大怒道："随你的便，我奈何不了你。”他的几个白痴廷臣说：“这小子自视清高，一年三百金币都不要。”另外一个还算聪明的人说：“除了他，国王再也找不到像他那样的人才，可我们的红衣主教却把他看作一捆柴那样的无足轻重。”后来才知道，说这话的是路易吉·阿勒曼尼。上述这些事情是10月的最后一天，发生在多菲内的一个城堡中，至于城堡的名字，我记不得了。

11

离开红衣主教后，我就回到我三英里外的住处，红衣主教的一个秘书也住那里，便与我同行。一路上他问我打算怎么办，问我到底要多少报酬。我只说：“我看透了。”我到了那里，帕戈洛和阿斯卡尼奥见我脸色不对，就问我发生什么事了。我见他们很担心，便说：“明天我会给你们足够的钱，你们回家吧，我想一个人做一件酝酿已久的大事。”那个秘书的房间就在我的隔壁，他很有可能把我说的话听到了，并写信转告给红衣主教。但我也不确定。那天晚上是一个不眠之夜，为了下定决心，我辗转反侧，心烦意乱。

天亮后，我牵出马匹，稍作准备，然后把随身所有的东西都给了我的两个学生，还给了他们五十金币。我自己只剩下五十金币和公爵给我的钻石，还有两件衬衫和几件破旧的骑装。这两个家伙死活都不肯走，要跟着我，最后我板着脸说：“看看，你们其中一个已经长出胡须了，另一个正在长，我已经把我的这点拙技全部教给你们了，你们现在已经是意大利一流的年轻手艺师了，你们还要跟着我干什么，难道你们不感觉很丢人吗？如果我不给你们钱，就让你们离开的话，你们会怎么看我？到此为止，你们走吧，愿上帝保佑你们，再见！”

我转身骑上马，让他们在那里伤感流泪。我沿着一条风光迤逦的道路，走向了一片树林，想要走个四五十英里，到一个没有人的地方去。当我走了两英里左右时，就下定了决心，绝不再跨入我熟悉的那些地方了。还决定，再做一个基督像，就金盆洗手不干手艺这行了。那个基督像要做五十英寸高，要尽可能地展现我曾见到的基督的那种永恒的美丽。下定决心后，我向基督的墓地走去。我以为自己走得够远，没有人找得到我。可就在那时，我听到后面一阵马蹄声。我心里发毛，因为这一代有一帮名叫冒险者的强盗经常出没，专杀路人。他们的成员每天都有人被绞死，但他们好像毫不在乎。当这帮人走近我时，我才发现他们是国王的使者，阿斯卡尼奥也在其中，他们其中一个走上前对我说："国王下令，叫你马上回去见他。"我答道："你是红衣主教派来的，我不会听你的。"那个人威胁我说，要是我不回去，那他就要召集众人，像捆犯人那样把我捆回去。阿斯卡尼奥极力劝说我回去，并提醒我说，要是国王要把一个人关进监狱，那他至少要关他五年才会放他出来。他的话让我想起了我在罗马的牢狱之灾，心里不由得一阵毛骨悚然，于是我掉转马头，跟他们回去了。那个人一路上说个不停，一会儿威胁我，一会儿又说这说那，烦死了。

12

当我们快到国王的住处时，经过红衣主教的家门，他站在门前，叫住我，说："国王愿意给你像画家莱奥纳多·达芬奇那样的职位，一年七百金币的报酬。此外，他会买下你为他做的任何作品，还有，在你离开此地的时候，他会给你五百金币作为退休金。"他说完后，我说那才像一个真正君王的风范。那个使者开始不知道我的身份，一听到国王要给我加官封赏，就不停地求我原谅他有眼不识泰山。帕戈洛和阿斯卡尼奥叹道："上帝让我们又回到这光荣的地方啦！"

第二天我去向国王道谢，他请我为他做十二个银制雕像。他想用那些银像做烛台摆在桌子的周围。那些银像要和他一样高，大概七英尺左右，并且要塑成六个男神和六个女神。他把这个任务给我之后，就去问司库是否付给了我五百金币。司库说他没接到指示，国王很生气，因为他曾叫红衣主教向司库传达此事。同时，他叫我去巴黎找一个适合艺术的好地方安顿下来，他会帮我办妥的。

于是我拿着五百金币，到巴黎费拉拉红衣主教的一个房子里住下。托上帝的福，我在那儿开始工作。我塑了四个高约六英寸的小蜡模，他们代表四个男神，即朱庇特、朱诺、阿波罗和伏尔甘。那时，国王也来了巴黎，我立即带上蜡模，和帕戈洛、阿斯卡尼奥一起去见他。国王对蜡模很满意，叫我用银先做朱庇特，高度和以前说的一样。我把两个小伙子介绍给国王，说他们是我从意大利带过来为他效劳的，并且是我一手培养出来的，所以让他们做我的助手是再好不过的选择了。国王叫我为他们的工资开个价，我说一百金币就已经足够了，并且我会监督他们认真工作。我和国王就这样达成了协议。然后，我说我找到一个适合工作的好地方，那属于陛下的私人财产，名叫小奈勒城堡。我告诉他，那里现在属巴黎宪兵司令部所有，是陛下赐给他们的，但现在他们不用了，所以想让陛下拿给我，用来为陛下效劳。他立即答应了我，说："那是我的私人宅邸，我很清楚那里已经没人住了，你就去用来工作吧。"于是他就通知他的副官安排我住进奈勒城堡。这个副官有些不愿意，他说他不能执行这个命令。国王生气地说，他只是把自己的私有财产授予自己喜欢的人，授予为他效劳的人，并叫副官不要再推脱了。副官表示，他要用少量的部队去守卫城堡。国王说："那就去吧，如果不够，就再多派些。"

那副官立即把我带到了城堡，住了进去。他还提醒我小心行事，以免杀身之祸。我安顿下来后，雇了些仆人，买了些长矛和戟。然而，那段时间我还是很担心，因为那个宪兵司令是巴黎很权势的贵族，与他有关的一切贵族势力都与我敌对，我快顶不住他们对我的攻击了。我必须得说，我是1540年开始为国王效劳的，也就是我刚好四十岁的那年。

13

对于他们的种种攻击，我不得不向国王求救，求他给我换个地儿。但国王说："你是谁？你叫什么名字？"我感到大惑不解，不明白他是什么意思。我不知道该怎么回答他，国王又生气地重复了几遍那两个问题。我说我是本韦努托。国王说："好，你如果真的还是我所了解的那个本韦努托的话，那就按照你的惯例办事吧，我授予你的一切权力。"我告诉他，我要一心为他效劳，其他的任何东西都奈何不了我。他笑了笑，说："那就去吧，你不会有事的。"他叫他的首席秘书维约罗瓦来关照我，提供我一切所需。

维约罗瓦是那个宪兵司令的好友。城堡很大，呈三角形状，面向城墙，是个古堡，也没有卫戍部队。维约罗瓦劝我另外找个地方，因为这个城堡的主人权力极大，他会杀了我的。我说我从意大利来巴黎，就为了给伟大的国王效劳，而死，只不过是迟早的问题，没什么可怕的。

这个维约罗瓦很有才，样样精通，也很富裕。他不断对我使坏，但表面上却不表现出来。他严肃、高贵，谈吐不疾不徐，自然得体。他叫另一个人来骚扰我，那个人是朗基多克的司库，名叫马尔马尼亚。首先，他给自己选出城堡里一些最好的房间。我告诉他，国王已经把这地方给了我，除了我和我的仆人，其他人不得入住。但他是个大胆狂徒，蛮不讲理。他说，维约罗瓦已经授予他权力，他想怎样就怎样，我要是敢反对他，就是自寻烦恼。我告诉他，国王也授予我权力，不管是你，还是维约罗瓦，都奈何不了我。然后，他就用法语骂我，我也用意大利语和他对骂。他怒发冲冠，起手就要抽出他的随身匕首，我也摸着我的自卫短剑，我说："你要是敢抽出匕首，我就立马杀死你。"他带有两个随从，而我身后也有两个年轻小伙子。一时间，他们也不敢轻举妄动，他说："我决不能容许你这样侮辱我。"我见情况不妙，转身对帕戈洛和阿斯卡尼奥说："当我抽出剑时，你们就立马去把那两个随从解决掉，而我要一剑杀死这个家伙，然后就离开这鬼地方。"马尔马尼亚看出了我的意图，为了活命，就带着随从跑了。

我把这件事稍加夸张，然后写信告诉了费拉拉红衣主教，他立即又报告给国王。国王听了十分生气，于是另派了一个他的保镖来保护我。那个保镖名叫奥尔贝克，他提供给我一切帮助。

14

住宿、工作间等一切准备工作就绪后，我立即用铁做支架，用泥塑形，把那三个小模型塑成银像般高大的塑像，他们分别是朱庇特、伏尔甘、玛斯。然后，我去向国王报告，如果我没记错的话，他给了我三百磅银，让我开始做。当我在做准备工作的同时，我顺便把手头搁置了几个月的那个银盆和银罐做完了，然后再给它们镀上金，可以称得上是法国最美的工艺品了。

我把它们给红衣主教送过去了，他非常感谢我，然后他就拿去献给了国王。国王十分高兴，说我是最伟大的艺术家。然后，他回赠给了红衣主教一个年收入七千金币的修道院。国王本来还准备奖赏我，但红衣主教叫他不要赏我，他说那样显得有些突然，因为我还没有真正为国王做过什么作品。慷慨的国王说："就是因为那样我才要鼓励他啊！"红衣主教尴尬地说："陛下，不如奖赏他的事你就交给我来处理，当我接管修道院后，我就给他至少三百金币的奖金。"可后来他什么也没给我。他的阴谋诡计我是讲不完的，我只能挑几个重大的来讲。

15

当我回去后，国王对我的宠爱，使得我被万人敬仰。拿到银后，我就开始做朱庇特像。我雇了许多工人夜以继日地工作，不久我就完成了朱庇特、伏尔甘、玛斯的泥像，银像的工作也进展不少，我的工作间一片大好景象。

这时国王来了巴黎，我便去拜访他。他一见我就问我工作间里有没有什么好的作品让他欣赏欣赏，要是有他就会去我的工作间。我说，我还正在做，但他一定要去看看。于是，晚饭后，他同埃滕贝夫人、洛兰红衣主教，以及包括纳瓦尔国王在内的几个贵族，还有他的姐姐、堂表兄弟、王后及王子和妃子，一道来到我的工作间参观。我那时正在里面工作，当他们走到城堡大门口时就听见了我们的锤打声，国王示意他们保持安静。工作间的每个人都忙于工作，国王的突然到访使我大为惊讶。国王一进大厅，就看见我正在对一个大银块进行加工，那是用来做朱庇特银像的。其中一个工人正在锤它的头，另一个正在锤它的腿，那声音简直就是震耳欲聋。那时，我一个法国年轻的助手不听我的吩咐，我踢了他一脚，正好踢在裆部，他踉跄出好几米，恰逢国王进来，为了保持平衡，他一把抱住了国王。国王不住大笑，我一阵惊惑。然后，国王开始询问我的工作进展，并叫我继续工作。他叫我多请点工人，自己不要太劳累，要我注意身体，那样才能长久地为他效劳。我说，要是我不工作，就会生病，并且艺术作品也会受到影响，达不到我预期的效果。国王听了我那些话，认为我是在吹嘘自己，于是他叫洛兰红衣主教重复他刚才所说的话。我详细而具体地阐明了我的理由，红衣主教相信了我，并劝国王让我按自己的意愿工作。

16

由于国王这次对他的所见非常满意，回去后，他又对我赞不绝口。第二天，在他和洛兰红衣主教吃晚餐时叫我去见他。我到时，他正在吃第二道菜肴，他客气地对我说，由于他现在有了这么好的盆和罐子，他还想叫我再做一个盐罐与其相匹配。他叫我尽快给他设计出模型。我说："你很快就可以见到模型，因为我做那个盆和罐的时候，就已经设计好了一个与其相匹配的盐罐。如果你要看，我可以立刻回去给你带来。"国王既惊讶又高兴，转身对与他共进晚餐的人（有纳瓦尔国王、洛兰红衣主教、费拉拉红衣主教）说："这是一个懂得如何赢得朋友的心的人。"然后他说非常想见我的模型。

于是，我离开了，一会儿后又带着蜡模回到国王这里，因为我只需要穿过那条塞纳河就到了。那个蜡模是费拉拉红衣主教在罗马要我给他做的。我当着国王的面打开蜡模，国王惊叫道："这比我想的要好上百倍，真是艺术家的奇迹啊，我要他永远为我搞创作。"他高兴地对我说，他非常喜欢，叫我用金子去做它。费拉拉红衣主教盯着我，我想他已经看出了那个蜡模就是他在罗马叫我给他做的。但我曾对他说过，我会把它制作给值得拥有它的人。红衣主教回想起我的话，很恼怒，认为我是在报复他，于是他对国王说："陛下啊，这是一件如此巨大的工程，我担心我们永远也看不到它完工的那一天。这些艺术家们的头脑中只会想出一些宏大的构思，而不去考虑何时能够完成。要是我定做工艺品时，我一定要搞清楚什么时候能得到它。"国王告诉他，要是谁光纠结于何时才能完成一件作品的话，那他就永远也不可能开始做一件事。国王的言外之意是说，胆小鬼是不敢做这些事情的。然后我说："每一个君王都以自己的言行去鼓励自己的下属，使他们顺利地完成伟大的事业。现在上帝让我受到这么一个伟大的君王的鼓励，我一定要为他完成这件了不起的作品。"国王起身说道："我相信，你能行。"然后他把我叫进他的房间，问我做那个盐罐需要多少金子。"一千金币。"我答道。他立即通知他的司库奥尔贝克子爵，当天就给了我一千足量的金币。

离开国王后，我去拜访了那两个公证人，他们曾经帮过我得到制朱庇特的银和其他一些东西。我穿过塞纳河，手里提着个篮子，那是去佛罗伦萨的路上，我的一个修女姐妹送给我的。幸好是个篮子而不是口袋。因此，我在白天去取金币，那样就打扰不到我的工人。我不想带仆人，所以就一个人去了。当我到司库家时，钱已经摆在他面前，他正在奉国王之命挑选最好的金币。然而，我感觉那家伙好像故意拖延时间，直到天黑后三个小时才把钱数好交给我。

但我没有立即离开，而是找人捎信叫我的几个工人来护送我，毕竟这是一件很重要的事情。我发现我的工人没有来，于是我问帮我捎信的人是否把信带到。那可恶的家伙说他把信带到了，但工人们说来不了。然后，他又说，他倒是很乐意帮我搬钱。我说我还是自己搬好了。合同等手续已经办理好了，钱也点清了，我把它们全部放进篮子里，然后把篮子挎在手臂上。由于我手臂紧紧地挎住篮子，金币给盖个严实，走起来比用袋子方便多了。我穿着铠甲、护肘，带着剑和匕首，沿着街快速赶路。

17

就在我离开的时候，我看到几个仆人在一起小声嘀咕什么，然后就向我相反的方向散去。我加速前进，穿过贸易桥，然后沿着通向奈勒城堡的河墙前行。当我走到奥古斯丁修道院时，我发现四个带剑的家伙瞄上了我。这里是危险地段，虽然距我的住处不到五百米，但是距城堡里面住人的地方很远，如果我呼救的话没有人会听到我的声音。于是我下定决心硬拼，我用铠甲遮住篮子，然后抽出佩剑，对着快速向我逼近的他们叫道："对于一个士兵，你们只能从他那里抢到铠甲和剑，但我不可能那么容易就让你们抢到，而要给你们点教训。"我疯狂地向他们挥舞我的剑，同时多次故意把胳膊暴露给他们，如果他们是受那几个嘀咕的仆人指示来抢我钱的话，那么他们现在应该认为我并未带很多的钱。他们被我步步击退，搏斗很快停了下来，我听见他们用法语相互嘀咕："这家伙是个勇猛的意大利人，我们应该找错人了，就算没找错人，他也没什么钱。"我嘴上喊着意大利语，手上继续向他们疯狂地劈砍，几乎就快要他们的命了。他们招架不住了，认为我不是普通人，而是一个士兵。他们凑到一起，开始步步后退，同时嘴里相互嘀咕着。我一边继续逼近，一边大声告诉他们，那些想抢我铠甲和剑的家伙，都不会有什么好下场。然后，我快速离开了，他们却仍然慢慢地跟在我后面。我还是有点担心，因为我怕陷入埋伏，腹背受敌。于是，当我走到距我的住处几百步的地方时，我使出浑身力量加速前冲，并大声向城堡里面喊道："快带着武器出来，快，有人要杀我！"于是，我的四个年轻人，手持长戟，从里面冲了出来，但当他们准备向那四个攻击我的人追去时，我叫住了他们。我故意大声说："那几个胆小鬼，真是些没用的东西，四个对一个，居然一分钱也没抢到，这些金币都要快压断我的胳膊了。别管他们了，我们还是快回去吧。"我们一起把钱带回去了，这些年轻人对我的危险遭遇深表同情，并责备我说："你太冒险了，总有一天会吃亏的。"我们议论着，我给他们说明我的理由，他们更加责备我。我们一起吃晚餐，说说笑笑，不管命运带来好运还是厄运，我们都一笑置之，生死由命，富贵在天。俗话说："吃一堑，长一智。"虽然是这样，但每次遭遇的形式也不尽相同，超乎想象，难以预料。

18

第二天早晨，我开始制作金盐罐，推进这一作品及其他作品的进展。同时，我又雇用了大量的工人来协助我，其中有雕刻家和金匠。他们有的来自意大利，有的来自法国，有的来自德国。我会经常换人，因为我要挑选其中最好的，那些最熟悉业务的才会最终被留下来。他们拼命地工作，他们的耐力没有我好，因为我的体质很好，他们只能通过大吃大喝来恢复体力。尤其有几个德国人，尽管他们比其他人更熟悉业务，但是体力不支，身体累垮了。

做朱庇特时，我发现还剩了许多银。我没有告诉国王，而是用来做两个大约二十英寸高的瓶子。我还想把朱庇特的泥模做成铜像，但我以前没做过铜像。于是，我向巴黎搞铜像的老前辈们请教，我告诉他们我们意大利的方法，他们说从来不用那种方法，如果能以他们自己的方法去做，他们保证能给我做成和泥像一模一样的完美的铜像。我与他们订立了合同，把此任务交给了他们，并承诺给他们比他们的要价更多的金币。他们开始投入工作，当我发现他们的方法有问题时，我就开始做由里乌斯·恺撒的头像。这是一个身着铠甲的半身像，比真人还大。我是按照我从罗马带回的一个精致的小型肖像，把它复制放大。同时我也开始做另一尊同样大小的头像，我让一个漂亮的女孩来给我当模特，另外我也拿她来寻欢作乐，以满足我的生理需要。我给那个头像命名为房太妮波录，来自国王寻欢作乐的地方。

待熔铜炉及一切准备好后，我们开始煅烤铸模，朱庇特的铸模是他们做的，两头像的铸模是我做的。烤完后，我对他们说："我认为你们要失败，因为你们在下面没有留足通气眼，你们是在浪费时间。"他们说，要是他们失败的话，就全部退还我工资，并偿还我已经花费的钱。他们叫我管好我自己的头像就是了，因为我用的是意大利银像的方法翻铸铜像，那样做是很可能失败的。

当我们正争论时，国王的司库和其他一些贵族也在场，他们奉国王之命经常来视察，他们把我和工匠争论的事原原本本向国王报告了。铸朱庇特的那两个老工匠停下手头的工作，对我说，他们愿意协助我做那两个头像，因为我的方法有问题，不可能成功，我是在浪费材料。国王听了那些人的报告，就派人告诉那两个老工匠，他们应该向师傅学习，而不是去教导师傅。

于是，他们一边大笑一边把作品放进熔炉。我面无表情，既不笑也没生气，尽管我心里很生气。我把我的两个头像的铸模放在朱庇特的两边。待金属熔化后，我们把熔液顺次地倒进铸模，朱庇特和我的头像都浇灌得很成功。我们都很高兴，因为我们都低估了对方。然后，按照法国的习惯，他们要求去喝酒庆祝，我同意了，并订购了一些丰盛可口的酒菜。吃完后他们要求我付给他们应得的工资以及我承诺的额外工资。我说："你们曾经笑我担心的事会使你们哭的。我想了想，因为你们可能灌太多的熔液了，所以我要等到明早才付你们钱。"这两个穷鬼仔细思考着我的话，然后不吭声地回房了。

第二天早上，他们开始小心地处理熔炉。他们要先取出我的两个头像，才能取出那个大型的朱庇特。我的两个头像完好无损，他们把它们取出来放在显眼易见的地方。然后开始取朱庇特，当他们刨到三十英寸时，一声叫喊从他们和四个工人中传来，我顿时被惊醒。我还以为是胜利的叫喊，跑过去看看。我的卧室离他们那里大概有五百来步远，当我到达时，发现他们一个个惊恐万分，垂头丧气，就像基督的护墓人一般。我看了看我那两个头像，完好无损，此时我心里悲喜交集。然后他们开始找借口说："我们的运气太霉了。"我说："不是你们的运气霉，而是你们知识有限。要是我之前看到你们把实心插入铸模，只需一句话，我就能教你们如何避免现在这种结局，那样就会为我增加名声，而你们也能从中获益。

然而，现在我的声誉仍然很好，你们却名誉扫地，什么都得不到。好好汲取这次教训吧，以后认真工作，虚心学习，而不是去嘲笑他人。”

他们承认我说得对，并求我可怜可怜他们。否则，他们这次可能要倾家荡产，沿街乞讨了，因为他们这次要赔偿的损失是巨大的。我给他们说，要是国王的司库要他们赔偿，就算在我的头上，因为我知道，他们还是全心全意地对待工作的，只是他们知识有限。我仁慈处理工匠的这件事情，大大提高了我在司库和其他大臣心中的声誉。国王也知道了这件事，他无比慷慨，下令说一切按我的意思办。

19

那时，那个名叫皮耶罗·斯特罗兹的英勇军人去了国王那里，他去提醒国王曾经答应给他办法国国籍的事情，国王立即就下令给他办理。同时，国王说：“也给我的朋友本韦努托办一个，并把证件立刻送到他的家里去，不要收他的钱。”皮耶罗·斯特罗兹为他的国籍证件花了好几百金币，而我的证件是由国王的大臣安东尼奥·马松内免费送来的。他交给我证件时，还代表国王向我赠言：“这是你的法国国籍的证件，陛下送给你这么高贵的礼物，希望你能好好为他效劳。”然后，他向我说，皮耶罗·斯特罗兹等了很长时间，花了好大工夫，国王才给予他恩典，满足他的愿望。然而，我却是国王主动提出要为我办理国籍证件，并作为礼物赠送给我。他说，这种恩典还从来没有发生过。我听了这些话，诚心诚意地感谢国王，但还是恳求这位大臣费心地告诉我这证件到底有什么用。他是一位有修养、有学问的人，会说一口流利的意大利语。他笑了笑，用意大利语告诉我，那些证件会赋予一个外国人最大的荣耀。“比威尼斯贵族更光荣。”他说道。

他回去把情况报告了国王，国王笑笑说：“现在我就要让他明白我送他国籍证件的意义。你立即去城堡，封他为奈勒城的城堡主。他现在住的那个城堡，是我私人财产的一部分，这样他就比明白一纸证件的意义要容易得多。”一个信使送来城堡的地契，我给他小费，他拒绝了，他说国王下过命令，不能收。后来回意大利我都带着法国国籍证件和奈勒城堡地契，以后不论身在何方，我都随身携带着它们。

20

我现在要继续讲述我的生活经历。我正在制作前面提到的那些作品，即银像朱庇特、金盐罐、银瓶，以及我的那两个青铜头像。同时我为朱庇特做一个青铜基座，那可是一件需要装饰精致的作品。其中一个装饰图案是伽倪默得斯被抢的场面，另一面则是丽达与天鹅，我把这个基座做得很完美。同时，我也给朱诺的做了一个同样的基座，但朱诺的银像要等到国王给了我足够的银才能做。辛苦一阵后，我已装配完成朱庇特银像和金盐罐，两个铜头像完成了，银瓶也有很大进展。费拉拉红衣主教定做的那几件小作品也完成了，另外我做了一个精致的小银瓶，准备送给埃滕贝夫人。许多意大利贵族，比如皮耶罗·斯特罗兹、安圭拉子爵、皮蒂利亚诺伯爵、米兰多拉伯爵及其他许多人，我都为他们完成了大量的作品。

至于伟大的国王，我说过，我正在为他的作品努力工作。国王回巴黎的第三天，他带了一批贵族来到我家里。知道我做了那么多那么好的作品后，感到很惊讶。他的夫人埃滕贝和他一起，他们开始讨论房太妮波录。她告诉国王，应该让我给房太妮波录做一些漂亮的装饰。国王立即说："你的提议太好了，我马上就叫他按照我的吩咐去做。”然后，他问我，要给他那美丽的喷水池做点什么装饰才好呢。我提了一些看法，他也说了他的观点。然后他说，他要去三十六英里外的莱茵河畔的圣日耳曼，可能要离开十五天到二十天，他想让我在这期间为他的喷水池做个装饰模型。对国王来说，那个喷水池特别重要，所以我要竭尽全力想出一个最好的模型。同时，国王也命令我尽力做一个最美的模型，我答应他奉命照办。

国王看了我做了那么多的好作品，对埃滕贝夫人说："在艺术这行里，我还从来没见过谁比他更能让我满意了，也没有谁能值得他那样的报酬，我们必须留住他。他慷慨济人，讲道义，辛勤工作。因此我们必须好好关照他。对了，夫人，你想想，他每次来我这里，或者我去他那里，他都从来不曾向我索要过什么东西，只一心热衷于他的工作。我们应该为他做点什么，否则我们就要失去他了。”埃滕贝夫人说：“我会帮你考虑考虑的。”他们离开后，我就拼命地开始手头的工作，为国王费尽心机地制作模型。

21

在此期间，我夜以继日地工作。一个半月后，国王回到巴黎。那时，他和罗马帝国的战争又爆发了，所以我发现他有些心不在焉。于是我告诉费拉拉红衣主教，说我已经把国王的模型做好了，我让他见到国王就帮我说说这事儿，好让他把模型拿给国王。并说，要是国王见到模型，一定会十分高兴的。红衣主教给国王报告后，国王就立即跑来看。我首先为房太妮波录宫殿做了一个门厅的模型，我只是在原来的基础上稍加改变，以前是一个又宽又低的法式门厅，前面几乎是一个方形，而上面是一个半圆，像把篮子的提手压扁了，难看死了。国王想在那个半圆里面，摆放房太妮波录的塑像。我纠正了那个门厅的比例，在上面刚好放个半圆形，在侧面设计了一些错落有致的装饰，使得上下相得益彰，达到完美。我把本来该放两根柱子的地方，用了两尊森林之神萨梯的雕像代替。其中一个比半浮雕还高，他的一只手撑着门厅，另一只手握根粗棍子，脸充满了邪恶与杀气，使看到他的人无不心惊胆战。另一个森林之神也是相同的姿势，只是他的头和一些小的细节稍有不同。他手持一根鞭子，鞭子上的链子还连着三个球。虽然我称他们萨梯，但他们除了那小角和山羊头外，一点也不像萨梯，和普通人一样。在半圆里面，我设计了一个妇女，她以高贵而美丽的姿态躺在里面，她的左手放在一只公鹿的脖子上，那只公鹿是国王的纹章。我在一旁设计了一只半浮雕小鹿，还有一些浅浮雕的野猪及其他野兽。另一旁，是各种猎狗，它们透过喷水池的森林隐约可见。整个布局又纳入一个椭圆内，每个角又设计了低浮雕仿古的手持火把的胜利女神像。在椭圆上面我放了一条火蛇，还有其他一些漂亮的装饰，与伊奥尼式建筑相匹配。

22

国王看了这个模型，喜笑颜开，完全忘记了两个多小时的战事讨论给他带来的疲惫。我看到国王高兴的样子，就打开另一个模型，这是出乎他意料的，因为他对第一个模型就已经非常满意了。这个模型有四十多英寸高，其中我做了一个正方形的喷水池，周围绕有漂亮的台阶，这不论是在法国还是在意大利都是罕见的。在喷水池的中间，我设计了一个基座，基座上有美丽而协调的裸体雕像。他右手持一根断了的长矛，左手握一把短刀，左脚支撑平衡，右脚踩着一个精致的头盔。我在喷水池的四个角落都设计了一个坐着的雕塑，每人都带有一个美丽而恰如其分的纹章。

国王问我这个设计所蕴含的意义，他说门厅的设计他明白，但喷水池虽然美丽，他却搞不清楚其中的含义。同时，他说，我的作品绝不会像那些傻瓜工匠的作品，表面光艳美丽，却没什么象征意义。于是我要解释给他听，因为我的作品已经使他非常满意了，我还要把意义解释给他，使他更加高兴。“陛下，我这就解释给您听，我的这个模型计算得十分精确，所以在把它放大时，也不会失去现在的美。中间的雕像高五十四英尺。”听到这里，国王摆出一个惊讶的手势。我继续说道：“它代表战神玛斯。其余四个雕像代表艺术与科学，陛下可以从中取得快乐，并能保护它们。右手的雕像代表学问，你可以看见它带的纹章标明了哲学及其知识的分支流派。接下来的这个雕像代表各门艺术，包括雕塑、绘画和建筑。第三个雕像代表音乐，它不能被忽视。第四个雕像代表宽宏大量，如果没有它，上帝给我们的精神恩典就会失去色泽。而中间那个大雕像就象征陛下您自己，您就是战神玛斯，您用勇敢、公正和虔诚，捍卫了您的光荣。”不等我说完，国王就高声说：“终于找到了让我称心如意的人了。”然后他下令给司库，让他支付我的一切所需，不管代价有多大。国王拍拍我的肩膀，说："我的朋友，我不清楚哪个更令人高兴，是国君找到一个称心如意的人，还是艺术家找到一个能够帮他实现他构想的国君。"我答道，如果我真的是陛下所说的那个艺术家，那是我运气好。国王笑了笑，说："我们俩运气都很好。"然后我就兴高采烈地回去工作了。

23

我的厄运不会让我清醒，去和埃滕贝夫人上演那么一出闹剧。那天晚上，埃滕贝夫人从国王那里了解到白天的事情，便怒火中烧，气愤地叫道："如果本韦努托拿他那些好艺术品给我看的话，我以后或许会记起他。"国王为我说情，但于事无补。我是十五天后才知道的，在此期间，他们去了诺曼底，经过鲁昂和第厄普，最后回到莱茵河畔的圣日耳曼。于是，我就把埃滕贝夫人要我做的一个美丽的小瓶拿去交给她，想以此来挽回她对我的看法。我拿着小瓶，并展示给埃滕贝的保姆，说这是她女主人要我做的小瓶，我现在来赠给她。保姆很友好地接待我，并表示帮我传话。保姆把事情详细地报告了埃滕贝夫人，她傲慢地说："让他等着。"一听这话，我就知道不好，便只有耐心地等待。然而，我一直等到晚餐后都不见有人来。我看时间太晚了，又气又饿，就离开了，心里埋怨着埃滕贝夫人。

我又到洛兰红衣主教家里去，把银瓶送给他，求他在国王面前替我美言几句。他说没有必要，要是真有必要，他会乐意帮我的。然后他叫来他的司库，在司库耳边小声说了些什么。等到我离开红衣主教时，司库对我说："本韦努托，跟我来一下，我要给你一瓶上好的葡萄酒。"我有点茫然，便回答他说："啊，司库先生，请给我一杯葡萄酒和一口面包就够了，因为我今天从早上到现在一点东西都没吃，都快饿晕了。我早上到埃滕贝夫人的家门外，想把那个美丽的小瓶送给她，她传话故意叫我等到晚餐后，以此来戏耍我。我现在四肢无力，饿得发晕，上帝要我把我的艺术成果给应该得到它的人，我现在只求你能给我点食物，因为我就快倒下了。”当我费力地说完这些话后，他们拿来了上好的葡萄酒和一些美味的点心。我吃完后，体力恢复了，气也消了。

然后，司库又交给我一百金币，我说什么也不肯收。他报告给了红衣主教，红衣主教把他臭训了一顿，并告诉他再把钱给我送来，必须让我收下。司库生气地退下了，他从来没被红衣主教这样骂过。当他再次把金币拿给我时，我仍然有些拒绝，他很生气，强行让我收下，于是我就收下了。我说我想去感谢红衣主教，他就派了一个秘书捎话来，说随时欢迎我去。当晚我就回了巴黎。我知道那天的情况后，就嘲笑埃滕贝夫人，这激起了埃滕贝对我的强烈憎恨，最后几乎想要我的命，我将在适当的时候叙述那些事。

24

在前面，我应该提到过一个名叫圭多·圭迪的贵族，他是我遇到的最有学问、最注重交情、最讲道义的人。他是一名杰出的医生及医学博士，佛罗伦萨的高等贵族。我的厄运给我带来了无穷的事端，这使我都把他给忽略了。虽然我在回忆录中很少提到他，但他始终被我记在心里。然而，我觉得我的传记里必须提到他，因为他曾在我受难时，给了我巨大的安慰和支持，以致我现在回忆起来仍不忘他对我的好处。

圭多到了巴黎，不久我就见到了他，把他接进了城堡，给了他一套住房让他住下。我们在一起愉快地生活了好几年。帕维亚大主教也来到巴黎，他是伯爵桑赛康多的兄弟。我把他从旅馆接进城堡，也给他安排了一套住房。他带着仆人和马匹，舒舒服服地住了几个月。另外，我还让路易吉·阿勒曼尼父子在城堡里住了几个月。像我这样一个地位卑微的人，能够为这些高贵的人效劳，这真是上帝给我的恩赐。

再回到圭多身上来，我和圭多在巴黎度过了很多美好的时光。我们常常谈及，彼此虽属不同的职业，但都为一个伟大的、受人爱戴的国君效劳，这使我们倍感欣慰。凭良心说，我之所以能够成就出这些伟大而漂亮的作品，全都要归功于伟大的国王。所以，我还要说说我与国王及我为他做作品的事情。

25

在城堡里面，我有一个网球场，收入还比较可观。那里有一些小房间，住着一些不同职业的人。其中一个是搞印刷的，他的全部作坊都在城堡内，他也曾经为圭多印刷过一本很好的医书。由于我要使用这些房间，我大费周折才使他搬走。还有一个是制造硝石的，由于我要使用他那几个德国工人住的几个小房间，我叫他让他们搬出去，他拒绝了。我三番五次去叫他把那些房间腾出来，因为我想给我的工人住，以便为国王效劳。我跟他说话越客气，他越蛮横无理。最后，我说只给他三天时间，叫他搬出去。他大笑，说偏要瞧瞧我三天后能把他怎样。我不知道他是一个受宠于埃滕贝的人。我与埃滕贝的瓜葛使我变得更加谨慎小心，要不然我会立刻把他轰出城堡，于是，我决定等他三天。三天后，我带了一些手持武器的德国人、意大利人、法国人，还有许多我雇佣的工人，把他的那些房间强行拆除，把他的所有物品扔到城堡外面去了。我之所以采取这种强硬的措施，是由于他曾经说过，从来没有一个意大利人敢动他一根毫毛。完事后，他来找我，我对他说："我只是一个普通的意大利人，那和我真正所能做的事比起来，还什么都不算，所以你要是再敢说什么，就别怪我残忍。"然后我又威胁了他几句，他又愤怒又害怕。他把他的东西尽量放到一起，然后就去找埃滕贝，他把事情夸张到极致，把我说得跟恶魔一般。我是埃滕贝夫人的敌人，她凭她的权势和口才，更加夸张地把此事报告给了国王。国王两次大怒，准备要严惩我。然而，国王的儿子——亨利王子曾受过埃滕贝的侮辱，他和国王的妹妹纳瓦雷王后一起机智地保护我，使得国王对此事一笑而过。上帝又拯救了我一次，使我免受灾难。

26

还有一个人我也叫他搬走，但没强行拆除他的房间，只是把他的东西扔了出去。于是，埃滕贝傲慢地对国王说："那个魔鬼迟早会把巴黎抢光的。"国王生气地告诉她，说我是为了维护自己的利益，为他效劳扫清道路。

那个恶毒的女人越来越气愤。她找了一个画家，让他去参观了国王常去的房太妮波录宫殿。那个画家是个意大利博洛尼亚人，大家都叫他博洛尼亚人，他的真名叫弗朗西斯科·普里马蒂乔。埃滕贝叫他去求国王，把让我做喷水池的任务给他做，并说会全力支持他，于是他们就商量好了。那个博洛尼亚人非常高兴，虽然这不是他的本行，但他确信能把这个任务搞到手。他确实是一个不错的设计大师，他手下有一批工人，而那些工人都受过佛罗伦萨画家罗索风格的培训。毫无疑问，罗索是一个了不起的画家，不幸已逝，而普里马蒂乔的好作品都是模仿罗索来的。

油嘴滑舌的论据，以及埃滕贝的地位影响，再加上她和普里马蒂乔日夜轮番不停地向国王进谏，使得国王偏向于听信他们。其中，最起作用的是这些话："陛下啊，本韦努托怎么可能搞喷水池？你叫他做的那十二个银像，到现在他才完成一个。他一个人怎么能完成这些需要一百个人完成的巨大任务？如果你全部交给他做，势必要失去那些你想得到的好作品。您一定清楚，他这样一时热情，疯狂贪工，只会使陛下既失去他又失去他的作品。"在他们适时类似的大量说辞后，国王答应了他们。但普里马蒂乔还没有拿出任何喷水池的设计或模型。

27

就在那段时间，第二个被我从城堡赶出去的人，对我采取了攻击措施。他诬告我在搬他的家时偷了他一些东西。这场诉讼让我真不好受，还浪费了大把时间，很多次我都想绝望地离开法国。法国有个习惯，就是向外国人或不擅长官司的人制造一件诉讼，从而大发横财。一旦他们发现其中有利可图，就想办法把诉讼转卖给别人。有些人甚至把它当作女儿的嫁妆，送给专门做这种生意的人。他们还有一个恶习，即几乎所有的诺曼人都喜欢搞假证据。他们尽可能多地买下诉讼，然后根据需要，雇用四个或六个假证人。如果对手不了解这个习惯或者搞不到那么多的证人，就会在诉讼中吃大亏。

这一切都发生在我身上了，我认为那样很不公正，我出庭为我自己辩护。在那里我见到了一个为国王处理民事案件的法官，他坐在高高的法官席上。他很高，有点胖，很壮实，面容极其严峻，两旁是一些律师。一些人一个一个地去向法官陈述案情。时不时，我也注意到，那些律师突然发话，我顿时对他们肃然起敬。他们就像冥王一样，仔细审听每个人的陈述，并明锐地回答他们提出的问题。我总是喜欢观察和体验各行各业，所以我绝不会错过这一精彩时刻。法庭很大，挤满了人。为了不让无关人员进去，他们把大门关住，并叫一个警卫看守。有时警卫为了尽力阻止无关人员进入，搞出较大的骚动和嘈杂声，这影响到了审判，于是法官大怒，把警卫大骂一通。这种事时有发生，我仔细观察着这一切。有一次，两个贵族硬要进来旁观，警卫强行阻止他们，此时我清楚地听见法官叫道："肃静，恶魔，快滚出去，不准撒野！"这些话的法语发音是："菲，菲，撒旦，菲，菲，阿拉菲！"现在我的法语已学得不错了，一听到那些话，我终于明白但丁和他的主人进入地狱时那些话的意思了。但丁和画家乔托一起在法国，特别是在法国巴黎，就像我之前说过的，这所谓的正义之厅简直就是真正的地狱。但丁精通法语，所以使用了那样的措辞，以前从来没有人那样译过。我相信是评论家让他那样做的。

28

好了，还是说我自己的事吧。当法庭宣布关于我案件的一些决定时，我感觉很不公正。我只能用我的佩剑来解决问题，因为我总是嗜好好的武器。我要开刀的第一个人就是控告我的那个原告。一天晚上，我在他的腿和手臂上砍了很多刀，我很谨慎，没杀他，只是把他的腿给废了。然后，我找到另一个使我卷入官司的人，也好好教训了他一顿，最后他撤销了对我的控告。

感谢上帝对我的帮助，现在应该可以风平浪静一段时间了。我告诉我的那些小伙子，尤其是意大利的那几个人，上帝慈爱他们，他们应该努力干活，帮我完成手头的工作。然后我就打算回意大利，因为我再也受不了法国人的这些流氓行为了。还有国王，万一他哪天跟我闹翻了，就会以我的自卫行为为借口把我给害了。在我所有的意大利工人里面，我最喜欢的第一个要数阿斯卡尼奥，来自那不勒斯王国的一个叫作塔利亚科佐的地方。第二个要数帕戈洛，一个出身卑微的罗马人，他连自己的父亲是谁都不知道。阿斯卡尼奥和帕戈洛是我从罗马带来的，在罗马也是和我一起的。还有个罗马人，他也叫帕戈洛，他专门来找我，为我效劳。他父亲是罗马马卡罗尼亚家族的一个没落的贵族。他虽不怎么懂得艺术，却是个勇敢的剑客。还有一个佛罗伦萨人，名叫帕戈洛·米齐埃里。他有一个兄弟叫加塔，是个精明的办事员，但帮一个富商托马索·瓜达尼管财时，花钱无度。加塔把我那本记录国王及其他客户的账簿管理得井然有序。现在，帕戈洛·米齐埃里从他兄弟那里学会了如何管账，于是就来为我工作，我付他可观的工资。我认为他是个值得信赖的小伙子，因为他看上去很忠诚，虔诚信教，时时念珠，小声祷告。于是，我就开始完全信任他了。

我把他叫过来对他说："帕戈洛，我的好兄弟，你现在在这里和我过得多么好，而你以前一无所有，只是一个佛罗伦萨人。发现你也虔诚信教，我很高兴，所以我越来越信任你了。我现在求你帮我一个忙，除了你我不敢信任其他人，求你帮我保管两样非常重要，也使我烦恼的东西。首先，我要你帮我保管我的财产，防止被别人偷，你自己也不能碰。其次，你知道，卡特琳娜，那个可怜的年轻女孩，我主要用她做艺术的模特，另外，作为男人，我也用她来寻乐。她可能要为我生一个孩子，但我绝不能容忍她和其他男人的私生子。我要是知道这房子里有人敢做这种事，我就把他们两个都杀了。因此，我的好兄弟，我信任你，要你帮我个忙，要是你发现什么异常情况，就立即通知我，要是真发生什么事，我一定会让她和她母亲以及那个男人下地狱。你自己也要小心。”这个流氓在身上比画了一个十字，大声说道：“青天在上，我绝不会有那种想法，因为，首先我不是那种邪恶的人，其次我也不会忘记你对我的大恩大德。”他说那些话时，是那么的真诚，那么的富有感情，于是我便相信了他。

29

两天后，我的一个同行，名叫马蒂奥·德尔·纳查罗，邀请我和我的几个小伙子去参加一个节日游园的庆祝会。他也是意大利人，也在为国王效劳。我准备好后，叫帕戈洛和我们一起去玩玩，因为之前那些官司把我弄得够戗，现在正好可以放松放松。帕戈洛回答说：“我要是离开了，这房子就不安全了，你那么多的金银珠宝就会有危险。现在盗贼盛行，我要日夜为你看守房子及财产，顺便可以做做祷告什么的。你就放心地去玩吧，好好放松一下，以后再让别人来替我的班就可以了。”

我没有什么顾虑了，于是带着帕戈洛、阿斯卡尼奥和基奥齐亚离开了。玩到太阳快落山时，我突然开始怀疑那个叛徒所说的那些感人肺腑的话。于是，我上马，带着两个仆人回了城堡。我发现帕戈洛·米齐埃里和那个骚货在房子里，她母亲也是个法国妓女，一见我回来了，便在门外吼道：“帕戈洛、卡特琳娜，快，主人回来啦！”我看见这对狗男女惊慌失措，衣冠不整，跌跌撞撞地从里面出来，就知道他们干的好事。我的愤怒淹没了理智，抽出剑就要宰了这对奸夫淫妇。帕戈洛跑了，而那个贱人跪地求饶。本来我想先杀帕戈洛，但他跑掉了。我考虑了一下，决定把他们赶出城堡，不杀他们，因为我要是杀了他们，再加上我的其他暴行，我也活不了。于是，我对帕戈洛说：“你这个流氓叛徒，以你的所作所为，我本该把你碎尸万段，但老子不杀你，快给老子滚，你要是祷告，就为圣朱利亚诺父母的灵魂祷告吧，滚！”然后，我把那对下贱的母女暴打了一顿，把她们赶走了。她们决定控告我，一个律师给她们建议，说我用意大利的方式玩弄她，那样我就会百口莫辩。那个律师说："至少，当那个意大利人听到这样的控告后，他会意识到自己处于多么危险的境地，因为那种罪行在法国是要受到相当严厉的处罚的。"于是他们就达成协议，控告了我，很快我就收到了法院的传票。

30

我越寻求安稳，就越不得安稳，天天都受到厄运的袭击，于是我想出了两个选择。一、离开法国这个鬼地方。二、和他们对抗到底，看看上帝怎么为我安排。我在这两条路上徘徊焦虑了很长一段时间，最后还是决定离开，保住老命，不和他们拼。我做好一切准备，把带不走的东西尽量处理掉，小物件就让自己和仆人携带。然而，对于这次离开，总是感觉不情愿。

我曾把自己隐匿在一个小房子里，但我的年轻小伙子们都劝我离开。我虽然心里很同意他们的观点，但还是告诉他们，还是让我自己好好想想这一步怎么走。要是我先逃走，避避这阵风头，然后可以给国王写信解释清楚，让他知道我是被恶毒的敌人陷害的。于是我决定逃走，但当我正要行动时，一股无形的力量把我的肩膀抓住，然后我听到一个鼓励的声音说："本韦努托，按你的习惯办事，不要害怕！"我又马上改变了主意，我对我的意大利小伙子说道："拿好你们的武器，跟着我干，我要你们按我的吩咐办事，不要再考虑了，我决定和他们拼到底。要是我离开了，第二天你们就会遭殃，所以你们跟着我干，听我的号令。"他们异口同声地说道："你是我们的主，我们全仗你生活，只要我们还有一口气在，我们就会和你并肩作战。你比我们更清楚这件事，只要你一走，他们就会加害于我们。我们现在手头的作品是多么重要、多么伟大，你走了我们也完不成那些作品，并且你的敌人还会说你退缩了，害怕完不成那些巨大的任务。"他们还说了一些其他鼓励的话。马卡罗尼亚家族的那个小伙子第一个为大家增加信心，他为我找来了几个德国人和法国人，他们都很乐意帮助我。

我们总共有十个人，我决定好了，这次去绝不活着进监狱。当我们到了法庭，我看见卡特琳娜母女已经在那里了，她们一看到我就笑了。我进去了，粗鲁地向法官打了个招呼。法官又重又胖，高高地坐在法官席上。一看见我，他就威胁地摇着头对我说："你本韦努托虽然有些本事，但这次你却不太受欢迎哦。"我懂他的讽刺，并两次说道："快说，叫我来干吗？"法官转向卡特琳娜，说："卡特琳娜，快把你和本韦努托之间的事原原本本地说出来吧。"然后那婊子就编造出了一大堆我是怎么用意大利方式玩弄她的事情。法官转向我，说："现在你都明白了吧，本韦努托？"我说："我怎样对她，也和你们一样，只是生孩子的方式。"他说："她是指你虐待她。"我回答说，那些不是意大利的方式，而是法国的，她什么都知道，而我却不清楚。并且我要求那个婊子说清楚，我到底是怎样虐待她的。那婊子居然又不知廉耻地编造出一堆下流而详细的事实，以此控告我。我让她把她编的那些重复三遍，当她重复完后，我就大声吼道："法官大人，陛下的副官，我恳求你主持公道。我很清楚法国的法律，这种罪行是要处以火刑的，并对原告和被告双方均有效。那个女人已经承认了她的罪行，而我与她所说的毫无关系。她的帮凶，也就是她那犯贱的母亲，也应该同她一起受刑。希望法官大人公正处理此案。"我把那些话反复大声地重复着，并不断地大声吼道："烧死她们！烧死她们！"我同时也威胁着法官，如果不把她关入监狱，我就会立即去找国王，告诉他他的副官法官大人冤枉了我，对我不公正。我制造的这种咄咄逼人的气势，使得我的对手压低了她们的声音，不再嚣张，而我继续提高嗓门。那对小贱人开始哭泣了，而我还是向法官叫道："烧死她们，烧死她们。"法官席上那个无能的家伙一见情况不好，便温声细语地解说，为维护那两个女人寻找借口。此时，我感觉我已经大获全胜了，于是就一边说着威胁的话，一边高兴地离开了法庭。我确实愿意付出五百金币来避免这场官司，但现在我已经结束了这场风暴，衷心地感谢上帝后，就和小伙子们高兴地回城堡了。

31

一旦厄运注定要攻击一个人，那它会不断地变换着各种新花样去祸害他。我以为我经历了这么大的风暴后，厄运肯定会让我安稳一下。然而，我还没来得及喘口气，它又带给我两次大危险。三天之内，出了两件事，我险些丧命。首先，国王写信给我，叫我给他的硬币制作模子，信中还附有一些其他作品的草图，叫我顺便制作，但他没有限制时间，让我自己安排。我根据我自己的艺术理念设计出了几个模子，然后去了房太妮波录宫殿找他看看。当我到达房太妮波录宫时，一位名叫德拉法（曾奉命照顾我的所需）的国王的司库对我说："本韦努托，你那个定做喷水池的玛斯大雕像的任务，已经被国王委托给普里马蒂乔了。还有，你先前订的一切任务都转手给他了。我们很气愤，对你这个意大利人也太不讲道义了。你花了很多心血，那个任务应该属于你。而那个人却通过埃滕贝夫人，花言巧语地把它抢走了，并且几个月过去了，他什么也没做。"我吃惊地说道："怎么可能，我居然什么也不知道！"他告诉我，普里马蒂乔严格保密，国王本来不会让他做，但他通过埃滕贝夫人向国王再三央求，最后才把任务弄到手的。

我花了那么多心血要做的作品居然让别人抢走了，这确实太不像话了。我决定维护自己的权利，于是就拿着剑就去找普里马蒂乔。他的仆人把我带进去，他在房间里工作。我进去后，他用他们伦巴第的特有的方式跟我打招呼，问我有何贵干。我答道："我来干一件好事，也是一件重要的事。"他叫仆人拿来酒，说："我们先喝两杯，再谈，这是法国的习惯。"我说："弗朗西斯科先生，你要知道，我要谈的这件事是需要在喝酒之前谈的，谈完了也许我们可以喝两杯。"然后我就开始了，我说："每个人都应该通过自己的努力才能取得别人的信任，否则，他将名誉扫地。你知道国王早就把制作喷水池玛斯雕像的事委托给了我，而你却接手，并且都十八个月了，连一句话都不通知我。我通过自己的努力，使国王满意喜欢，才得到那些任务。这么几个月了，我却没有听到其他相反的情况。直到今天早上，我才知道是你给我抢走了。我是凭实力得到的，而你靠花言巧语给我抢走。”

32

他说：“本韦努托，每个人都有发展自己事业的方式。如果说是国王委托给我的，难道你也要反对国王吗？你不要再浪费时间了，因为那个任务已经是我的了。你现在给我些设计的建议，我会采纳的。”我说：“弗朗西斯科先生，你要知道，我可以给你讲很多道理，你要明白，你所使用的那些卑鄙的手段，在正常理性的人看来是可耻的。但我现在要简明扼要，因为这是一件重要的事。”这家伙看到我脸色大变，便想要起身离开，我跟他说，还不到离开的时候，最好认真听。然后我就开始说：“弗朗西斯科先生，你知道，是我开始的这项任务，到现在已经过了这么久，从来没受到任何争议。现在我告诉你，我很满意这样做，就是你做一个模型，而我也另外做一个模型（除了我已经完成的那个），不必争吵，然后我们把它们拿给国王，让国王来公平公正地决定到底谁有资格来做。到时如果国王委托你，那么你对我的侮辱我就既往不咎，并且我还会祝贺你，因为那样证明你确实比我强。让我们就这样达成协议吧，我们会成为朋友的。否则，我们就是敌人。上帝永远站在正义的一边，我也知道怎样去维护正义，到时你就会明白你到底有多错。”他说：“既然国王已经委托给我，那么它就是我的，我不会听你的胡言乱语。”我反驳：“弗朗西斯科先生，如果你不采取正义公平的方式，那我就只好采取像你那样卑鄙无耻的手段了。我就直说吧，要是你敢对我的作品说长道短，我会像宰一条狗那样把你干掉。这里不是罗马，也不是博洛尼亚或佛罗伦萨，这儿的规矩不一样，要是我知道你向国王或其他人提及此事，你就死定了。现在你有两个条路：要么走先前我给你说的那条正义之路，要么就死路一条。”

这家伙一时乱了阵脚，不知所措，而我想马上解决问题，不想拖延。他只说："如果我像一个诚实的人那样做，就没什么好怕的。"我说："但愿你能像你说的那样，否则，你不得不害怕，因为这是一件严重的事情。"说完我就离开那家伙，到国王那儿去了。我和国王讨论了很久关于制币的事情，其中有一点我们不能达成一致。当时在场的顾问都劝他，应该依旧按照法国历来的风格制币。我回答说，陛下把我从意大利叫来，就是为给他制出好的作品，但他要是不依我的艺术规则，我也不能服从他。因此，制币的事只有放到以后再谈，我就先回巴黎去了。

33

我刚下马，一个喜欢搬弄是非的人就来告诉我说，帕戈洛已经给卡特琳娜那下贱的母女俩安排好了住宿的房子，他经常去那儿谈论我，并说些轻蔑的语言："本韦努托叫狐狸去看守葡萄，他以为我会吃葡萄。现在他趾高气扬，夜郎自大，他以为我怕他哦，我现在也带上了长剑和匕首，我要让他知道我的刀刃和他的一样锋利。另外，我也是佛罗伦萨人，是米齐埃里家族的，那是一个比切利尼家族更高贵的家族。"这个流氓以这种口气说出来，真让我感到一阵火烧火燎。这里我之所以用火形容，不仅仅是个比喻，而是我确实感觉到很烧。差点儿气死我，于是我要想个办法来消消气。我叫上一名费拉拉工人和我一起去，还叫了一个仆人跟在我的马后。我们到了那个无用的流氓所住的地方，门是半掩着的，我就直接进去了。帕戈洛坐在一个大柜子上，身上带着剑和匕首，手里搂着卡特琳娜。我进去时，刚好听见他和她母亲在谈论我的坏话。我推开门就用剑指着他的喉咙，让他来不及想他是否也带了武器。同时，我道："你这个可恶的懦夫！把你的灵魂交给上帝吧，反正你也活不了了。"他坐在那里不敢动，叫了几声："妈，妈呀，快救我！"尽管我下定决心杀他，但当我听见这白痴的求救，气就消了一大半。我告诉基奥齐亚，不要让卡特琳娜离开这房子，等我解决了那个流氓，再去收拾那两个婊子。我继续用剑指着他的喉咙，时不时用刃尖顶他，不断地威胁他。见他一点自卫的能力也没有，我反而不知道该如何是好，我不可能一直这样威胁他。最后，我突然想出个主意，就是让他们立即结婚，以后我好慢慢报复他们。于是，我说："懦夫，把你手上的戒指脱下来，和她结婚，这样我才会对你以后要受到的报复感到满足。"他说："只要你不杀我，要我做什么都可以。"我说："把戒指给她戴上。"我把手中的剑又抵紧了几分，而他把戒指给她戴上。我叫道："这还不够，我必须马上叫两个公证人来，订好婚约。"我叫基奥齐亚去请公证人，然后我转向那两个贱女人，用法语说道："等会儿公证人来了，要是谁敢提及刚才的事，我就立马把你们三个都杀掉。所以注意了，管好你们的嘴巴。"我又用意大利语对帕戈洛说："你只要敢说出一个反对我的字，我就在这里把你的五脏六腑掏出来。"他说："只要不杀我，叫我做什么都行。"公证人来了，制出了一个合法有效的婚姻合同后，我的火气全部消失了，我给公证人付了钱就离开了那个房间。

第二天，普里马蒂乔来巴黎办事，他叫马蒂奥·德尔·纳查罗来找我。我去见他，他笑脸相迎，求我把他当作好兄弟，并且说他绝不会再提那件工作的事，因为他承认我说的都十分正确。

34

在那么多事情中，如果我一点错误也不承认，人们就会认为我的所作所为太假。所以我承认我对帕戈洛的报复确实做得有点过分。实际上，我要是知道他这么软弱无能，也不会去殚精竭虑地报复他了。对于让他娶那个不要脸的婊子为妻，我还未能感到满足。于是，我把卡特琳娜叫来给我做模特，让她在我面前摆各种困难的裸体姿势，我预付她一天三十枚小钱，还管她饭。然后，我拿她寻开心，以此来羞辱她丈夫及嘲笑他们两个。另外，我叫她连续摆几个小时的姿势，她很不好受，她越不好受，我就越开心。她很美丽，非常适合给我做模特。最后，我对她没有以前那样好了，她就开始抱怨，用法国的方式吹嘘她的丈夫，说她丈夫现在在皮耶罗·斯特罗兹的弟弟加普亚的修道院里做事。她是第一次说那些，我一听她提及她丈夫，就火冒三丈，但我尽量容忍下去，因为找不到一个比她更漂亮、更适合的模特了。我盘算：我现在正使用两种方式进行报复，一是她已结婚，我再和她搞来搞去，就是对她丈夫的极大的羞辱。二是我把对他的怨恨充分施加在她身上，我让她长时间摆困难姿势。真是一举两得，除了能报复，还能为我的艺术作品服务，还有什么能比这让我满足呢？我正在想那些事情时，这小贱人提高嗓门，更加肆无忌惮地吹嘘她丈夫，气得我火冒三丈，我抓着她的头发就往地上拖，并拳打脚踢直到我筋疲力尽。没有人来帮助她，我打完她后，她发誓再也不来当我的模特了。然后，我第一次意识到我做错了，因为我失去了一个难得的模特，失去了为我取得艺术荣耀的工具。此外，她被我打得遍体鳞伤，就算会回来，至少要调养半个月才能为我工作。

35

还是回到卡特琳娜的问题上来。我派了一个我的老女仆鲁贝尔塔去照料她，给她送吃送喝，还拿了些盐肉给她擦身上的淤伤，剩下的就叫她们一起吃了。伤好后，她就大骂那些受法国国王庇护的意大利人，并哭着嚷着要回家。

我感觉这次确实是做错了，鲁贝尔塔也这样说我："你真是个残忍的怪兽，居然虐待这样漂亮的女孩。"我告诉鲁贝尔塔，当卡特琳娜和她母亲同我在一起时她们对我的那些残忍的伎俩。她仍然责备地告诉我，说那是些法国人的习惯，算不得什么，她坚信法国没有一个男人是不戴绿帽子的。我听了她那些话，大笑不已。然后我就叫她去看看卡特琳娜怎么样了，我想早点儿让她回来帮我完成手头的工作。鲁贝尔塔又责备我，说我不懂女人的脾气，她说："天一亮她自然会来，要是我派人去看望她，她就会耍大，不来了。"

第二天早上，卡特琳娜使劲地敲我的门，我还以为是个疯子，或是家里的哪个人。我一开门，她就对我又搂又亲，问我是否还在生她的气。我说：“没有。”她接着说：“那就给我吃早餐吧。”我就和她共进早餐，以此表示和好。然后，我就叫她为我摆模特姿势，时而调调情，乱乱性。后来，她又像以前那样把我惹怒了，而我又像以前那样打她一顿，就这样像时钟般反复上演，没什么太多的变化。

36

同时，我完成了我的作品，感觉到一种伟大的荣耀。接下来，我开始铸铜。我遇到了一些困难，我要是去细讲，从艺术角度看将会很有意思，但那样的话我就扯得太远了，所以就不细讲了，只说那些雕像和以往铸的一样好、一样完美。

在做这一作品的过程中，我腾出一些时间去做盐罐，另腾一些时间做朱庇特银像。做盐罐的工人要比做朱庇特的工人多得多，所以盐罐马上就要完成了。

国王已经回了巴黎，我带着盐罐去拜见他。跟我前面描述的一样，盐罐高七英寸左右，全金打造，用调刀刻成，整体呈椭圆形。我曾经描述的时候说过，代表海洋和陆地的雕像都是坐着的，它们的腿缠在一起，像是海的直流流经陆地，这样设计是恰如其分的。海洋雕像的右手上握一把三叉戟，左手托一只精致用来装盐的小船。雕像下面是四只海马，它们前脚到头部像马，其他部位则像鱼，而鱼的尾巴在一起交相辉映。周围围绕着各种鱼类和其他海洋生物。海波荡漾，五彩斑斓。我用一个漂亮的女人代表陆地，和她的男伴一样赤身裸体。她左手托一个爱奥尼式小庙，用来装胡椒粉。在她身下，我设计了一些陆地上最美丽的动物，地上的岩石部分是珐琅制成，部分用黄金制成。然后我给这个作品做了一个合适的黑檀木基座，在基座的檐口设计了四个半浮雕像，分别代表夜、昼、晨、昏。同时我还设计了另外四个同样大小的雕像，代表东西南北风，也是用珐琅做成，精妙绝伦。

当我把这件作品放在国王面前时，他惊叫万分，目不转睛地盯着作品。然后他叫我先把作品带回家，告诉我他会找个合适的时候叫我拿给他。我把作品拿回家后，立即召集我的亲朋好友，一起进餐庆祝，同时把盐罐放在餐桌的中间，所以我们是第一个使用它的人。之后，我就继续我的朱庇特银像以及银瓶的工作，我在银瓶上用了大量的饰品和人物来装饰。

37

就在那时，我之前说的那个博洛尼亚画家给国王写信，建议国王让他回罗马，他可在那里为国王翻铸古希腊伟大的雕像，如维纳斯、科莫德斯、辛加拉、阿波罗。这些绝对是全罗马最好的作品。他告诉国王，要是国王看了那些了不起的作品，就会真正懂得艺术设计，因为国王所见的很多今人的作品，是难以与古人之作媲美的。国王答应了他的要求，满足了他的一切要求。于是，那个流氓就随着他的霉运回罗马了。他没有实力和勇气同我竞争，于是就想仿造古代伟大的作品，以此来贬低我的作品。虽然他的翻铸技术很高超，但还是以失败而告终，我会在合适的时候讲这件事情。

我已经和名誉扫地的卡特琳娜彻底决裂，她那不幸的丈夫也已经离开了巴黎。房太妮波录喷水池的铜像已经做好了，但还要为门厅的侧角做两个胜利女神的雕像。于是我找来了一个十五岁的女孩，她很漂亮，皮肤浅黑，看上去有点粗野，沉默寡言，眼神忧郁，但动作迅速。她的真名叫吉安妮，但我叫她小黑蛇。

由于她做我的模特，我很好地完成了房太妮波录雕像和两个胜利女神的雕像。

她是个纯洁的少女，我让她怀了我的孩子。在1544年6月7日13时，她给我生了个女儿，我给她取名为卡斯坦查，那时我刚好四十四岁。我让我的好友、国王的医师圭多·圭迪，为我的女儿进行宗教洗礼，他是我女儿唯一的教父。依据法国的习惯，要有两个教母和一个教父。我女儿的一个教母是马达伦娜太太，她是路易吉·阿勒曼尼的妻子，佛罗伦萨的一个贵族诗人。另一个教母是里恰尔多·德尔·贝内的妻子，贝内也是意大利公民，在巴黎成了富商，他的妻子也是出自法国的名门贵族。如果我没记错，这就是我的第一个孩子。我给了她一大笔钱作为嫁妆，这使得监护她的奶妈十分高兴，那也是我为她做的最后一件事。

38

我不停地工作，作品进展很快，就快要完成朱庇特银像了，以及那个银瓶，而门厅也开始显现其快成形的美。就在那时，国王来了巴黎。我把我女儿的生日说成是1544年，实际上是1543年。我在这里谈及我女儿是比较合适的，不会影响到其他重要事情的叙述，所以我就谈了。我说了，国王来了巴黎就立即来看我。看到我那些作品做得那么完美，人人都很高兴。说实话，我这个勤劳的艺术家从来没料到，这些作品会让一个君王如此满意。突然，国王想起了费拉拉红衣主教没有兑现的诺言，津贴什么都没给我。于是他小声对他的副官说，红衣主教在这件事情上做得不体面，他决定亲自来补偿我，因为我是个不擅索要的人。

国王回家吃过饭，然后就叫红衣主教传令给司库，要尽快付给我七千金币，分三次或四次付，随他的便，但不要忘记此事。同时国王又说道："我叫你照顾本韦努托，你却把他忘记了。"红衣主教说，他会按时照办国王的一切命令，但是他那不好的本性把事情耽搁下来了。那时，战争形势愈演愈烈，罗马大军直逼巴黎，红衣主教认为国库空虚，于是他对国王说道："陛下，就现在来看，我确实无法付钱给本韦努托。首先，战事急需用钱。其次，他要是得到了那些钱，他就会认为自己是个富人，时机成熟，他就会毫不留情地带着那些钱回意大利，而你就会失去他。因此，陛下要是想留住他，让他长期为您效劳，最好还是送他一些法国的其他东西。"由于国王急需钱，所以就同意了红衣主教的观点。然而，他是一个国王，有着一颗高贵的心灵，所以他知道红衣主教此举只是为了讨好他，而不是真正为国家着想。

39

就像我说的那样，虽然国王同意红衣主教的观点，但他心里并不想这么做。于是，他在返回巴黎的那天，主动来到我家。我见了国王，并带他去看我放作品的各个房间。我先让他看了一些铜制品，那些是不太重要的作品，他很久没有一下子看到这么多的作品了。然后，我带他去看那个装饰华丽快要完工的朱庇特银像。几年前他遭受的一次巨大的失望，使得他给我的作品的评价超过了其他任何人。事情是这样的：突尼斯被占领后，查理五世皇帝征得弟弟——法国国王弗朗西斯的同意，领兵路过巴黎，国王要送给他一件与国王身份相称的礼物，于是就叫人制作了一个像我做的朱庇特的大力神赫克勒斯的银像。国王当着那些巴黎工匠的面，说那个赫克勒斯银像是他见过的最丑的作品了。而那些工匠吹嘘他们自己是这一行里最好的工匠，还说那是他们做出的最完美无瑕的银像，并要求国王为那件丑陋的作品付两千金币。所以，当国王看到我的作品时，非常出乎他的意料，并做出满意的评价，说我的作品也要值两千金币。他说："我一分钱没有给他，因为我付给他一年一千金币，那些钱早已包含了他的工资。"我又带国王去看了一些其他的金银作品，以及许多新作品的模型。他最后走的时候，我让他看了城堡草坪上的巨像，他表现出从未有过的惊讶。他转身对副官阿尼巴勒说："红衣主教什么都不给他提供，而他自己又不肯主动索要，我们必须做点什么。简言之，我的意思是，给他提供一切所需，因为他自己不肯提出，他认为自己做出的那些美丽的好作品就足以是他的报酬了。因此，我想给他一个年收入三千金币的大教堂，一时找不到，就给他两个或三个总共年收入相同的小教堂，因为对他来说都一样。"我站得很近，国王的话我听得很清楚，于是我立即感谢国王，就好像我已经得到手了一样。我告诉国王，如果他送我那样厚重的礼物，我就不会再需要任何工资和津贴了，一直为国王效劳，直到不能工作为止。我会用那些可观的收入安享晚年，并且永远记住曾为这样一个伟大的国王效劳。我说完这些话，国王高兴得不得了，他对我说：“好，那就这样办。”国王离开后，我也感到非常满足。

40

埃滕贝夫人见我的情况越来越好，便加倍憎恨，心想：“在我的统治下，那个卑微的家伙竟敢目中无人。”她想尽一切办法要加害于我。一个蒸馏专家找到了埃滕贝，给她带来了一种美容的香水，那是一种在法国闻所未闻的香水。她把那个家伙引荐给了国王，他向国王展示了那个香水，国王十分高兴。他受埃滕贝的指使，便顺势要求国王把我城堡里的网球场，以及那些我暂时不用的房间拿给他用。国王知道是埃滕贝指使的，所以没有答应他。然而，埃滕贝使了一些对男人有效的伎俩，使得国王最后还是答应了那个家伙的要求。她抓住了国王好色的弱点，以使她的阴谋得逞。

司库格罗利耶，同时也是法国的大贵族，他带着那个蒸馏师来到我的城堡。

司库操一口流利的意大利语跟我开玩笑，他看准时机后对我说：“我以国王之命，带着一个人来接管网球场以及所属的那些房间。”我说：“这里是国王陛下的地方，你自由出入便是。你这样又是公证人又是官员的，不像是国王的命令，而像是要流氓。我告诉你，在我在国王那里控告你之前，我要用国王曾指示我的方法来维护我的权利。要是我没见到国王亲自签字盖章的证书，我就要把你带来的这个家伙扔到窗子外面去。”司库听了我的话，一边口里嘟囔着威胁的话语，一边离开了，而我没有立即展开攻击。然后我去找那几个能让这家伙得到授权的公证人。我和他们认识，他们说那确实是国王的命令。但那又怎样，只要我那时稍加反对，那家伙还是奈何不了我，证书手续只不过是个表面形式而已，并不关系到他们对国王的服从问题。只要我不用非正义的手段赶走他就行。

这个指示真是太好了。第二天早上，我就准备好我的武器，虽然是件麻烦的事，但我喜欢。接下来的每一天，我就用石头、矛、火绳枪攻击他们。我只上火药，不装子弹，以此来恐吓他们，也没有人敢去救他们。后来，我发现他们的抵御很猥琐，我就强行冲进他们的房子，把他们赶了出去，把他们的东西全部扔到了大街上。然后，我去告诉国王，说我是按照他曾经的指示做这件事情的，是为了维护自己的权利，为国王效劳扫清一切障碍。国王大笑，然后下达了新命令，以免我再受到骚扰。

41

同时，我把朱庇特银像做完了，还做了一个镀金的底座。我把基座放在一个木制的柱座上，只露出小部分的柱座又放在四个硬木小球上，而小球的大部分藏在球洞里，就像坚果放在石弓里那样。这些设计如此的巧妙，小孩都能很容易地前后推动或旋转它。一切准备满意后，我就带着作品去房太妮波录宫殿见国王。

就在那时，我曾提到过的那个博洛尼亚人已经把他花大工夫翻铸的古罗马铜像带回来了。我对此一无所知，一是因为他搞得很隐秘，二是我距离房太妮波录宫殿有四十英里远。当我问国王应该把我的朱庇特放在哪里时，埃滕贝恰好也在旁边，她说最好放在她自己那漂亮的美术展览馆里。那是一个凉廊，更具体地说，就是一个供休息的回廊。我之所以称它为回廊，是因为它的外面一边是凉廊。那里长约一百步，装饰华丽，挂有出自佛罗伦萨大师罗索的油画，油画下放着各种雕像，有圆雕，还有浅浮雕。那里宽约十二步，那个博洛尼亚人已经把他所有的漂亮铜像全搬到那里去了。每个铜像都有漂亮的基座，我说过，那就是古罗马雕像的风格与气势。一想到要我把朱庇特放在这精心设计的展览馆里，就对自己说道："这回可吃大亏了，但愿上帝保佑。"我把朱庇特尽量摆放好，等着国王进来参观。我在朱庇特的右手放上霹雳，左手放一个地球。在霹雳的火焰中我巧妙地放了一根白蜡烛。埃滕贝故意让国王拖到天黑才来观看，一是不想让国王来看，二是天黑会影响到我作品的展示效果。然而，上帝总是不会亏待那些信仰他的人，她的阴谋不但没得逞，并且得到相反的效果。由于天黑，我便把朱庇特手中的蜡烛点燃，而蜡烛是举过头顶的，所以洒下的丝丝烛光把朱庇特照得比白天还美丽。

最后，国王来了展览馆，一起来的还有埃滕贝夫人、王子、王子妃，他的内兄纳瓦雷国王及其女儿马尔格利特夫人，另外还有几个曾受埃滕贝指使攻击我的大贵族。国王一到，我就叫我的学徒阿斯卡尼奥把朱庇特转向国王的那边。由于我的精巧设计，随着慢慢地转动，朱庇特显得栩栩如生。那些古罗马像在后面，所以我的朱庇特是第一个映入观者眼帘的。国王立刻说道："这是我见过的最好的作品了，虽然我是个业余的艺术鉴赏者，但从来没有哪一个艺术品能与这个媲美。"那几个与我为敌的贵族，此刻好像也有些喜欢我的作品。埃滕贝放肆地说："你难道没长眼睛吗？看不见后面那么多美丽的铜像吗？那些才是艺术真正的精华，而不是这个现代的徒有其表的垃圾。"国王及其他人上前几步，他看了看其他的铜像，由于光线的不足，显不出任何的优点。他说："谁要是算计这个人，就是帮了他大忙。因为与那些好雕像相比，他的作品更能显示出优越性，更加美丽动人。本韦努托应该得到很高的评价，因为他的作品不仅可以和古铜像媲美，而且还超过了它们。"埃滕贝听了这些话以后说，要是在白天，他的作品什么优点也没有，她还说，我用一块纱巾来遮盖我雕像的缺点。实际上，我用那块典雅精美的纱巾放在银像的一部分，目的是增加一种威严感。待她说完，我把纱巾提起，使神像的生殖器官显露出来，然后又恼怒地扯下整块纱巾。她认为，我这样做是在侮辱她。国王注意到埃滕贝很气愤，而我也将要被迫说出愤怒的话语，此时国王聪明地说道："本韦努托，你不要说话，你将会得到比你想要的还多一千倍的酬劳。"由于我没有说话，身体语言显得更加愤怒，这使得她怒发冲冠。于是，国王一边离开，一边大声鼓励我说："我从意大利找到了一个最伟大、最有才华的人！"

42

我把朱庇特银像留在那儿，第二天早上离开的时候，我收到一千金币，一部分为我的报酬，一部分为我制像的开支。收点好数目后，我就轻轻松松地回了巴黎。一到家，我就举办了庆功宴，把我衣柜里上好的丝绸、毛皮、衣服，都当作礼物赠送给我的工人们，论功行赏，连小女仆和马童都有份，以此来鼓励他们以后更好地为我效劳。

我精力充沛，于是继续制作玛斯雕像。我之前已经做好了木架，上面打好了大约一层两英寸的石膏，铸成玛斯的肉身。最后，根据艺术的技巧，我把许多铸模片拼凑成一个整体，这不难。

在巨像的制作过程中，我想讲一件有意思的事情。首先要提到的是，我曾经严禁工人把妓女带进城堡的任何地方。那时阿斯卡尼奥爱上了一个漂亮的女孩，她也很爱他。一天晚上，她离开她的母亲来找阿斯卡尼奥，她不想离开他，而他却不知道把她藏在哪儿好。最后，把她藏在玛斯巨像里，他在玛斯的头里面安排了一个地方，让她睡在那里。她在那里待了一段时间，他也常常在夜里把她秘密地带出来玩。那时，玛斯的头还没有完成，我想就把头露着，好让全巴黎的人都看得见。因此，附近的人都爬上他们的房顶观看，还有许多人专门跑来看。城里的人都说，在很久以前，我的城堡里闹鬼，他们称之为刽子手魔鬼，但我却什么也没看到过。当那个女孩住在头像里面时，人们就会注意到巨像的眼睛里面在动，因此愚蠢的人就说巨像的体内有鬼，使得巨像的眼睛和嘴巴在动，就好像在说话。许多观看的人都被吓跑了，而其他一些不相信的人跑来观看这一现象，由于他们不能否认眼睛在动的这一事实，所以就说巨像体内有灵魂。他们却不知道那里除了有灵魂，还有年轻漂亮的肉体。

43

那时我正忙着把门厅和那些装饰配到一起。我可不想在我的自传里提到太多编年史的内容，所以我没有写查理五世的军队进逼巴黎，以及法国国王的军队大动员。在那个多事之秋，国王来找我商量防御巴黎的策略。他专门到我家里面来，带我去绕城考察。当他知道我已经根据考察拟定好了策略时，他便下令，将一律实行我的计划和策略。痛苦的国王直接命令他的上将，要让全市人民听从我的指挥。

那个上将是依靠埃滕贝夫人才当上官的，而不是靠自己的实力。他爱耍小聪明，所以他的名字叫安内包，翻译成意大利语就是安尼巴先生，而法国人容易把他的名字念成驴子。那个家伙把情况告诉了埃滕贝，埃滕贝叫他去找吉罗拉莫·贝拉马托。吉罗拉莫是个锡耶纳的工程师，住在第厄普，离巴黎约有一天多的路程。那个人很快就赶来了，他采用一种冗长而烦琐的防御策略，于是我就退出了。要是查理五世那时立即进攻，很容易就能拿下巴黎。后来签和约时，人们说埃滕贝夫人过度参与战事，出卖了国王。我不想再说这些事了，因为这些内容根本就不在我的回忆录计划之内。那时，我尽力制作门厅，并完成了那个银瓶，还用我自己的银制作了两个中号银瓶。国王解决完了那些麻烦事后，就来巴黎散心。

那个邪恶的女人好像就是为毁灭世界而生的，她视我为死敌，所以我必须看重自己。有一天，她和国王碰巧谈及我的事，她大力辱骂我，使得国王发誓不再管我，就当没我这人，这样她才满意。这个消息是费拉拉的一个侍者告诉我的，他叫维拉，他说他亲耳听到国王那样说的。我十分气愤，甩下手头的工具和工作，做好离开法国的准备，并且立即去找国王。我进去的时候，国王刚用完餐，旁边只有几个侍从。我向国王行礼后，他也对我点头微笑。于是我消除了顾虑，慢慢地靠近他。国王曾经看到过一些我的艺术品，所以我们就以那些为话题谈论了一会儿。然后，他问我家里还有什么值得一看的作品没有，什么时候他能去看。我回答说，我做好了一些作品，要是他愿意，现在就可以去看。他叫我先回去，他马上就来。

44

我回家后等着国王的到来，他好像是去给埃滕贝夫人告别。她问他去哪里，要和他一起去。但当国王给她说了地方后，她又说不想去了，并且还求国王不要去。她已经多次耍花招动摇国王的决定了，因此那天国王没有来我家。第二天早上，我又在同一时间去见国王。国王一见到我，就说这次绝对马上到我家里去。于是，他照常去跟埃滕贝告别，她意识到她未能影响国王的决定，于是就用她那恶毒的舌头胡说，说我反对法国王权，是他们的死敌。善良的国王回应她说，他去看我只是为了臭骂我一顿，没有其他，并以他的尊严向她发誓。然后国王就来到我的家，我把他带进地下室的几个房间，那里是我装配完成的门厅。他一见到门厅，十分惊讶，一时都不知道该怎么斥责我好，但他又不愿违背对埃滕贝的誓言，于是他说："本韦努托，我要给你说一件很重要的事，你这样才华横溢的人要把它牢记在心。我们如果不给你提供机会，光靠你自己，你是不可能拥有现在的成就的，所以你现在要稍微顺从点，不要骄傲和倔强。我记得曾经叫你做十二个银像，那才是我想要的。而你却把精力花在盐罐、瓶子、胸像、门厅及其他东西上，我真的很生气。我觉得你是为了满足自己的愿望，而忽略了我的。要是你再这样继续下去，我会让你明白我是怎样按照我的方式来处理事情的。因此，我坦白给你说，你必须服从我的命令，要是你再固执己见，就是自寻烦恼。"他说完后，同来的几个贵族看到国王又抿嘴、摇头，又皱眉，一会儿用这只手比画，一会儿用那只手比画。因此，他们都为我感到心惊胆战，而我却面不改色，无所畏惧。

45

当国王把这一长串训斥我的话讲完后，我就单膝跪地，亲吻他膝盖以上的衣袍，然后回答说："尊敬的陛下，我承认您所说的一切都是事实，我只想说，以后我将会夜以继日，全力以赴，全心全意为您效劳和服从您。若有食言，我就不配为如此伟大的君王效劳；若有食言，我本韦努托将不得好死。因此，我肯求陛下能够宽恕我。然而，我记得陛下给我的银只够做一个雕像，因此我无法完成其他的雕像。我把剩下的碎银做成了那个瓶子，你可以看到那是一个精妙且具有古典风格的瓶子，可能陛下从来不曾见过那样的瓶子。至于那个盐罐，要是我没记错，是陛下您有一次亲口提出要我做的。然后，我把我在意大利做的一个盐罐模子拿给你看，你马上就给了我一千金币，叫我把它做成金制的，并对我的模子表示感谢。另外，我好像记得，当我完成盐罐时，你对我进行了高度的赞美。至于门厅，我记得曾经在我们商讨过后，你下令给您的首席秘书维鲁洛瓦，叫他传令给马尔马尼亚与德拉·法先生，要他们提供我所需的一切物资，务必把门厅完成。要是没有这种委托，我自己怎么可能把这么重大的任务继续下去？至于铜像，基座的朱庇特及其他一些类似的东西，我承认是我自己的主张。因为我是意大利人，对法国泥土性质不是很熟悉，也没有这方面的知识，所以只能先通过实验，然后才能去做其他的大雕像。而基座的朱庇特像对制作银像起了很大的帮助作用。因此，我所做的这一切，都是为了更好地为陛下效劳，更好地帮助陛下实现您的愿望。还有，那玛斯巨像也是我自己的主张，自己出钱做的。因为您是一个伟大的国王，而我只是一个微不足道的艺术家，所以为了赞美陛下的伟大，也为了体现我的艺术，我应该建造一尊那样的巨像，一尊史无前例的巨像。但现在，上帝认为我不配为这样的荣耀效劳，我不要求陛下给我丰厚的酬劳，只恳求陛下满足我一个小小的愿望，就是允许我离开法国。如果陛下能够批准，我将返回意大利，并永远感谢上帝和陛下，永远铭记那些为陛下效劳的美好时光。”

46

国王伸出双手，慢慢地把我扶起来。然后告诉我，要继续为他效劳，并承认我所做的一切都是正确的，他为此感到很高兴。他转向同来的几个贵族说："我坚信没有什么比那个门厅更适合做天堂之门了。"他说完那些话后，我再次表示感谢。尽管他的话使我感到很高兴，但我仍然很生气，所以还是恳求他批准我离开。陛下见我不肯接受他厚重的恩典，便厉声斥责我，叫我住嘴，告诉我要是再激怒他，我就没那么幸运了。然后，他叫我把金子埋藏起来。他对我自己主动做的作品和他定做的作品都十分满意，我不会再和他争吵了，因为他已经理解我了，而我也应该理解他。我回答他说，这一切都要感谢上帝和陛下，然后我叫他和我一起去看玛斯巨像的工作进程。他跟我来到巨像前，我掀开遮布，他非常欣赏，立即传令给他的秘书付给我巨像所花费的一切开支，只要我账目上记着的，都全部照付。他离开的时候对我说："再见，我的朋友。"这是国王不常说的话。

47

国王回宫后，琢磨着我与他之前的交谈，由我开始的谦卑，转为后来的傲慢，那又使他感到愤怒。他把我说的一些话说给埃滕贝和侍卫长圣保罗听，那个侍卫长总说过去和我交情好，当然，在那种情况下，他是以机灵的法国式的语言表示友好。后来，国王碰巧谈到了费拉拉红衣主教，他了解到红衣主教从来都不考虑我，也不管我的事情。因此他把我委托给一个更加尊敬我的人，因为他不想失去我。圣保罗听到这里，便说他愿意承担这个责任，要是国王把这件事情交给他，让他来监护我，绝对不会让我离开法国。国王很满意他的建议，要求他把如何管理我的具体办法说出来。埃滕贝一脸气愤地坐在一旁，圣保罗威严地站着不回答国王的问题。当国王再次问他时，他为了使埃滕贝夫人高兴，便说："我要用绳子把他的脖子套住，那样他就再也逃不了了。"埃滕贝听了大笑，并说那样最好不过了。国王和他们一起笑着，并说要是圣保罗也能做出我那样好的作品，他就不反对套我脖子，把我交给他任意处置。那天也就那样过去了，我也安然无恙，我要感谢和赞美上帝。

48

那时国王和查理五世皇帝签订了合约，但还没和英国签订和约，所以那些恶棍就不安分了。国王要考虑国家大事，没时间去消遣了。他命令皮耶罗·斯特罗兹带几艘战舰进入英国的海域。那可不是简单的任务，就算是对他那样饱经沧桑、战无不胜的高级指挥官来说，也是相当困难的。几个月过去了，我一分钱也没有收到，一点活也没有接到。于是，我把工人基本都辞退了，只留了两个意大利人，让他们继续帮我做我自己的那两个大银瓶，同时也跟着我学铸铜术。银瓶完成后，我就和他们俩一起去了一个在纳瓦雷王后管辖下的城市，名叫阿根唐娜。那里离巴黎有几天的路程。到了那里，我发现国王身体有些不舒服。费拉拉红衣主教告诉国王我来了，他却没有回应，害得我郁闷地在那里等了好几天。说实话，那几天是我最难熬的日子，于是，一天晚上，我主动去见国王，把那两个银瓶带给他看，他非常高兴。我趁他那时心情很好，便求他允许我回一趟意大利，并说我愿意留下七个月的工资做担保，当我回来的时候再付给我。我说现在是战事之秋，没有雕像的活儿可做，所以特意来请求他恩准我。同时，我说他不是曾经也允许那个博洛尼亚画家回去了嘛，我也要那样的恩典。我说完那些话后，国王严肃地盯着瓶子，时而又恶狠狠地看着我。我继续求他恩准，他最后愤怒地站起来，用意大利语对我说："你真是个傻瓜，把瓶子带回巴黎镀金。"然后，他一声不响地就离开了。

当时费拉拉红衣主教也在场，我便找他替我向国王求情，因为他曾经帮助我从罗马的监狱里逃出来，在其他许多事情上他也帮了我不少大忙。所以我求他再帮我向国王说说情，让他恩准我回意大利。他说很乐意帮助我，在这件事情上，将尽力为我求情。我对他去办这件事十分有信心，甚至感到可以马上就回意大利，因为他会尽力为我在国王面前说好话。我告诉红衣主教，既然国王已经把我放在他的保护伞之下，那只要他允许我离开，我就可以安心离开，他要我回来，我就立马回来。红衣主教叫我先回巴黎等八天，在此期间，他会尽力求国王恩准我。如果国王坚决不同意，他会写信通知我，如果我没有收到信，那就代表我可以放心地离开了。

49

于是我按照红衣主教说的办，先回巴黎。我为那三个银瓶做了三个漂亮的盒子。二十天过去了，我就做好离开的准备，把那三个银瓶放上骡背。那头骡子是帕维亚大主教借我去里昂的路上用的，他曾多次在我的城堡里借宿。

于是，我就离开了法国，和我同行的有伊波利托·贡扎加（他那时同时为国王和伯爵加列奥托·德拉·米兰效劳）、伯爵家的几个贵族，以及我的佛罗伦萨老乡列奥纳多·特达尔迪。

我留下阿斯卡尼奥和帕戈洛帮我照看城堡和我的财产，包括我才刚刚开始制作的两个小瓶子。我那样做，是为了不让两个小子在家闲着。家里还有大量值钱的高档家具，我买那些东西是为了让自己过得体面一些，所有的家当大概要值一千五百多金币。我告诉阿斯卡尼奥，不要忘记我的大恩大德，到目前为止，他只不过是个没有头脑的小子，而从今往后，他该学会如何做一个真正谨慎而精明的男人。于是，我叫他照看我的财产，并维护我的荣誉。要是那些野蛮的法国家伙敢来撒野，就立刻设法通知我，不论我身在哪里我都会快马加鞭赶回来，因为这不仅涉及我的荣誉，还涉及国王对我的恩典。阿斯卡尼奥虚伪地闪着眼花说：“我从来没见过你这样的好父亲，我会像儿子为父亲那样，去为你办好所有的事情。”然后，我就和我的一个法国仆人小伙子离开了巴黎。

下午，几个国王的司库跑到我的城堡里去了，他们指控我把国王的银拿走了。他们要圭多和帕维亚大主教立即把国王的银瓶交出来，否则他们就要自己去取，到时就别怪他们不客气。圭多和大主教非常害怕，于是就派那个叛徒阿斯卡尼奥来通知我。半夜时分，他追上了我。那时我正睡不着觉，心里琢磨着：“我怎么能把城堡交给这样一个人呢？命运如此捉弄人啊，竟要逼我走这一遭！上帝保佑，希望红衣主教和埃滕贝不是一丘之貉，他只是想让我失宠而已。”

50

当我正在我哀叹命运的时候，听见阿斯卡尼奥叫我。我立即跳下床问他是好消息还是坏消息，这个无赖说：“好消息，但你要把那三个银瓶送回去，因为那些流氓司库已经在叫嚣了，说你是贼，偷走了国王的银瓶。因此，圭多和帕维亚大主教让你务必把银瓶送回去，还给国王，其他的你不用担心，只管轻轻松松地回意大利吧。”于是，我就立即把银瓶及一些其他的东西交给了他，其中有两个银瓶是我的私人财产。我本打算要把这些带去里昂费拉拉红衣主教的修道院。那些家伙想控告我带它们回意大利，可谁都知道，不经特许，金银、钱币是带不出法国的。因此，想想看，我用一头驴把这三个装着箱子的大瓶子带出境，那是谈何容易！确实，这些东西艺术价值很高，也很值钱。我心想万一要是国王死了怎么办，因为我知道他最近病得很严重。我自言自语地说：“如果我把这些东西放在红衣主教的修道院，到时要是国王真的死了，我就说那些东西是红衣主教的，那样我就不会失去它们了。”

好了，现在我只好让阿斯卡尼奥赶着这头驴，把那三个瓶子以及其他的一些重要的东西送回去。第二天早上，我和前面提到的同伴一起继续前行，一路上我又叹气，又哭泣，我只能向上帝祈祷：“主啊，没有人能够骗你，你是知道的，我这次只是想去帮助六个苦命的女孩及她们的母亲，我的姐姐。她们确实也有父亲，但是他一把年纪了，什么都没有。因此，她们度日艰难。我就是去做这件好事的啊，但愿神能够帮助与指导我。”那就是我一路上消遣的方式。

距里昂只有一天的路了，那天大约二十二时，我突然听见几声晴天霹雳。我在前面骑着马，离我同行的人大概有一箭之地。惊天恐怖的雷声，使我感觉世界末日到了一样。然后，就是一阵冰雹从天而降，没有一滴雨水。一开始只有子弹般大小，打得我很痛。渐渐地就开始变大，就像弓弩射出的弹球。我的马吓得烦躁失控，我尽力掉转马头往回跑，发现我的同伴们也吓得躲进了林子。冰雹开始变得像柠檬那么大，我开始唱圣歌，正当我虔诚地向上帝祷告时，一个大冰雹击断了我头上的松枝，而另一个冰雹击中我的马头，马大惊。我也被一个冰雹击中了，幸好不是直接打来的，要不然我就一命呜呼了。一把年纪的列奥纳多·特达尔迪可怜地像我那样跪在地上，一个冰雹刚好把他打趴在地上。当意识到头上的树枝不再具有保护作用时，我立即把衣服包在头上，并继续唱圣歌祷告。列奥纳多大声叫道："天哪，主啊！"我告诉他，上帝只会帮助那些自助的人。我发现照顾这个老人的安全，比照顾我自己难多了。最后冰雹停了，我们被弄得遍体鳞伤，相互检查着身上的伤痕。我们艰难地爬上马，继续前行，寻找着夜里的落脚处。当我们又走到一英里远的地方后，发现那里受灾的情况比我们惨多了。树叶全被冰雹击碎了，牲口被砸死在田野里，一些农人也死了。我们看到地上一颗大冰雹，大到用双手都捧不住。我们逃过了这场灾难，我们都认为是上帝帮助了我们，而不是我们自己。于是，又感谢上帝。第二天，我们到了里昂，在那里待了八天。然后，我们打起精神，继续前行，平安顺利地翻越了高山。另外，我又买了一匹小脚马，因为太多的行李把我的马压得快不行了。

51

到意大利一天后，我们碰上了伯爵加列奥托·德拉·米兰。他是随驿站快马旅行的，和我们在同一个地方歇脚。他告诉我，说我离开法国不是明智之举，应该立即回去，那样情况就会好得多。要是我不回去，就等于助长了我的敌人的嚣张气焰，他们就会抓住机会加害于我。而如果我回去的话，就可能粉碎他们的阴谋诡计。他还说，是我最信任的人出卖了我。他只是把他所知道的可靠消息告诉我，还说，费拉拉红衣主教曾与帮我照看财产的那两个流氓合谋。他多次强调，我一定要回去，然后他就随驿站离开了。受同伴的影响，我犹豫不决，想尽快去佛罗伦萨，又想确实应该回法国去。最后决定不受他人的影响，坚持自己的目的，继续前行。所以最后我还是决定，随驿站去佛罗伦萨，忍受着那烦躁焦虑的心情。我和伊波利托·贡扎加一起的，他到米兰多拉，而我到帕尔马与皮亚琴察。后来，我在城里的街道上遇到了公爵皮尔·路易吉，他盯着我，认出了我。就是由于他，我曾在圣天使城堡遭受牢狱之灾，现在又见到他，使得我火冒三丈。然而我知道我摆脱不了他，因此决定去拜访他。当我到他家时，他刚和几个兰迪家族的人吃完饭（他后来就是死于那几个人之手）。见我来了，他就以礼相待，并向其他人介绍我，说我是艺术行业里一流的大师，还说我曾在罗马坐过很长时间的牢。他对我说："本韦努托，我的朋友，对你的不幸遭遇我深表同情，我知道你是清白的，但我也无可奈何，帮不了你啊。简言之，是我父亲要帮助你的那些敌人，因为他们对他说，你在背后说他坏话。我相信那不是真的，我对你的遭遇深表同情。"他反复说着那些话，好像在乞求我的原谅。然后，他问我为法国国王做了哪些好作品，我详细地回答他，他就仔细认真地听着。他又问我，是否愿意为他效劳。我回答说，我不能那样做，但等我把法国国王的作品做完了，会义无反顾地为他效劳。

上帝是强大的，他绝不会放过那些不公正对待其他人的家伙，不论高低贵贱，都逃不出上帝的惩罚。这个人等于是当众向我乞求原谅而正是这些人后来为我和很多他杀害的人报了仇。所以，任何人，不论高低贵贱，只要无视上帝的公正，虐待他人，就像那些虐待我的家伙一样，都逃不过上帝的惩罚。我写这些东西不是为了吹嘘，而是为了感谢上帝，感谢他对我一次次的救赎。我每天忍受着折磨，向他诉苦，求他保护。每当我再无勇气和力量进行自救的时候，上帝的强大就显现出来了，他就会惩罚那些不公正地对待邻居的家伙，以及那些无视上帝的伟大和尊严的家伙。

52

当我回到我的小旅馆时，我发现公爵送来了丰富而可口的饮食。我饱餐一顿后，就骑马奔向佛罗伦萨了。在佛罗伦萨，我见到了我的姐姐，以及她的六个女儿，其中最大的一个已到了谈婚论嫁的年龄，而最小的一个还需要人照料。她的丈夫由于城里的某些原因，不再做生意了。一年前，我曾给他们送回一些金银珠宝，总共大概值两千金币，现在我又带回大概值一千金币的东西。我发现，尽管我每月给他们寄四百金币，他们还是变卖一些珠宝。我的姐夫是个很诚实的人，他怕我生气，他把他的东西几乎都卖完了，尽量不卖我的东西。这说明我给他们的慈善基金不够满足他们家庭的需要，鉴于他是个如此诚实的生意人，我决定再多给他一些资金。另外，在我离开佛罗伦萨之前，我要安排好他六个女儿的生活。

53

1545年8月，退休的佛罗伦萨公爵住在波吉奥阿卡雅诺，距离佛罗伦萨有十英里远。出于礼节，我决定去拜访他，因为首先我是佛罗伦萨公民，其次我的先辈们与美第奇家族交情较好，而我比他们更加喜欢和尊敬公爵科西莫。于是我就去波吉奥拜访他，仅仅是去向他致敬，毫无待在那里的意思，就像是上帝为我安排好了的。

公爵见到我，热情地接待了我。然后，他和公爵夫人就问我关于为法国国王制作艺术品的事情，我详细而高兴地回答他们。讲完后，他告诉我他也听说了，我说的是事实。然后，他以同情的口吻又说："对于你那些伟大的作品，国王给你的报酬也太少了。本韦努托，我的朋友，你要是为我做一些东西的话，我会给你比那多得多的报酬。是你的好天性把国王看得太好了。"我说，那是我应该做的，因为国王把我从牢房救出去，然后提供给我别人不曾有的机会和一切所需，我才能施展才华，去做那些好的作品。听我说着那些话，公爵有些不耐烦，好像不想听我再讲下去。于是，他插嘴说："你要是为我做东西，只要你的作品使我满意，我给你的报酬就会使你感到震惊，这是毫无疑问的。"我是一个苦命的人，很想在佛罗伦萨的艺术界一展身手，我年轻的时候就离开了佛罗伦萨，学习其他的艺术。我对公爵说，我愿意为他那漂亮的广场做一个大雕像，大理石的或者青铜的。他马上说，我可以给他做珀尔修斯像。因为他早就想找人为他做这样一个雕像了，他叫我给他先做个小模型，我很乐意接他这个活。几周后，我用黄蜡把模型做好了，约有十八英寸高。我耗费了很多精力，所以做得十分精美。

公爵回了佛罗伦萨，也不来看我做的模型，好像他从来就不认识我一样，这使我对他以后的交往感到一种不祥的预兆。一天晚饭后，我把模型拿去放进他的衣柜，公爵、公爵夫人以及几个臣廷的贵族都看到了。公爵一看见，就把它捧上了天，而我希望他能够真正懂得欣赏艺术。他看了一会儿，越来越高兴，然后说："本韦努托，要是把它做成大像后也能这么漂亮，那它就是广场上最棒的东西。"我说："尊敬的阁下，那里有伟大的多纳太罗和了不起的米开朗琪罗的作品，这两个人是自古以来最有名的艺术家，然而你却对我的模型作如此高度评价，所以我要用青铜把它做得至少比现在还漂亮三倍。"不再争论那个话题了，公爵坚持说他是一个鉴赏的行家，很清楚那个小模型做出来后是个什么样子。我说，我的成果将会消除你的一切怀疑和顾虑，我绝对肯定，做出来的样子要比我承诺的好得多，但他必须给我提供所需的条件，否则我完成不了。于是他要我写出一切所需要的明细，他好过目批准。

要是我签合同的时候足够精明，就不会惹来后面的那些麻烦。他很想要我做雕像，所以早就算计好了。而我忘记了他还是一个精明的商人，只怪我对他太过坦诚了。我把单子交给他，他也给了大方的回复。我说："我的守护神，我们之间的效力与合同，不在于那点文字和符号，而在于我们彼此的承诺。如果我按照我的承诺成功地完成了工作，我相信阁下也不会忘记对我的承诺。"我的那几句话如此有魅力，使得公爵夫妇非常看重我。

54

我迫不及待地要投入工作，于是告诉公爵说，我需要一栋适合工作的房子（适合放我的炉子），才能做泥塑和铜塑，根据不同的需要，有的可能还需要金银做成。我知道公爵很明白我能够在艺术方面为他效劳，并且也需要一些地方来完成工作，他也知道我是那么热切地想要为他工作。我找到了一个很方便，也很喜欢的房子。但我又不想让公爵为我花钱，于是我就以两颗法国宝石的价值，乞求他把房子卖给我，直到我做出作品。那两颗宝石是我自己设计的，由我的工人精心加工而成。他看了一会儿宝石后，便说了一些令人高兴的话语，他说："本韦努托啊，把珠宝拿回去吧！我需要的是你，而不是珠宝，你将会免费得到你的房子。"于是他就在单子下面写道："先去查明那个房子的卖主，不论多少价钱，我都会满足本韦努托的要求。"我认为这样能确保我得到房子，并坚信我的工作将会完成得比承诺的还要好。

公爵把那些命令下达给他的大管家，他名叫皮尔·弗朗西斯科·里齐奥。这个人来自普拉托，曾是公爵的老师。我跟那头蠢驴说，要在房子的花园里建一个工作室。于是他把这件事吩咐给一个名叫拉坦齐奥·戈里尼的出纳员，那是一个又干又瘦的人。这个瘦家伙说话声音极小，办事效率极低。他花了大量时间给我弄来的石头、沙子和石灰，少得可怜，还不够修建一个鸽子窝。

我对这种缓慢的进程感到很失望，于是我安慰自己说："大作品有时需要小的开始。"公爵找来个蠢驴班迪内尼，他什么作品都没有做成，白白地浪费了好几千金币。因此，我打起精神，叫拉坦齐奥把工作进程拉快点，然而他们就像一个瞎子和一群瘸驴过河，慢死人了。在重重困难之下，我只好自费，清理花园，搞出工作室的地基，根据我的习惯来推进工作的进程。

另外，我手头有一个木匠，叫塔索，是我的一个好朋友。我叫他帮我搭一些木架，以为塑珀尔修斯像做准备。我认为塔索是他那一行里最好的手艺人，他天性乐观开朗，我们每次见面他都会让我笑口常开。我那时有点失望，因为有消息传来说我在法国的事情况不太好，而佛罗伦萨这边虽然有些希望，但公爵一副漠不关心的态度，情况也不乐观。因此，我只好找我的朋友开心一下，以便尽可能地释放一下自己那压抑的心情。

55

我把所有的工作做到心中有数，并积极地进行准备。就在我打石灰的时候，大管家派人来叫我去见他。晚饭后，我在钟廊找到大管家。我对他很恭敬，他却对我很冷漠。他问我是谁叫我住在那个房子里的，是谁允许我在那里修建工作室的。我说，是公爵授权的，公爵下令给拉坦齐奥·戈里尼，拉坦齐奥奉命给我运来石头、沙子和石灰，这一切都是公爵的意思。我刚说完这些话，他就大发脾气说，我说的那些都是假的。于是我受到了刺激，说："大管家，由于你是大管家的身份，所以我才像尊敬公爵那样和你说话，要是你无礼，我只好叫你皮尔·弗朗西斯科·里齐奥先生了。"他愤怒到极点，对我破口大骂，并叫道，他怎么能同我这样一个地位低下的人说话。我顿时火冒三丈，吼道："喂，皮尔·弗朗西斯科·里齐奥先生，我会告诉你我是哪一类人。而你是个什么东西，你只不过是个教小孩读ABC的老师！"他的脸都气歪了，便提高嗓门，更加粗鲁地反复重复那些辱骂我的话。我也用一种威胁的口吻，像他那样目中无人地告诉他，我这样的人是配得上和教皇、皇帝及国王谈话的。并说，我这样的人世界上只有一个，而他那样的人满大街都是。听到这里，他气得跳到窗户边的椅子上，说我有种就把刚才那些话再说一遍。我更加激烈地把刚才那些话又说了一遍，并说不想再为公爵工作了，我要回法国，法国总是欢迎我的。那个畜生面色苍白地愣在那里，而我气冲冲地走了，并决心要离开佛罗伦萨，上帝不会反对我这样做。

我认为公爵并不知道这次冲突，因为我等了好几天都没有收到什么消息。除了安顿好我姐姐和侄女的事情，佛罗伦萨已经没有什么东西值得我留恋了。我做好准备，为她们安排，并把我身上带的那些钱给她们，然后就返回法国了，从此再也不踏入意大利半步。这是我自己坚决的选择，所以我不会去向公爵或其他任何人告别，只想尽快离开。然而，一天早上，大管家主动派人来找我，奴颜媚骨地求我不要走，并发表了一大串冗长的毫无意义的说辞，既没逻辑，又不流畅。我只听明白了一点，就是他说他是一个好的基督徒，不想与人为敌，并代表公爵问我需要多少酬劳才满意。听到这里，我警惕地站在那儿，没有回答他，坚决不改变自己的主意。他见我拒绝回答，便说："本韦努托，公爵希望得到你的答复，我可是代表他来给你说这件事情的。"然后我说，要真是公爵问的，我会很乐意回答，并叫他告诉公爵，我不会接受比他雇用的其他艺术家更低的报酬。大管家说："班迪内尼是年薪两千金币，如果你对那个报酬也满意的话，那你的报酬就可以说定了。"我同意了，并说完成后，公爵要根据我的作品来付给我一定的奖金。那样我才能改变主意，重新继续工作。公爵继续对我施恩，待我很好。

56

我常收到法国的来信，是我最忠实的朋友圭多·圭迪写的，告诉我法国那边一切都很好。阿斯卡尼奥也写信给我说，一切都好，叫我不用担心，好好玩。要是有什么事，他会立即写信通知我的。

那时法国国王已经得知我在为佛罗伦萨公爵效劳，但他是世界上最善良的人，他常说："为什么本韦努托还不回来呢？"他去问我的两个小伙子相同的问题，他们回答说，我在佛罗伦萨过得很富足，并说我不再想为国王效劳了。听了他们那些无中生有的话，国王感到很生气，说："既然他无故离开我们，那就别叫他回来了，就让他在那儿吧。"那样正好符合那些家伙的愿望，因为要是我回去了，他们就会再次变成我的工人；要是我不回去，他就可以在我的地方当家做主，肆意妄为，因此他们千方百计阻止我回法国。

57

因工作室正在修建，我就常在楼下的房子里工作。我用石膏塑好像，并打算用青铜以同样尺寸把它翻铸出来。但意识到那样需要花相当长的时间，我就想了一个权宜之计，即利用一间盖好的砖墙小型工作室，但其拙劣的建造又使我大伤脑筋。因此，我就开始塑蛇女墨杜萨的塑像。我搭了个铁架，把泥浆注上面糊，塑好墨杜萨后，就把它烘干。

我只收了两个小学徒，其中一个长得很英俊，是妓女加姆贝塔的儿子。我把他用作我的模特，因为研究艺术的唯一教材就是人体。同时，由于忙不过来，我想再雇几个工人，以便加快工作进程，但没有找到。佛罗伦萨有几个人愿意来，但班迪内尼不让他们来，并向公爵告状说，我自己胜任不了制作那个大雕像的工作，因而想怂恿他手下的人去帮忙。我向公爵解释后，并求他允许我雇用几个工人，但他偏信于班迪内尼，我就只有靠自己了。工作量太大，我必须夜以继日地进行。那时我的姐夫病了，几天后就去世了。他就那样把我姐姐丢下，还有六个女儿，都得让我照顾。于是，我承担起一个父亲和这个不幸家庭的监护人的责任，这是我在佛罗伦萨首次遇到的巨大考验。

58

为了在焦急中不出什么乱子，我雇来两个劳动力，帮我清扫花园的垃圾。他们来自维奇奥，一个是六十岁的老人，另一个是十八岁的年轻小伙子。他们干了三天活后，那个年轻小伙子告诉我，那个老人偷懒不干活，叫我最好把他辞了。他还说，不仅他不干活，他还怂恿小伙子偷懒。小伙子还表示，那点活他自己一个人就够干了，不要再请别人了，免得浪费金钱。这个小伙子名叫贝尔纳迪诺·曼奈利尼。他很勤劳，于是我就问他是否愿意当我仆人，为我效劳，他答应了。我叫他帮我照看马匹，经管花园，后来，他就来我的工作室帮忙。他学得很快，也学得很好，我从来没有一个比他更好的助手了。我下定决心要他帮助我完成整个任务，于是我告诉公爵说，班迪内尼在撒谎，没有他的工人，我一样可以干得很出色。

就在那时，我的腰部出了点问题，不能工作。于是，我就喜欢和公爵的两个年轻金匠消磨时光，他们名叫吉安帕戈洛和多梅尼科·波吉尼。在我的指导下，他们完成了一个由人物和其他漂亮饰品装饰的浅浮雕小金杯，公爵打算把它作夫人饮水之用。此外，公爵还叫我做一条金带子，上面要镶有精美的珠宝、面边以及其他好看的装饰。公爵经常来到宝库，高兴地看我工作，和我谈话。当我身体恢复了一些时，趁着公爵和我在一起，我用泥浆为他塑了一个像，比真实的他还大。他非常高兴，真心实意地请我去他的宅邸里工作，并且我可以随意挑选大房间作为工作室，可以随意摆放炉子和其他设备，因为他对我的作品很感兴趣。我告诉他，那是不可能的，因为我的作品不需要那么多时间。

59

公爵夫人待我也非常好，她十分乐意我抛开珀尔修斯和其他的工作，就为她一个人效劳。而对于我来说，当这些徒劳的恩宠加到我身上时，我就知道我是逃不出邪恶的命运的，新的灾难就要来了，因为我曾经犯了个错。现在我再来说法国这边的情况，法国国王受不了我的离去给他带来的不快，只要我向他做出让步，他还是愿意我回法国去。我觉得我的选择完全没有错，我不用卑躬屈膝。要是我低声下气地写信回去，我的敌人们就会说我承认了自己的罪过，这样一来，他们对我的诬陷就变成了有据可寻的事实。因此，我必须坚持自己的尊严，然后写了一封傲慢而冷漠的回信。同时，我那样做又使得我那两个叛徒的阴谋得逞。因此，我给徒弟写信，鼓吹我在故乡佛罗伦萨受到最高权力者公爵及公爵夫人的宠爱。他们收到我的信后，就跑去找国王，乞求他像曾经恩赐我一样把城堡恩赐与他们。可国王是个善良人，且洞察力极强。他察觉到了他们的阴谋诡计，所以坚决不答应那两个叛徒的要求。然而，国王为了让他们有想头，同时找机会让我回去，就让他的一个佛罗伦萨司库茱莉亚诺给我写了一封十分愤怒的信。那封信使我抓住了实质，要做一个正直而诚实的人，我就有责任把我不辞而别的理由向国王解释清楚。

我对收到那封信感到十分高兴，多少还有点兴趣。于是，我写了一封九张信纸的回信，详细地描述了我为国王做的所有的作品，制作过程中的各种困难的冒险，以及总共花掉的金钱。还有，我是怎样从那两位公证人及司库手中收到那笔钱的，我可以把买卖账单及工人收到工资的收据给他看，但是我自己却一分钱也没有得到，更不用说完工后的奖金了，我带回意大利的只有国王对我恩宠和皇家承诺的记忆。并说："我在法国工作，只能勉强维持生计，到现在还倒欠我七百金币，那些钱本来可以作为我回家的路费。我那些邪恶的敌人，嫉妒我，对我使阴谋诡计，但我坚信邪不压正。我绝不是因为贪婪才离开的，我为国王效劳感到骄傲与自豪，尽管我做出的作品要比我承诺的多得多，尽管我的奖金一分钱也没拿到，我只在乎陛下对我的恩宠及看法，我始终是一个正直而光荣的人。如果陛下怀疑我的为人，我可以立即回来为自己辩护，就算冒生命危险也不在乎。然而，您却不懂得爱才，我不想回来，因为我这样的人不论到哪里都能生活。"这封信引起了国王特别的关注，也适当地维护了我的尊严。寄出去之前，我把信拿给公爵看。等他兴趣盎然地看完后，我就以费拉拉红衣主教为收信人寄回法国去了。

60

那时，班迪内尼负责公爵的宝石进出，他从威尼斯带来一颗三十五克拉多的钻石。维托里奥·兰迪的儿子安东尼奥也很想让公爵买下那颗钻石。事实上，这颗钻石由于被人切割过，纯度和光泽都不够好。然而，公爵虽然喜欢钻石，却不懂鉴赏钻石。他听信于伯纳多那个家伙，决定把钻石买下。伯纳多想独吞把钻石卖给公爵所得的好处，就对他的同伙安东尼奥守口如瓶。安东尼奥从小就是我的好朋友，他认为公爵应该很信任我。于是一天上午，他把我从街角叫住说：“本韦努托，我保证公爵会给你看一颗他想买的大钻石。你一定要说服他买下，我能以一万七千金币的价格把它卖掉。他绝对会找你咨询，要是你感觉他有心要买，那我们就务必搞定他。”安东尼奥对这笔宝石交易信心百倍，而我告诉他，要是公爵找我咨询，我一定会做出公正的评价。

正如我前面所说，公爵每天都去金匠的工作室待几个小时。大概一周后，一天晚饭后，公爵把一颗钻石拿给我看，那形状和重量正是安东尼奥曾给我描述的那颗钻石。我前面也提到过，那颗钻石由于被人切割过，色泽不太明亮。我看过之后，没打算推荐公爵买。我问公爵想要我怎样评价，因为站在买方和卖方不同的角度就有不同的看法，然而，他说实际上已经买下了，就想听听我的评价而已。对于这颗石头，我绝不会说假话。他说要考虑到这颗石头的侧面的美，我回答说，那颗石头并没有他想象的那么好，因为它已经被人切割过。听到这里，公爵面色稍变，他知道我说的是实话，于是叫我估算一下它能值多少钱。我心想，安东尼奥曾经提到过一万七千金币，公爵最多应该花了一万五千金币，但是我如果回答公爵实话，他会不高兴，所以我回答他说：“你应该花了一万八千金币。”公爵一听，“噢”了一声，把嘴巴张到极大，并说：“我现在才知道你原来对这个一窍不通。”我说：“公爵大人，绝对是你错了，你在乎的是你宝贝的名声，而我在乎的是艺术的本身。但你至少要告诉我你花了多少钱吧，也好让我开开眼界。”公爵站起身，冷漠地露齿一笑，说：“本韦努托，那可花了我两万五千多金币嘞！”

公爵说完就走了，当时两个金匠也在场，而正在隔壁工作的绣花工匠巴基亚卡听见说话声，也跑到我们的房间里来了。我告诉他们，我没有建议过公爵买那颗钻石，是公爵自己想要买。安东尼奥八天前向我提价一万七千金币，我想一万五千金币应该差不多。但公爵显然想维护他钻石的声誉，真不知道伯纳多那个魔头是怎样让公爵进入这个大陷阱的（因为安东尼奥很乐意以一万七千金币的价卖出）。我们不再管那件事的真假，只是对公爵的轻信一笑而过。

61

同时，我正在制作墨杜萨的雕像，搭了铁架，然后就像搞解剖那样塑出半英寸厚的泥形，然后把它烤干，在表面涂上蜡，按照我的习惯完成。公爵经常跑来检查，生怕我把铜像搞砸了，还说要叫我请几个铜匠师傅来帮我。

公爵对我的手艺赞不绝口，这使得大管家一心想算计我。大管家在宫廷里有些权势，佛罗伦萨这个不幸的小城里的警察和所有官员都不得不给他面子。那家伙来自普拉托，是我世代的敌人，他父亲是个箍桶匠。他是个如此无知的家伙，能混到现在的地位，主要是因为他曾是公爵的烂家教。正如我前面所说，他一直想找机会害我，但始终未能得逞。最后，他想出个可恶的计划，就是他和我的小学徒琴乔的母亲狼狈为奸，合伙来害我，他们制定些阴谋诡计，想尽快把我赶出佛罗伦萨。加姆贝塔听命于那个野蛮疯狂的书呆子，他们的阴谋曾经也使得公爵解雇了他身边的另一个人。于是，在一个星期六的晚上，加姆贝塔带着她的儿子来到我的家里。她说，为了安全，她要把她的儿子藏在我家里几天。我说我没有理由那样做。她下贱而轻蔑地笑了笑，然后转向她的儿子，说："琴乔，我对你做过坏事吗？"他流着泪答道："没有。"她母亲摇了摇头，吼道："啊，你个小杂种！你以为我不知道那些事吗？"然后，她转向我，求我把他儿子藏在我家，因为巴杰洛正在抓他，只要他一出去就会被捉住，而待在我这里就很安全。我说，我家里住着个寡妇姐姐，以及她的六个女儿，我不想再让其他人来。她听了这话后，威胁我说，大管家已经下令给巴杰洛，要是我不帮她藏她儿子，他就会来逮捕我。或者我给她一百金币也行，因为她说大管家是她朋友，只要我给她一百金币，她就确保我平安无事。

听了她这些欺骗的话语，我火冒三丈，说："你个臭婊子，给老子滚出去！要不是为了顾及我的名声和你那无辜可怜的孩子，老子早就宰了你个骚货！”我一边说一边多次摸出我的匕首刀柄。我对那个贱人一阵拳打脚踢后，就把她和她的儿子一起赶了出去。

62

我考虑到那个邪恶的书呆子的野蛮，以及他有权有势，决定暂时躲一躲为好。因此，第二天我把价值两千金币左右的珠宝留给了我姐姐，然后就带着我的仆人贝尔纳迪诺一起骑马去了威尼斯。到了费拉拉后，我写了一封信给公爵，说我虽然不辞而别，但也会不请自回。

一到威尼斯，我就琢磨着我的命运为何要如此捉弄我，但同时也感谢上帝使我至今平安无事。我决心要像以前那样勇敢面对自己的命运。我一边想着这些，一边来到这个美丽而繁荣的城市里消遣。我拜访了伟大的画家提香，还有著名的雕塑家及建筑师雅克波·德尔·圣索维诺，他是我的佛罗伦萨老乡，现在威尼斯君主那里高就，我们是小时候在罗马和威尼斯认识的。这两个天才艺术家都热情地接待了我。第二天我拜访了洛伦奇诺·德·美第奇先生，他立即紧紧握住我的手，并给我一个最热情的拥抱。因为我在佛罗伦萨为公爵亚历山德罗制造钱币的时候就和他认识，并且后来在我为法国国王效劳的时候，也和他来往过。那时，他住在尤利亚洛·布纳柯西家里，又找不到什么冒险性的消遣活动，所以他过去常常来我家，来看我工作及作品。我们很熟，他拉着我的手把我带到他的住处，在那里我遇见了皮耶罗大人的弟弟，斯特罗兹。我们一起玩得很开心，他们以为我要回佛罗伦萨，问我要在威尼斯待多久。我把离开佛罗伦萨的原因告诉了他们，并说过两三天就回去继续为公爵效劳。一听我这话，他们突然一脸严肃的表情，使我感到极度不安，他们说：“你最好还是回法国，在那里你又有钱又有名声。要是你回佛罗伦萨，你就会失去法国的一切。并且在佛罗伦萨，除了麻烦你什么也得不到。”

我没有回应他们，第二天就悄悄回了佛罗伦萨。同时，大管家的阴谋诡计也没有得逞，因为我已经写信给公爵，告诉他我去威尼斯的理由。我去见公爵，他像往常那样一脸严肃地接见我，过一会儿了他又变得热情起来，问我去了哪儿。我说，尽管有些严肃的原因使我不得不离开一段时间，但我的心从来不曾离开公爵。然后，气氛就变得更加随和，他开始问我威尼斯的情况，我们就聊了一会儿。最后，他说要赶紧投入工作，完成他的珀尔修斯像，于是我就高兴地回了家，安慰我的姐姐和六个侄女。然后我就快马加鞭地继续工作。

63

首先，我把之前生病时在金匠工作室里做的那个公爵的泥塑胸像翻铸成铜像，成功后我非常高兴。然而，我的目的是做实验，想从中得到一些经验，以便更好地翻铸铜像。我知道大雕刻家多纳太罗曾把佛罗伦萨的泥塑翻铸成了铜像，我觉得他在制作过程中一定遇到过很大的困难。我想问题应该在于泥土，因此，在翻铸珀尔修斯之前，我用泥塑做了第一次实验。我发现关键是要掌握好泥土的特点，而多纳太罗不明白这一点，所以他翻铸的时候会遇到很大的困难。于是，根据如上所说，我把泥土加工好，感到非常满意，然后就用它来塑好公爵的胸像。可是，我的炉子还没有建好，所以就用造钟匠查诺比·迪·帕尼奥的炉子。

翻铸完胸像后，情况很好，我立即在公爵给我的工作室里建了一个小炉子。那些房子虽是公爵给我的，却完全是按照我自己的意愿设计的。炉子一建好，我就精心翻铸蛇女墨杜萨，她要缠绕在珀尔修斯的下面。那是相当艰巨的任务，我倾尽毕生绝学，以确保万无一失。出炉的第一件铸品情况相当好，很明亮，我的朋友都说不用打磨了。确实，有一些德国人和法国人，他们鼓吹拥有绝密技巧，可以使翻铸出炉的作品好到不需要再次打磨。但那些全是骗人的话，因为从古至今，出炉后的作品必须要经过锤子和凿子再次打磨与加工，这是现在的铸铜匠必须知道的常识。

我翻铸的作品使公爵非常满意，他常常跑来观看，并且兴趣盎然地鼓励我要尽力做到最好。然而，这一切使班迪内尼嫉妒不已，经常在公爵耳边损我，说我的能耐最多就是翻铸一两个人像，绝不可能翻铸群像，说我只是个菜鸟而已，他还叫公爵谨慎考虑，不要在我身上浪费钱财。他的话对公爵很起作用，使得公爵把本来答应给我工人的决定也取消了。我不得不去找公爵辩解，我对公爵说："大人，我到现在还没有收到工作所需的资金，我担心你对我失去了信心。正如我以前说过的那样，我现在做出的作品确实要比塑模好上三倍。"

64

我见公爵保持着沉默，不回答我，瞬间怒火中烧，情绪激动地对他说："大人，这个城市一直都是人杰地灵，这是毋庸置疑的。而当一个人学有所成，想为他的城市增光，想为他的大人添彩，那他到其他地方去工作是十分正确的选择。你看，过去的多纳太罗和了不起的莱奥纳多·达·芬奇，现在的天才米开朗琪罗，而我也想像他们那样为你和佛罗伦萨增光添彩，因此，大人，请你允许我离开吧。但我要提醒你，不要让班迪内尼离开，你要满足他想要的一切。因为他要是离开到了国外，就会变得无知放肆，狂妄自大，那样就会使我们光荣的佛罗伦萨学派蒙羞。大人，请允许我离开吧！我不要什么报酬，我只要你支持我和同意我。"他见我决心坚定，生气地对我说："本韦努托，只要你完成雕像，你什么都不会缺的。"我感谢他，并说我现在只想让那些嫉妒我的家伙明白，我会完成承诺过的事情。我走的时候，公爵给了我一些钱，但少得可怜。我不得不自费来推进工作的进程。

我习惯晚上到公爵的军械库里去消磨时光，多梅尼科和他的兄弟吉安帕戈洛在那儿为公爵夫人制作金杯和金带，我前面也提到过。公爵叫我为他买的那颗大钻石做一个垂饰镶嵌模，我尽力推脱此事，但公爵使出各种温和的手段逼迫我做，使我不得不在晚上另外加班四小时。他还叫我白天也做那个工作，但我不同意，我敢肯定公爵很生气。一天晚上，我稍微晚到了一会儿，他便叫我："马尾努托。"我说："大人，我不叫那个，我叫本韦努托。你又和我开玩笑，不和你计较了。"然而，他一脸严肃地告诉我，叫我最好规矩点，因为他听说我仗着他的恩宠到处行骗。我求他说出一个被我骗到的人的名字。他一听我这话就火了，说："快，把伯纳多的东西还给他。这是不是一个。"我说："我感谢你，大人，我也求你听我解释两句。我确实从他那里借来一个旧天平、两个铁砧、三个小锤。十五天前，我叫他的工人乔维奥·达科尔托纳取回去，却被他私吞了。大人，从我出生以来，无论是在罗马还是法国，不管你是从谁的嘴里听来的这些对我的诬言，要是你能确认它的真实性，我就任你处置。"公爵是个精明而仁慈的人，见我激动的样子，便说："批评一个好好工作的人是不应该的。要是你说的是真的，我会一如既往地友好地对待你。"我说："大人，由于伯纳多的流氓行径，我不得不问，你在那颗大钻石上到底花了多少钱，我想要证明那个流氓怎样诬告我。"他说："我花了两万五，你问这干吗？"我说："因为，有一天在新市场的一个角落，安东尼奥·兰迪曾让我说服你买下钻石，他当时提到的是一万六，你现在知道被骗了多少钱了吧。多梅尼科和他的兄弟吉安帕戈洛可以证明这件事，因为那天和你谈话后我就立即告诉了他们。除此之外，我再也没有向其他人提及此事，因为你当时说我不懂钻石，所以我认为你是维护你钻石的声誉。但我要说明，我是懂钻石的。至于我的为人，我认为我的诚实守信不比世界上任何人做得差。我不是那种想在你身上捞大钱的人，相反，我只想凭借自己的辛勤劳动去获得自己的报酬。我作为雕刻家、金匠、制币师而为你效劳，从不说三道四！我现在向你说钻石这件事，只不过是为了保护自己，可不是想要什么告密费。这么多诚实的人在这里，我向你说这些，只不过是希望你不要相信伯纳多那个流氓的话。"

听完这些话，公爵愤怒地站起来，派人去叫伯纳多。那两个流氓不得不逃到威尼斯。后来，安东尼奥告诉我他曾经说的不是那颗钻石，而是另一颗。因此，他们又从威尼斯回来了。我去找公爵说："大人，我曾给你说的关于伯纳多诬陷我骗他那些工具的事，你最好证实一下。我马上去找警察局局长。”公爵说：“本韦努托，你要一如既往地做个诚实的人，不要操心其他事了。”因此，整个事情就这样过去了，不了了之。我致力于制作钻石的镶嵌垂饰，做好后我就拿给公爵夫人看，她说我的垂饰做得太好了，简直就和那颗钻石配合得天衣无缝。然后，她递给我一根大别针，叫我帮她戴在胸口上。后来，我在她的赞美声中向她告别了。后来听说一个德国人还是谁把那个垂饰重新加工过，不知道是真是假，因为伯纳多建议，垂饰不能做得太精致，那样才更能显出钻石的漂亮。

65

我之前提到过金匠多梅尼科和他的兄弟吉安帕戈洛在公爵的造宝室里制作几个小金瓶，根据我的设计，他们在瓶子上刻有人物图案的浅浮雕，以及其他一些别具一格的装饰。我对公爵说：“大人，如果你能给我一些工人，我就可以为你的造币厂造币，并可以把你的肖像镶在纪念章上。我想和古人的作品比较一下，且很有信心超过他们，因为我很早就给教皇克莱门特制作过纪念章，从中得到许多经验，现在能做得更好。我也为公爵亚历山德罗做过钱币，到现在为止，我做的那个钱币样板都受到人们的高度评价。我也可以为你做一些大件的金银作品，就像我过去为高贵的法国国王做的一样，但那些都要归功于他给我提供的一切方便的条件，我才能够不失时机地完成那些巨大的雕像和好作品。”公爵说：“继续工作吧，我会考虑的。”然而，他却不给我提供任何方便和帮助。

有一天，公爵交给我几磅银，说：“这是从我的矿井里弄的．你拿去帮我做一个上好的瓶子。”珀尔修斯像的工作我不能放下，同时我还要另外为公爵效劳。因此，我把我设计的银瓶蜡模和银委托给金匠皮耶罗·迪·马尔蒂诺去做。他草草地开了个头，然后就停下来了，进度特别慢，还不如拿回来我自己做。几个月过去了，他没有做那个瓶子，也没有找人做，我就叫他把活还给我。我前面说过，他只是拙劣地开了个头，我费尽周折地向他讨要瓶体模和银。公爵一知道这件事，就直接从皮耶罗·迪·马尔蒂诺那里要回瓶体模和银，也不告诉我缘由。他把那些东西交给威尼斯和其他地方的几个人，让他们分头制作，最后做得是一塌糊涂。

公爵夫人总是要我给她做一些金银作品。我常跟她说，意大利每个人都知道我是一流的金银匠，但他们还没有看到过我的雕像。于是，有些激愤的雕刻家就嘲笑我，说我是一个才学雕刻的菜鸟。“然而，现在，要是上帝能保佑我完成珀尔修斯像，并屹立在公爵那宏伟的广场上，到那时，我就会让那些嘲笑我的家伙知道我不是一个菜鸟，而是个有经验的雕刻家。”后来，我夜以继日地闭门工作，也不再去府邸。我想继续讨好公爵夫人，就为她制作了几个小银瓶，表面刻有一些古典风格的面具，大小和牛奶瓶差不多。当我把瓶子交给她时，她很高兴，给了我相应的酬劳。然后，我祈求她告诉公爵我工作任务巨大，受到的资助却少之又少，我还求她提醒公爵不要轻信班迪内尼那张邪恶的嘴巴，因为他想阻挠我做珀尔修斯的工作。听完我的诉苦，公爵夫人耸耸肩说：“当然，公爵应该很清楚，那个班迪内尼什么都算不上。”

66

我待在家里，忙着完成我的雕像，几乎不去公爵的府邸。我不得不自费给工人发工资，因为公爵原本下令叫拉坦齐奥·戈里尼给我的工人付十八个月的工资，后来感到厌倦，就取消了。我去问拉坦齐奥·戈里尼为什么不继续发工资，他一边挥动着他那瘦骨嶙峋的手，一边尖声说道：“你为什么不完成你的工作？别人认为你永远也完不成。”我愤怒道：“那你和那些人会不得好死！”

我沮丧地回到家，继续做我那个命途多舛的珀尔修斯像。回想起自己在巴黎的风光样，不禁潸然泪下。以前，在法国国王的恩宠下，要什么有什么，而现在要什么没什么。很多次我都想什么都不管，一走了之。有一次，我骑上那匹上好的老马，带上一百金币，去费埃索尔看我的一个私生子。我把他寄养在我一个工人的妻子那里，她是我的好朋友。我见到了他，长得很健康，我还亲了他，心里有点酸酸的感觉。临走的时候，他用他的小手抓住我不放，一把鼻涕一把泪的。他只有两岁，却如此悲伤，真让人出乎意料。因为班迪内尼每晚都要去他的那个圣多梅尼科农场，所以我下定决心要是让我碰见他就要灭了他。于是，我忍痛留下孩子独自伤心地离开了。去佛罗伦萨的路上，刚进入圣多梅尼科广场，我就看见班迪内尼从广场的另一侧进来。我决定要他的命，当我走近他时，发现他手无寸铁，骑一头猥琐的非驴非骡的怪物，旁边还跟着一个十来岁的小男孩。他一见到我，就吓得魂飞魄散、胆战心惊。我想，这样杀了他不光彩，便说："不要害怕，你个邪恶的懦夫！杀你我还嫌脏了我的手。"他一脸害怕地看着我，什么都不敢说。我感谢上帝把我从罪恶的边缘拉回来。待怒火消了之后，我自言自语地说："如果上帝能保佑我完成作品，我就能以我的成就去击败所有的敌人，那样比起把怒火发泄在某一个宿敌身上要光荣得多。"于是，我就带着决定回到了家里。三天后，消息传来，说我的儿子被我的好朋友给闷死了，给我一生带来了最大的痛苦。我跪在地上，泪流满面，像往常那样感谢上帝，我对上帝说："主啊，你赐给我这个孩子，现在又把他带走，我衷心地感谢你为我做的这一切。"这巨大的悲伤，使我几乎丧失了理智。但我是一个听天由命的人，也能尽快适应这新的处境。

67

后来，一个名叫弗朗西斯科的年轻人来向我找工作，他是铁匠马泰奥的儿子，曾在班迪内尼那里工作。我同意了，就叫他帮我打磨刚翻铸的墨杜萨铜像。过了两周，这个年轻人告诉我，他曾和他师傅班迪内尼谈过话，他师傅跟他说，如果我想做大理石雕像的话，他可以提供给我一块上好的大理石。我说："你去告诉他，我接受他的帮助，也许那块大理石对他来说只是一个绊脚石，他总是惹怒我，可能他已经忘记了那次我和他在圣多梅尼科广场的事了。去告诉他，我无论如何都要得到那块大理石。我从来不招惹他，而他却尽给我制造麻烦，我怀疑你是不是被他派过来监视我的。去，告诉他，我要定那块石头了，没要到就别回来见我。”

68

我很久都没去公爵的府邸了。一天早上我去见公爵，他刚吃完饭。据我所知，那天早上他正在谈论我，夸奖我的珠宝镶嵌技术。因此，当公爵夫人看见我时，她叫我斯福查先生，叫我为她镶一颗小钻石，她想把钻石镶在戒指上，一直戴着。于是，她便给了我尺寸和一颗价值一百金币的小钻石，并叫我快点开工。公爵知道了便对她说：“毫无疑问，本韦努托过去非常擅长这方面的技术，但他很久都不做那个了。我觉得你叫他为你镶嵌那颗小钻石是在为难他，因此，我求你不要给他增加负担了。”我感谢公爵为我着想，但我仍然求他让我为公爵夫人完成这件小事。几天后，我就做好了。那个戒指是为她的小指设计的，我在上面刻了四个小孩以及四个面具，它们相互盘坐，我又在空隙处设计了一些珐琅装饰环，使得钻石和戒指配合得天衣无缝。我把它拿给公爵夫人，她说我为她做了一枚最美丽的戒指，并说她永远不会忘记我。后来，她把那枚戒指当作礼物送给了菲利普国王。从那以后，公爵夫人经常让我帮她做东西，给我的报酬很少，但她如此友好，使我不得不尽力为她效劳。我很需要钱，因为为了尽快完成珀尔修斯像，我请了一些工人，所以我不得不自掏腰包给他们发工资。我开始更加频繁地进府了。

69

一个节日的下午，我吃过晚饭后，就进府到了钟亭。我看到军械库的门是敞开着的，当我靠近时，公爵友好地向我打招呼说：“欢迎光临！瞧瞧那个斯特法诺大人送给我的箱子，打开看看里面是什么东西。”我打开后，叫道：“大人啊，这是一尊希腊大理石雕像，太神奇了。我从来没见过做工如此精美的小孩古石雕。要是公爵允许，我可以帮你修复好这个雕像的头、手、脚，另外我再加一只鹰，那样称得上是伽倪墨得斯了。修补工作确实不是我的专业，那应该是修补匠的行当，但他们毛手毛脚地会把它搞坏，所以就让我来完成这项使命吧。”公爵见到这么漂亮的雕像，欣喜万分，不停地问我：“本韦努托，快告诉我，是什么东西让你对这件作品如此崇拜。”于是，我尽力给他讲解这个雕像美丽的做工、完美的技巧，以及罕见的风格。在这个话题上，我们高兴地谈论了很久，公爵听得兴致勃勃。

70

当我和公爵兴高采烈之际，一个侍童离开了造宝室，班迪内尼进来了。公爵脸色一变，对他说：“你来干吗？”班迪内尼没有立即回应，而是看着那边打开的大理石雕像，带着一脸邪恶的笑，摇摇头对公爵说：“大人，这件作品正好证明了我经常向你说过的那些话。你看，古人无知，不懂解剖学，因此他们的作品就破绽百出。”我保持沉默，假装没听见他的话，实际上我是背向他的。等这个畜生胡诌完后，公爵说：“噢，本韦努托，这可与你刚才的那些好观点恰恰相反啊，快为这个雕像辩驳一下吧。”对于公爵友好的请求，我回答说：“大人，你知道，巴齐奥·班迪内尼的内心总认为什么都是坏的，从来都是这样。因此，当他看到好的东西，就会被他说成是坏的东西。而我只青睐好的东西，并用真正的直觉去欣赏。所以，关于这个雕像，我刚才对你说的那些话是绝对真实的，至于班迪内尼所说的，只不过是他内心邪恶的反映而已。”公爵兴致勃勃地听我说，而班迪内尼则满脸愤怒，一副丑相（他本来就其貌不扬）。

公爵离开了，穿过数个房间，班迪内尼跟随其后。侍管们扯着我的衣袖，示意我也跟着，因此我们就跟着公爵到了另一个房间。公爵坐在房间里，我和班迪内尼站在他的两旁。我沉默不语，房间里的几个贵族看着班迪内尼，互相窃笑班迪内尼刚才说的话。班迪内尼又开始胡诌，说：“大人，我的赫拉克勒斯和卡科斯雕像亮相时，那些乌合之众肯定会写一百首诗来打击我。”我说：“大人，当米开朗琪罗的许多好作品亮相时，很多有鉴别能力的佛罗伦萨艺术家们都对他的作品赞不绝口。所以，米开朗琪罗的作品受到高度评价是应该的，而班迪内尼的作品受到打击也是应该的。”我的这些话使班迪内尼勃然大怒，他转向我说：“你是什么东西，你能指出我作品的瑕疵吗？”我说：“如果你有耐心听，我可以给你指出来。”他道：“那你指啊！”公爵和其他人都准备洗耳倾听，于是我就说了：“但你必须清楚，我也不忍心指出你的缺点，所以我不发表自己的观点，只想重述一下佛罗伦萨艺术家们对你的看法。”我看见那个畜生手舞足蹈，嘴里不知嘟囔着什么，我损得他更厉害。“那些艺术家们说，如果把赫拉克勒斯的头发剃掉，他的头颅一定容不下他的大脑；他的样子难以辨认，不知道是人还是狮子和公牛的杂种；他的脸不像是人脸，在脖子上简直就是放错了位置，做工拙劣，毫无艺术感，是有史以来最丑的作品。他那丑陋的肩膀，就像是驴鞍上的一对前桥，他的胸和肌肉不像是人的，倒像是装着菜瓜放在墙角的大麻袋。腰好像是根据南瓜塑造的，至于腿就没人搞得清楚是如何与身体相连的，搞不清楚他是靠哪只腿支撑和用力的，重心也不在两腿上，这些都是雕刻家的基本常识。最明显的就是整个身体前倾七英寸，这是冒牌雕刻家都难以容忍的失误。至于手臂，他们说毫无艺术元素，难看至极，就好像作者从来没见过裸体模特似的。而赫拉克勒斯和卡科斯的右腿连在一团，要是把它们分开的话，它们相连的地方就不会剩一点腿肚。他们还说，赫拉克勒斯的一只脚在地下，另一只在火上。”

71

这个家伙再也受不了我说出他那些天杀的错误，因为，其一我说的是事实。其二，我是当着公爵和其他人的面说的，他们首先是惊讶，紧接着就相信我说的是事实了。突然，那个畜生愤怒地叫道：“啊，你这张诽谤的臭嘴，你怎么不说说我的设计啊？”我反驳道：“一个好的设计者是做不出这么糟糕的作品的，所以我认为你的设计不比你的作品好。”当他看见公爵脸上那高兴的表情以及旁人的讽刺手势时，他一副穷凶极恶的样子对我大吼：“给我住嘴，你这个杂种！”一听这话，公爵眉头大皱，其他人也一脸惊讶地望着他。面对这样的辱骂，我几乎失去理智，但片刻间我又回过神来，嘲笑地回击道：“你这个疯子！不要太放肆了。我知道你提到的那种高贵的艺术，那是朱庇特和伽倪默得斯在天堂享受的东西，而在人世间，只有伟大的君主和帝王才有资格。我只是一个渺小的平民百姓，怎么会有权力和智力去研究那些伟大的东西。”当我说完后，公爵和其他人再也忍不住了，又是大笑又是尖叫。亲爱的读者们，你们要知道，尽管我以玩笑的方式回应了他的辱骂，但我心中确是翻江倒海。这个畜生竟敢在公爵面前这般辱骂我，你要知道，在那种场合下，真正受辱的可不是我，而是公爵。要不是当时公爵和其他贵人在场，我早就剁了他了。这个蠢货发现大家都在嘲笑他，就尽力寻找新话题，转移他们的注意力，他说：“本韦努托这家伙到处吹嘘，说我要给他一块大理石。”我马上打断他：“什么！你不是叫你的工人弗朗西斯科来告诉我说，我要是做石雕的话你就给我一块大理石吗？我接受你的帮助，一定要得到那块石头。”他反驳道：“我敢肯定你永远也得不到它！”我仍然陷在刚才他对我辱骂的愤怒中，再加上现在他的这些无赖行径，我忘记了公爵的存在，对他大发雷霆说：“我对天发誓，你要是不把大理石给我送来，就最好去另一个世界吧。因为要是你再待在这个世界上，我绝对会扒了你的皮。”我突然意识到公爵还在，于是毕恭毕敬地对公爵说：“大人，一个蠢货会引起一百个蠢货，这个疯货使我一时控制不住自己，冒犯了大人，请大人原谅。”然后，公爵对班迪内尼说：“你真的答应过给他一块大理石？”他回答说是真的。于是公爵对我说：“去歌剧院，然后选一块自己喜欢的大理石。”我回答说，这家伙答应过送到我家里来，现在我和他却闹成这样，我不接受其他的方式来得到那块大理石。于是，第二天早上，有人给我送来一块大理石，我问他们谁送的，他们说是班迪内尼。那块大理石正是班迪内尼答应我的那块。

72

我把石头搬进工作室开始凿制。我雕大理石的同时，也在继续完成塑像。但我太热衷于大理石雕像了，以至于没有耐心去认真地完成塑像。不久，在我的敲击下我发现大理石出了些问题，这使我常常后悔开始了大理石的活儿。但是，我仍然雕刻出了阿波罗和雅辛托斯，它们那未被完成的模样现在还放在我的工作室里。我正在工作，公爵来到我的房子，说："你先把铜像放一放，让我先看看你的大理石作品吧。"于是，我就拿着凿子和锤子，愉快地去雕大理石。公爵问我有关大理石雕像的小模型，我答道："公爵大人，大理石都已经裂开了，但我还是能雕出一些东西来，所以还不能决定小模型，但我会继续尽力的。"

公爵火速派人去罗马搞来一块希腊大理石，以便让我为他修复伽倪默得斯雕像，也就是引发我和班迪内尼吵架的那个大理石雕像。当大理石运回来时，我想，如果把这块大理石切割，然后拿去做伽倪默得斯的头、手以及其他部位，那样简直就是罪孽。所以我就用其他大理石代替修复工作，而把罗马搞来的这块希腊大理石留下来，准备制作那喀索斯雕像。于是，我就用蜡做了一个那喀索斯的小模型。我发现那块大理石上有两个洞，大概有五英寸深、两英寸宽。这使我不得不注意，在制作中要避开它们。然后，常年的雨水浸入石洞中，使石头腐烂。这在后来的阿诺河发洪水时（1547年）得到了证明，那时我工作室里的洪水涨到二十来英寸。那喀索斯被放在一块木头上，洪水漫过之后，它就被拦胸折断了。我不得不把它修复好，为了掩盖裂痕，我就在裂痕周围雕了一圈花环，现在都能看见。

我利用早起或节假日继续着大理石的表面雕饰工作，以便不耽搁珀尔修斯像的制作。一天早上，我正在制几把做那喀索斯的小凿子，一个小金属碎片飞进了我的右眼，并且深入瞳孔，取不出来了。我认为我那只眼睛瞎定了。几天后，我找来一位名叫拉斐尔·德·皮利来的外科医生，他带来两只活蹦乱跳的鸽子。我躺在一张桌子上，他拿着鸽子，割开翅膀下的血管，使鸽子血流入我的眼睛，我顿时感觉好多了。两天后，金属碎片出来了，我又重见光明了。三天后便是圣露西娅节，我用一枚法国金币做了一个金眼睛，并叫我十岁的侄女给圣露西娅送去，以此感谢上帝和圣露西娅。后来一段时间，我搁下那喀索斯像，而去克服重重困难，继续制作珀尔修斯像。我决定，完成珀尔修斯像后就离开佛罗伦萨。

73

我漂亮地完成了墨杜萨像，现在只想完成珀尔修斯像。我已经给珀尔修斯像打好了蜡，并坚信它出炉后一定和墨杜萨像一样完美。蜡模制作得非常美丽，公爵看了大为震惊。不知道是有人给他说我的铜像不可能成功，还是他自己那样想，他更加频繁地来看我。有一次他对我说："本韦努托，这个塑像铸铜应该不会成功吧，艺术的法则可不一样哦。"公爵的话使我非常生气，我回答说："大人，我知道你对我没有信心，原因可能是你听信了太多中伤我的谣言了，或者是你对艺术还不太了解。"还没等我说完，他就打断我说："我懂艺术，而且很懂。"我回答说："没错，但你是艺术鉴赏家，而非艺术家。要是大人真的那么懂艺术的话，你就应该信任我，因为我已经做出了那么多的好作品。首先是你那个巨大的胸像。其次，我克服了重重困难，修复了伽倪默得斯像，你要知道那可要比我重新做一个的难度大多了。再次，我翻铸的墨杜萨铜像，现在就在你眼前摆着的，这可是前无古人的作品。大人，你看，我已经重新建造了我的熔炉，这可与其他人的不一样。它除了技术的提高和部件的创新，我还另外增加了两个出口，专为铸铜而设计，这样就确保了难度高及扭曲度大的铜像能够完美地出炉。这些都要归功于我在方法和设备上的远见卓识，而其他人很难做到这一点。另外，大人，你要知道，我之所以能够为法国国王完成那么多完美的作品，是因为国王相信我、鼓励我，并让我自由支配与选择工人。我过去有四十多个工人，全由我支配。以上就是我为什么能在短时间内，创造出那么多伟大的作品的原因。因此，大人请你现在也要相信我，并提供给我帮助。我坚信我能为你完成一件让你触动心灵的大作品。但要是你不相信我，不提供给我帮助，那么别说是我，无论是谁都不可能有所成就。”

74

公爵在一旁站着，听着我的说辞，一会儿转向左边，一会儿又转向右边。而我很失望，回忆着曾经在法国那种良好的条件，心里不由掠起一阵悲伤。突然，公爵说：“好，本韦努托，那你要告诉我，你到底是怎么能够把墨杜萨和珀尔修斯完美地做出来的呢？”我马上回答说：“大人，你看，你要是真的像你曾说的那么懂艺术的话，你就不应该担心这些问题，而更应该去担心雕像的右脚太过于低，离另一只腿又太远。”他听了这话，很生气，对旁边的几个贵族说：“我认为这个本韦努托太骄傲自满了。”然后，他转向我，嘲笑地说道：“我要耐心地听听你拿什么来说服我。”我答道：“我会让你信服的。”于是我就开始说：“大人，你知道，火的天性是向上走的，因此我敢保证墨杜萨的头一定会铸得很好，但由于火性难以向下走，我得人为地强制它向下十二英尺，所以腿是很难铸好的，但是方便我重新再铸。”公爵说：“那你为什么不改进设备使得脚和头一样能铸好呢？”我说：“那我就必须建一个更大的熔炉，并在里面装一根如腿粗的管道，那样就能让金属熔液流向腿部。但是，现在通向腿部的管道不到两指厚。可是，做一个更大的又不值得，因为我能够轻易地想出弥补的办法。如果我的塑模能像我意料的那样，根据火向上的天性，那珀尔修斯的头就会铸得和墨杜萨的一样完美，那样你也就不用担心了。”我说完这些令人折服的论据之后，公爵就摇摇头离开了。

75

事到如今，我只能重新鼓足勇气，抛开那些困扰我的悲伤思绪。尽管我离开法国回到故乡佛罗伦萨的目的是为了帮助我的六个侄女，但据我所知，这一善行却是我遭遇不幸的开始。然而，我还是坚信，等我完成了珀尔修斯像，苦难就会过去，快乐就会来临。

于是，我拿出信心，恢复体力，利用自己所剩的那点有限的金钱开始继续工作。首先，我从蒙特鲁朴附近的塞利斯托里树林里弄来几车松木。松木运来期间，我用几个月前就准备好的泥，给珀尔修斯糊上衣服。我根据艺术原则糊好衣服后，就用铁架把塑像护起来，然后用慢火把塑像的蜡抽掉。蜡熔化后，就从许多气孔里流出来，并且流得越多，塑像就越饱满。待蜡被抽完后，我就用砖在珀尔修斯周围建起一个漏斗形的熔炉，并在炉子的周围留有许多缝隙，便于出火。然后，把木头放进去，让它烤个两天两夜。最后，所有的蜡都化完了，铸模也就烤好了。于是，我把放铸模的坑掏干净，这一切都是根据艺术规则的章程来进行的。放铸模的坑掏干净后，就用绞车和绳子把铸模吊起来，小心翼翼地让它悬在炉子上方一英尺多的地方，下面正对铸模坑。然后，我慢慢地把它放在炉子的底部，我采取了很多措施以确保万无一失。接着，我把先前刨出来的泥土往里推，随着泥土越堆越高，把陶制的排气管插入，就类似于人们使用的排水管。最后，一切都安排妥当。工人们明白了我的方法如此与众不同，而我也信心百倍。我把大量的铜和铜器放进炉子里，这些都是按照艺术规定进行的，这样相互错开叠放，才能很好地出火，金属才能很好地熔化。最后，我激动万分地下令点火。良好的通风以及柴木的优良多脂使得炉子燃得很好。为了让其不停地燃烧，我左右兼顾，忙得不可开交。我的劳动强度超过了我的极限，但我仍然咬紧牙关坚持着。而那时更倒霉的是，工作室的房顶着火了，我担心房顶会塌陷，那样会使花园里的风雨不停地往里面吹，炉子就会被冷却。

我和这些突发情况奋战了几个小时，体力已经透支，再也受不了了。突然，一场厉害的高烧袭击了我，使我卧床不起，不得不离开工作现场。我让十来个助手帮我继续工作，其中有铜匠、手工匠、一般工人以及我自己的工人。其中也有跟了我几年的学徒贝尔纳迪诺·曼奈利尼。我特别嘱咐他说："听着，贝尔纳迪诺，你要按照我曾经教你的原则行事，因为金属就要熔化了，一定要竭尽全力地去干，不要出乱子。这些诚实的工人会清理好通道，你会很容易地利用这对铁钩把那两个塞子塞进去，我相信我的铜像一定可以冲得很完美。我从没有得过这么厉害的病，几个小时以后我肯定要死。"然后，我就绝望地离开他们，瘫在我的床上。

76

我一瘫在床上，就叫我的女佣们把食物和饮料给工作室的工人们送去，同时我跟她们说："我今天就要死了。"她们尽力鼓励我，说我的病只不过是劳累过度所致，很快就会好起来的。我就这样在高烧中挣扎了两个小时，后来烧得越来越严重，我不停地叫道："我要死了。"我的管家是来自卡斯特德里奥的，她叫弗奥雪，是个热心的好管家，她责备我灰心丧气，同时又对我精心照料。她为我的病痛和沮丧流下了眼泪，但她尽力遏制泪水，以便在照顾我时不被我发现。当我深深地被病痛折磨之时，我看见有个人走进了我的房间，他把身体扭曲成一个S形。就像对绞刑台上即将被行刑的死囚宣判一样，以一种悲伤而阴沉的声音对我说："本韦努托，你的铜像搞砸了，也毫无补救的办法！"听了这一消息，我立即大号一声，可能火星上都能听见。我跳下床就开始穿衣服，佣人们都过来帮我，我对她们拳脚相向，悲伤地叫道："啊！叛徒们！嫉妒者们！这是有预谋的背叛，我对天发誓，一定要查个清清楚楚。并且在我死之前，我要让世界感到震惊。"穿好衣服后，我痛苦地跑到工作室，发现之前那些激情万分的工人，现在都变得情绪低落，吃惊地站着。我说道："都过来，听好了，既然你们未能按照我的指示工作，所以现在我亲自过来指导你们，不要提出反对意见，因为现在这个时候最需要的是继续工作，而不是意见。"当我说完这些话，亚历山德罗·拉斯特里卡蒂说道："本韦努托，你现在做的事情已是艺术不可能实现的了。"听了他的话，我愤怒地盯着他，然后他和其他人则异口同声地说道："好，那你下令吧！只要我们还有一口气，一切按照你的命令行事。”我认为他们那样坚决，是因为他们认为我就要死了。我马上去检查炉子，发现金属已经凝结了，也就是俗称的“结饼”。我叫两个助手穿过马路，去屠夫卡普雷塔家里取一车橡木。那橡木已经干了一年多了，屠夫的妻子日内瓦早就答应过我的。橡木运回后，我就把它们烧进炉子里。与其他任何树木相比，橡木加热慢，劲头足，适合铸铜。于是，橡木点燃后不久，凝结的金属开始发光、烧红，并冒出火花！同时，我继续清理通道，并安排了几个人去房顶救火。我又找来木板、毯子以及其他东西，用来隔挡从花园吹进的雨水。

77

应付完这些可怕的情况后，我向那些工人吩咐着“把这个放到这儿，把那个放到那儿”。这时，他们看到那凝结的金属开始熔化，干劲更加十足，一个顶三个用。然后我叫人把重约六十磅的锡扔到炉子里凝结的金属上，这样一来，凝固的金属块开始快速地熔化。我扭转了乾坤，挽救了铸铜，自己的身体也感觉恢复了许多，浑身充满了力量，高烧的痛苦和死亡的恐惧也都烟消云散了。

就在这时，突然火花四溅，一声爆炸，好似一个霹雳打在我们面前。包括我，在场的所有人都吓坏了。巨响消失后，我们面面相觑。我发现原来是炉顶被炸开了，铜浆流了出来。于是，我立即把铸模口打开，并把那两个控熔塞推了进去。我注意到铜流得很慢，原因可能是大量的合金被高温消化掉了。然后，我派人找来所有的锡盆和盘子等，总共有两百来个，把它们一个个地扔进通道，剩下的直接扔进炉子里。这个方法很奏效，可以看到铜熔化得很快，铸模也填充得很好，因此大家更加兴高采烈地工作，服从着我的命令。我一边发号施令一边亲自动手，一边叫道：“啊，上帝啊，你以无穷的力量死而复生，升上天国！”我的铸模很快就填充完毕，我跪在地上虔诚地感谢上帝。

完工后，我从板凳上抓过一盘沙拉，和我的工人们一起大口大口地吃起来。然后，我心满意足地回家睡觉了，不到两小时天就要亮了，所以睡得很香，好像从来没得过病一样。没等我吩咐，我那个善良的管家就为我准备好了一只大阉鸡。当我起床吃早餐的时候，她对我笑着说道："啊，这就是那个说自己要死了的人吗？依我看，可能是你昨晚发怒时对我们的拳打脚踢，顺便也把病魔给吓跑了！"佣人们也松了口气，不必再为我焦急担心了，于是他们就立即跑去购买盆盆罐罐，因为那些锡盆锡罐已经被我扔进炉子里了。然后，大家一起痛痛快快地吃饭，那是我这一生中吃得最高兴，也最有胃口的一次。

饭后，许多帮助我的人都来看望我。他们向我表示祝贺，和我一道感谢上帝。他们说，他们见证和学到了其他艺术家认为不可能的事情是怎样变为可能的。我感到很光荣，也相信自己是个天才，顺便也把自己吹嘘了一把。然后，我把工钱付给他们，大家都心满意足。

我那邪恶的仇人皮尔·弗朗西斯科·里齐奥，也是公爵的大管家，他花费功夫要搞清楚我事情的发展情况。我怀疑那两个故意凝结我铜的家伙告诉大管家，说他们认为我不是人，而是个强大的魔鬼，因为我完成了艺术不可能实现的事情，并且他们也不相信普通的魔鬼能够用其他方式创造这样的奇迹。他们很夸张，可能是为了给自己找借口。于是，大管家就给在比萨的公爵写信，把事情的经过以更加夸张与神奇的方式汇报给了公爵。

78

我让铸像冷却了整整两天，然后慢慢地揭开。首先看到的是墨杜萨的头，由于通风好，铸得非常成功，正如我曾对公爵说的那样，火的天性是向上的。再往深里揭，我又发现了另一个头，也就是珀尔修斯的头，和墨杜萨的一样完美，这使我很震惊，因为珀尔修斯头部的位置要比墨杜萨的低很多。铸口是开在珀尔修斯的头顶上以及肩后的，我发现所有的铜都是从头部灌进去的，因为气孔通道里没有一点金属流经的痕迹。我感到很震惊，就好像是上帝在帮助我。

我继续往下揭，一直到重心支撑的右脚，每一部分都很完美。我非常高兴，因为我曾经给公爵说过右脚铸不成功。然而，当我把整个铜像揭出来时，发现脚趾上面有点儿没有铸出来，因此有一半的脚趾部分缺失了。我知道自己还差功夫，但尽管如此还是很高兴，因为我可以向公爵证明，我是很懂艺术的。这是事实，脚的大部分完成得很好，出乎我的意料。其原因就是金属的加热要比一般的艺术要求高，另外就是我加的那些锡也起到了一定的作用。

作品已经成功完成，我马上去比萨找公爵。公爵见了我，他们夫妇热情地接待了我。尽管大管家已经把事情的经过告诉了他们，但他们认为我的经历如此神奇和震惊，一定要让我亲口讲给他们听。当我讲到珀尔修斯脚的时候，我说脚铸得不是很好，就像我以前提醒过公爵的那样。公爵听了很惊讶，并告诉公爵夫人，说我曾经给他说过那一点。看到公爵对我如此满意，我便向他提出去罗马的请求。他很豪爽地答应了，并叫我尽快回来帮他完成珀尔修斯铜像。他还为我向他驻罗马的大使阿威拉多·塞里斯托里写了推荐信，那几年正是蒙特的朱利奥教皇当政。

79

离开之前，我吩咐工人们按照我教给他们的方法继续工作。之所以要去罗马，是因为我给安东尼奥的儿子宾多·阿尔托维蒂做了一个等身铜铸胸像。这次去罗马正是要把做好的铜胸像带给他。他把铜像放在书房里，里面还有很多其他古董和艺术品。但是他这个房间不适合摆放这些东西，窗户太低了，光只能从下面照进来，不能达到良好的艺术观赏效果。

有一天，宾多站在门口，碰巧米开朗琪罗路过。他求米开朗琪罗进他的书房参观，于是米开朗琪罗就跟着他进去了。他看了一圈，说：“是哪位大师为你做了这么好的雕像啊？你要知道，这些艺术品中，我最喜欢这尊雕像。假如你的窗户再高一些而不是这么低的话，这些艺术品会更加具有观赏效果，这尊雕像也会在这众多的好作品中更加突出。”米开朗琪罗一离开，就友好地给我写了一封信，说：“好友本韦努托，认识你这么多年来，一直以为你只是个出色的金银工艺师，现在还知道你也是出色的雕刻家了。我要告诉你，宾多·阿尔托维蒂先生领我去参观了他的书房，他说那个胸像是你做的。我非常满意，但令我生气的是，他不应该把它放在光线不好的地方，要是放在光线充足的地方，就会显得更加光彩夺目。”这封信充满了深情与赞美。当我离开佛罗伦萨去罗马之前，我曾把那封信拿给公爵看。公爵饶有兴趣地读了起来，对我说：“本韦努托，如果你也写信给他，并说服他去佛罗伦萨，我就任命他为四十八人委员会委员。”于是，我就热情洋溢地给他写了一封信，以公爵的名义向他许下的诺言要比公爵曾说过的多一百倍。为了不出乱子，我在加封之前把信拿给公爵过目，并说：“大人，我承诺的可有点多哦。”他说：“他应得到远不止你承诺的那些，我会让他得到更多的好处。”米开朗琪罗并没有给我回信，我知道公爵对他也很生气。

80

我到达罗马后，寄宿在宾多的家里。他立即把米开朗琪罗去看胸像以及赞美它的事情告诉了我，因此我们在这个话题上聊了很久。现在，我应该说一下为什么要为宾多制作胸像。宾多欠我一千二百金币，再加上他自己拥有将近四千的金币，总共凑够了五千金币（译者注：准确地说，借给公爵的这笔钱应为五千二百金币），把这些钱借给了公爵。这样一来，我便能从中获得一定的利息。那时，看完做好的胸像蜡模后，他派了一个名叫朱利亚诺·帕卡利的公证人给我送来五十金币。我不想接那些钱，就让公证人给他送了回去。后来，我对宾多说：“只要你能保持那个数目为我投资，我就能得到一定的利息，那样我就心满意足了。”当我们谈到与此相关的事情时，我发现他对我没有以前那么热情了，而是不冷不热的。虽然他还让我住在他家里，但再也不像以前那样说说笑笑，而总是板着个脸。但是，我们言简意赅地解决我们的问题，即我为他做的铜像花了很多铜和很多人工，所以他要在我有生之年，为借我的钱付35%的利息。

81

现在我首先要做的事情就是去吻教皇的脚，当我正在与教皇谈话之际，公爵的大使阿威拉多·塞里斯托里也进来了。我曾提议要为教皇效劳，我以为他会同意，因为在佛罗伦萨经历重重困难之后，我十分乐意回罗马工作。然而，我很快发现大使反对我。

然后，我就去拜访米开朗琪罗，并把我曾以公爵的名义给他写的信的内容对他重述了一遍。他说，他现在忙于修建圣彼得大教堂，离不开罗马。我跟他说，既然建筑的模型已经确定下来了，那么何不让乌尔比诺去做？我相信乌尔比诺一定会严格按照你的命令行事的。我又对他说了公爵承诺给他的好处，他听后直直地盯着我，带着一种讽刺的微笑对我说："那你呢？他给了你多少好处？"尽管我告诉他公爵对我很好，我也十分满足，但他说他很清楚我的苦恼，并说他很难离开罗马。我还是告诉他最好回到他自己的家乡，因为现在那里是明君当政，十分爱惜贤才。我在前面提到过乌尔比诺，他跟着米开朗琪罗干了很多年了，只是一个仆人和管家，艺术方面却不甚了解。我的话使得米开朗琪罗不知如何应答，他便迅速转向乌尔比诺寻求意见。乌尔比诺操一口乡村口音，大声道："我决不会离开主人米开朗琪罗，除非我们其中一人遭遇不测。"几句傻话惹得我哈哈大笑，我耸耸肩就离开了。

82

我和宾多的交易一塌糊涂，不仅白送了铜像，还赔了金钱，使我从此不再相信商人。之后，我就垂头丧气地回到了佛罗伦萨。我立即进府去拜见公爵，但公爵在里弗雷蒂桥那边的卡斯特罗，所以我只见到大管家皮尔·弗朗西斯科·里齐奥。当我跟他打招呼时，他惊讶地对我说："哦，你回来啦。"然后又惊奇地说："公爵在卡斯特罗！"说完便转身走了，我对这畜生的异常行为举止感到迷惑不解。

于是，我就向卡斯特罗走去。我进了公爵坐着的花园，他老远就看见我了。我原以为公爵会像以前那样热情友好地，或者更加热情友好地接待我。但他一看见我就向我比画一种惊奇的手势，示意我离开。他居然这样对我，我也只好伤心地回了佛罗伦萨。我继续工作，完成雕像。我绞尽脑汁思索公爵的态度为何发生如此大的变化，斯福查以及其他亲近公爵的人也用一种怪异的眼光看我，于是我问斯福查发生了什么事情，他笑了笑，回答说："本韦努托，尽力做一个诚实的人，其他的事少管。"几天后，我去见公爵，他勉强友好地接待了我，然后问我在罗马做了些什么。为了尽力维持好这次谈话，我把宾多胸像的整件事情的经过原原本本地告诉了他，他听得非常认真。我把去见米开朗琪罗的经过也向他说了，他听了有些不高兴，当我谈到乌尔比诺的那些傻话时，他哈哈大笑，说："他该遭罪！"然后我就离开了。

毫无疑问，大管家肯定在公爵那里又给我使了什么阴招，幸好上帝保佑我，才没使他得逞。上帝是崇尚真理的，保护我，就像他曾经拯救我于水火之中那样。我希望不管有多少大灾大难，上帝都会一直保佑我。有了上帝那神圣力量的保护，我就会怀着一颗善良的心，英勇向前，无所畏惧。愿上帝保佑！

83

最亲爱的读者们，请你们原谅，我现在要讲述一个可怕的遭遇。

我致力于完成雕像，晚上也经常去公爵的军械库，帮助那两个金匠为公爵效劳。实际上，他们大部分作品都是我设计的。由于公爵喜欢看我工作以及和我聊天，于是我有时白天也往军械库跑。有一次，我在军械库里，公爵也照常来了。他一见到我，就特别高兴。他进来后就立即和我谈论许多有兴趣的话题。我说出自己的各种看法和意见，他很开心，从来没有如此高兴过。突然，他的一个秘书进来了，在他的耳旁说了些什么重要的事情，公爵立即起身与他走到另外一个房间。之前，公爵夫人派人观察公爵在做什么，她的侍童回去跟她报告说："公爵天天在军械库和本韦努托有说有笑，心情大好。"公爵夫人一听这话，立即跑到军械库来，但没找着公爵。于是，她就坐在我们旁边，看我们工作。过了一会儿，她把一条大项链和一些十分精致的珠宝拿给我看，并叫我给点意见。我说，的确非常漂亮。然后她说："我想让公爵为我买下，所以希望你能在公爵面前大肆赞美它们。"听了这话，我尽可能地表达对公爵夫人的尊敬，说道："夫人，我原以为这些珠宝为你所有，既然现在我知道它们还不是你的，那么，作为一个有经验的艺术家，我有责任向你说实话。这些珠宝有许多瑕疵，所以不建议你买。"她说："商人可要价六千金币啊，如果没有那些瑕疵，可能就要值一万二千金币了。"我说："就算这条项链完美无瑕，我也不会建议任何人出五千金币去买它。因为珍珠不是宝石，珍珠只是鱼的骨头，时间久了就会失去色泽。而宝石恰恰相反，比如钻石、红宝石、绿宝石、蓝宝石，永远不会失去色泽，这四种珍贵的石头才值得去买。"我说完后，公爵夫人有些不高兴，她说："我就想拥有这些珠宝，所以为了我，你必须把它们拿到公爵面前吹嘘，哪怕说假话也要赞美它们，我不会亏待你的！"

我是一个诚实的人，讨厌说谎。然而，这次为了不失去高贵的公爵夫人对我的厚爱，我只好被迫说一次谎了。我拿着这些讨厌的珠宝向公爵的房间走去。公爵一见到我就问我："哦，本韦努托，有什么事啊？"我摊开珠宝说："大人，我要给你看一串上好的珍珠，这可是与你身份相称的罕见宝物。我相信把这样好的八十颗珍珠凑到一起，能做成一条绝好的项链。我建议大人把它们买下，因为这确实是一个奇迹。"他立即说："我不会买，它们并没有你说得那么好，我已经看过了，不感兴趣。"然后我说："大人，请原谅我多嘴！这些珍珠的确是罕见之品啊，以其美丽确实可做成一条绝佳的项链。"此时，公爵夫人已经起床，她站在门后偷听我说的一切。当我热情高涨地反复地向公爵推荐后，他友好地对我说："我亲爱的本韦努托，我知道你很懂这些东西。要是这些珍珠真的有你所说的那么珍贵的话，那么为了使夫人高兴，为了我自己的需要（我总是喜欢这些奇珍异宝），也为了我儿女们的需要，我会毫不犹豫地买下它们。"听他这么一说，我就更加肆无忌惮地吹嘘这些东西。我尽可能地说好听的，因为我相信公爵夫人会在合适的时间出来帮我说话。

公爵夫人说过，事儿成功后我可以得到两百多金币的报酬。但为了我的信任，我坚决不要一分钱，以便让公爵知道我办这件事不是为了钱。公爵再次恭敬地对我说："我知道你很懂这些东西，但如果你是一个永远诚实的人，那就把事实告诉我吧。"我脸色通红，泪水盈眶地对他说："大人，要是我说了实话，我就会变成公爵夫人的敌人，我就会被迫离开佛罗伦萨，然后我的那些敌人就会立即想法子破坏我的珀尔修斯，我曾经宣布过珀尔修斯是艺术学派最了不起的作品。因此，我希望大人能保护我。"

84

于是，公爵发现我前面那些话是被迫说的，他说："如果你信任我，你就会无所畏惧。"我说："但是，大人，怎样才能不让夫人知道这件事呢？"公爵举起手说："我向你保证，你说的话我会严格保密。"于是，我就把实话告诉了公爵，说那些珍珠最多值两千金币。公爵夫人以为我们没有说话了（因为我们尽量压低说话的声音），她便走上前来说："大人，给我买下那些珠宝吧，因为我太喜欢那些东西了，更何况本韦努托也说了，他从来没见过这样罕见的珍珠了。"公爵说："我不会买的。"夫人说："为什么，难道你不能买下它们使我高兴吗？"公爵道："因为我不想浪费钱财。"夫人说道："你这话是什么意思？你最信任的本韦努托告诉过我，就算是花三千多金币买它们都算是很便宜的了。"公爵说："夫人！本韦努托已经告诉我了，要是我买下它们，就是浪费钱财，因为这些珍珠既不圆滑也不相称，并且其中有些还失去了色泽。为了证明给你，你看！你看！再瞧瞧这里……这条项链根本就不值得我买。”听了这些话，公爵夫人恶毒地看我了一眼，并向我威胁地点了点头，然后就离开了。我真想马上打包永远离开意大利，然而我的珀尔修斯还未完成，因此我不想在珀尔修斯像展出前离开。可想而知，我已经处于多么糟糕的困境。

公爵传令他的门侍们，要是我进府就让我到他的房间里。而公爵夫人传令给那些相同的门侍们，叫他们只要在府中见到我，就把我赶出大门。于是，那些家伙一见我进府，就关上门，叫我离开。同时他们又小心谨慎以防公爵发现，因为要是公爵看见了我，就会叫我去或者招手示意我去。

那时，公爵夫人找到那个经商人伯纳多，她过去经常向我抱怨伯纳多的一无是处，是个白痴，但她现在却像曾经信任我一般信任他。他说：“夫人，就把这件事交给我吧。”然后那个流氓就拿着那些珍珠去找公爵。公爵一见到他就叫他快滚，但那个流氓发出驴叫一般难听的声音说道：“大人，为那可怜的夫人想想吧，她太想要这些东西了，如果得不到，她也不想活了。”那家伙反复说着那些愚蠢的废话，公爵已经失去耐心，便说：“马上滚，否则我就要扇你耳光了。”那个流氓很清楚他想做什么，要是他挨了公爵耳光并且能让公爵把东西买下，他就会得到公爵夫人的恩宠以及那两百佣金。于是，他伸出脸让公爵打，公爵为了摆脱他，就狠狠地打了他几下。他的紫脸被公爵打得发红，且泪眼汪汪。同时，他开始狡猾地对公爵说：“啊，大人啊，一个忠实仆人会不顾一切地忍受各种痛苦，只为了满足那可怜的夫人的愿望。”公爵已经受不了这个流氓了，为了补偿他所挨的耳光，以及为了夫人，于是他说：“遭天谴的，我买下了，快滚出去！我就满足夫人的愿望！”

从这一点我们可以知道，正直的人是怎样被该死的命运捉弄的，而流氓是怎样依靠卑鄙手段走运的。我永远失去了公爵夫人的恩宠，也失去了公爵的保护。而那个流氓既得到了佣金，又得到了恩宠。因此，做人不能太老实了。

85

那时锡耶纳战争爆发了，公爵想要加强佛罗伦萨城的防御，就把加固防御任务分配给他的建筑师和雕刻家。我分到的任务是普拉多门以及通向磨坊途中的一个阿诺河小门。卡弗里尔·班迪内尼分到了圣佛里亚诺门，帕斯瓜利诺·德安柯纳分到了圣皮尔·加托利诺门，木雕师朱利亚诺·蒂·巴齐奥·德阿尼奥罗分到了圣乔治门，木雕师帕尔蒂奇诺分到了圣尼克洛门，雕塑家弗朗西斯科·达·圣加罗分到了圣克罗切门，焦万·巴蒂斯塔分到了平蒂门。其他一些堡垒和城门则分给一些工程师去做，名字不详，我也不在乎。

公爵总是个精明能干的人，他亲自绕城巡视一圈后，决定派人去找一个工薪出纳员，名叫拉坦齐奥·戈里尼。由于现在他是个业余的军事建筑家，所以公爵叫他设计各个城门的加固方案，然后把设计好的方案分配给我们去执行。我看了分配给我的方案，发现其中有许多错误，于是立即去找公爵。当我正当着公爵的面尽力指出那些错误时，公爵打断我，生气地说："本韦努托，我承认你对雕像的造诣很高，但在城堡防御上你必须听我吩咐。所以，快去执行我分配给你的方案吧。"我尽量温和地回应他说："大人，就算在雕塑艺术上你也曾教过我一些东西，因为我们经常谈论雕塑。同理，在城堡防御上，我也希望你听听我的意见，这比雕塑更加重要。如果我们能一起讨论，你就能够更好地教会我怎样为你服务。"公爵听完这段彬彬有礼的说辞，便和我一起讨论起来。我尽量明确地给公爵指出为什么他给我的方案不妥当，他说："好，那你自己去制定个方案，然后拿来我看看是否满意。"于是，我根据那两个城门防御的原则制作出了两套方案，拿给公爵审查。他是个明辨是非的人，所以他说："按照你自己的方法去做吧，因为你的方案不错。"于是我便开始勤恳地工作。

86

普拉托城门的守卫是一个伦巴第的队长，他身材高大，满口粗言，愚昧无知。他立即问我该怎么进行工作，我礼貌地给他讲解图纸，费尽心思地让他明白工作进程。然而，那个粗鲁的畜生脑袋和身体左摇右晃，捋着他那大胡须，把帽子下拉遮住眼睛，叫道："这画的是什么玩意儿啊，简直看不懂！"最后，这个畜生越来越讨人厌，我就说："还是让我自己干吧，我知道这是什么玩意儿。"然后我就转身离开去工作。就在这时，这个畜生突然把左手按在他的刀鞘上，威胁我："大师，你大概是想我和你比画比画吧？"由于这家伙的挑衅，我瞬间怒火中烧，叫道："杀死你这蠢货，可要比修城门的棱堡容易多了。"我们立即都去摸自己的刀，但都没拔出刀鞘，因为许多佛罗伦萨正直的乡众、市民以及官员都围了过来。大家都指责那个畜生，叫他不要酿成大错，并说我是不好惹的，要是被公爵知道了，他就遭殃了。于是，他就罢手去干自己的事了，而我也继续我的城门防御工作。

这里的工作安排就绪后，我就去了另一个阿诺河小城门。那里守城的是一个切塞纳的队长，他是我在这一行见过的最彬彬有礼的人了。他有着一副温柔女性的长相，但发威的时候却是最无畏、最残忍。这个美男子彬彬有礼地和我说话，我还感觉有些不好意思。他想了解我的工作方案，因此我也就客气地向他说明我的计划。并且，我们公平地竞争，反而使得这里的棱堡防御工作比普拉托城门做得更好。

就在防御工作快要完工时，皮耶罗·斯特罗兹的一些军人就发起了袭击，吓得普拉托民众们离开了他们的家园。他们把行李装上马车，然后都逃向佛罗伦萨。逃难的队伍庞大，人多车杂，混乱一片。我叫城门守卫注意，以防发生类似都灵城门那样的悲剧。一定要防止放下的吊门压在马车上，不然吊门就不能发挥它应有的作用。一个畜生队长听完我的话，对我破口大骂，我也便和他对骂，我们越吵越凶，最后民众把我们劝开了。我完成了棱堡之后，得到了几十金币的报酬，这是我始料未及的。然后，我就高兴地回去继续完成珀尔修斯像。

87

就在那期间，一些古董在阿雷佐的乡村被发现。其中有一个吐火女妖喀麦拉的雕像，它是在宫殿大厅附近被发现的，同时还发掘了一些小铜雕像。它们被泥土和灰尘覆盖，不是缺头，就是缺脚。公爵用金匠的凿子清理雕塑，非常高兴。有一次，当我和公爵谈话时，他递给我一把小锤，我用来敲击凿子，雕塑上的尘土很快就被剔掉了。就这样，我们花了几个晚上清理雕像的尘土，然后公爵要我修复这些残缺不全的雕像。他见我对这些东西很感兴趣，就叫我白天也去工作，要是我晚了没到，他就派人去叫我。我三番五次向公爵说明，要是我白天不做珀尔修斯的话，后果会很严重。首先，最让我担心的是，珀尔修斯的时间拖得太长，公爵就会感到厌恶（后来真的如此）；其次，要是我不在，工人们可能把作品搞砸了，或者他们不认真干活，偷懒。我诉说完这些原因后，公爵决定只让我日落后进府工作。现在我使公爵对我非常满意，每天晚上进府，他对我越来越友好。那时，狮子街正在修建新房。公爵想要一些不太显眼的地方，就在新房中挑了一间供自己使用，并叫我通过他的私人通道到达他那里。因此，我不得不穿越军械库，走过大厅，然后再经过一些展馆和小房间才能到。不过，几天后，公爵夫人把我要经过的门全部给锁上了，使我在进府之前不得不等很久，因为公爵夫人把那些房间搞成她的私有品。她身体不是很好，我的经过总会打扰到她。由于这个以及其他种种原因，她很讨厌见到我。然而，不论有多么不安和烦恼，我都一直坚持进府工作。另外，公爵也下过命令，只要我敲门就要为我开门，因此我可以在府里畅通无阻。有时候，当我出人意料地走过那些私人小房间时，刚好碰见公爵夫人在忙一些私事。她就勃然大怒，对我吼道："你到底要把那些雕像修到什么时候？你这样跑来跑去，真是烦死人了。"我温和地回答说："夫人，我只想一心一意地为你效劳，公爵吩咐我的这个工作要花上几个月。因此，夫人，如果你不想我再来的话，那不管谁叫我，我都不会再来了。就算是叫我，我也会因病回避，决不再来打扰夫人。”她说：“我不是禁止你来，也不是叫你不服从公爵，只是感觉你的工作搞得没完没了。”可能是公爵知道了这件事，也可能是其他原因，他又像以前那样派人在日落后来叫我，来叫我的人总是说：“一定要去，公爵在等你。”就这样，我继续别别扭扭地在晚上进府。有一次，我照常到达，恰巧碰见公爵和人在商量私事，他突然转过来愤怒地看着我，把我给吓惨了，我正想转身撤退，公爵说：“本韦努托，进来吧，去干你的活吧，我马上就来。”当我往前走时，小王子唐加尔齐亚抓着我的斗篷，调皮地和我玩闹。公爵高兴地看看说：“我的孩子多么喜欢你啊！”

88

当我在做这些琐碎的工作时，唐乔瓦尼、唐阿尔南多、唐加尔齐亚常在我身边转悠，只要公爵一转过身去，他们就和我打闹。我求他们能不能消停一会儿，他们道：“不能。”我说：“那好吧，我也不能强迫你们，你们随便玩，我和你们一起玩！”看到这里，公爵和夫人突然大笑不已。

还有一个晚上，我完成了设计在珀尔修斯基座上的四个小铜像，即朱庇特、墨丘利、密涅瓦以及珀尔修斯的母亲达那厄（小珀尔修斯坐在她的脚上）。我把它们搬进每天晚上工作的那个房间里，对着光线，把它们摆成一排，看着十分漂亮。公爵知道这个消息后，比平常来得要早些，因为告诉他这个消息的那人把那些作品捧上了天，比如他描述说“简直超过了古希腊雕像”等。公爵和公爵夫人来了，边走边高兴地谈论着我的作品，我赶紧起身去迎接。他以君王的礼节和我见面，且右手举起一根大的梨树枝对我说：“本韦努托，拿去吧，把这棵梨树苗种到你的花园里。”一听这话，我高兴地回答说：“哦，大人，你的意思是让我把它种在自家的花园吗？”他说：“是的，种在属于你自己的花园里，明白吗？”我为此感谢公爵，也同样恭恭敬敬地感谢了公爵夫人。

接下来，他们就坐在雕塑面前，就这些作品的美丽谈论了两个多小时。然后，公爵夫人激情高昂地对我说："把这些雕像放到广场的基座上简直就是浪费，在那里它们很容易被损坏。我想你把它们放在我的房间里，那样它们就可以完好无损了，才能和它们真正的价值相称。"我用了许多有力的理由去反对她，可她下定决心不让我把那些小铜像放到基座上。第二天晚上，恰好公爵和公爵夫人不在，因为我已经准备好了基座，就把小铜像放上基座安好，使它们的位置都是恰如其分。公爵夫人知道这件事后，愤怒至极，要不是公爵出来维护我，我就遭殃了。先前是珍珠事件，现在又来个雕塑事件，她愤怒不已，迫使公爵放弃那些雕塑的修复工作，于是我也就不再去那里工作了，而且以后每次进府时都会遇到以前那样的阻挠。

89

于是，我就回了齐凉廊，因为珀尔修斯像被带到了那里，我在那里继续完成最后阶段的工作。那里的工作条件仍然很差，困难重重，资金缺乏，事故众多，再坚强的人也受不了这样的境遇。

然而，我却还是一如既往，继续坚持下去。一天早上，我从圣皮耶罗·斯凯拉齐奥教堂里出来的时候，看到畜生伯纳多经过。他是个一无是处的金银匠，靠公爵当上了造币厂的伙食承办商。这个畜生一出教堂就冲我说出四句俏皮话（可能是从圣米尼亚托学来的）。于是，我也骂他："你这个猪、懦夫、驴子！你除了说那些流氓话还会什么？"我捡了根棍子要打他，吓得他立即躲进了造币厂。我回到房里，半开着门，然后派了个小男孩帮我在街上监视伯纳多并通知我这个畜生何时出教堂。我等了一段时间，有些厌倦，火气也消了。想了想，打架可能会带来不必要的麻烦，决定用其他方式对他进行报复。于是，圣约翰节前两天，我写了一首诗，把它贴在教堂里某个显眼的角落里，诗的内容如下：

伯纳多，
是驴子和猪一样的蠢货，
是间谍、烂嘴巴、盗贼，
潘多拉把所有的邪恶，
都倒进他的胸腔，
然后又传递到巴齐奥的躯壳。

这件事情以及这首诗传到了府里，公爵和夫人听到后大笑不已。但在那个畜生知道之前，很多人都已在逐行阅读，笑声连连。大家都目不转睛地望着伯纳多，他的儿子巴齐奥见此情形，便愤怒地扯下那首诗。那畜生咬着大拇指，愤怒不已，从鼻子里发出一种怪异的声音，表示示威。那的确是一种勇敢的反抗。

90

后来，当公爵知道我的珀尔修斯快要展出的时候，他便跑来欣赏，十分满意。然后，他转向同来的贵族说："在我们的眼里，这是一件了不起的作品，所以在群众的眼里应该也一样。因此，本韦努托，看在我的面子上，我想请你揭开雕塑的一部分遮布，使群众都能从广场看见它，也好听听他们对此作品的看法。毫无疑问，这样封闭在遮布里和那样显露在阳光下的效果是大不一样的。"我谦逊地回答道："大人，你必须知道，绝对露下的效果是遮布下的两倍好。你忘了在我花园里见到的情形了吗？那也是在开阔的地方，如此美丽，使得那个从不说好话的邪恶班迪内尼都不得不赞美一番。我很清楚，大人非常信任那个家伙。"公爵听了我的话，有点生气地冷笑了一下，但他仍然友好地说道："本韦努托，就按我说的办吧，让我高兴一下。"

公爵离开后，我就叫人揭掉遮布，然而有些地方还需要镀金、抛光以及其他一些需要完成的琐碎之事。因此，我开始发牢骚，抱怨我到佛罗伦萨后这些不幸的日子。现在我终于清楚地意识到，当时离开法国就是一个极大的错误和损失，因为在这里为公爵效劳毫无发展前途。从开始到现在，我所忙活的一切对我都是不利的。所以，这就是珀尔修斯展出前一天我糟糕透顶的心情。

在上帝的保佑下，珀尔修斯一经展出，群众热情高涨，对我的作品赞不绝口，这使我感到极大的安慰。雕塑在遮布的遮盖下，一些人便开始在门前的柱子上贴诗。我确定当天展出后几个小时内，就有二十多首诗被贴了上去，全都是赞美雕塑的。后来，当我再次用遮布遮住珀尔修斯时，每天都有诗被贴上去，有的是拉丁文，有的是希腊文。当时比萨大学在放假，因此许多教授和学者们也竞相写诗赞美我的作品。最使我感到欣慰的是，那些艺术家、雕刻家和画家也争相写诗，这也使我更有希望得到公爵的支持。我特别感谢画家雅各布·托尔摩以及他的学生布隆齐诺。这个了不起的画家，他不仅写诗赞美我的作品，还叫他的学生桑德里诺把诗送到家里来。他用他那精美无比的书法慷慨地赞美我的作品，让我倍感安慰。于是，我便把珀尔修斯遮起来再次对它进行修整。

91

高贵的佛罗伦萨学派的艺术家们也给了我极大的赞美，公爵知道这些后却对我说："我非常高兴，以为本韦努托已经使我得到小小的满意，同时这也会激励他更好更快彻底完成作品。但是，不能让他太骄傲自满，因为当珀尔修斯最终真正地展出时，人们可能会赞不绝口。我担心的是反面情况，那时他可能会意识到作品的许多缺陷，并发现比以前有更多的问题，因此还是要让他自己耐心点。"其实这些话正是班迪内尼说给公爵的，他以安德里亚·德·委罗基奥的作品来举例说明，同时他还引用了一些别的作品。他甚至攻击天才米开朗琪罗的作品，说他的作品只从正面看才显得美。最后，他还谩骂那些佛罗伦萨人，因为他们写过讽刺诗批评了他的作品赫拉克勒斯和卡科斯。现在，公爵很是相信班迪内尼，并肯定事情会按照他的断言发展下去，因为那个嫉妒的畜生从不会停止说别人的坏话和攻击别人。有一次，该死的伯纳多碰巧也参与了这些谈话，他也支持班迪内尼的观点，并对公爵说："大人，你必须知道，大雕像和小雕像区别甚大，我不否认本韦努托做过一些好的小雕像，但你很快就会明白，他在其他方面是不行的。"他还说了其他很多颠倒黑白的话。

92

最后，我彻底完成了珀尔修斯作品，使荣耀的公爵和永恒的上帝感到十分满意。于是，在一个星期四的早上，我揭下遮布，把珀尔修斯向公众展出。那时虽然太阳还没有完全升上天空，但围观的人已是人山人海，对我的作品赞不绝口。公爵站在府中房内的窗边，半藏着身子，他能听到人们所说的每一句话。听了几个小时赞美我作品的话后，他自豪地站起身子，高兴地转向侍从斯福查说："斯福查，快去告诉本韦努托，说他让我感到出乎意料的高兴与满足，我要付给他令他震惊的酬劳，以此来鼓励他。"

于是，斯福查把好消息告诉了我，使我感到极大的安慰。再加上公众对作品的赞美，使我那天在愉快和高兴中度过。公众之中有两个贵族，他们是西西里总督派来和公爵谈正事的。现在，他们两个在广场上遇到了我，便急忙叫住我，然后脱下帽子对我说了一长串十分正式的言辞，就连教皇也觉得这样有些过于正式了。我恭敬地向他们鞠了个躬。同时，他们继续滔滔不绝地对我说些赞美之词。后来，我不得不求他们帮我个忙，陪我离开广场，因为那时公众已经不再观赏珀尔修斯，而是把目光集中到我身上来了。那两个贵族提出要我到西西里，并给出了相当不错的条件。他们告诉我，塞尔维亚的弗拉·焦万·阿尼奥罗·德·塞尔维曾为他们修建一个装饰有小雕像的喷水池，尽管他的作品比不上我的珀尔修斯，但也使他成了富人。我不想听他们说下去了，便说道："说白了，你们就是想让我离开这样一个最热衷于艺术的公爵，离开我的故乡，离开这个孕育著名的佛罗伦萨艺术学派的地方！如果是为了钱财，我当时就不会离开法国回来的，因为伟大的法国国王付给我一年一千金币的工资，而且对我的作品另外付款，为他效劳我一年总共能得到四千多金币。”

我说完这些话后，他们对我恭维的攻势减弱了许多，然后我感谢他们给我的那么高的评价和赞美，那是一个艺术家得到的最好的报酬了。我告诉他们，他们让我备受鼓舞，因此我希望，在几年后我将展出另一件足以让我们佛罗伦萨学派非常满意的巨作。他们还想继续恭维我，但我却拿着帽子，深鞠一躬，向他们道别了。

93

又过了两天，大家对我的赞美之情继续高涨，于是我就去见公爵了。公爵高兴地对我说：“本韦努托，你使我感到非常满意，因而我也要兑现我的诺言，我告诉你，到不了明天你就会得到令你吃惊的报酬。”听到这话，我就立即把身体和灵魂的全部力量转向上帝，衷心地感谢他。同时，我走近公爵，亲吻他的衣袍，眼里涌着感激的泪水。我说：“我最光荣的大人，最真实的、最慷慨的艺术爱好家！我想请你恩准我八天的假期，我要去感谢上帝。因为只有我知道，是我的认真和虔诚感动了他，才使他帮助我忍受了这一切的困难和折磨。我为这一切而感谢他，我要连续朝圣八天，去感谢永恒的上帝，因为他从不忘记帮助那些虔诚信仰他的人。”然后，公爵问我想到哪儿去。我说：“我想明天出发，先去瓦洛姆布罗萨，然后到卡马尔多利，再去埃雷莫，然后到圣母玛利亚那里，也可能远到赛斯蒂莱，因为我听说那里有一些精致的古罗马雕像。最后，从弗朗西斯科·德拉·阿尔维尼亚返回，并继续向上帝谢恩，然后再轻轻松松地为你效劳。”公爵高兴而友好地说道：“去吧，然后再回来，因为你确实让我感到心满意足，别忘了给我写个便笺，其他的事情你就不用担心了。”

我当天就写了几行字的感谢便笺，是由斯福查交给公爵的，公爵看完后又交给斯福查，并说：“你务必每天把它放在我看得见的地方，因为要是本韦努托回来后，发现我没有兑现诺言的话，他会杀了我的。”公爵笑着提醒自己不要忘记。当天晚上斯福查就把公爵的那些话准确无误地说给我听，他一边笑，一边为公爵对我的这般恩宠感到惊奇。他高兴地说："本韦努托，去吧，虽然我有点嫉妒你，但还是希望你能早点儿回来。"

94

在上帝的保佑下，我离开了佛罗伦萨，一路上继续唱着圣歌和祷告。我非常高兴，因为天气很好，正值初夏季节，路上的乡村风景十分美丽，这些神奇的风景是我以前不曾见过的。现在我找了一个年轻的工人帮我带路，他是来自巴尼奥的，名叫凯撒。多亏他，我才受到他父亲以及他家人的热情款待。他们家有一个七十多岁的老人，在和他的谈话中我得到了极大的快乐。他是凯撒的叔叔，曾是个职业外科医生，也是个业余的炼丹专家。这个不同寻常的老人告诉我了巴尼奥的金银矿，还把一些有趣的东西拿给我看，所以我在那里过得很开心。

后来，我和他的关系更加亲密了，他也很信任我。有一天，他对我说："我得要告诉你一件事情，要是公爵对其加以关注，将会大有好处。马多利不远处有一个山道，防御十分薄弱，所以皮耶罗·斯特罗兹的军队很容易入侵，并能轻易占领波皮。"除此之外，他还拿出了一张他们全村的地图，并在地图上向我说明了那些情况的危险性。于是我带着地图，立即离开了巴尼奥，经普拉托·马尼奥和圣弗朗西斯科·德拉·阿尔维尼亚，尽快返回了佛罗伦萨。一回到佛罗伦萨，我就脱完鞋子往公爵府中跑去。我刚好在巴迪亚大教堂的对面碰见公爵，他正从波德斯塔过来。他热情而惊奇地接待了我，并说："怎么回来这么快啊？我以为你至少要八天时间呢。"我回答说："想回来为你效劳。我在那个美丽的乡村快快乐乐地度了几天假。"他说："哦，有什么好的消息？"我答道："大人，我发现了一件重大的事情，必须得告诉你。"于是我就跟着他进了府里，他把我带到他的私人房间里。然后，我就把那件事告诉了他，并把地图拿出来向他展示说明，他非常高兴。当我告诉他必须得马上采取行动时，他思考了一会儿，说："我告诉你，我已经和乌尔比诺公爵达成了协议，那个地方由他镇守。但此事不能向其他人提起。"他向我显示了一些好意之后就叫我退下，我也就回去了。

95

第二天，我进府和公爵谈了一会儿，他高兴地对我说："你不用担心，明天我一定兑现给你的诺言。"我相信公爵的话，耐心地等到第二天。我又进了府，但好消息总是比坏消息跑得快，公爵的秘书雅克波·圭迪用一种傲慢的声音叫住我，他身子僵硬得像一根掏火棍，他说："公爵想知道你要为你的珀尔修斯开多少价？"我惊讶地待在那里，然后回答说，我从来不为自己的作品开价，更何况这也不是公爵两天前对我的承诺。他提高了嗓门，然后以公爵的名义命令我说出价格。我现在不仅仅只是想得到公爵承诺的惊人报酬，也想得到公爵的恩宠。然而，他这样做确实让我感到出乎意料，更何况我也不曾向他索要过什么，只希望得到他的恩宠而已。因此，他以这种出人意料的方式对待我，使我对这一切感到十分愤怒，尤其又是这个恶毒的癞蛤蟆令人厌恶的任务执行的方式。我告诉那个畜生，要是公爵给我十万金币都不够，说如果我是讨价还价之人，也就不会留在这里为公爵效劳了。接着，那个畜生就开始辱骂我，我也回骂他。

第二天，当我给公爵问好的时候，他叫我去见他。我走到他面前，他愤怒地说："十万金币都可以买许多城市和宫殿了。"我说："大人可以找到许多能够为你修建城市和宫殿的人，但你也许不能再找到一个能够做出珀尔修斯的人。"说完我就一言不发地离开了。几天后，公爵夫人派人叫我，她对我说，叫我把我和公爵之间的问题交给她处理，因为她有信心处理得让我满意。听这些友好的话后，我说，我从来没向公爵索要过任何补贴，我想要得到的只是他的恩宠和他给我的承诺。我从第一天为他效劳时，就把我乐意交给他们的东西交给了他们，哪怕就是公爵给我一分钱我也很满足，只要他不失去对我的恩宠。听了这些话，公爵夫人微笑地对我说："本韦努托，你最好按我说的办。"说完她就离开了。我想，我最好还是像以前那样，把说话的态度尽量放得谦卑些。然而，我错了，她虽然于我有些小过节，却愿意慷慨地帮我处理问题。

96

那时，我和公爵的后勤部长吉罗拉莫·德格·利阿尔比齐有些交情。于是，有一天他对我说："本韦努托啊，你和公爵之间的矛盾最好还是解决了好。如果你相信我的话，我可以帮你处理这件事。你要知道，公爵现在很生气，到时候后果会很严重。行了，我不说了。"自那次和公爵夫人谈话过后，有人（可能是个流氓）告诉我，听说公爵这样说过："花点钱把珀尔修斯扔了，我和他之间的矛盾就解决了。"听了他的话，我焦急万分，于是我就把矛盾交给吉罗拉莫处理，并告诉他，只要能保住公爵对我的恩宠，让我做什么都可以。他是个很诚实的人，很擅长在军队里和士兵们交往。但他来自乡下，不懂雕塑，因此不明白情况。最后，他对公爵说："大人，本韦努托已经委托我来处理你和他之间的事情，他求你不要对他失去恩宠。"公爵说："我也愿意委托给你来解决，并会对你的处理感到满意。"因此，吉罗拉莫给我写了一封信，尽量使我满意。信中说，公爵愿意给我三千五百金币，但那只是一种赔偿，并不代表那伟大作品的价值。并说只要我满意就好，他还说了一些其他关于金钱的话。

公爵高兴地签订了这个协议，而我却是失望地签了字。公爵夫人知道这件事之后说："要是那个可怜的人把事情交给我处理，情况会好得多，我会让他拿到五千金币。"有一天，我在府里时，公爵夫人又对我重复那些话，并嘲笑我，说我该倒霉，当时阿拉曼诺·萨维亚蒂先生也在那里。

公爵下令每月付给我一百金币，到付完为止。可过了没几个月就不付了。后来，负责给我付款的安东尼奥·德诺比利每月就只给我五十金币，后来给二十五金币了，再后来一分钱都不给我了。见付款停了，我就去找安东尼奥，求他解释为什么不给我付款。他以一种礼貌的口吻（我想他也装得太假了嘛，就让读者们自己去判断吧）告诉我，他不能照常给我付款的原因是由于府中缺钱，但他保证，一有钱就会加付给我。他说："老天作证，要是不付给你的话，我就是个畜生。"我对他能那样说感到很吃惊，并相信他到时会付给我钱的。结果却恰恰相反，是他掠夺了我的钱财。于是，我气愤地告诉他，要是不给我付钱，他就是他曾经发誓说过的那个东西。然而，直到他死的那天（1566年年末）都没付清我款，还差我五百金币。我估计他们已经忘了欠我的工资余额，因为都过了三年了。然而，那时公爵重病，已卧床两天，他知道医师也无能为力，只能乞求上帝。所以，他下令把所有的欠款全部还清。这次我的钱也给了，但珀尔修斯的补贴未付款我仍然没有得到。

97

我决定不再谈我那可怜的珀尔修斯了，但又发生了一件不同寻常的事，使我不得不谈他。因此，我要往回叙述一下。我曾告诉公爵夫人，我已不在意和公爵之间的矛盾了，因为不论他给我什么我都愿意接受。我说，我想方设法只是为了得到公爵的恩宠。在和吉罗拉莫达成协议前几天，公爵对我表示了极度的不满，因为我曾在他的面前告阿尔封索·奎斯特利、雅克波·波尔维利诺，尤其是焦万巴蒂斯塔·布朗迪尼的状，我情绪激烈地把他们对我的那些讨厌的、不公正的做法向公爵抱怨了一番。然而，公爵怒不可遏地说道："这些都和你的珀尔修斯是一样的道理，你向我要十万就是被贪婪迷惑了双眼，而他们跟你一样。因此，我要请专家鉴定珀尔修斯的价值，专家说值多少我就给你多少。"一听这话，我肆无忌惮地厉声说道："既然佛罗伦萨没有其他人能够做出珀尔修斯，那怎么可能找人去评估它的价值？"他更加愤怒，对我说了一些暴怒的言语："佛罗伦萨的确有人能够做出这样的雕塑，并且他有资格来鉴定你的珀尔修斯。"我知道他说的是班迪内尼。我说："大人，是你让我克服重重困难，才能够在这个最高贵的佛罗伦萨艺术学派中创造出如此伟大的作品。

我的作品已经受到史无前例的高度评价，最使我自豪的是那些懂我艺术和设计的人，比如出色的画家布隆齐诺，他写了四首诗来赞美我的作品，使得全城对它的热情更加高涨。我相信，要是他的专业不是绘画，而是雕塑的话，他一定和我一样，也能做出这样伟大的珀尔修斯。另外还有，我可以很自豪地提到我的恩师米开朗琪罗，我相信他年轻的时候也能完成这样伟大的作品，但也会和我一样费神。可是，他如今年事已高，已经经受不住那样费神了。因此，我敢断言，世界上现在已经没有其他人能够制作出这样伟大的作品了。再说了，我的作品已经得到了我想要得到的最好的回报。尤其是大人你自己不仅很满意，而且还给出了最高的评价，对我来说，难道还有比这更伟大、更荣耀的奖励吗？就算你给我再多的钱也比不上那份荣耀。因此，大人给我的钱已经足够了，我全心全意地感谢你。”公爵说：“也许你觉得我还没把钱给你，我可以肯定我会付给你比珀尔修斯本身价值更高的报酬。”我说道：“我不想再要你的什么钱，佛罗伦萨的艺术家们给我的报酬已经足够了，在那些安慰下，我要马上离开佛罗伦萨，不会再回到你给我的那些房子，也不会再回到这个城市。”当时我们正在圣费利齐塔教堂外边，公爵正往府里走。他听我愤怒地说完那些话后，突然转过身严厉地对我说：“不准你离开，听好了，不准你离开！”然后，我担心地跟着他进了府。

到了府里，公爵派人去叫比萨大主教德·巴尔托利尼和潘多尔夫·德拉·斯图法，然后叫他们去找班迪内尼，并以他的名义叫班迪内尼估算珀尔修斯的价值，因为他想得到一个精确的价钱。因此，那两个老好人就按照公爵的吩咐去办。后来，班迪内尼告诉他们，他早就估算过，很清楚珀尔修斯的价值，但他说因曾经和我有些过节，不想涉入我的事情。那两个老好人给他施压，说：“这可是公爵的命令，不要让公爵不高兴。要是你需要两三天时间去估算的话，那就在三天以后告诉我们结果。”他回答说，他不想违抗公爵的命令，说他已经估算过了，那件美丽而精致的作品最低要值一万六千金币。他们把班迪内尼的话汇报给了公爵，公爵愤怒万分。他们也同样把班迪内尼的话告诉了我，我回答说，我不会相信班迪内尼的话，因为那家伙从来不说别人的好话。然而，我的那些话被公爵知道了，那也正是为什么公爵夫人要我把我与公爵的矛盾交给她处理的原因。我所叙述的全部属实。早知如此我就交给公爵夫人处理了，那样的话，他们会很快付给我相当可观的报酬了。

98

公爵派审计官莱利奥·托雷洛来告诉我，叫我做一些铜浮雕，用来装饰圣母教堂的唱诗席。那些事情本来是班迪内尼的，我可不想把我的劳动浪费在他那拙劣的艺术上。因为他对建筑一无所知，所以设计不出图纸。实际上，那个拙劣的图纸是由巴齐奥德·阿尼奥洛的儿子朱利亚诺设计的，他是个木雕师，篡改别人的图纸，并把教堂顶弄得一团糟。我只想说，他的“杰作”只能显出他的一无是处。尽管我曾对公爵说，我愿意做他吩咐的一切事情，但由于上述这两个原因，我决定不接这个任务。公爵就把此事交给圣母教堂工程委员会，让他们和我协商。公爵继续给我每年两百金币的津贴，其他费用则由工程委员会提供。

我到委员会后，他们把公爵的安排告诉了我。我想我可以把我的观点坦率地说给他们听，我说，那些铜像会浪费很多钱财，并把所有原因都给他们说明了，他们完全同意。首先，我说不应该建唱诗席，因为既不协调、不方便，也不符合艺术布局，有伤大雅，更何况也没有个好的设计；其次，浮雕的位置太低，它们会变成狗撒尿的地方，肮脏至极。于是，我拒绝干这活儿。然而，我说，因为我也不想虚度我剩下的岁月，所以还是想为公爵效劳，但是他要真的想重用我的才能，那就叫他把教堂的中央大铜门交给我做。因为大门人人可见，可以为公爵增光添彩。我可以做合同保证，如果我做出来的铜门没有洗礼堂的铜门好看，不要一分报酬。但是，如果我的门比洗礼堂的好，那么就要一分价钱一分货，至少要付给我一千金币。

委员会对我的观点非常满意，并立即向公爵汇报。他们认为去向公爵汇报的皮耶罗·萨维亚蒂一定能让公爵满意，结果却恰恰相反。公爵说我总是喜欢与他唱反调，因此皮耶罗没有得到任何结果就回来了。我知道后，便立即亲自去找公爵。公爵看见我时十分生气。然而，我还是求他屈尊听我说两句，他说愿意听。我开始给他讲，我用了一些很有说服力的论据让他明白事情的本质，让他明白他让我做的那些简直就是浪费钱财，他消了气。我说，要是他不让我做铜门，那就让我为唱诗席做两个布道坛，也会是相当好的作品，也能为他增光添彩。同时，我说我还准备为他做一些装饰精美的铜浮雕。这就样，他不再生气了，并叫我去做小模型。

我很费劲地做了几个小模型，其中有一个是由八个镶板组成的，我认为它比其他几个更科学，也更符合要求。我把那些小模型带进府里几次，公爵叫我把它们留在军械库管理员凯撒那里，他仔细检查后，选了一个我认为最差的小模型。有一天，他叫我进府，和我聊有关小模型的事，我给他说了很多理由说明八边形布道坛的方便与优良，且做出来的效果也更好。但他要求我做成他更喜欢的四边形。后来，我又和他愉快地聊了很久。同时，我不失时机地给他说一些于我的艺术作品的优点。公爵虽然知道我说的是真理，但仍然坚持己见，因此后来很长一段时间都没谈论这事。

99

那时，用作海神尼普顿的那块大理石沿着阿诺河，经过格里威，再从陆上由卡雅诺的波吉奥，最后运到佛罗伦萨来。我去看过那块石头，知道公爵夫人已经设法要把它交给班迪内尼了。我并不嫉妒，只是为那块不幸的大理石感到悲哀。因为不管什么东西，如果它注定要倒霉的话，那么即使你尽力去挽救，它也只会变得更加糟糕，就如同这块大理石落入巴尔托洛梅奥·阿姆马纳蒂手里一样。看过那块美丽的大理石之后，我仔细地测量了一番，然后就回到佛罗伦萨，根据其比例做了几个小模型。接着，我就到卡雅诺的波吉奥去找公爵和夫人。那时公爵和夫人正在私房里用餐，因此我只能和小王子说话。我们聊了一会儿后，公爵在隔壁房间里听见了我的声音，就把我叫了过去。我过去后，公爵夫人就和我愉快地聊起天来。我慢慢地把话题转移到那块美丽的大理石上，我警示说，伟大的佛罗伦萨艺术学派的先辈们的优点，就在于能够让不同分支的艺术家进行竞争。就是由于这个原因，那奇幻的教堂圆顶、美丽的洗礼堂铜门，以及这个城市里那许许多多了不起的建筑和雕像，才能为这个城市赢得史无前例的艺术桂冠荣耀。公爵夫人听后，有些生气，因为她很清楚我指的是什么，并叫我不要在她面前提那块大理石，她不想再提起那件事。我回答说："那么，难道你不想让我做你们的代理人，从而更好地为你们效劳吗？考虑一下吧，夫人，如果公爵认为可以把制作海神像办成一次竞赛的形式，即使你一定要把大理石给班迪内尼，那么为了名誉，他会更加致力于艺术创作，因为他知道有人在和他竞争。这样一来，你们既能得到我们为你们更好的效劳，也能让艺术家们不失去动力，同时还能发现谁才是真正的艺术界的佼佼者，从而显现出你们才是真正懂得鉴赏艺术的行家。"公爵夫人非常生气地告诉我，她已经不耐烦了，她就是要把大理石交给班迪内尼，并说："你问公爵，他也准备把大理石交给班迪内尼。"公爵夫人说完后，一言不发的公爵说道："二十年前，我特意为班迪内尼开采的那块大理石，因此我还是觉得他应该得到它。"我说："大人，为了更好地为你效劳，我想请你耐心地听我说几句话。"他说，不论我说什么，他都愿意听。我说道："大人，你可记得，班迪内尼用来做赫拉克勒斯和卡科斯的那块大理石，曾经是为米开朗琪罗开采的。米开朗琪罗做了一个四像的大力士小模型，那可以说是世界上最好的小模型，而班迪内尼只拙劣地做了个两像的难看的小模型。当时，佛罗伦萨的艺术家们都为那块精美大理石的悲催命运感到痛心疾首，有七千多首诗来骂班迪内尼那不堪入目的作品，我想大人应该很清楚这些事实。因此，权威的大人，他们怎么能够根据自己的品位和判断去把本该属于米开朗琪罗的大理石交给班迪内尼，使他搞得一塌糊涂，世人皆知呢？而现在，虽然大理石属于班迪内尼，你是愿意看到这块大理石留在一个不能胜任的人手里，还是愿意公正地把它交给其他有天赋的艺术家呢？所以，大人，我认为可以叫大家都做一个小模型，然后公开展出，你也可以听听别人的意见，最后按照你自己的良好判断选出最好的一个。这样一来，既不会浪费钱财，也不会使那些为你争取荣耀、不可多得的艺术家们失去动力。”

公爵专心致志地听完说完，起身对我说：“好，你去吧，本韦努托，去为争取这块大理石制作你的小模型吧，我承认你说的是对的。”公爵夫人愤怒地摇着头，不知道在嘟囔些什么。

我恭恭敬敬地给他们鞠了一躬，就迫不及待地回佛罗伦萨着手我的小模型去了。

100

后来，公爵到了佛罗伦萨，他事先没通知就过来看我。我把两个不同设计的小模型给他看，尽管他对两个都加以赞美，但他更喜欢其中一个，叫我把他喜欢的那一个做好，并说那样对我有好处。虽然他也看过班迪内尼和其他艺术家的小模型，但我听他的许多朝臣说，他对我的小模型评价更高。还有一件重要事值得一提，那就是桑塔费奥雷红衣主教来到了佛罗伦萨。公爵带他到亚诺的波吉奥，途中红衣主教看到那块漂亮的大理石，赞不绝口，并问公爵打算找谁去雕琢它。公爵立即答道：“我的朋友，本韦努托，他已经做了一个精致的小模型。”这是我从可靠的人那里得知的。

一听到公爵的那些话，我就去找公爵夫人，并给她带了些小的金银制品，她很高兴。然后，她问我最近在做什么，我说：“夫人，我现在随兴在做一件从未有人做过的费力之作，是一个置在黑色十字架上的白色大理石基督，和真人一样高。”她立即问我做那个干什么，我说：“夫人，你要知道，就算是两千金币我也不会卖掉它，因为从来没有人做出这样高难度的作品，也没有哪个君王委托我去做。我是自己花钱买的大理石，并雇了一个年轻小伙子帮我干了两年。石头、金属架以及工人工资总共花了我三千多金币。所以，我不会两千金币就把它卖掉，但如果夫人喜欢，我很乐意赠送给夫人，只需要夫人在公爵下令制作海神像的小模型问题上既别赞成，也别反对就行。”她生气地说道：“那你的意思是说，你既不重视我的帮助，也不重视我的反对？”我说：“夫人，恰恰相反，我两者都重视，要不然我怎么会把价值两千金币的雕像送给你呢？然而，我对自己获胜很有信心，就算是和我的恩师米开朗琪罗竞争也一样。的确，我更喜欢和那些学识渊博的佼佼者竞争，而不是和那些无知的家伙。和那些出色的大师竞争，才能学到很多东西，而和那些无知之徒比，就会一无所获。”听完后，她气愤地站起身，而我则回去继续全力以赴制作我的小模型了。

我把小模型做完后，公爵带了两个人一起来参观，其中一个是费拉拉公爵派来的，另一个是卢卡的执政团派来的。他们看完后都非常高兴，公爵对他们说：“依我看，本韦努托赢定了。”那两个贵族也对我赞不绝口，尤其是卢卡的那个使节，他是个学识渊博的人。我稍稍离开了些距离，好让他们更自由地交谈。当我听见他们在夸我时，就又走上前对公爵说：“大人，我现在还有另一个好策略，就是你现在可以叫大家都制作一个和大理石一样大的泥塑，然后你就能判断出到底谁应该得到这个任务了。如果你没有把它交给能够胜任的雕塑家，对他没什么大不了，可是对你却是一种名声的败坏，会给你带来损失和耻辱。相反，你把它交给能够胜任的艺术家，那么首先你可以得到巨大的荣耀，也会财尽其用，同时艺术家们也会相信你是真正懂得和欣赏艺术的。”我一说完，公爵耸耸肩就要离开。此时，卢卡的那个贵族对公爵说：“大人，这个本韦努托很厉害啊。”公爵说：“他比你想象的还要厉害，要是他不那么厉害，就会对他更有利，拥有他还未得到的东西。”这些赞美的话都是那个使节说给我的，并劝我改变态度。我告诉他，我最大的愿望就是为公爵做一个真诚而忠实的仆人，为他效犬马之劳，但我不懂阿谀奉承之术。几个月后，班迪内尼死了，据说除了他放纵的生活习惯外，致死的主要原因是他经受不住失去大理石的打击。

101

班迪内尼知道我做了前面描述过的那个十字架基督后，立即也找了一块大理石，做了一个圣母怜子的雕像，后来摆在齐亚塔教堂里。我把十字基督像送给新圣母教堂，并在墙上置好了悬挂雕像的金属夹钳。我只想征得教堂的允许，在我死后能够把我葬在那个雕像的下面。那些修士告诉我，不经委员会的同意他们也做不了主。我说："我的好兄弟啊，你们让我摆像进去，怎么不先征求委员会的同意呢？"

鉴于此，我拒绝把这一凝结我伟大劳动的作品交给新圣母教堂，尽管他们后来还专程来求我。然后，我立即去找齐亚塔教堂，把给他们雕像的条件说给他们听，那些高尚的修士叫我把雕像放进去，满足了我的要求，并叫我随意安置我的坟墓。班迪内尼知道了这件事后，他加紧完成圣母怜子像，并求公爵夫人为他的雕像在帕齐小教堂里谋求一块置放之地。他费尽心机地取得了允许后，就火速继续他的雕像，但到死都没有完成。

公爵夫人表示，她在他生前曾保护过他，因此在他死后，她也要保护他。她说，尽管他死了，也不会让我得到那块大理石。后来，有一天我恰好碰到破产的伯纳多，他告诉我，公爵夫人已经处理了那块大理石。我说："好可怜的石头啊！它在班迪内尼手中就很可悲了，而落到阿姆马纳蒂手里就要可悲一百倍。"那时，公爵叫我给他做一个与大理石高度差不多的泥模，还给我木头、泥以及一名工人，并让我为给珀尔修斯所在的凉亭制作一个屏风。于是，我就辛勤地精心制作好了木架。我也不用在乎是否能用大理石去做，因为公爵夫人是铁定不让我得到那块大理石的。于是，我就毫无牵挂地轻轻松松继续工作。据我所知，公爵夫人是个明白人，后来她终于意识到她在大理石上犯了多大的错误。同时，弗拉曼人乔瓦尼为圣克罗斯修道院做了小模型，佩鲁贾的文森齐奥·丹蒂也为美第奇的奥塔维亚诺家做了小模型。比萨的莫斯基诺的儿子也做了一个小模型，还有巴尔托洛梅奥·阿姆马纳蒂做了第四个海神小模型。

我已经做好了雕塑的整体轮廓，当我正在研究头部的具体细节时，画家乔治领着公爵向阿姆马纳蒂的工作室走去，因为他和阿姆马纳蒂以及一些工人在那里制作海神雕塑。公爵看了他们的小模型之后好像不太高兴，虽然瓦萨里尽力把作品向公爵胡吹一通，公爵还是摇摇头，然后对吉安斯特法诺说：“去问问本韦努托，他的雕塑做得怎么样了，我们能否过去开开眼界了。”吉安斯特法诺恭敬地把消息传给我，他说，要是我还没有准备好，就要坦诚地告诉他，因为公爵很清楚我的助手是很少的。我回答说，尽管我的雕塑进展不是很快，但很希望公爵能来，因为他的聪明才智能够使作品完成得更加漂亮。他把我的话汇报给了公爵，公爵兴高采烈地来了。他一进来就被我的作品吸引了，表示非常满意。然后他就像经验丰富的专家一样，绕着雕塑四周对每一个角度进行观看，最后他点点头，并表示很满意。他只说了一句：“你才只做出了一个表面轮廓。”然后又向他的随从赞美我：“我在他家里看到过的那个小模型就令我很满意，而现在它已令人刮目相看，更具优越性了。”

102

上帝也对我的作品感到满意，他会永远保佑那些信仰他的人。于是，一个来自维基奥的流氓找到我，他叫皮埃马利亚·德安特里戈利，人称斯比埃塔。他自我介绍说，他是一个牧场主，和圭多·圭迪交情甚好。而医师圭多·圭迪现在是佩斯齐亚的市长，我比较相信他的推荐。那个流氓叫我买下他的一个农庄以安享晚年，那时我没空去看，因为要完成海神雕塑，还有就是因为他只是以一种年收入的形式卖给我的，是按照当年谷物、葡萄酒、油、待收的玉米、栗子及其他一些产品的价格，所以我也没必要去看。我算过，那些东西按当时市场价总共值一百多金币，而我付给了他六百五十金币（包括税金）。他给了我一张亲笔承诺书，向我保证那些经济作物一直保持那个价值，所以我觉得没必要去农庄视察。我尽力打听，是否斯比埃塔和他的兄弟菲利普比较富裕，以至于能给出我那样的承诺。一些了解他们的人都叫我放心，绝对没什么问题。最后，我们都决定去找商业局的公证人皮埃弗朗西斯科·贝尔托迪。首先，我派人把那个承诺书交给了他，认为这些内容应该要包括在契约之内。然而，公证人在起草契约时，好像只写了斯比埃塔那二十二项条款，忽略了契约中卖主提供给买主的东西。他起草时，我正在工作，他花了几个小时写完，同时我完成了海神头像的一部分。契约签订好后，斯比埃塔对我很友好，而我也以礼相回。他送给我小羊羔、奶酪、阉鸡、鲜乳以及各种水果，如此盛情，使我都有些不好意思了。为了回报他，他每次来佛罗伦萨我都把他从旅馆接进我的家里住，通常还有一些和他一起的亲戚。有一次，他开玩笑地告诉我，我买下他的农庄都好几周了，也不放下手头的工作抽空过去看一下，他为此有点不高兴。他的这些甜言蜜语，诱使我在一个见鬼的时刻去拜访他。我去了斯比埃塔的家，他很热情地招待了我，可能连公爵都要嫉妒我。他的妻子待我更加热情，他们这种表面的热情一直持续到阴谋败露。

103

同时，我继续制作我的海神雕塑，采用一种全新的方法制作。尽管我知道可能得不到那块大理石了（原因前面说过），但我还是希望能快点把这个雕塑完成。然后，为了自我满足把它展示在广场上。

天气大好，再加上那两个流氓对我大献殷勤，使我在星期三的一个节日的时候，去了特莱斯皮亚诺的乡村去玩。一顿美味的午餐花了我不少时间，当我到达维基奥的时候已是日落前几个小时了。那时，我在城门碰到了菲利普，他好像知道我要去似的，又对我大献殷勤，并把我领到斯比埃塔家中。斯比埃塔那淫荡的妻子也非常热情地招待我，我给了她一顶漂亮的草帽，她非常喜欢，并说从来没见过这么漂亮的帽子。当时，斯比埃塔不在家。

日暮时分，我们一起高高兴兴地吃了晚餐，然后她把我安排到一间上好的卧房，我就在一张十分干净的床上休息。我的两个仆人，也根据他们的身份受到很好接待。第二天早上起床，我依旧受到十分热情的招待。

我去看了我的农庄，十分满意。视察了一些谷物和其他产物，当我回到维基奥时，菲利浦对我说："本韦努托，你不要担心，虽然你还没有得到你应得的全部，但请你放心，我们以后会加倍弥补你的，因为你是在和诚实的人做交易。顺便说一下，我们最近打发走了一个工人，因为他是个流氓。"那个工人名叫马利亚诺·罗塞格里。后来，他总是跟我说："你自己要小心，最后你就知道谁才是这里真正的大流氓了。"当他说这些话时，显出一点点邪恶的冷笑，晃着头，好像是说："去那儿吧，你就会明白的。"

虽然我受到他那些暗示的影响，但还是不知道要发生了什么事情。农庄距离维基奥两英里，我回去的时候又遇见了菲利普，他待我恭敬如宾。我们一起吃了早餐，与其说一是顿饭，还不如说是一顿小点心。后来，我去逛维基奥刚开张不久的集市，发现所有人的目光都倾注在我身上，就好像我是个什么怪物一样。尤其是那个在这里居住多年的可敬的老人，他的妻子在卖烤面包。在离这里一英里左右他有不少金银财产，但他更喜欢这种生活方式。他在这里住的房子是我农庄的一部分，于是他对我说："我现在是住在你的房子里，我到时会付给你房租的，你要是想早点儿要我也会满足你，不需要任何争吵。"当我们谈话的时候，他总是严肃地盯着我，我不得不问他："我的朋友，乔瓦尼，请你告诉我你为什么总是那样盯着我呢？"他说："鉴于我认为你是个值得尊敬的人，我很乐意告诉你原因，但你绝不能告诉别人。"我保证不说后，他便继续对我说："你要知道，那个无赖的流氓牧师菲利普，他不久前到处吹嘘，说他兄弟斯比埃塔帮农庄一个老人度晚年，然而那个老人已经活不过今年了。你遇上了那几个流氓，因此你自己要尽量小心，提高警惕，其他的就不多说了。"

104

就在我继续逛集市的时候，我碰到了焦万·巴蒂斯塔·桑蒂尼，他和我一起去菲利普家里吃晚饭。我们是在二十点的时候吃的，因为我要准备回特莱斯皮亚诺。于是，在斯比埃塔的妻子和他们另一个食客切基诺·布蒂的慌忙准备下，一顿饭很快就做好了。沙拉拌好后，我们就准备开始用餐，那个邪恶的菲利普可恶地露齿笑笑说："由于一些重要的事物，我现在不得不去帮我的兄弟斯比埃塔处理，所以我就恕不奉陪了。"我们都劝他留下来，但他执意要走。他走后，我们就开始吃饭。吃完一些沙拉之后，他们就开始端上煮肉，每人发一个小汤盆。坐在我对面的桑蒂尼对我说："你注意到没，他们给了你一个和我们不一样的瓷盆，比我们的要精致多了。"我说，我没有注意到。同时，他让我叫斯比埃塔的妻子坐下来和我们一起吃，因为她和切基诺·布蒂跑来跑去，非常忙碌。最后，我说服她坐下来，她开始责备我说："是不是我做的不合你的胃口，只吃这么一点点。"我反复夸奖她的厨艺，并说从来没有像今天吃得这么好，这么有胃口。最后，我告诉她我吃饱了。我不明白她为什么还要执意让我再吃。晚饭后，差三个小时太阳就要落山了。我决定尽快赶回特莱斯皮亚诺，以便第二天早上能够继续凉亭的工作。于是，感谢了女主人，向他们告别，就离开了。

走不到三英里，我就感觉胃里一阵火烧火燎，疼痛难忍，感觉我是不可能回特莱斯皮亚诺了。可是，上帝保佑，我历尽千辛万苦，最终还是在夜幕后回到了特莱斯皮亚诺。我回到农庄，倒在床上，彻夜未眠，忍受着肠胃的折磨。第二天破晓，我感到直肠一阵剧痛，发现衣服上有血迹。一时间，我明白了，肯定是吃了有毒的东西，我绞尽脑汁回忆事情的缘由。最后，终于回忆起斯比埃塔的妻子发给我的那个与众不同的瓷盆，还有那个邪恶的菲利普是如何对我大献殷勤后又拒绝和我们一起用餐的。同时，我也想起了那个可敬的老人乔瓦尼·萨尔德拉曾给我说的话，邪恶的菲利普吹嘘他兄弟斯比埃塔做了一桩好交易，把农庄卖给了一个活不过今年的老人。综合这一切，我断定他们一定是在那美味可口的调味汁里面给我下了汞，因此才导致了我所忍受的这一切的痛苦。我吃煮肉的习惯是，除了盐，很少蘸调味汁，但昨晚的调味汁太可口了，我一连吃了两口。还有，我也明白了那个女人为何想方设法让我多吃一些调味汁。综上所述，他们肯定在我碟中下了汞。

105

尽管忍受着疼痛，但我仍然坚持继续凉亭里的工作。然而，几天后我就不行了，卧床不起。公爵夫人一听到我病倒的消息后，就把那块大理石给了巴尔托洛梅奥·阿姆马纳蒂。他叫人带话给我说，我可以把小模型想做成什么样就做成什么样，因为他已经得到了那块大理石的任务了。那个带话的人是巴尔托洛梅奥·阿姆马纳蒂之妻的情人，出身名门贵族，办事精明，因此阿姆马纳蒂尽量方便于他。关于这一点有许多聊头，但我不像他的师傅班迪内尼那样，南山北往，离题万里。只想告诉那个带话的人，我早就料到事情的结局了，他应该叫阿姆马纳蒂抓住机会，全力以赴，认真工作，才能回报公爵夫人给他的恩典。

我躺在床上，颇感遗憾。照料我的是一位名叫弗朗西斯科·达·蒙特瓦尔基的杰出医师，还有一位名叫拉斐尔·德·皮利的外科医师负责我病情的外科部分。汞已经侵蚀我的肠子，导致我总是腹泻。弗朗西斯科发现我体内的汞毒性殆尽，但不足以摧毁我的身子，所以有一天他对我说："本韦努托，谢天谢地，你终于挺过来了。你不用担心，尽管那些流氓想方设法要毒死你，但我会治愈你的。"拉斐尔也对我说："这是我遇到过的最难治的毒症了，本韦努托，你可知道，你吞下的是一大口足量的汞。"弗朗西斯科打断他说："也许只是一些毒虫而已。"我说："我很清楚那些流氓给我下的什么毒。"他们也就不再讨论此话题了。他们照料了我六个多月，我花了一年多时间才恢复健康。

106

那时，公爵出兵占领了锡耶纳，而阿姆马纳蒂几个月前就到那里修拱门去了。他留在凉亭的一个私生子把我还未完成的海神像的遮布揭开了，闻讯后我立即去找公爵的儿子弗朗西斯科。他对我很好，我告诉他，那些家伙是如何把我未完成的海神像的遮布扯下的，他气愤地摇摇头说："本韦努托，你不必担心遮布被揭，那些家伙会自食其果的，要是你想把遮布再盖上，我会派人马上去把它盖上。"他还当着许多贵族的面，说了我很多好话。然后，我求他资助我把那个雕像完成，完成后就把它连同其小模型一起作为礼物送给他。他说，他非常高兴接受我这两件礼物，他会为我提供一切资助。因此，我靠这个小小的恩典，再次得到了救赎。我经历了那么多的不幸之后，几近崩溃。然而，这个小小的鼓励使我再次看到了生命的希望。

107

从我在斯比埃塔手中买过那个农庄到现在，已有一年的时间。除了他想毒死我这一流氓行径和其他许多卑鄙的行为外，我还注意到，他给我的财产还不到他承诺的一半。现在，除了让斯比埃塔履行合同外，我还让他亲手写了一份保证书，要当着证人的面写明每年要付给我曾提到过的年收益。有了这些文件，我就可以找他打官司。那时大法官阿尔封索·奎斯特洛还活着，他是法官团的成员，还包括阿威拉多·塞利斯托里和费代里戈·德·里齐，我记不住所有人的名字，但我记得其中有一个亚列桑德里家族的人，反正他们都是有权有势。我上诉后，他们一致同意让斯比埃塔把钱还给我。然而，费代里戈·德·里齐反对，因为他收受了斯比埃塔的贿赂。其他人都对我表示歉意，说是费代里戈·德·里齐不让他们好好判案。阿威拉多·塞利斯托里和亚列桑德里大肆宣扬此事，但费代里戈·德·里齐尽力阻止拖延。后来，一天早晨他们从齐亚塔广场出来，塞利斯托里看见我不顾影响地大声说："费代里戈·德·里齐说你违抗法律意志，我们也无可奈何。"我不想再谈论此话题，否则又是在违抗政府的权威了。我只想说，由于他对那个家伙的袒护，我被冤枉了。

108

那时，公爵待在利沃尔诺，我准备去拜访他，只是为了让他辞退我。因我身子恢复后，也没什么任务，我为失去了那么多的艺术创作时间感到痛苦。下定决心后，我就起程去利沃尔诺了。我受到了公爵热情的接待，在那里待了几天，天天和公爵骑马外出游玩。我有许多机会可以和公爵谈我想谈的事情，因为公爵习惯沿海岸骑马到距利沃尔诺四英里的小城堡那里去。那里很少有人打扰到他，他喜欢和我聊天。于是，有一次，我发现他对我特别好，就顺势谈到我和斯比埃塔的事情，我跟他说："大人，我要给你讲一件非同寻常的事情，同时那也是我为什么未能完成凉亭里的海神像的原因。你一定知道，我在斯比埃塔那里买了一个农庄，作为安享晚年之用……"我毫不含糊地把整件事情详细地向他和盘托出。当我说到下毒一事时，我跟他说，要是他认为我是他忠实的仆人的话，就不要去惩罚斯比埃塔或者给我下毒的那个人，而应该去奖励他们，因为他们下的毒不足以置我于死地，反而恰好把我肠子里的黏液病菌清除了。我说，那个毒药的效果太管用了，我没服之前，大概只能活三四年，服了之后却使我更加健康。我深信，我现在还能活二十多年。为此，我更加虔诚地感谢上帝，那正好证明了一句谚语的正确性，即："祸兮福所倚，福兮祸所伏。"

走了两英里路，公爵就这样专心地听我讲，他听后只说："啊，这些流氓！"最后，我说我很感谢他们，然后我们就谈论其他话题了。

我寻着一个合适的时候，好趁他高兴求他友好地辞退我，我才不会浪费这以后无所事事的大好时光。至于珀尔修斯的未付款，他应该会在合适的时候付给我。我尽量用赞美和感恩的方式向他说那些话，但他听后，没有回应，并且应该是很生气。第二天，公爵叫他的首席秘书来找我，他带有一些威胁的口吻对我说："公爵让我来告诉你，如果你想退休，他可以同意，但你要是想继续工作，他会给你许多任务，上帝保佑你能完成公爵的任务。"我回答说，我只想工作，尤其是公爵给我的工作。与教皇、皇帝、国王给我的工作相比，我更愿意做公爵给我的工作，并且我愿意为了半便士给公爵工作，而不稀罕其他人的一个金币。然后他说："如果你是那么想的，那就不用再说了，那你就回佛罗伦萨，不用担心，公爵不会亏待你的。"于是，我又回到了佛罗伦萨。

109

到佛罗伦萨后，有一个名叫拉斐尔·内斯凯吉亚的金衣纺织者突然造访，他对我说："本韦努托，我想帮你调和你与斯比埃塔之间的矛盾。"我告诉他，除了法官，谁也不能调解。真要是现在再次开庭的话，费代里戈·德·里齐不会再袒护他了，因为这个人为了得到两只肥羊的贿赂，竟对上帝及其荣誉置之不理，而去袒护一个臭名昭著的家伙，这叫贪赃枉法。我说这些以及其他类似的话后，拉斐尔仍然坚持说，和平解决何乐而不为呢？他提醒我，打官司要浪费很多时间，而我就会失去很多创造大作品的机会，那样不仅会失去本该赢得的更大的荣耀，还会失去很多收益。我知道他说的是大实话，就开始倾听他的建议。不久，我们决定这样解决：在我有生之年，斯比埃塔以每年七十金币的价格租用我的农庄。可当我们签订合约的时候（合约是马泰奥达·法尔加诺的儿子乔瓦尼起草的），斯比埃塔反对说，按我们协定的条款期限就要缴纳巨额的税款。所以，他要修改协议，于是，我们就改为五年一租，期满可再次续租。

110

他说，只要不再上法庭，愿意遵从此协议。他的兄弟，那个流氓牧师也这么认为，于是我们就签订了一个五年的租约。

尽管我想暂时把涉及这些流氓的话题抛开一段时间，去谈谈其他的话题，但我又不得不说说五年租期满后所发生的变故。五年后，那两个流氓不再履行协议，想要把农庄还给我。我只好再次控告他们，但他们拿出协议作证，驳回了我的控告，我对他们无可奈何。于是，我跟他们说，佛罗伦萨公爵是不会允许这种流氓行径发生在他的城市里的。他们听了我威胁的话后，心里有些发毛，于是又派拉斐尔来找我谈判。他们表示，不愿意像过去五年那样，每年付给我七十金币。我说，一分也不能少。因此，拉斐尔对我说："本韦努托，你要知道，我是为你着想，现在那些家伙全在我的掌控之下。"然后，他又把他们的亲笔材料拿给我看。我没想到拉斐尔是他们的近亲，我以为他是一个很好的仲裁人，于是就把事情交给他，任他摆布。八月的一天晚上，大概夜幕降临时分，这个颇有名望的人找到我，想尽办法引诱我签订协议，因为他知道，要是拖到第二天早上，他的阴谋就会败露。于是我就签了协议，协议中规定：在我有生之年，他们每年付给我六十五金币的租金，分两次支付。尽管我开始不同意这样不公正的协议，但拉斐尔拿出我的签名，以至于所有人都指责我不对。同时，拉斐尔还对我说，他是在为我着想。不管是公证人，还是其他听说这件事的人都知道，拉斐尔是那两个流氓的近亲。因此，他们说我中了他们的阴谋诡计。于是，我就不再纠缠此事，心中只希望能够尽量再多活几年。

后来不久，也就是1566年的12月，我又犯了一个大错误。我花了一百金币，又从斯比埃塔他们那里租下波吉奥的半个农庄，离我先前那个农庄很近。我们在契约中规定，三年后还给卖主，然后我就和他们签订了租约。我原本是出于好意做的这件事，但是我如果要继续介绍这些流氓是如何再次耍流氓的话，那就有点儿离题万里了。因此，我只能让上帝去评判和解决这件事，因为我知道，上帝永远不会放过那些想算计我的家伙。

111

我已经完成了耶稣十字架雕像，我想，要是把它挂在离地几英尺的地方，一定比放在较低的地方好看。我把它挂起后，果然要比以前美得多，我非常高兴。于是，就把它展示给每一个想看的人。

如上帝所愿，公爵和公爵夫人都知道了此事，于是他们一从比萨回来就跑到我家参观耶稣像，同行的还有很多朝臣贵族。他们对我的作品赞叹不绝，其他官员与贵族也赞美连连。我看到他们兴高采烈的样子，就以一种幽默的口吻感谢他们说，要是他们没有拒绝给我那块制作海神的大理石，我也不会来做这么艰巨的雕像。在我之前，从来没有哪个雕塑家做过这样高难度的作品。我接着说："真的，这个雕像花费的那些无穷的时间和精力总算没有白费，尤其是得到了你们如此高度的赞美，因此，我觉得没有谁比你们更适合做它的主人了，我要把它当作礼物送给你们。"

他们临走前，我又求他们随我去参观我的地下室。他们立即高兴地同意了，离开了工作室，进了我的地下室。他们在那里参观了我的海神像小模型和喷泉雕，公爵夫人从来没见过这些作品，于是一声惊叫，然后转身对公爵说："在我一生中，就连十分之一这般漂亮的作品都未曾见过！"公爵反复说道："我难道没告诉过你吗？"随后，他们又是一阵夸张的赞美和评价。后来，公爵夫人把我叫到一旁，说了一连串的赞美之辞，好像在乞求我原谅什么似的。她还说，要为我开采一块大理石来制作这个作品。对于她那些友好言辞，我回答说，要是他们能够为我提供我制作作品的一切所需，我非常乐意开始这项艰巨的任务。公爵立即说："本韦努托，我会满足你一切的，你尽管开口。而且我还会给你远超出这些作品本身价值的酬劳。"说完后，他们离开了，我非常高兴。

112

又过了几周，他们再也没提及我，对我如此忽视使我感到绝望。那时，法国王后委派巴齐·德尔·班尼向公爵贷款，据说公爵很乐意地贷给了她。巴齐·德尔·班尼跟我曾是至交好友，因此当我们在佛罗伦萨再次相见时，都感到十分高兴。他向我讲述了他的公爵对他的恩典，并问我现在在创作什么大作品。我把海神像和喷泉雕以及我被公爵夫人冤枉冷落的事都说给他听。他告诉我，法国王后急切地想要完成她丈夫，即国王亨利的陵墓，而现在达尼塔洛·达·沃尔特拉承担了铜马雕像的任务，但还没有完成。除此之外，墓地还需要一些精致的装饰。因此，他说，要是我能够回法国，回到我的城堡，并愿意为法国王后效劳的话，她就会满足我的一切要求。当然，那些话他是代表法国王后给我说的。我恳求巴齐帮我跟公爵说说情，允许我回法国，他兴奋地说道："那我们就一起回去！"感觉好像此事已经办成了似的。于是，第二天，他便向公爵说起此事，并说要是公爵他允许我回去的话，法国王后就会让我为她效劳。公爵毫不犹豫地说道："本韦努托干的专业艺术才能举世闻名，只是他现在不想再继续工作了。"然后，他们就谈到其他话题上去了。接下来的一天，我去找巴齐，他把情况告诉了我。于是，我就发牢骚地说道："啊，公爵什么都不给我提供，却叫我去做一件世界上难度最大的作品，其价值两百多金币，我只能硬着头皮艰难地自己掏钱！你说，只要是他要求我做的，我有哪一样没帮他做？实话跟你说，公爵对我真是太苛刻了！"天性善良的巴齐把我所说的话告诉了公爵，而公爵跟他说我是在开玩笑，还说我想让他为我效劳。于是，我非常愤怒，曾多次想不辞而别，一走了之。然而，法国王后不想使公爵不高兴，就不在此事上纠结，因此，我只有后悔地待在这里。

113

那时，除了公爵在西班牙的长子，其他儿子及所有的朝臣都随公爵一起出游了。他们沿着锡耶纳的近海沼泽，去往比萨。沼泽地里的毒气使红衣主教[①]连续发了几天高烧，然后就死了。他是公爵的左膀右臂，英俊善良。因此，他的死真是一个巨大的损失。又过了些天，直到他们哀痛告一段落，我才起程前往比萨。

① 指公爵的儿子唐乔瓦尼。1560年1月31日，他被任命为红衣主教，当时只有17岁。有人认为他死于痢疾，也有人认为死于家族矛盾。

编辑后记

切利尼的自传在此重要时刻突然中断。据佛罗伦萨史学家指出，在1562年秋天，美第奇红衣主教在一次前往比萨沼泽地的行猎中，突然神秘死去。几天之后，红衣主教的弟弟加尔齐亚也去世了。民间传说断言，红衣主教因与加尔齐亚争吵，而被其杀死。他们的父亲（公爵）在盛怒之下，杀死了加尔齐亚。不久后，公爵夫人也因对这起家庭凶杀而在恐惧中死去。

这三个人的死，是势所必然的。切利尼的自传因此事而中断，更有力地证实了这种必然性。非常遗憾的是，我们看不到切利尼访问比萨的叙述，因他与公爵家族之间的亲密关系，他如果描写这家人的灾难，一定是惊心动魄的。

按记载，切利尼于1571年去世——自他的自传中断后，他还活了七年之多。此后的事情，我们可以从他的私人备忘录中得到粗略的了解。

切利尼在人生最后的几年中因艺术品的付款问题，不断与公爵打官司。此后，他也再未被雇为宫廷重要作品的制作者。有人认为这是由于切利尼自己对艺术的不再重视，也有人认为是由于他的保护者——那些君王——对艺术不再感兴趣。不管因为怎样的原因，他此后再未创造重要的艺术作品。

切利尼在逝世前的几年一直为病痛所苦，甚至因为病痛，未能参加他最尊敬和热爱的艺术大师米开朗基罗的葬礼，这无疑是他终生的遗憾。

1571年2月13日，切利尼与世长辞。